应用型高等院校财经类专业教学改革系列教材
应用型高等院校"书证融通"系列教材
国家级一流本科专业建设点——会计学专业建设教材

中级财务会计

主　编　史玉凤　邓利梅
副主编　徐言琨　王海霞　于　倩
参　编　于黄河　陈子豪　徐　博　那　琳

机械工业出版社

本书是定位于应用型高等院校财经类专业的"1+X"书证融通教材，是《基础会计》教材的进阶课程教材，全面阐述了会计确认、计量、记录和报告的基本理论与方法，系统讲解了企业持续经营条件下会引起会计要素变动的主要交易和事项的会计处理程序，力求理论性与实践性相统一。全书共12章，内容包括总论，货币资金与应收、预付款项，存货，金融资产，长期股权投资，固定资产，无形资产与长期待摊费用，流动负债，非流动负债，所有者权益，收入、费用和利润，财务报表。每一章均附有"本章导读""本章导读分析""实务案例""思维导图""习题"，以提高学生的实务操作能力和对复杂问题的分析判断能力。

本书可作为高等院校财会类专业的教材，也可作为会计学专业自学考试的教材和企业财务工作者系统掌握会计理论及实务的参考用书。

图书在版编目（CIP）数据

中级财务会计/史玉凤，邓利梅主编．—北京：机械工业出版社，2022.1（2024.8重印）

应用型高等院校财经类专业教学改革系列教材　应用型高等院校"书证融通"系列教材　国家级一流本科专业建设点．会计学专业建设教材

ISBN 978-7-111-69959-0

Ⅰ．①中…　Ⅱ．①史…②邓…　Ⅲ．①财务会计—高等学校—教材
Ⅳ．①F234.4

中国版本图书馆CIP数据核字（2021）第266497号

机械工业出版社（北京市百万庄大街22号　邮政编码100037）
策划编辑：曹俊玲　刘鑫佳　　责任编辑：曹俊玲　刘鑫佳　刘　静
责任校对：史静怡　王明欣　　封面设计：张　静
责任印制：单爱军
北京虎彩文化传播有限公司印刷
2024年8月第1版第4次印刷
184mm×260mm・23印张・595千字
标准书号：ISBN 978-7-111-69959-0
定价：69.80元

电话服务　　　　　　　　网络服务
客服电话：010-88361066　机　工　官　网：www.cmpbook.com
　　　　　010-88379833　机　工　官　博：weibo.com/cmp1952
　　　　　010-68326294　金　书　网：www.golden-book.com
封底无防伪标均为盗版　机工教育服务网：www.cmpedu.com

前　言

　　2017年,《国家教育事业发展"十三五"规划》提出,将推动具备条件的普通本科高校向应用型转变作为高等教育结构调整的重要内容之一;2019年,《国家职业教育改革实施方案》进一步提出"一大批普通本科高等院校向应用型转变"的发展目标,并指出在应用型高等院校启动"学历证书+若干职业技能等级证书"(1+X证书)制度试点工作,鼓励学生在获得学历证书的同时,积极取得多类职业技能等级证书。

　　本书编者将应用型高等院校财经类专业核心主干课程之一的中级财务会计与初级会计职称考试大纲相结合,精准研发针对应用型高等院校财经类专业的"1+X"书证融通《中级财务会计》教材,以推进教材改革与创新,助力"一流专业"和"一流课程"建设,深化教学改革,加速普通本科高等院校从实质上向应用型转变。

　　本书以《企业会计准则》为依据,是《基础会计》教材的进阶课程教材,覆盖了初级会计职称考试中"初级会计实务"科目的全部内容,难度也与考试大纲要求相当,此外,还增加了长期股权投资、金融资产等考试之外的内容。本书是高等院校财会类专业的教材,也是学生参加初级会计职称考试的必备专业书籍之一,还可作为会计学专业自学考试的教材和企业财务工作者系统掌握会计理论及实务的参考用书。本书的主要特点如下:

　　(1) 体例新——针对目标群体研发,难度适中,与实际工作相联系。与同类教材相比,增加了"本章导读""知识拓展""知识小结""学习提示""本章导读分析""实务案例""思维导图"等模块。

　　(2) 内容新——结合我国最新财税政策编写,为师生提供最前沿的解读。

　　(3) 无忧考证——集学历教育与职业技能教育于一体,既体现学历教育的体系完整性,为学生在毕业后胜任工作奠定坚实基础,又能突显初级会计职称考试的考纲与考点,力图使学生在学习专业课程的同时提高考证通过率。

　　本书由史玉凤、邓利梅担任主编,徐言琨、王海霞、于倩担任副主编,于黄河、陈子豪、徐博、那琳参与编写。本书在编写过程中得到了北京东奥会计在线的大力支持,在此表示衷心的感谢!

　　由于本书是书证融通创新型教材,加之编者水平和经验有限,书中难免存在疏漏之处,敬请广大读者批评指正。

编　者
2021年11月

目 录

前 言

第一章 总论 1
本章导读 1
第一节 会计概述 1
第二节 会计基本假设、会计基础和会计信息质量要求 3
第三节 会计要素及其确认与计量 8
本章导读分析 16
实务案例 16
思维导图 17
习题 17

第二章 货币资金与应收、预付款项 22
本章导读 22
第一节 货币资金 22
第二节 应收、预付款项 35
本章导读分析 47
实务案例 47
思维导图 48
习题 48

第三章 存货 51
本章导读 51
第一节 存货概述 51
第二节 原材料 58
第三节 库存商品 66
第四节 委托加工物资 69
第五节 周转材料 72
第六节 存货清查和减值 77
本章导读分析 81
实务案例 81
思维导图 82

习题 ··· 83

第四章　金融资产 ·· 87

本章导读 ·· 87
第一节　金融资产概述 ·· 87
第二节　以摊余成本计量的金融资产 ·· 91
第三节　以公允价值计量且其变动计入其他综合收益的金融资产 ··························· 97
第四节　以公允价值计量且其变动计入当期损益的金融资产 ································ 103
第五节　金融资产减值 ·· 107
本章导读分析 ·· 109
实务案例 ·· 109
思维导图 ·· 110
习题 ·· 110

第五章　长期股权投资 ·· 114

本章导读 ·· 114
第一节　长期股权投资概述 ·· 114
第二节　长期股权投资的初始计量 ··· 116
第三节　长期股权投资的后续计量 ··· 124
第四节　长期股权投资的转换 ·· 131
第五节　长期股权投资的减值与处置 ·· 136
本章导读分析 ··· 138
实务案例 ·· 138
思维导图 ·· 139
习题 ·· 140

第六章　固定资产 ·· 141

本章导读 ·· 141
第一节　固定资产概述 ·· 141
第二节　固定资产的确认和初始计量 ·· 143
第三节　固定资产的后续计量 ·· 151
第四节　固定资产的处置 ··· 157
第五节　固定资产的清查与减值 ··· 160
本章导读分析 ··· 163
实务案例 ·· 163
思维导图 ·· 164
习题 ·· 164

第七章　无形资产与长期待摊费用 ··· 167

本章导读 ·· 167
第一节　无形资产概述 ·· 167
第二节　无形资产的账务处理 ·· 169
第三节　长期待摊费用 ·· 177

本章导读分析 …………………………………………………………………… 178
　　实务案例 ………………………………………………………………………… 178
　　思维导图 ………………………………………………………………………… 179
　　习题 ……………………………………………………………………………… 180

第八章　流动负债 …………………………………………………………………… 182
　　本章导读 ………………………………………………………………………… 182
　　第一节　短期借款 ……………………………………………………………… 182
　　第二节　应付及预收款项 ……………………………………………………… 184
　　第三节　应付职工薪酬 ………………………………………………………… 193
　　第四节　应交税费 ……………………………………………………………… 200
　　本章导读分析 …………………………………………………………………… 220
　　实务案例 ………………………………………………………………………… 220
　　思维导图 ………………………………………………………………………… 221
　　习题 ……………………………………………………………………………… 222

第九章　非流动负债 ………………………………………………………………… 224
　　本章导读 ………………………………………………………………………… 224
　　第一节　长期借款 ……………………………………………………………… 224
　　第二节　应付债券 ……………………………………………………………… 226
　　第三节　长期应付款 …………………………………………………………… 233
　　第四节　预计负债 ……………………………………………………………… 235
　　本章导读分析 …………………………………………………………………… 242
　　实务案例 ………………………………………………………………………… 242
　　思维导图 ………………………………………………………………………… 243
　　习题 ……………………………………………………………………………… 244

第十章　所有者权益 ………………………………………………………………… 246
　　本章导读 ………………………………………………………………………… 246
　　第一节　所有者权益概述 ……………………………………………………… 246
　　第二节　实收资本（或股本）与权益工具 …………………………………… 247
　　第三节　资本公积与其他综合收益 …………………………………………… 253
　　第四节　留存收益 ……………………………………………………………… 257
　　本章导读分析 …………………………………………………………………… 261
　　实务案例 ………………………………………………………………………… 261
　　思维导图 ………………………………………………………………………… 262
　　习题 ……………………………………………………………………………… 262

第十一章　收入、费用和利润 ……………………………………………………… 264
　　本章导读 ………………………………………………………………………… 264
　　第一节　收入 …………………………………………………………………… 264
　　第二节　费用 …………………………………………………………………… 286
　　第三节　利润 …………………………………………………………………… 291

本章导读分析	298
实务案例	298
思维导图	299
习题	300

第十二章　财务报表 …… 302

本章导读	302
第一节　财务报表概述	302
第二节　资产负债表	304
第三节　利润表	320
第四节　现金流量表	328
第五节　所有者权益变动表	340
第六节　财务报表附注	347
本章导读分析	354
实务案例	354
思维导图	355
习题	356

参考文献 …… 358

第一章

总论

本章导读

江天浩和他的伙伴们开始创业，成立了公司。为了送货方便，公司为江天浩购买了一台电动车。如果你是江天浩公司的代理记账员，你认为这台电动车应归属于哪类会计要素？它的入账价值如何确定？这台电动车是否需要计提折旧？折旧基于何种假设？购买电动车的费用是否应作为该公司当期的费用？让我们带着这些问题开始本章的学习吧。

第一节 会计概述

/学习导读/

在电视剧《都挺好》中，表面上无限风光的苏家随着苏母的突然离世瞬间分崩离析。子女们在苏父的安置问题上矛盾越来越大，迫不得已的苏父拿出了一个小本子，上面详细地记录了子女们从小到大的开支，惊诧不已的子女们认真核对了自己每一笔支出，幡然醒悟，一家人重归于好。站在会计的角度看，苏父及其子女的行为体现了会计的哪些职能？

一、会计的概念

（一）会计的含义

会计是以**货币**为主要计量单位，采用专门的方法和程序，对企业和行政、事业单位的经济活动进行完整、连续、系统的核算和监督，以提供经济信息和反映受托责任履行情况为主要目的的经济管理活动。企业会计和行政、事业单位会计有一些区别，未特别说明时，本章以企业会计为对象进行介绍。

会计已经成为现代企业一项重要的管理工作。企业的会计工作主要是通过一系列会计程序，运用一系列专门的技术方法，对企业的经济活动和财务收支进行全面、综合、连续、系统的核算和监督，反映企业的财务状况、经营成果和现金流量，以及企业管理层受托责任履行情况，为会计信息使用者提供决策有用的信息，并积极参与经营管理决策，提高企业的经济效益，促进市场经济的健康、有序发展。

（二）会计的基本特征

通过对会计概念的分析，可以从以下五个方面把握会计的基本特征：

1. 会计是一种经济管理活动

会计的本质是一项管理活动，它属于管理范畴。会计的基本职能就是对企业的经济活动进行核算和监督，为企业的经济管理提供各种数据资料，办理业务，对外报送会计报表，通过各种方式参与事前经营预测、决策，对经济活动进行事中控制、监督，开展事后分析、检查。会计无论是过去、现在还是将来，都是人们对经济业务进行管理的活动，即一种经济管理活动。

2. 会计是一个经济信息系统

会计是财务收支的总关口，掌握大量日常经济活动的第一手资料，本身具有一种对经济活动最迅速、精确的控制机制，对了解经济活动的动态和结果具有其他工作无可替代的作用。例如，企业经营过程是否通畅，资金有无积压，生产有无浪费，日常经济活动的各个环节衔接是否协调等，都包含在会计这一经济信息系统中，都要依靠这一系统提供的信息进行评价和提出建议。

3. 会计以货币为主要计量单位

经济活动中通常使用货币计量单位、劳动计量单位（工时）和实物计量单位（台、件、t等）三种计量单位，其中，货币计量单位是会计的主要计量单位。

📢 **学习提示**：会计将货币计量单位作为主要计量单位，但不是唯一计量单位。有时同一个经济业务要同时使用货币计量单位和实物计量单位，如购买100t钢材，单价为3 600元/t，总价为360 000元。

4. 会计具有核算和监督的基本职能

会计的职能是指会计在经济管理活动中所具有的功能，核算职能和监督职能是会计的两项基本职能，此外，会计的职能还包括拓展职能。各项职能的具体内容如下：

（1）核算职能。会计的核算职能是指会计以货币为主要计量单位，对特定主体的经济活动进行确认、计量和报告的职能。会计核算的内容主要包括：①款项和有价证券的收付；②财务的收发、增减和使用；③债权、债务的发生和结算；④资本、基金的增减；⑤收入、支出、费用、成本的计算；⑥财务成果的计算和处理；⑦需要办理会计手续、进行会计核算的其他事项。

（2）监督职能。会计的监督职能是指对特定主体经济活动和相关会计核算的真实性、合法性和合理性进行审查的职能。真实性审查是指审查各项会计核算是否根据实际发生的经济业务进行，是否如实反映经济业务或者事项的真实状况；合法性审查是指审查各项经济业务是否符合国家有关法律法规，遵守财经纪律，执行国家各项方针政策，以杜绝违法乱纪行为；合理性审查是指审查各项财务收支是否符合客观经济规律及经营管理方面的要求，保证各项财务收支按照特定的财务收支计划进行，实现预算目标。

（3）拓展职能。会计的拓展职能主要包括：①预测经济前景，即根据财务报告等提供的信息，定量或者定性地判断和推测经济活动的发展变化规律，以指导和调节经济活动，提高经济效益；②参与经济决策，即根据财务报告等提供的信息，运用定量分析和定性分析方法，对备选方案进行经济可行性分析，为企业经营管理等提供决策相关的信息；③评价经营业绩，即利用财务报告等提供的信息，采用适当的方法，对企业一定经营期间的资产运营、经济效益等经营业绩，对照相应的评价标准进行定量及定性对比分析，做出真实、客观、公正的综合评判。

📢 **学习提示**：会计核算和会计监督是相辅相成、辩证统一的。会计核算是会计监督的基础，没有会计核算提供的各种信息，会计监督就失去了依据；会计监督是会计核算质量的保障，只有会计核算没有会计监督，就难以保证会计核算所提供信息的质量。

5. 会计采用一系列专门的方法

为了反映和监督会计对象，会计工作需要一系列用于确认、计量和报告的专门方法。会计专门方法一般包括：会计核算方法、会计分析方法、会计检查方法。

二、会计的作用

随着经济活动的进一步发展，会计在经济管理工作中所起的作用越来越重要，已经成为经济管理活动的一部分。会计在经济管理工作中发挥的作用归纳起来有以下几个方面：

（一）提供决策有用的信息，提高企业透明度，规范企业行为

企业会计通过其反映职能，提供有关企业财务状况、经营成果和现金流量方面的信息，这些信息是包括投资者和债权人在内的各方进行决策的依据。

（二）加强经营管理，提高经济效益，促进企业可持续发展

企业经营管理水平的高低直接影响企业的经济效益和发展状况，在一定程度上决定着企业的前途和命运。为了满足企业内部经营管理的需要，现代会计已经渗透到企业经营管理的各个方面。

（三）考核企业管理层受托责任的履行情况

企业接受了包括国家在内的所有投资人的投资，就有责任按照其预定的发展目标和要求，合理利用资源，加强经营管理，提高经济效益，接受考核和评价。会计所提供的信息有助于评价企业的业绩和管理层受托责任的履行情况。

✦ **本节导读分析**：会计具有核算和监督的基本职能，其中核算职能是指会计以货币为主要计量单位，对特定主体的经济活动进行确认、计量和报告的职能；监督职能是指对特定主体经济活动和相关会计核算的真实性、合法性和合理性进行审查的职能。依据会计职能的定义，可见苏父的记账行为体现了会计基本职能中的核算职能，而子女们核对每笔支出的行为体现了会计基本职能中的监督职能。

第二节　会计基本假设、会计基础和会计信息质量要求

📂 /学习导读/

> 小陈开了一家小超市，2021年8月，超市购买了一台冷柜，花费0.7万元，8月共实现零售收入1.5万元（没有赊销），已经零售的商品成本为0.8万元（还未支付供货商货款）。根据上述信息，小超市8月实现的利润为0吗？

一、会计基本假设

会计基本假设是对会计核算所处时间、空间环境等所做的合理假定，是企业会计确认、计量和报告的前提。会计基本假设包括：**会计主体**、**持续经营**、**会计分期**和**货币计量**。

（一）会计主体

会计主体是指会计工作服务的**特定对象**，是企业会计确认、计量和报告的**空间范围**。为了向财务报告使用者反映企业财务状况、经营成果和现金流量，提供对其决策有用的信息，会计核算和财务报告的编制应当集中反映特定对象的活动，并将其与其他经济实体区分开来。在会计主体假设下，企业应当对其本身发生的交易或事项进行会计确认、计量和报告，反映企业本身所从事的各项生产经营活动和其他相关活动。

会计主体确定了会计核算所处的立场。会计核算必须站在本企业角度观察所发生的经济业务，不能与其他会计主体相混淆。例如，企业股东的个人经济交易属于企业股东主体的经济事项，不应纳入企业会计核算的范围，但是企业股东投入到企业的资本或企业向股东发放的股利或利润，则属于企业会计主体的经济事项，应纳入企业的会计核算范围。

会计主体不同于法律主体，一般而言，法律主体必然是一个会计主体，但是会计主体不一定是法律主体。作为会计主体，必须能够控制经济资源并进行独立核算。会计主体既可以是一个企业，也可以是若干企业组织起来的集团，甚至还可以是一个企业的分部。会计主体既可以是法人，如股份有限公司或有限责任公司，也可以是不具备法人资格的实体，如独资企业、合伙企业、企业集团、事业部、分公司、工厂的分部等。

（二）持续经营

持续经营是指在可以预见的将来，企业将会按当前的规模和状态**继续经营下去**，不会停业，也不会大规模削减业务。在持续经营假设下，会计确认、计量和报告应当以企业持续、正常的生产经营活动为前提。

持续经营假设为会计核算的开展提供了正常的业务背景。企业在持续经营假设下，可以假定固定资产会在持续经营过程中发挥作用，可以根据历史成本记录资产价值，并按历史成本将其分摊到各会计期间。

企业是否持续经营，在会计原则和会计方法上会有较大差异，只有假定企业在可预期的未来不会清算，会计核算才可以正常进行，否则将依据清算时的特殊规定进行处理。而当有确凿证据（如发布破产公告）证明企业已经不能再持续经营下去的，持续经营假设会自动失效，此时企业将由清算小组接管，会计核算依据清算有关会计处理规定进行。

📢 **学习提示**：正是基于持续经营假设，固定资产才能分期计提折旧。

（三）会计分期

会计分期是指将一个企业**持续经营**的生产经营活动划分为一个个连续的、长短相同的期间。

会计分期的目的，在于通过会计期间的划分，将持续经营的生产经营活动进行划分，据以结算盈亏，按期编报财务报告，从而及时向财务报告使用者提供有关企业财务状况、经营成果和现金流量的信息。

会计期间分为**年度**和**中期**。中期是指短于一个完整的会计年度的报告期间，通常包括半年度、季度和月度。我国规定以日历年作为企业的会计年度，即以公历1月1日至12月31日为一个会计年度，年度、半年度、季度和月度均按公历起讫日期确定。

📢 **学习提示**：由于会计分期，才产生了当期与其他期间的差别，从而形成了权责发生制和收付实现制两种不同的记账基础。

（四）货币计量

货币计量是指会计主体在会计确认、计量和报告时以**货币为计量单位**反映会计主体的生产经营活动。货币是商品的一般等价物，是衡量一般商品价值的共同尺度，具有价值尺度、流通手段、贮藏手段和支付手段等职能。选择货币这一共同尺度进行计量，能够全面、综合地反映企业的生产经营情况。

我国的会计核算以人民币为记账本位币。业务收支以外币为主的企业，也可以选择某种外币作为记账本位币，但编制的财务会计报告应当折算为人民币反映。在境外设立的中国企业向国内报送的财务会计报告，应当折算为人民币。

二、会计基础

会计基础是指会计确认、计量和报告的基础，具体包括**权责发生制**和**收付实现制**。企业会计的确认、计量和报告应当以权责发生制为基础。

（一）权责发生制

权责发生制是指以取得收取款项的权利或支付款项的义务为标志来确定本期收入和支出的会计基础。

在实务中，企业交易或者事项的发生时间与相关款项的收支时间有时并不完全一致。权责发生制的核心是根据权、责关系实际发生的期间来确认收入和费用，要求凡是当期已经实现的收入、已经发生和应当负担的费用，不论款项是否收付，都应当作为当期的收入和费用，列入当期利润表；凡是不属于当期的收入和费用，即使款项已经在当期收付，也不应当作为当期的收入和费用，不能列入当期利润表。

例如，玉利兴公司 9 月预收了 B 企业货款 5 000 元，但当月并没有发货，到 10 月才发出商品，转移相关商品的控制权。

根据权责发生制的要求，尽管收款时间在 9 月，但 9 月并没有实现销售，因此不能确认为收入，只能确认为合同负债，只有在 10 月发出商品并实际转移相关商品的控制权，实现销售，才能确认为收入。

采用权责发生制既有优点也有缺点。

采用权责发生制的优点：

（1）可以正确反映各个会计期间所实现的收入和为实现收入所负担的费用。

（2）可以把各期的收入与相关的费用、成本相配比，加以比较。

（3）可以正确确定各期的财务成果。

采用权责发生制的缺点：

（1）思考过程比较复杂。

（2）实务处理比较烦琐。

（二）收付实现制

收付实现制是指以款项的实际收付为标志来确定本期收入和支出的会计核算基础。采用收付实现制，以实际款项的收付为标准来记录收入的实现或费用的发生。收付实现制要求凡属本期实际收到款项的收入和支付款项的费用，不管其是否应归属于本期，都应作为本期的收入和费用入账；反之，凡本期未实际收到款项的收入和未支付款项的费用，都不应作为本期的收入和费用入账。例如，在上例中，不考虑其他因素，同样的一笔业务，如果记账基础采用收付实现制，则确认收入 5 000 元的会计期间就应该是 9 月而不是 10 月。

目前，在我国，政府会计由预算会计和财务会计构成。其中，预算会计采用收付实现制，国务院另有规定的，依照其规定；财务会计采用权责发生制。

采用收付实现制既有优点也有缺点。

采用收付实现制的优点：

（1）会计记录直观，便于根据账簿记录来量入为出。

（2）会计处理简便，不需要对账簿记录进行期末账项调整。

采用收付实现制的缺点：

（1）本期的收入和费用缺乏合理的配比，所计算的财务成果不够完整、准确。

（2）收付实现制下提供的财务信息有限且关联性较差。

三、会计信息质量要求

会计信息质量要求是对企业财务报告中所提供会计信息质量的基本要求，是使财务报告所提供的会计信息对投资者等信息使用者决策有用应具备的基本特征，主要包括**可靠性**、**相关性**、**可理解性**、**可比性**、**实质重于形式**、**重要性**、**谨慎性**和**及时性**等。

（一）可靠性

可靠性要求企业应当以实际发生的交易或者事项为依据进行确认、计量和报告，如实反映符合确认和计量要求的各项会计要素及其他相关信息，保证会计信息真实可靠、内容完整。

为了贯彻可靠性要求，企业应当做到：

（1）以实际发生的交易或者事项为依据进行确认、计量。

（2）在符合重要性和成本效益原则的前提下，保证会计信息的完整性。

（3）包括在财务报告中的会计信息应当是客观中立的、无偏的。

（二）相关性

相关性要求企业提供的会计信息应当与投资者等财务报告使用者的经济决策需要相关，有助于投资者等财务报告使用者对企业过去、现在或未来的情况做出评价或者预测。

会计信息的相关性包含两个要素，即反馈价值和预测价值，具体内容如下：

（1）反馈价值。会计信息是否有用，是否具有价值，关键要看其与使用者的决策需要是否相关，是否有助于决策或者提高决策水平。具有相关性的会计信息应当有助于使用者评价企业过去的决策，证实或者修正过去的有关预测，因而具有反馈价值。

（2）预测价值。具有相关性的会计信息还应当具有预测价值，有助于使用者根据财务报告所提供的会计信息预测企业未来的财务状况、经营成果和现金流量。

（三）可理解性

可理解性要求企业提供的会计信息应当清晰明了，便于投资者等财务报告使用者理解和使用，即会计信息必须清晰易懂。

企业编制财务报告、提供会计信息的目的在于使用，要想让使用者有效使用会计信息，就应当让其了解会计信息的内涵，弄懂会计信息的内容，这就要求财务报告所提供的会计信息应当清晰明了，易于理解。只有这样，才能提高会计信息的有用性，实现财务报告的目标，满足向使用者提供决策有用信息的要求。因此，会计人员应尽可能地传递容易被人理解的会计信息。

（四）可比性

可比性要求企业提供的会计信息应当相互可比，主要包括以下两层含义：

1．同一企业不同会计期间可比

可比性要求同一企业不同会计期间发生的相同或者相似的交易或者事项，应当采用一致的会计政策，不得随意变更。但是，满足会计信息可比性要求，并非表明企业不得变更会计政策，如果按照规定或者在会计政策变更后可以提供更可靠、更相关的会计信息的，可以变更会计政策。有关会计政策变更的情况，应当在财务报告附注中予以说明。

2．不同企业相同会计期间可比

可比性要求不同企业同一会计期间发生的相同或者相似的交易或者事项，应当采用规定的、一致的会计政策，确保会计信息口径一致、相互可比，以使不同企业按照一致的确认、计量和报告要求提供有关会计信息。

（五）实质重于形式

实质重于形式要求企业应当按照交易或者事项的经济实质进行会计确认、计量和报告，不应仅以交易或者事项的法律形式为依据。

在实际工作中，交易或事项的法律形式并不总能完全真实地反映其实质内容，所以会计信息要想真实地反映交易或事项，就必须根据交易或事项的实质和经济现实，而不仅仅是法律形式来进行判断。

企业发生的交易或事项在多数情况下经济实质和法律形式是一致的。但在有些情况下，会出现不一致。例如，企业租入的资产（除短期租赁和低价值资产租赁外），应视为企业的资产，在企业的资产负债表中进行反映。之所以进行这样的处理是从两方面进行考虑的：其一，从法律形式来讲企业并不拥有资产所有权，但是租赁合同规定的租赁期往往接近于该资产的使用寿命，租赁期结束时承租企业有优先购买该资产的选择权，在租赁期内承租企业有权支配资产并从中受益等；其二，从其经济实质来看，企业能够控制租入资产所创造的未来经济利益，在会计确认、计量和报告时就应当将租入的资产视为企业的资产。

（六）重要性

重要性要求企业提供的会计信息应当反映与企业财务状况、经营成果和现金流量有关的所有重要交易或者事项。

在实务中，如果某类会计信息的省略或错报会影响投资者等财务报告使用者做出决策，那么该类会计信息就具有重要性。企业提供会计信息时，应区分其重要程度，对重要的会计信息在财务报告中突出反映。

（七）谨慎性

谨慎性要求企业对交易或者事项进行会计确认、计量和报告时保持应有的谨慎，不应高估资产或者收益，低估负债或者费用。

在市场经济环境下，企业的生产经营活动面临着许多风险和不确定性，如应收款项的可收回性、固定资产的使用寿命、无形资产的使用寿命、售出存货发生退货或者返修的可能性等。会计信息质量的谨慎性要求，需要企业在面临不确定性因素的情况下做出职业判断时，应当保持应有的谨慎，充分估计到各种风险和损失，既不高估资产或者收益，又不低估负债或者费用。例如，针对企业定期或至少于年度终了时，对可能发生的各项资产损失计提资产减值或跌价准备以及对固定资产采用加速折旧法等方面的要求，就充分体现了会计信息的谨慎性特征。

（八）及时性

及时性要求企业对于已经发生的交易或者事项，应当及时进行确认、计量和报告，不得提前或者延后。

在会计确认、计量和报告过程中贯彻及时性，应做到：①及时收集会计信息；②及时处理会计信息；③及时传递会计信息。

❄ **本节导读分析**：小超市8月的利润应该是0.7万元（1.5万元－0.8万元）。小超市实行权责发生制，没有支付货款的0.8万元商品成本也应该确认为本月的成本。购买冷柜支付的款项不可以作为费用在当期一次性扣除，根据持续经营和会计分期假设，应该在规定期限内分期计提折旧。根据现行《企业会计准则》的规定，当月购入的固定资产当月不计提折旧，所以8月不计提折旧，也就没有折旧费用。

第三节　会计要素及其确认与计量

> **/学习导读/**
>
> "是否觉得你在大学城里的生活缺少什么而购买全新的又太贵了？是否快毕业离开了，但有很多东西带走麻烦、弃之可惜？"这则高校跳蚤市场的广告吸引了即将毕业返乡的赵同学，于是她带着自己曾经花费 8 000 元购买的古筝来到市场，将其以 2 000 元的价格出售给了一名爱琴的新生。从会计的角度分析，上述故事中的数字体现了哪些会计要素计量属性？

一、会计要素及其确认条件

会计要素是指根据**交易或者事项的经济特征**所确定的财务会计对象和基本分类，它是会计核算对象的具体化，也是用于反映特定会计主体财务状况和经营成果的基本单位，还是构成会计报表的基本组件。

会计要素按照其性质分为资产、负债、所有者权益、收入、费用和利润六类。

资产、负债和所有者权益要素侧重于**反映特定时点企业的财务状况**，在**资产负债表**中列示，也称资产负债表要素，表现了资金运动的相对静止状态，属于**静态要素**。

收入、费用和利润要素侧重于**反映特定时段企业的经营成果**，在**利润表**中列示，也称利润表要素，表现了资金运动的显著变动状态，属于**动态要素**。

会计要素按反映内容分类如图 1-1 所示。

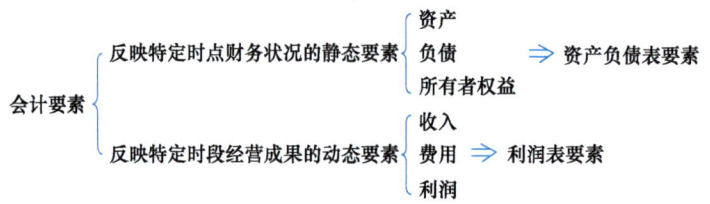

图 1-1　会计要素按反映内容分类

（一）资产

1. 资产的定义

资产是指企业过去的交易或者事项形成的、由企业拥有或控制的、预期会给企业带来经济利益的资源。资产是企业从事生产经营活动的物质基础，任何一个企业必须拥有一定数量和相应结构的资产方可进行正常的生产经营活动。根据资产的定义，资产具有以下三个方面的特征：

（1）资产是由企业**过去的交易或者事项**形成的。过去的交易或事项是指企业已经发生的交易或事项，包括购买、生产、建造等交易或事项。

> **学习提示**：预期在未来发生的交易或者事项不形成资产，即企业所确认的资产必须是现实的资产，而不能是预期的资产。例如，玉利兴公司准备于下个月购买一台设备，由于相关交易尚未发生，准备购买的设备就不能作为企业的资产，而应在实际购买的当月确认为企业的资产。

（2）资产是企业**拥有或者控制**的资源。企业拥有或者控制是指企业享有某项资源的所有权，或者虽然不享有某项资源的所有权，但在某些条件下该资源能被企业所控制，其他单位或个人未经同意，不能擅自使用企业的该项资源。

（3）资产**预期会**给企业带来经济利益。预期会给企业带来经济利益是指资产具有直接或者间接导致现金或现金等价物流入企业的潜在能力，这一特征是资产最重要的特征。

企业以前已经确认为资产的项目，如果未来不能再为企业带来经济利益，也就不能再确认为企业的资产。如某项资产发生毁损、变质，或者因债务人破产而无法收回等，该项资产就不应再确认为资产，应作为费用或损失处理。

2．资产的确认条件

将一项资源确认为资产，除了该项资源需要符合资产的定义，还应同时满足以下两个条件：

（1）与该项资源有关的经济利益**很可能**流入企业。资产的一个特征是预期会给企业带来经济利益，但实际工作中，由于经济环境瞬息万变，与一项资源有关的经济利益能否流入企业实际上具有一定的不确定性，因此资产的确认还应与对经济利益流入的确定性程度的判断结合起来。如果根据编制财务报表时所取得的证据，判断与一项资源有关的经济利益很可能流入企业，那么就将该项资源作为资产予以确认；反之，则不能将其确认为资产。确定性程度的判断标准见表 1-1。

表 1-1　确定性程度的判断标准

结果的确定性程度	对应的概率区间
基本确定	95% < X < 100%
很可能	50% < X ≤ 95%
可能	5% < X ≤ 50%
极小可能	0 < X ≤ 5%

注：X 表示对应结果出现的概率。

（2）该项资源的成本或者价值能够**可靠地计量**。会计核算既要确认科目，又要确认金额，只有当有关资源的成本或价值能够可靠地计量时，资产才能予以确认。在实务中，企业取得的许多资产都需要付出成本。例如，企业购买的存货、购置的设备等，只有实际发生的成本能够可靠计量，才能被视为符合了资产确认的可计量条件。

3．资产的分类

资产按流动性进行分类，可以分为**流动资产**和**非流动资产**。

（1）流动资产。流动资产是指企业可以在一年或者超过一年的一个营业周期内变现或者运用的资产。

📢 **学习提示**：对资产流动性的判断有时需要结合实际情况，如大型船舶制造厂制造大型轮船，往往需要超过一年的时间才能完成制造，这些轮船是轮船制造厂的存货，是流动资产。

流动资产通常包括：①货币资金；②存货（原材料、周转材料、在产品、半成品、产成品、库存商品以及委托加工物资等）；③应收及预付款项（应收账款、其他应收款和预付账款等）。

（2）非流动资产。非流动资产是流动资产以外的资产，即不能在一年或者超过一年的一个营业周期内变现或者耗用的资产。

非流动资产通常包括：①长期股权投资；②长期应收款；③固定资产；④长期待摊费用等。

📢 **学习提示**：长期待摊费用是指企业已经支出，但摊销期限在一年以上（不含一年）的各项费用，包括固定资产修理支出、租入固定资产的改良支出以及摊销期限在一年以上的其他待摊费用。

（二）负债

1．负债的定义

负债是指企业过去的交易或者事项形成的，预期会导致经济利益流出企业的现时义务。根据负债的定义，负债具有以下三个方面的特征：

（1）负债是由企业**过去的**交易或者事项形成的。只有过去的交易或者事项才形成负债，企业在未来发生的承诺、签订的合同等交易或者事项，不形成负债。例如，2021年6月，玉利兴公司与银行达成了一个月后借入500万元长期借款的意向书，由于借款尚未实际发生，是未来可能发生的，则6月玉利兴公司还不能将这500万元确认为企业的负债。

（2）负债预期会导致**经济利益流出**企业。企业在履行现时义务清偿各项负债时，会导致经济利益流出企业。而经济利益流出企业的形式多种多样。例如，用现金偿还或以实物资产形式偿还负债；以提供劳务形式偿还负债；用部分转移资产、部分提供劳务的形式偿还负债等，均会导致经济利益流出企业。

（3）负债是企业承担的现时义务。**现时义务**是指企业在现行条件下已承担的义务。例如，企业购买原材料形成的应付账款，企业向银行借入的期限在一年内的款项形成的短期借款，企业按照税法规定应当缴纳的税款等，均属于企业承担的现时义务。而企业在未来发生的交易或者事项形成的义务，不属于现时义务，不得确认为负债。

2．负债的确认条件

将一项现时义务确认为负债，除了该项义务需要符合负债的定义，还应当同时满足以下两个条件：

（1）与该项义务有关的经济利益**很可能**流出企业。从负债的定义可以看出，预期会导致经济利益流出企业是负债的一个本质特征。但在会计实务中，企业履行义务所需流出的经济利益具有一定的不确定性，因此，负债的确认应当与对经济利益流出的确定性程度的判断结合起来，如果有确凿证据表明，与一项现时义务有关的经济利益很可能流出企业，那么就将其作为负债予以确认；反之，则不能将其确认为负债。

（2）未来流出的经济利益的金额能够**可靠地计量**。负债的确认在考虑经济利益流出企业的同时，对于未来流出的经济利益的金额应当能够可靠地计量。

3．负债的分类

按偿还期限的长短，一般将负债分为**流动负债**和**非流动负债**。

（1）流动负债。流动负债是指将在一年（含一年）或者超过一年的一个营业周期内偿还的债务。流动负债主要包括：①短期借款；②应付及预收款项（应付账款、其他应付款和预收账款等）；③应付职工薪酬；④应交税费；⑤应付利息；⑥应付股利等。

📢 **学习提示**："应付利息""应付股利"在资产负债表中"其他应付款"项目列示。

（2）非流动负债。非流动负债是指流动负债以外的负债，即偿还期在一年以上或者超过一年的一个营业周期以上的债务。非流动负债主要包括：①长期借款；②应付债券；③长期应付款等。

📢 **学习提示**：企业发行债券一般是筹集长期资金的一种重要方式，所以应付债券一般被归类为非流动负债。

（三）所有者权益

1．所有者权益的定义

所有者权益是指企业资产扣除负债后，由所有者享有的剩余权益。公司的所有者权益又称为股东权益，也称为净资产。所有者权益是所有者对企业资产的剩余索取权，它是企业的资产扣除债权人权益后应由所有者享有的部分，既反映了所有者投入资本的保值增值情况，又体现了保护债权人权益的理念。

2. 所有者权益的来源

所有者权益的来源包括所有者投入的资本、其他综合收益、留存收益等，通常由股本（或实收资本）、资本公积（含资本溢价或股本溢价、其他资本公积）、其他综合收益、盈余公积和未分配利润等构成。

所有者投入的资本是指所有者投入企业的资本部分，它既包括构成企业注册资本或者股本的金额，也包括投入资本超过注册资本或股本部分的金额，即资本溢价或股本溢价，这部分投入资本作为资本公积（资本溢价或股本溢价）反映。

其他综合收益是指企业根据《企业会计准则》的规定未在当期损益中确认的各项利得和损失。

留存收益是指企业从历年实现的利润中提取或形成的留存于企业的内部积累，包括盈余公积和未分配利润。

📢 **学习提示**：所有者权益与负债同属于"权益"，权益是指对企业资产的求偿权，二者的区别如下：

（1）性质不同。负债是债权人权益，所有者权益是所有者对企业净资产的求偿权。

（2）偿还责任不同。负债要求企业按规定的时间和利率支付利息，到期偿还本金；所有者权益则与企业共存亡，在企业经营期内无须偿还。

（3）享受的权利不同。债权人享受收回本金和按约定收回利息的权利，没有参与企业经营管理的权利，也没有参与企业收益分配的权利；所有者既具有参与企业经营管理的权利，也具有参与企业收益分配的权利。

（4）计量特性不同。负债可以单独直接计量，所有者权益除了投资者投资时以外，一般不能直接计量，而是通过资产和负债的计量来进行间接的计量。

（5）风险和收益的大小不同。负债风险小，收益一般也要小一些；所有者权益风险大，收益一般也较高。

3. 所有者权益的确认条件

所有者权益体现的是所有者在企业中的剩余权益，因此，所有者权益的确认和计量主要依赖于资产与负债的确认和计量。企业接受投资者投入的资产，在该资产符合资产确认条件时，就相应地符合所有者权益的确认条件；当该资产的价值能够可靠计量时，所有者权益的金额也就可以确定。

例如，玉利兴公司资产总额为 1 000 万元，其中负债部分为 400 万元，所有者权益部分为 600 万元，满足"资产（1 000）＝负债（400）＋所有者权益（600）"，假如在接下来的一个月中，资产的总价值缩水为 900 万元，企业没有偿还旧债，也没有举借新债，那么负债总额依然为 400 万元，资产价值缩水的 100 万元必须由所有者承担，因而所有者权益的金额变为 500 万元（900 万元 －400 万元）。

（四）收入

1. 收入的定义

收入是指企业在**日常活动**中形成的，会导致**所有者权益增加**的，与所有者投入资本**无关**的经济利益的总流入。根据收入的定义，收入具有三个方面的特征：

（1）收入是企业在**日常活动**中形成的。将收入界定为"日常活动"中发生的经济利益总流入，是为了将其与利得相区分，凡是日常活动所形成的经济利益的流入就可以确认为收入。例如，工业企业制造并销售产品、商业企业销售商品、保险公司签发保单、咨询公司提供咨询服务、软件企业为客户开发软件、安装公司提供安装服务、商业银行对外贷款、租赁公司出租资产等，均属于企业的日常活动。反之，非日常活动所形成的经济利益的流入不能确认为收入，而应当计入利得。例如，处置固定资产属于**非日常活动**，所形成的净收益就不应确认为收入，而应当确认为**利得**。

（2）收入会导致所有者权益的增加。与收入相关的经济利益的流入会**导致所有者权益的增加**，不会导致所有者权益增加的经济利益的流入不符合收入的定义，不应确认为收入。例如，企业向银行借入款项，也导致了企业经济利益的流入，但并不导致所有者权益的增加，反而使企业承担了一项现时义务，不应将其确认为收入，而应当将其确认为一项负债。

（3）收入是**与所有者投入资本无关**的经济利益的总流入。所有者投入资本的增加不应当确认为收入，而应当直接确认为所有者权益。

📢 **学习提示**：日常活动是指企业为完成其经营目标所从事的经常性活动以及与之相关的活动。

2. 收入的确认条件

企业收入的来源渠道多种多样，不同收入来源的特征虽然有所不同，但收入的确认条件却是相同的。当企业与客户之间的合同同时满足下列条件时，企业应当在客户取得相关商品控制权时确认收入：

（1）合同各方**已批准**该合同并承诺将履行各自义务。

（2）该合同明确了合同各方与所转让商品（或所提供服务）相关的**权利和义务**。

（3）该合同有明确的与所转让商品（或所提供服务）相关的**支付条款**。

（4）该合同具有**商业实质**，即履行该合同将改变企业未来现金流量的风险、时间分布或金额。

（5）企业因向客户转让商品（或提供服务）而有权取得的对价**很可能收回**。

3. 收入的分类

收入按企业经营业务的主次可分为主营业务收入和其他业务收入。主营业务收入是由企业的主营业务所带来的收入，如工业企业销售商品、提供加工修理修配劳务等主营业务所实现的收入；其他业务收入是指在除主营业务活动以外的其他经营活动中实现的收入，如工业企业出租固定资产、出租无形资产、出租包装物和商品、销售材料等实现的收入。

（五）费用

1. 费用的定义

费用是指企业在**日常活动**中发生的，会导致所有者权益减少的，与向所有者分配利润**无关**的经济利益的总流出。根据费用的定义，费用具有三个方面的特征：

（1）费用是企业在**日常活动**中发生的。将费用界定为"日常活动"发生的经济利益总流出，是为了将其与损失相区分。企业非日常活动中所形成的经济利益的流出不能确认为费用，而应当计入损失。例如，玉利兴公司进行产品广告宣传花费的 2 万元广告费应该确认为企业的费用。但是，若该公司报废固定资产发生净损失 1 万元，这 1 万元净损失与企业日常经营活动无关，具有偶发性，不能作为企业的费用，只能作为损失进行确认。

（2）费用会导致所有者权益的**减少**。与费用相关的经济利益的流出应当导致所有者权益的减少，不会导致所有者权益减少的经济利益的流出不符合费用的定义，不应确认为费用。例如，玉利兴公司以银行存款偿还一项负债，只是一项资产和负债的等额减少，对所有者权益没有影响，因此不构成企业的费用。

（3）费用是与向所有者分配利润**无关的**经济利益的总流出。企业向所有者分配利润也会导致经济利益流出企业，而该类经济利益的流出属于所有者权益的抵减项目，不应确认为费用。

2．费用的确认条件

费用的确认除了应当符合定义外，至少还应当符合以下条件：

（1）与费用相关的经济利益应当**很可能**流出企业。

（2）经济利益流出企业的结果会导致**资产的减少**或者**负债的增加**。

（3）经济利益的流出金额能够**可靠计量**。

符合费用定义和费用确认条件的项目，应当列入利润表；符合费用定义，但不符合费用确认条件的项目，不应当列入利润表。

3．费用的分类

费用按照与收入的配比关系不同，可分为**生产费用**与**期间费用**。

（1）生产费用。生产费用是指与企业日常生产经营活动有关的费用，按其经济用途可分为直接材料、直接人工和制造费用。生产费用应按其实际发生情况计入产品的生产成本，对于生产几种产品共同发生的生产费用，应当按照受益原则，采用适当的方法和程序分配计入相关产品的生产成本。

（2）期间费用。期间费用是指企业本期发生的、不能直接或间接归入产品生产成本，而应直接计入当期损益的各项费用，包括管理费用、销售费用和财务费用，会计期末需在利润表中分项目列示期间费用。

1）管理费用是指企业为组织和管理生产经营发生的各种费用。

📢 **学习提示**：财务部属于管理部门，发生的日常管理费用是"管理费用"。

2）财务费用是指企业为筹集生产经营活动所需资金等而发生的筹资费用。

📢 **学习提示**：财务费用具体包括企业生产经营期间发生的利息支出（减利息收入）、汇兑损益（有的企业如商品流通企业、保险企业对汇兑损益进行单独核算，不包括在财务费用中）、金融机构手续费和企业发生的现金折扣或收到的现金折扣等。

3）销售费用是指企业在销售商品和材料、提供服务的过程中发生的各种费用。

📢 **学习提示**：企业专设销售部门发生的所有费用，均应确认为"销售费用"。

（六）利润

1．利润的定义

利润是指企业在一定会计期间内的经营成果。通常情况下，如果企业实现了利润，表明企业的所有者权益将增加；反之，如果企业发生了亏损（即利润为负数），表明企业的所有者权益将减少。

利润包括收入减去费用后的净额、直接计入当期利润的利得和损失等。其中，收入减去费用后的净额反映的是企业日常活动的业绩。直接计入当期利润的利得和损失，是指应计入当期损益、会导致所有者权益发生增减变动的、与所有者投入资本或者向所有者分配利润无关的利得或损失。

利得是指由企业非日常活动所形成的、会导致所有者权益增加的、与所有者投入资本无关的经济利益的流入。

损失是指由企业非日常活动所发生的、会导致所有者权益减少的、与向所有者分配利润无关的经济利益的流出。

利得或损失的分类如图 1-2 所示。

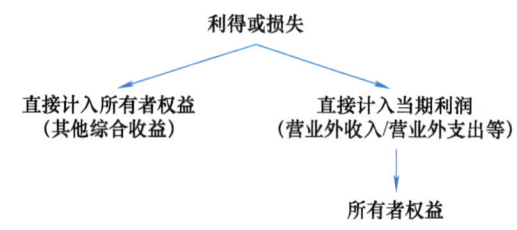

图 1-2　利得或损失的分类

2．利润的确认条件

利润的确认主要依赖于收入和费用，以及利得和损失的确认，利润金额的确定也主要取决于收入、费用、利得和损失金额的计量。

二、会计要素的计量属性

（一）计量属性介绍

会计要素的计量是指为了将符合确认条件的会计要素登记入账并列报于财务报表而确定其金额的过程。企业应当按照规定的计量属性对会计要素进行计量，确定相关金额。

会计要素的计量属性是指会计要素的数量特征或外在表现形式，它反映了会计要素金额的确定基础，主要包括**历史成本**、**重置成本**、**可变现净值**、**现值**和**公允价值**等。

1．历史成本

历史成本又称为实际成本，是指为取得或制造某项财产物资所实际支付的现金或者现金等价物。

在历史成本计量下，资产按照购置时支付的现金或者现金等价物的金额，或者按照购置资产时所付出的对价的公允价值计量；负债按照因承担现时义务而实际收到的款项或者资产的金额，或者按照承担现时义务的合同金额，或者按照日常活动中为偿还负债预期需要支付的现金或者现金等价物的金额计量。

2．重置成本

重置成本又称为现行成本，是指按照**当前市场条件**，重新取得**同样一项资产或承担同样一项义务**所需要支付的现金或者现金等价物金额。

采用重置成本计量时，资产按照现在购买相同或者相似资产所需支付的现金或现金等价物的金额计量；负债按照现在偿付该项负债所需支付的现金或者现金等价物的金额计量。

例如，企业在财产清查时发现一项盘盈的固定资产，对于该盘盈的固定资产计量时就应当采用重置成本，即以现在市场上与该盘盈固定资产相同规格型号、相同新旧程度的固定资产的价值作为其重置成本，对其进行计量入账。

3．可变现净值

可变现净值是指在正常的生产经营过程中，以**预计售价**减去进一步加工成本和销售所必须支付预计税金、费用后的净值。采用可变现净值计量时，资产按照其正常对外销售所能收到现金或者现金等价物的金额，扣减该资产至完工时估计将要发生的成本、估计的销售费用以及相关税费后的金额计量。

📎 **学习提示**：可变现净值通常应用于存货期末计提减值情况下的后续计量。例如，玉利兴公司年末甲产品估计售价 10 万元（假设暂时不考虑增值税），预计销售费用及相关税费 1 万元，则甲产品的可变现净值为9万元（10万元 −1万元）。

4. 现值

现值是指对未来现金流量以**恰当的折现率**进行折现后的价值，是考虑**货币时间价值**的一种计量属性。

采用现值计量时，资产按照预计从其持续使用和最终处置中所产生的未来净现金流入量的折现金额计量；负债按照预计期限内需要偿还的未来净现金流出量的折现金额计量。

📢**学习提示**：现值通常用于非流动资产和非流动负债的计量。例如，固定资产的初始计量中对于价款超过正常信用条件延期支付，实质上具有融资性质的，固定资产的成本以购买价款的现值为基础确定。

5. 公允价值

公允价值①是指**市场参与者**在计量日发生的**有序**交易中，出售一项资产所能收到或者转移一项负债所需支付的价格。

（二）计量属性的运用原则

企业在对会计要素进行计量时，一般应当采用历史成本。在某些情况下，如果采用其他计量属性提供的财务报告信息更加可靠、更加公允的话，可以采用其他计量属性。但采用重置成本、可变现净值、现值、公允价值计量的，应当保证所确定的会计要素金额能够持续取得并可靠计量。

✳️**本节导读分析**：会计要素计量属性是指会计要素的数量特征或外在表现形式，反映了会计要素金额的确定基础，主要包括历史成本、重置成本、可变现净值、现值和公允价值等。其中，历史成本又称为实际成本，是指为取得或制造某项财产物资所实际支付的现金或者现金等价物。赵同学最初购置古筝的8 000元，体现的是历史成本计量属性。而公允价值是指市场参与者在计量日发生的有序交易中，出售一项资产所能收到或者转移一项负债所需支付的价格。根据定义，赵同学收到的售琴款2 000元体现了公允价值这一会计要素计量属性。

⚙️**知识小结**：会计要素计量属性及其应用总结见表1-2。

表1-2　会计要素计量属性及其应用总结

计量属性	概　　念	主要应用
历史成本	又称为实际成本，是指为取得或制造某项财产物资所实际支付的现金或者现金等价物	我国企业对会计要素的计量一般采用历史成本

知识拓展

① 在选用公允价值计量属性时，新修定的《企业会计准则》充分考虑了公允价值应用的三个级次：第一，资产或负债等存在活跃市场的，活跃市场中的报价应当用于确定其公允价值；第二，不存在活跃市场的，参考熟悉情况并自愿交易的各方最近进行的市场交易价格或参照实质上相同或相似的其他资产或负债等的市场价格确定其公允价值；第三，不存在活跃市场，且不满足上述两个条件的，应当采用估值技术等确定公允价值。我国引入公允价值是适度、谨慎和有条件的，在《企业会计准则第3号——投资性房地产》和《企业会计准则第5号——生物资产》等具体准则中规定，只有在有确凿证据表明公允价值能够持续可靠取得的情况下，才能采用公允价值计量。

（续）

计量属性	概　念	主要应用
重置成本	又称为现行成本，是指按照当前市场条件，重新取得同样一项资产或承担同样一项义务所需支付的现金或者现金等价物金额	盘盈的固定资产的计量
可变现净值	是指在生产经营过程中，以预计售价减去进一步加工成本和销售所必须支付的预计税金、费用后的净值	存货期末按成本与可变现净值孰低计量
现值	是指对未来现金流量以恰当的折现率进行折现后的价值	资产可收回金额计算口径之一
公允价值	是指市场参与者在计量日发生的有序交易中，出售一项资产所能收到或者转移一项负债所需支付的价格	交易性金融资产等

本章导读分析

　　江天浩的电动车是由过去的交易形成，公司拥有所有权，并能为公司带来经济利益的资源，符合资产的定义；同时经济利益流入公司的可能性非常大，且金额能够确认，达到资产的确认条件，所以该车归属于会计要素中的资产类；又因为该车不能在一年或超过一年的一个营业周期内变现或耗用，所以属于非流动资产类下的固定资产项目。因为持续经营假设，所以该车的折旧可以在规定的年限内计提。公司应运用历史成本对该车进行计量，按照购买的价款入账。公司采用权责发生制的会计基础，购买该车的费用不作为本期费用确认。

实务案例

　　B 国际投资股份有限公司（以下简称 B 公司）在 2019 年 1—8 月连续发布五项对外投资公告。后经调查发现，B 公司在主动披露上述事项后，后续并未就上述投资公告事宜签订具体协议，在相关业务明确终止的情况下也未依法披露重大进展。证监会认定，B 公司滥用自愿披露方式做选择性披露，隐瞒负面信息，营造公司积极拓展海外业务且捷报频传的假象，严重误导投资者。2021 年 6 月，证监会依法对 B 公司及相关责任人员予以处罚。

　　会计信息质量要求是企业会计的生命线，企业的会计信息披露应该严格按照《企业会计准则》规定的八条质量要求进行，B 公司作为上市公司更应该如此。B 公司滥用自愿披露方式做选择性披露的行为属于信息披露不真实、不准确、不完整，违背了会计信息质量要求中的可靠性质量要求。

思维导图

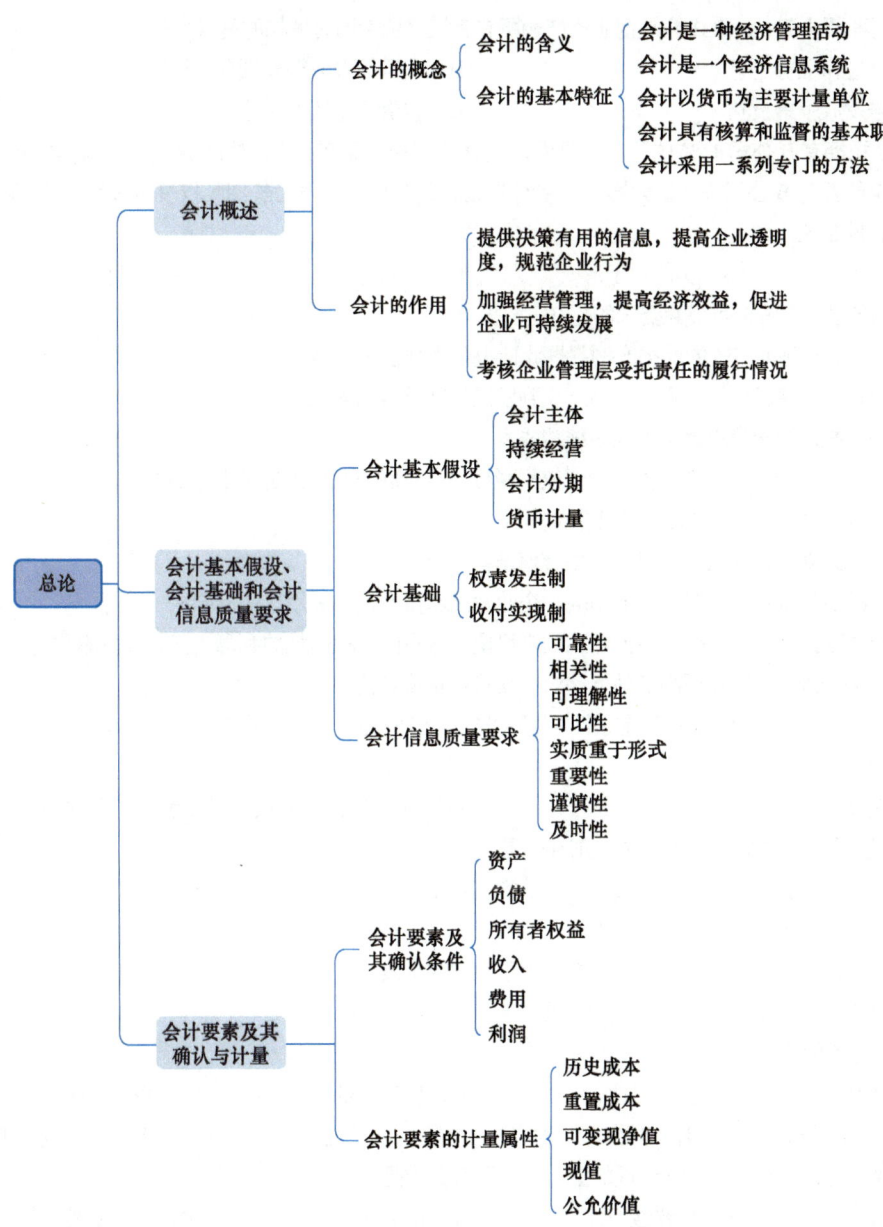

习 题

一、单项选择题

1．以下单位中，采用收付实现制核算的是（　　）。
A．政府机构的预算会计核算　　　　B．有限责任公司
C．股份有限公司　　　　　　　　　D．国有企业

2. 下列各项中，属于企业资产的是（　　）。
   A．计划购买的原材料　　　　　　　B．委托加工物资
   C．待处理财产损失　　　　　　　　D．预收款项
3. 下列各项业务中，最终能使企业资产和所有者权益总额同时增加的是（　　）。
   A．支付应付债券利息　　　　　　　B．发行债券取得款项存入银行
   C．宣告发放股票股利　　　　　　　D．接受固定资产捐赠
4. A公司拥有B公司15%的表决权股份，但B公司的主要产品生产依靠A公司的关键技术支持，A公司据此认定能够对B公司施加重大影响，将对B公司的股权投资作为长期股权投资核算。该事项所体现的会计信息质量要求为（　　）。
   A．谨慎性　　　　B．实质重于形式　　　　C．可靠性　　　　D．及时性
5. 下列各项中不符合可靠性要求的是（　　）。
   A．甲公司合理确定5%的计提比例并据此计提坏账准备50万元
   B．乙公司期末将已运至本企业、尚未收到发票的商品暂估入账
   C．丙公司按照销售发票确认收入并结转成本
   D．丁公司为降低企业当期应缴纳的增值税税额，从关联企业购入进项发票500万元
6. 下列各项中，不能体现谨慎性要求的是（　　）。
   A．企业期末对其持有的债权投资计提减值准备
   B．为了减少技术更新带来的无形损耗，企业对高新技术设备采用加速折旧法
   C．鉴于本期经营亏损，企业将已达到预定可使用状态的工程借款的利息支出予以资本化
   D．企业采用成本与可变现净值孰低法对存货进行期末计价
7. 对于下列各项资产，满足一定条件时可以按公允价值进行后续计量的是（　　）。
   A．固定资产　　　　　　　　　　　B．债权投资
   C．投资性房地产　　　　　　　　　D．同一控制下企业合并取得的长期股权投资
8. 下列对会计基本假设的表述中，正确的是（　　）。
   A．持续经营和会计分期确定了会计核算的空间范围
   B．一个会计主体必然是一个法律主体
   C．货币计量为会计确认、计量和报告提供了必要的手段
   D．会计主体确立了会计核算的时间范围
9. 会计分期的前提是（　　）。
   A．持续经营　　　　B．会计主体　　　　C．货币计量　　　　D．权责发生制
10. 从会计信息成本效益看，对会计事项应分轻重主次和繁简详略进行会计核算，而不应采用完全相同的会计程序和处理方法，这句话体现的会计信息质量要求是（　　）。
    A．谨慎性　　　　B．重要性　　　　C．相关性　　　　D．可理解性
11. 下列关于相关性的说法，错误的是（　　）。
    A．相关性要求企业提供的会计信息应当与投资者等财务报告使用的经济需要相关
    B．相关性要求企业提供的会计信息有助于投资者等财务报告使用者对企业过去、现在和未来的情况做出评价和预测
    C．相关性是以可靠性为基础的，两者之间并不矛盾，也就是说会计信息应在可靠性前提下，尽可能提高相关性
    D．相关性是指企业的财务报告应当反映企业日常生产经营活动中所发生的一切信息

12. 下列各项目中，不属于工业生产企业其他业务收入范畴的是（　　）。
   A. 出售原材料取得的收入
   B. 单独出售包装物取得的收入
   C. 处置交易性金融资产取得的收入
   D. 为外单位提供运输劳务取得的收入

13. 企业前后各期采用的会计政策应保持一致，不得随意变更，体现的会计信息质量要求是（　　）。
   A. 可比性　　　　B. 可靠性　　　　C. 可理解性　　　　D. 相关性

14. 下列关于会计要素的表述中，正确的是（　　）。
   A. 负债的特征之一是它是企业承担的潜在义务
   B. 收入是所有导致所有者权益增加的经济利益的总流入
   C. 利润是企业一定期间内收入减去费用后的净额
   D. 资产的特征之一是预期能给企业带来经济利益

15. 按照《企业会计准则》的规定，以下表述中不正确的是（　　）。
   A. 费用导致经济利益的流出，最终导致所有者权益减少
   B. 损失导致经济利益的流出，但不属于《企业会计准则》定义的"费用"要素
   C. 利得导致经济利益的流入，但不属于《企业会计准则》定义的"收入"要素
   D. 营业成本属于费用，期间费用属于损失

二、多项选择题

1. 下列各项交易事项中，体现会计核算谨慎性要求的是（　　）。
   A. 或有事项确认负债、资产条件的差异　　　　B. 采用双倍余额递减法对固定资产计提折旧
   C. 对固定资产计提减值准备　　　　D. 对交易性金融资产期末采用公允价值计量

2. 下列关于货币计量假设的说法中，正确的是（　　）。
   A. 货币是商品的一般等价物，是衡量一般商品价值的共同尺度
   B. 假定货币的币值是基本稳定的
   C. 存在多种货币的情况下，我国境内的企业只能以人民币作为记账本位币
   D. 货币计量假设为历史成本计量奠定了基础

3. 下列资产中，属于本企业资产的是（　　）。
   A. 盘盈的固定资产　　　　B. 应收款项
   C. 委托代销商品　　　　D. 盘亏的存货

4. 下列各项中，体现实质重于形式要求的是（　　）。
   A. 对具有融资性质的分期付款购入固定资产的会计处理
   B. 母子公司形成的企业集团编制合并财务报表
   C. 采用年数总和法计提固定资产折旧
   D. 周转材料采用一次摊销法摊销

5. 依据现行规定，下列说法中正确的是（　　）。
   A. 利得和损失可能会直接计入所有者权益
   B. 利得和损失最终会导致所有者权益的变动
   C. 利得和损失可能会影响当期损益
   D. 利得和损失一定会影响当期损益

6. 下列关于会计基本原理的表述中，正确的是（　　）。

A．会计要素的计量属性包括历史成本、重置成本、可变现净值、可收回金额等
B．直接计入当期利润的利得和损失反映的是企业非日常活动的业绩
C．会计主体是指企业会计确认、计量和报告的空间范围
D．可比性要求企业提供的会计信息应当相互可比，含义即同一企业不同时期可比、提供的会计信息应当清晰明了

7．下列各项中，不能作为负债确认的是（　　）。

A．因债务担保导致的诉讼赔偿，法院尚未判决且金额无法合理估计
B．以赊购方式购进货物的货款
C．可转换公司债券中的权益成分公允价值
D．企业应付未付的职工薪酬

8．下列关于利润的表述中正确的是（　　）。

A．利润是指企业在一定会计期间的经营成果
B．直接计入当期利润的利得和损失，是指应当计入当期损益，会导致所有者权益发生增减变动的、与所有者投入资本或者向所有者分配利润无关的利得或者损失
C．利润反映企业某一时点的财务状况
D．利润金额的确定主要取决于收入和费用的计量，不考虑利得和损失金额的影响

9．下列选项中，体现可理解性要求的是（　　）。

A．企业提供的财务报告应当便于使用者理解
B．企业对交易和事项进行确认时应当保持应有的谨慎
C．会计信息应当清晰明了，易于理解
D．某项会计信息，如其本身或与之相关的会计处理比较复杂，但与使用者的经济决策相关，企业应予以充分披露

10．下列符合可理解性要求的是（　　）。

A．会计记录应当清晰明了
B．在凭证处理和账簿登记时，应当有确凿依据
C．账户的对应关系要清楚，文字摘要应完整
D．在编制财务报表时，项目勾稽关系要清楚，内容要完整

11．下列关于及时性的表述正确的是（　　）。

A．企业对于已经发生的交易或事项不得提前或者延后确认
B．企业应按照国家规定的有关时限，及时地将编制的财务报告传递给财务报告使用者
C．企业提供的会计信息应当反映与企业有关的所有重要交易或事项
D．财务人员应将当月发生的销售业务在发生时进行登记

12．下列组织中，可以作为一个会计主体进行财务核算的是（　　）。

A．合伙企业　　　　　　　　　　B．单独核算的基金
C．独立核算的车间　　　　　　　D．母公司及其子公司组成的企业集团

13．下列各项支出中，不应作为费用要素确认的是（　　）。

A．地震灾害导致一批库存商品毁损的损失
B．成本模式计量的投资性房地产计提的折旧
C．销售商品结转的成本
D．用库存现金购买的工程物资

14．下列各项中，属于我国财务报告目标的是（　　）。

A．向财务报告使用者提供与企业财务状况、经营成果和现金流量等有关的会计信息

B．反映企业管理层受托责任履行情况

C．有助于财务报告使用者做出经济决策

D．有助于职工更加努力地工作

三、判断题

1．会计信息要有用必须以可靠性为基础。（　　）

2．所有者权益体现的是所有者在企业中的剩余权益，所有者权益的确认和计量主要依赖于资产、负债等其他会计要素的确认和计量。（　　）

3．企业发生的各项利得或损失，均应计入当期损益。（　　）

4．会计核算以权责发生制为基础，体现的是会计信息质量要求。（　　）

5．负债必须是企业承担的现时义务，这里的义务仅指法定义务。（　　）

6．如果企业某项会计信息错报金额较小，则该信息就不属于重要的信息。（　　）

7．出售无形资产取得的收益会导致经济利益流入企业，所以它属于《企业会计准则》所定义的"收入"范畴。（　　）

8．为了满足会计信息可比性要求，企业不得变更会计政策。（　　）

9．及时性要求企业对已经发生的交易或事项，应当及时进行确认、计量和报告，不得提前或延后。（　　）

10．无论何种情况下企业都应按照持续经营的基本假设选择会计核算的原则和方法。（　　）

11．固定资产采用历史成本进行记录并按期计提折旧赖以存在的基础是持续经营假设和会计分期假设。（　　）

12．企业发生的办公费和业务招待费，不会给企业带来未来经济利益，因此应于发生时直接确认为费用，计入当期损益。（　　）

第二章

货币资金与应收、预付款项

本章导读

甲家具厂生产优质家具（见图 2-1），销售量大，货币资金回笼较快，因此得以迅速发展壮大。新任领导班子为了扩大销售额而大量采用赊销方式，虽然利润增加了，但是产生了大量的应收款项。由于没有及时回笼货币资金，甲家具厂的运营资金不足，对日常生产造成了严重影响，应收款项也存在坏账风险。甲家具厂利润增加却日常生产困难的原因是什么？带着这个问题，本章将介绍货币资金与应收、预付款项的内容。

图 2-1　甲家具厂生产的家具

第一节　货币资金

学习导读

刚刚毕业的小新收到了甲家具厂的聘用通知，聘用她任会计一职。入职一个月后，恰逢月末，财务经理为了对小新进行试用期考核，让她独立进行月末对账盘点。因为在盘点中发现银行存款对不上，小新愁坏了。财务经理看出了小新的异样，鼓励她静下心仔细查找原因。小新通过重新查账发现，有一笔货款公司收到支票入账了，但是银行尚未记账。最终，小新顺利通过试用期考核。通过本节的学习，试分析小新月末对账盘点时，银行存款对不上的原因。

货币资金是指企业生产经营过程中处于货币形态的资产，包括库存现金、银行存款和其他货币资金。

一、库存现金

（一）现金的管理制度

1．现金的使用范围

企业可用现金支付的款项有以下几类：

（1）职工工资、津贴。

（2）个人劳务报酬。

（3）根据国家规定颁发给个人的科学技术、文化艺术、体育比赛等各种奖金。

（4）各种劳保、福利费用以及国家规定的对个人的其他支出。

（5）向个人收购农副产品和其他物资的价款。
（6）出差人员必须随身携带的差旅费。
（7）结算起点（1 000 元）以下的零星支出。
（8）中国人民银行确定需要支付现金的其他支出。

2．现金的限额

现金的限额是指由开户银行根据单位 3～5 天日常零星开支的实际需要，允许单位留存现金的最高金额。边远地区和交通不便地区的开户单位可按多于 5 天但最高不得超过 15 天日常零星开支需要确定的库存现金限额。开户单位必须严格遵守开户银行核定的库存现金限额，超过部分应于当日终了前送存银行。如需增加或减少现金的限额，单位应提出申请，由开户银行核定。

3．现金收支的规定

开户单位现金收支应当按照下列规定办理：

（1）开户单位的现金收入应当于当日送存开户银行，当日送存有困难的应由开户银行确定送存时间。

（2）开户单位可以从本单位现存的限额内的现金中或开户银行的存款中提取用于支付的现金，不得从本单位现金收入中坐支。如有特殊情况确需坐支现金，应当事先报开户银行并经审查批准，由开户银行核定范围和限额。坐支现金的单位应当定期将坐支的金额和使用的情况报送开户银行。

（3）开户单位从开户银行提取现金时，应当写明用途，由本单位财会部门负责人签字并盖章，经开户银行审核后予以支付。

（4）由于采购地点不确定，交通不便，生产或市场急需，抢险救灾以及其他特殊情况必须超限额使用现金的，开户单位应向开户银行提出申请，由本单位财会部门负责人签字并盖章，经开户银行审核后予以支付。

（二）现金的账务处理

企业应当设置"库存现金"科目对企业库存现金的收支和结存业务进行核算和管理。该科目借方登记企业库存现金的增加额，贷方登记企业库存现金的减少额，期末余额在借方，反映企业期末实际持有的库存现金的金额。企业应当设置现金总账和现金日记账，分别进行企业库存现金的总分类核算和明细分类核算。

出纳人员应当根据收付款凭证，按照业务发生顺序**逐日逐笔**登记现金日记账。每日终了，根据现金日记账计算出的企业当天现金结余金额应当与实际盘点库存现金金额相符。每月终了，现金日记账的余额应当与现金总账的余额相符。

（三）现金的清查

企业应当按规定进行现金的定期和不定期清查，一般采用**实地盘点法**，对于清查的结果应当编制"现金盘点报告单"。如果账实不相符，发现有待查明原因的现金溢余或现金短缺，应先通过"**待处理财产损溢**"科目进行核算，按管理权限经批准后分两种情况处理：如果是现金溢余，属于应支付给有关人员或单位的，记入"其他应付款"科目；属于无法查明原因的，记入"营业外收入"科目。如果是现金短缺，属于由责任人或保险公司赔偿的部分，记入"其他应收款"科目；属于无法查明原因的部分，记入"管理费用"科目。具体会计分录如下：

现金溢余：

借：库存现金

贷：待处理财产损溢
借：待处理财产损溢
　　贷：其他应付款（应付给有关人员或单位的）
　　　　营业外收入（无法查明原因的）
现金短缺：
借：待处理财产损溢
　　贷：库存现金
借：其他应收款（由责任人或者保险公司赔偿）
　　管理费用（无法查明原因的）
　　贷：待处理财产损溢

【例 2-1】 玉利兴公司 2021 年 2 月 28 日进行现金清查时发现短缺 420 元，经查对账目发现有 200 元为业务人员报销时少交回的现金，剩余部分无法查明原因。

要求：编制相关业务的会计分录。

【答案】

借：待处理财产损溢　　　　　　　　　　　　　　　　　　　420
　　贷：库存现金　　　　　　　　　　　　　　　　　　　　　　　420
借：其他应收款　　　　　　　　　　　　　　　　　　　　　200
　　管理费用　　　　　　　　　　　　　　　　　　　　　　220
　　贷：待处理财产损溢　　　　　　　　　　　　　　　　　　　420

【例 2-2】 玉利兴公司 2021 年 5 月 28 日进行现金清查时发现现金溢余 620 元，经查对账目，其中 160 元属于应支付给乙公司的运输费，剩余部分无法查明原因。

要求：编制相关业务的会计分录。

【答案】

借：库存现金　　　　　　　　　　　　　　　　　　　　　620
　　贷：待处理财产损溢　　　　　　　　　　　　　　　　　　　620
借：待处理财产损溢　　　　　　　　　　　　　　　　　　　620
　　贷：其他应付款　　　　　　　　　　　　　　　　　　　　　160
　　　　营业外收入　　　　　　　　　　　　　　　　　　　　　460

　　📖 **学习提示**："待处理财产损溢"科目为资产类科目，期末无余额，如果到期末对相关溢余或短缺的处理还未得到批准则先进行预处理，等批准之后如有差额再进行调整。

二、银行存款

（一）银行存款账户

　　银行存款是指企业存放在银行和其他金融机构的货币资金。按照国家现金管理和结算制度的规定，每个企业都要在银行开立账户，用来办理存款、取款和转账结算。正确开立和使用银行存款账户是做好资金结算工作的基础，企业只有在银行开立了存款账户，才能通过银行同其他单位进行结算，办理资金的收付。银行存款账户分为基本存款账户、一般存款账户、临时存款账户和专用存款账户。

　　一般企事业单位只能选择一家银行的一个营业机构开立一个基本存款账户，主要用于办理日常的转账结算和现金收付。企事业单位的工资等现金的支取，只能通过基本存款账户办理。

企事业单位可在其他银行的营业机构开立一般存款账户，该账户可办理转账结算和存入现金，但不能支取现金。临时存款账户是存款人因临时经营活动需要开立的账户，如为企业异地产品展销、临时性采购等业务而开立的账户。专用存款账户是企事业单位因特定用途需要开立的账户，如为管理基本建设项目专项资金、农副产品资金等而开立的账户，企事业单位的销售货款不得转入专用存款账户。

为了加强对基本存款账户的管理，企事业单位开立基本存款账户要实行开户许可制度，必须凭中国人民银行当地分支机构核发的开户许可证办理。企事业单位不得为还贷、还债和套取现金而多头开立基本存款账户；不得出租、出借账户；不得违反规定在异地开立账户进行存款和贷款。任何单位和个人不得将单位的资金以个人名义开立账户存储。

（二）银行转账结算方式

在我国，企业日常大量的经济业务往来都是通过银行结算的，银行是社会经济活动中各项资金流转清算的中心。为了保证银行结算业务的正常开展，使社会经济活动中各项资金得以通畅流转，根据《中华人民共和国票据法》和《票据管理实施办法》，中国人民银行总行印发了《支付结算办法》。《支付结算办法》规定，企业可以选择使用的票据结算工具主要包括银行汇票、商业汇票、银行本票和支票等，可以选择使用的结算方式主要包括票据、汇兑、托收承付和委托收款等。企业采用的支付结算方式不同，相应的处理手续及有关会计核算也有所不同。主要银行结算方式的具体内容如下：

1．银行汇票

银行汇票是指汇款人将款项交存当地银行，由银行签发给汇款人办理转账结算或支取现金的票据。银行汇票一律记名，付款期为一个月，兑付银行不予受理逾期的汇票，但汇款人可持银行汇票或解讫通知到出票银行办理退款手续。

汇款人需要使用银行汇票时，必须按照规定填写一式三联的"银行汇票委托书"交给出票银行，出票银行受理"银行汇票委托书"并收妥款项后签发银行汇票。汇款人持银行汇票可向收款单位办理结算。收款单位对银行汇票审核无误后，将结算款项及多余金额分别填写在银行汇票和解讫通知的有关栏内，连同进账单送交开户银行办理转账结算。

银行汇票具有使用方便，"票随人到"，兑付性强等特点。同城、异地均可使用，单位、个体工商户和个人都可使用银行汇票办理结算业务。

2．商业汇票

商业汇票是指收款人或付款人（或承兑申请人）签发的，由承兑人承兑并于到期日向收款人或背书人支付款项的票据。商业汇票适用于企业先收货后付款或者双方约定延期付款的商品交易及债权债务的清偿，同城或异地均可使用。商业汇票必须以真实的商品交易为基础，禁止签发无商品交易的商业汇票。商业汇票一律记名，付款期最长为 6 个月，允许背书转让，承兑人即实际付款人到期必须无条件付款。

商业汇票按承兑人不同，分为商业承兑汇票和银行承兑汇票。前者是指由银行以外的付款人承兑的商业汇票，该类汇票可由收款人签发，经过付款人承兑，也可由付款人签发并由付款人承兑；后者是指由银行承兑的商业汇票，该类汇票应由在承兑银行开立账户的存款人或承兑申请人签发，并由承兑申请人向开户银行申请，经银行审查同意后承兑。

采用商业承兑汇票结算方式，付款人应于汇票到期前将款项足额存到银行，银行在到期日凭票将款项划转给收款人、被背书人或贴现银行。如到期日付款人账户存款不足以支付票款，开户银行不承担付款责任，可以将汇票退回收款人、被背书人或贴现银行由其自行处理，并对付款人处以罚款。

采用银行承兑汇票结算方式，承兑申请人应持购销合同向开户银行申请承兑，银行按有关规定审查同意后，与承兑申请人签订承兑协议，在汇票上盖章并按票面金额收取一定的手续费。承兑申请人应于汇票到期前将票款足额交存银行。承兑申请人到期未能存足票款的，承兑银行除凭票向收款人、被背书人或贴现银行无条件支付款项外，还将按承兑协议的规定对承兑申请人执行扣款，并将未扣回的承兑金额作为逾期贷款，同时收取一定的罚息。

3. 银行本票

银行本票是指申请人将款项交存银行后由银行签发给申请人的凭以办理转账结算或支取现金的票据。单位或个人在同城范围内的商品交易等款项的结算可采用银行本票。银行本票一律记名，可以背书转让，不予挂失。银行本票的提示付款期限最长不能超过2个月，付款期内银行见票即付，逾期兑付银行不予受理但可办理退款手续。银行本票分为定额本票和不定额本票。定额本票面额分别为1 000元、5 000元、10 000元和50 000元。

4. 支票

支票是指出票人签发的，委托办理存款业务的银行或其他金融机构在见票时无条件支付确定金额给收款人或持票人的票据。支票适用于同城或同一票据交换区域内的商品交易、劳务供应等款项的结算。支票分为现金支票、转账支票和普通支票。现金支票只能提取现金；转账支票只能用于转账；普通支票既可用于提取现金，又可用于转账。在普通支票左上角印有两条平行线的为划线支票，只能用于转账，不得用于提取现金。转账支票可在票据交换区域内背书转让。

支票一律记名，提示付款期为10天。企业不得签发空头支票且应严格控制空白支票。支票以银行或其他金融机构作为付款人并且见票即付。已签发的现金支票遗失的，可向银行申请挂失，但挂失前已提取现金的除外；已签发的转账支票遗失，银行不受理挂失。

5. 汇兑

汇兑是指汇款人委托银行将款项汇给收款人的一种结算方式，分为信汇和电汇两种。信汇是指汇款人的开户银行以邮寄的方式通知收款人的开户银行将款项汇给收款人；电汇则是指汇款人的开户银行以电报等方式通知收款人的开户银行将款项汇给收款人。电汇的汇款速度比信汇快，网上银行转账就属于电汇结算方式。

汇兑适用于单位和个人在同城或异地之间的结算尾款清理、交易旧欠清理、自提自运的商品交易以及汇给个人的差旅费或采购资金等的结算，手续简便，方式灵活，便于汇款人主动付款，收付双方不需要事先订立合同，应用范围广泛。

6. 委托收款

委托收款是指收款人委托银行向付款人收取款项的结算方式，同域、异地均可使用。委托收款按款项划回方式可分为邮寄划回和电报划回两种，企业可根据需要选择不同方式。

企业办理委托收款应填制委托收款凭证。付款单位接到银行通知及有关附件，应在规定的付款期（3天）内付款。在付款期内付款人未向银行提出异议的，银行视作同意付款，并于付款期满的次日（节假日顺延）将款项主动划转到收款人账户。如果付款单位在审查有关单证后，决定部分或全部拒付，应在付款期内出具"拒付理由书"，连同有关单证通过银行转交收款企业，银行不予划转款项且不负责审查拒付理由。

委托收款只适用于已承兑的商业汇票、债券、存单等付款人的债务证明办理款项的结算，手续简便、灵活，便于企业主动、及时收回款项。以委托收款的方式结算，银行只承担代为收款的义务，不承担审查拒付理由的责任，收付双方在结算中如发生争议，由双方自行处理。

7. 托收承付

托收承付是指根据购销合同由收款人发货后委托银行向异地付款人收取款项，由付款人向银行承认付款的一种结算方式。托收承付结算起点为 10 000 元。按划回方式的不同，托收承付可分为邮寄和电报两种。

使异地用托收承付方式，必须同时符合下述两项规定：其一，使用该结算方式的收款单位和付款单位，必须是国有企业、供销合作社以及经营管理较好，并经开户银行审查同意的城乡集体所有制工业企业；其二，办理结算的款项必须是商品交易以及因商品交易而产生的劳务供应的款项。代销、寄销、赊销商品的款项，不得办理异地托收承付结算。

收款人必须以证明商品已发运的证件为依据向银行办理托收，填制托收凭证，并将有关单证送交开户银行。开户银行审查无误后，将托收凭证及有关单证交付款人开户银行。付款人开户银行收到托收凭证及有单证件后通知付款人。付款人在收到有关单证后应立即审核。付款人的承付期根据验单付款或验货付款两种不同方式而确定。验单付款承付期为 3 天，验货付款承付期是 10 天。付款人可在承付期内根据实际情况提出全部或部分拒付理由，并填制"拒付理由书"，经过银行审查同意后，办理全部拒付或部分拒付手续。

8. 信用卡

信用卡是指商业银行向个人和单位发行的，凭以向特约单位购物、消费和向银行存取现金，具有消费信用的特制载体卡片。信用卡按使用对象分为单位卡和个人卡，按信誉等级分为金卡和普通卡。

信用卡的基本规定和主要特点是，凡在中国境内金融机构开立基本存款账户的单位可申领单位卡，单位卡不得用于 100 000 元以上的商品交易、劳务供应款项的结算；持卡人使用信用卡可透支；信用卡仅限于持卡人本人使用，不得出借或出租；信用卡丢失时可挂失，但挂失前被冒用的由持卡人自己负责。

信用卡透支的规定：金卡透支最高不得超过 10 000 元，普通卡透支最高不超过 5 000 元，透支期限最长为 60 天；信用卡透支利息，自签单日或银行记账日起 15 日内按日息万分之五计算；超过 15 日按日利息万分之 10 计算；透支期限超过 30 日或透支金额超过规定限额的，按日息万分之 15 计算，透支计算不分段，按最后期限或最高透支额的最高利率档次计息。

9. 信用证

信用证是指开证银行依照申请人的申请开出的，凭符合信用证条款的单据支付的付款承诺。采用信用证结算方式，付款单位应预先把一定款项存入银行专户，委托银行开出信用证，通知异地收款单位开户银行转告收款单位；收款单位按照合同和信用证规定的条件发货或交货以后，银行代付款单位支付货款。

信用证结算适用于国际、国内企业之间商品交易的结算。只限于转账结算，不得用于支取现金。信用证的主要特点是，开证银行负第一性付款责任；它是一项独立的文件，不受购销合同的约束；信用证业务只处理单据，一切都以单据为准，信用证业务实质上是一种单据买卖。

（三）银行存款的账务处理

企业应当设置"银行存款"科目对企业银行存款的收支和结存业务进行核算和管理。该科目借方登记企业银行存款的增加额，贷方登记企业银行存款的减少额，期末余额在借方，反映企业期末实际持有的银行存款的金额。企业应当设置银行存款总账和银行存款日记账分别进行银行存款的总分类核算和序时、明细分类核算。

企业可按开户银行或其他金融机构以及存款种类等设置银行存款日记账，根据收付款凭证按照业务的发生顺序逐笔登记,并于每日终了结出余额。

(四)银行存款的核对

银行存款日记账应定期与银行对账单相核对,每月至少核对一次。企业的银行存款账面余额与银行对账单的余额如果存在差异,则可能是由于一方或双方账目记录存在错误或存在未达账项。对于记账错误应进行差错更正,对于未达账项,应编制"**银行存款余额调节表**"进行调节,调节后的双方余额应相等,如图 2-2 所示。

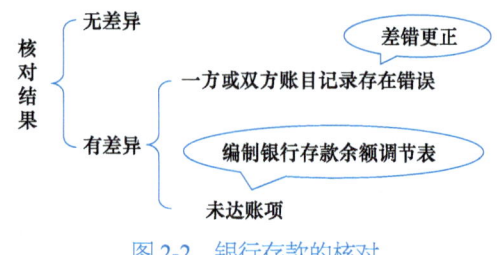

图 2-2 银行存款的核对

1. 未达账项

未达账项是指由于结算凭证在企业与银行之间或收付款银行之间传递需要时间而造成企业与银行之间入账的时间差,由此形成的一方收到凭证并已入账,另一方未收到凭证未能入账的款项。发生未达账项的具体情况有以下四种:

(1)企业已收款入账,银行尚未收款入账。
(2)企业已付款入账,银行尚未付款入账。
(3)银行已收款入账,企业尚未收款入账。
(4)银行已付款入账,企业尚未付款入账。

未达账项核对表见表 2-1。

表 2-1 未达账项核对表

银行存款日记账	银行对账单	结　果
企业已收	银行未收	企业银行存款日记账余额大于银行对账单余额
企业已付	银行未付	企业银行存款日记账余额小于银行对账单余额
企业未收	银行已收	企业银行存款日记账余额小于银行对账单余额
企业未付	银行已付	企业银行存款日记账余额大于银行对账单余额

2. 银行存款余额调节表的编制

银行存款余额调节表的编制采用补记式方法,见表 2-2。

表 2-2 银行存款余额调节表

单位:元

项　目	金　额	项　目	金　额
企业银行存款日记账余额		银行对账单余额	
加:银行已收、企业未收的款项		加:企业已收、银行未收的款项	
减:银行已付、企业未付的款项		减:企业已付、银行未付的款项	
调节后的存款余额		调节后的存款余额	

【例 2-3】玉利兴公司 2021 年 5 月 31 日银行存款日记账的余额为 5 000 000 元,银行转来的对账单的余额为 6 300 000 元。经逐笔核对,发现如下未达账项:

① 玉利兴公司收到转账支票 3 000 000 元并已登记银行存款增加,但银行尚未记账。
② 玉利兴公司向乙公司开出购货支票 1 500 000 元并已登记银行存款减少,但乙公司尚未到

银行办理转账,银行尚未记账。

③ 银行收到玉利兴公司销售原材料的货款 3 200 000 元并登记入账,但玉利兴公司尚未接到通知,尚未记账。

④ 银行代玉利兴公司支付水电费 400 000 元并登记入账,但玉利兴公司未收到银行付款通知,尚未记账。

要求:根据上述业务编制玉利兴公司的银行存款余额调节表。

【答案】

银行存款余额调节表见表 2-3。

表 2-3　银行存款余额调节表

单位:元

项　目	金　额	项　目	金　额
企业银行存款日记账余额	5 000 000	银行对账单余额	6 300 000
加:银行已收、企业未收的款项	3 200 000	加:企业已收、银行未收的款项	3 000 000
减:银行已付、企业未付的款项	400 000	减:企业已付、银行未付的款项	1 500 000
调节后的存款余额	7 800 000	调节后的存款余额	7 800 000

学习提示:"银行存款余额调节表"只是为了核对账目,不能作为企业调整银行存款账面记录的依据。调节后的存款余额表示企业实际的银行存款余额。

三、其他货币资金

(一)其他货币资金的内容

其他货币资金是指企业除库存现金、银行存款以外的其他各种货币资金。其他货币资金主要包括银行汇票存款、银行本票存款、信用卡存款、信用证保证金存款、存出投资款和外埠存款等。

1. 银行汇票存款

银行汇票存款是指由出票银行签发的,由出票银行见票时按照实际结算金额无条件支付给收款人或持票人的票据。银行汇票的出票银行为银行汇票的付款人,单位和个人均可使用银行汇票结算各种款项。银行汇票可以用于转账,填明"现金"字样的银行汇票也可以用于支取现金。

2. 银行本票存款

银行本票存款是指银行签发的,承诺自己在见票时无条件支付给收款人或者持票人确定金额的票据。银行本票的使用范围是在同一票据交换区域内的单位和个人需要支付的各种款项。银行本票可以用于转账,注明"现金"字样的银行本票可以用于支取现金。

3. 信用卡存款

信用卡存款是指企业为取得信用卡而存入银行信用卡专户的款项。

4. 信用证保证金存款

信用证保证金存款是指采用信用证结算方式的企业为开具信用证而存入银行信用证保证金专户的款项。企业向银行申请开立信用证,应当按照规定向银行提交"开证申请书""信用证申请人承诺书"和购销合同。

5. 存出投资款

存出投资款是指企业为购买股票、债券、基金等根据有关规定存入证券公司指定银行开立的投资款专户的款项。

6. 外埠存款

外埠存款是指企业为了到外地进行临时或者零星采购而汇往采购地银行开立采购专户的款项。

（二）其他货币资金的账务处理

企业应当设置"其他货币资金"科目对其他货币资金的收支与结存情况进行核算和管理。该科目借方登记企业其他货币资金的增加额，贷方登记企业其他货币资金的减少额，期末余额在借方，反映企业期末实际持有的其他货币资金的金额。企业应当按照其他货币资金的种类设置明细科目进行核算。

1. 银行汇票存款的账务处理

申请人使用银行汇票向出票银行填写"银行汇票申请书"时，需要填明收款人名称、汇票金额、申请人名称、申请日期等事项并签章。出票银行受理并收妥款项后签发银行汇票，将银行汇票和解讫通知一并交给申请人，申请人再将银行汇票和解讫通知一并交给汇票上记明的收款人。收款人应在出票金额内根据实际需要办理结算金额，并将实际结算金额和多余金额准确清晰地写入银行汇票和解讫通知的相关栏内，到银行办理款项入账手续。银行汇票可以由收款人背书转让给被背书人，背书转让的金额不得超过出票金额的实际结算金额。未填写实际结算金额或实际结算金额超过出票金额的银行汇票，不得背书转让。银行汇票的提示付款期限为自出票日起一个月，持票人超过付款期限提示付款的，银行将不予受理。持票人向银行提示付款时，必须同时提交银行汇票和解讫通知，缺少任何一联，银行不予受理。银行汇票遗失的，遗失人凭人民法院出具的享有票据权利的证明向出票银行请求付款或退款。具体账务处理如下：

（1）企业填写"银行汇票申请书"将款项交存银行时，借记"其他货币资金——银行汇票"科目，贷记"银行存款"科目。

（2）企业持银行汇票购货，收到有关发票账单时，借记"材料采购""原材料""库存商品""应交税费——应交增值税（进项税额）"等科目，贷记"其他货币资金——银行汇票"科目。

（3）采购完成收回剩余款项时，借记"银行存款"科目。贷记"其他货币资金——银行汇票"科目。

具体会计分录如下：

借：其他货币资金——银行汇票
　　贷：银行存款
借：材料采购
　　原材料
　　库存商品
　　应交税费——应交增值税（进项税额）等
　　贷：其他货币资金——银行汇票
借：银行存款
　　贷：其他货币资金——银行汇票

【例2-4】 玉利兴公司（增值税一般纳税人，下同）为采购办公用计算机向P银行申请办理银行汇票，将款项200 000元交存银行转作银行汇票存款。玉利兴公司将购入的办公用计算机验收并投入使用，取得的增值税专用发票上注明的价款为150 000元，增值税税额为19 500元，已用银行汇票办理结算，多余款项30 500元退回开户银行，公司已收到开户银行转来的银行汇票第四联（多余款收账通知）。

要求：编制相应业务的会计分录。

【答案】

取得银行汇票时，根据银行盖章退回的"银行汇票申请书"存根联，玉利兴公司应编制如下会计分录：

借：其他货币资金——银行汇票　　　　　　　　　　　　　　　　200 000
　　贷：银行存款　　　　　　　　　　　　　　　　　　　　　　200 000

用银行汇票结算材料价款和增值税税款时，玉利兴公司应编制如下会计分录：

借：原材料　　　　　　　　　　　　　　　　　　　　　　　　150 000
　　应交税费——应交增值税（进项税额）　　　　　　　　　　　19 500
　　贷：其他货币资金——银行汇票　　　　　　　　　　　　　169 500

收到退回的银行汇票多余款项时，玉利兴公司应编制如下会计分录：

借：银行存款　　　　　　　　　　　　　　　　　　　　　　　30 500
　　贷：其他货币资金——银行汇票　　　　　　　　　　　　　　30 500

2. 银行本票存款

申请人使用银行本票时应向银行填写"银行本票申请书"。申请人或收款人为单位的，不得申请签发现金银行本票，银行本票可以由收款人背书转让给被背书人，银行本票的提示付款期限自出票日起最长不得超过两个月，有效期内提示付款的银行本票，银行见票即付。超过付款期限提示付款的银行不予受理。申请人因银行本票超过提示付款期限或其他原因要求退款时，对于在出票银行开立存款账户的申请人只能将款项转回其所开立的账户，只有对现金银行本票和在出票银行没有开立存款账户的申请人才能退付现金。银行本票遗失的，遗失人凭人民法院出具的享有票据权利的证明向出票银行请求付款或退款。具体账务处理如下：

（1）企业填写"银行本票申请书"将款项交存银行时，借记"其他货币资金——银行本票"科目，贷记"银行存款"科目。

（2）企业持银行本票购货，收到有关发票账单时，借记"材料采购""原材料""库存商品""应交税费——应交增值税（进项税额）"等科目，贷记"其他货币资金——银行本票"科目。

（3）采购完成收回剩余款项时，借记"银行存款"科目，贷记"其他货币资金——银行本票"科目。

具体会计分录如下：

借：其他货币资金——银行本票
　　贷：银行存款
借：材料采购
　　原材料
　　库存商品
　　应交税费——应交增值税（进项税额）等
　　贷：其他货币资金——银行本票
借：银行存款
　　贷：其他货币资金——银行本票

【例 2-5】玉利兴公司申请使用银行本票，向 P 银行填交了"银行本票申请书"，将 23 200 元银行存款转作银行本票存款。银行收妥款项后向玉利兴公司签发银行本票，玉利兴公司根据银行盖章退回的"银行本票申请书存根联"填制了银行付款凭证。玉利兴公司以银行本票采购生产产品所需的原材料 10 000 元，增值税专用发票上注明的增值税税额为 1 300 元。

要求：编制相应业务的会计分录。

【答案】

取得银行本票时，玉利兴公司应编制如下会计分录：

借：其他货币资金——银行本票　　　　　　　　　　　　　23 200
　　贷：银行存款　　　　　　　　　　　　　　　　　　　　　23 200

用银行本票结算材料价款和增值税税款时，玉利兴公司应编制如下会计分录：

借：原材料　　　　　　　　　　　　　　　　　　　　　　　10 000
　　应交税费——应交增值税（进项税额）　　　　　　　　　　1 300
　　贷：其他货币资金——银行本票　　　　　　　　　　　　　11 300

3．信用卡存款

凡在我国境内金融机构开立基本存款账户的单位都可申领若干张单位卡，单位卡账户的资金一律从其基本存款账户转账存入，不得将销货收入的款项存入单位卡账户，不得交存现金，单位卡不得用于支取现金。

信用卡按照是否向发卡银行交存备用金可以分为贷记卡和准贷记卡。贷记卡是指发卡银行给予持卡人一定的信用额度，持卡人可以在信用额度内先消费后还款的信用卡。准贷记卡是指持卡人须先按照发卡银行的要求交存一定金额的备用金，在备用金账户余额不足支付时可以在发卡银行规定的信用额度内透支的信用卡。准贷记卡的透支期限最长为 60 天，贷记卡的首月最低还款额不得低于当月透支余额的百分之十。具体账务处理如下：

（1）企业填写"信用卡申请表"取得信用卡时，借记"其他货币资金——信用卡"科目，贷记"银行存款"科目。

（2）企业用信用卡购物或支付相关费用，收到有关发票账单时，借记"管理费用"科目，贷记"其他货币资金——信用卡"科目。

（3）企业向信用卡账户存续资金时，借记"其他货币资金——信用卡"科目，贷记"银行存款"科目。

（4）企业注销信用卡时，将信用卡余额转入企业基本存款账户，不得提取现金。借记"银行存款"科目，贷记"其他货币资金——信用卡"科目。

具体会计分录如下：

借：其他货币资金——信用卡
　　贷：银行存款
借：管理费用
　　贷：其他货币资金——信用卡
借：其他货币资金——信用卡
　　贷：银行存款
借：银行存款
　　贷：其他货币资金——信用卡

【例 2-6】 玉利兴公司是 P 银行的开户单位，为取得单位信用卡，向 P 银行填交了"信用卡申请表"并交存 10 000 元。申领成功后，玉利兴公司采购办公用品用信用卡支付 2 000 元，增值税专用发票上注明的增值税税额为 260 元。

要求：编制相应业务会计分录。

【答案】

取得信用卡时，玉利兴公司应编制如下会计分录：

借：其他货币资金——信用卡　　　　　　　　　　　　　　　　　10 000
　　贷：银行存款　　　　　　　　　　　　　　　　　　　　　　　　10 000

用信用卡采购办公用品时，玉利兴公司应编制如下会计分录：

借：管理费用　　　　　　　　　　　　　　　　　　　　　　　　　2 000
　　应交税费——应交增值税（进项税额）　　　　　　　　　　　　　　260
　　贷：其他货币资金——信用卡　　　　　　　　　　　　　　　　　2 260

4．信用证保证金存款

企业对信用证保证金存款的具体账务处理如下：

（1）企业填写"信用证申请表"，将信用证保证金交存银行时，借记"其他货币资金——信用证保证金"科目，贷记"银行存款"科目。

（2）企业接到开证行通知，根据供货单位信用证结算凭证及有关发票账单，借记"材料采购""原材料""库存商品""应交税费——应交增值税（进项税额）"等科目，贷记"其他货币资金——信用证保证金"科目。

（3）将未用完的信用证保证金存款余额转回开户银行时，借记"银行存款"科目，贷记"其他货币资金——信用证保证金"科目。

具体会计分录如下：

借：其他货币资金——信用证保证金
　　贷：银行存款
借：材料采购
　　原材料
　　库存商品
　　应交税费——应交增值税（进项税额）等
　　贷：其他货币资金——信用证保证金
借：银行存款
　　贷：其他货币资金——信用证保证金

【例2-7】 2021年4月4日，玉利兴公司为支付境外采购原材料价款向P银行申请开具信用证，公司已将5 000 000元保证金交存P银行，并收到P银行盖章退回的进账单第一联。玉利兴公司采用计划成本核算材料。2021年4月30日，玉利兴公司收到P银行转来的境外销货单位信用证结算凭证及所附发票账单、海关进口增值税专用缴款书等有关凭证，凭证记载原材料价款2 500 000元，增值税专用发票上注明的增值税税额为325 000元。玉利兴公司收到P银行的收款通知，将未用完的信用证保证金存款余额2 175 000元转回P银行账户。

要求：编制相应业务的会计分录。

【答案】

取得信用证时，玉利兴公司应编制如下会计分录：

借：其他货币资金——信用证保证金　　　　　　　　　　　　　5 000 000
　　贷：银行存款　　　　　　　　　　　　　　　　　　　　　　5 000 000

用信用证结算材料价款和增值税税款时，玉利兴公司应编制如下会计分录：

借：材料采购　　　　　　　　　　　　　　　　　　　　　　　2 500 000

应交税费——应交增值税（进项税额）	325 000
贷：其他货币资金——信用证保证金	2 825 000

转回信用证保证金存款余额时，玉利兴公司应编制如下会计分录：

借：银行存款	2 175 000
贷：其他货币资金——信用证保证金	2 175 000

5．存出投资款

企业对存出投资款的具体账务处理如下：

（1）企业向证券公司划出资金时，借记"其他货币资金——存出投资款"科目，贷记"银行存款"科目。

（2）企业用存出投资款购买股票、债券、基金等时，借记"交易性金融资产"等科目，贷记"其他货币资金——存出投资款"科目。

6．外埠存款

企业将款项汇往外地时应填写"汇款委托书"，委托开户银行办理汇款。企业对外埠存款的具体账务处理如下：

（1）企业将款项汇往外地开立采购专用账户时，借记"其他货币资金——外埠存款"科目，贷记"银行存款"科目。汇入地银行以汇款单位名义开立临时采购账户，该账户的存款不计利息，只付不收，付完清户。除了采购人员可以从中提取少量现金外，一律采用转账结算。

（2）企业采购人员转来供货单位有关发票账单时，借记"材料采购""原材料""库存商品""应交税费——应交增值税（进项税额）"等科目，贷记"其他货币资金——外埠存款"科目。

（3）采购完成收回剩余款项时，借记"银行存款"科目，贷记"其他货币资金——外埠存款"科目。

具体会计分录如下：

借：其他货币资金——外埠存款
　　贷：银行存款
借：材料采购
　　原材料
　　库存商品
　　应交税费——应交增值税（进项税额）等
　　贷：其他货币资金——外埠存款
借：银行存款
　　贷：其他货币资金——外埠存款

【例 2-8】 玉利兴公司为生产产品需到异地采购 A 材料，2021 年 4 月 2 日委托开户银行将 200 000 元汇往采购地开立采购专户。2021 年 5 月 5 日，采购员从采购专户转来付款凭证及所附发票账单，增值税专用发票上注明材料价款为 100 000 元，增值税税额为 13 000 元。2021 年 5 月 30 日，采购专户的剩余款项已经转回并收到开户银行的收款通知。

要求：编制相应业务的会计分录。

【答案】

办理外埠存款时，玉利兴公司应编制如下会计分录：

借：其他货币资金——外埠存款	200 000
贷：银行存款	200 000

用外埠存款结算材料价款和增值税税款时，玉利兴公司应编制如下会计分录：
借：原材料   100 000
    应交税费——应交增值税（进项税额）   13 000
    贷：其他货币资金——外埠存款   113 000
转回剩余款项时，玉利兴公司应编制如下会计分录：
借：银行存款   87 000
    贷：其他货币资金——外埠存款   87 000

本节导读分析：银行存款日记账余额与银行对账单余额应每月至少核对一次，如果两者之间存在差异，可能出现的原因：一是记账出现错误，需要调整账目，进行差错更正；二是记账无误，只是存在未达账项，此时应编制银行存款余额调节表，调节后的双方余额应相等。

第二节　应收、预付款项

> **/学习导读/**
>
> 刘军、张凯、陈丽是同一家化妆品公司的销售员，三人本月都完成了100万元的销售任务，但是所签合同中的货款支付方式却不同。刘军签的是货到即以现金支付款项的合同，张凯签的是货到后客户签发3个月的商业承兑汇票的合同，陈丽签的是赊销期为1年的赊销合同。那么，该化妆品公司的会计应该怎样处理这三笔销售业务？让我们带着这个问题开始本节的学习吧！

应收及预付款项是指企业在日常生产经营过程中发生的各项债权，包括应收款项和预付款项。应收款项包括应收票据、应收账款、应收股利、应收利息和其他应收款等；预付款项则是指企业按照合同规定预付的款项，如预付账款等。

一、应收票据

（一）应收票据概述

应收票据是指企业因销售商品、提供服务等而收到的商业汇票。

商业汇票是一种由出票人签发的，委托付款人在指定日期无条件支付确定金额给收款人或者持票人的票据。商业汇票根据承兑人不同，分为**商业承兑汇票**和**银行承兑汇票**。

商业承兑汇票是指由付款人签发并承兑或由收款人签发交由付款人承兑的汇票。商业承兑汇票的付款人应当在收到开户银行付款通知的当日通知银行付款，付款人在接到**通知日的次日起3日内**（遇法定休假日顺延）未通知银行付款则视同付款人承诺付款。银行将于付款人接到通知日的次日起第四日（遇法定休假日顺延）将票款划给持票人。付款人提前收到由其承兑的商业汇票应通知银行在汇票到期日付款。付款人存款账户不足以支付票款的，银行应当填制付款人未付票款通知书，连同商业承兑汇票邮寄持票人开户银行转交持票人。

银行承兑汇票是指由在承兑银行开立存款账户的存款人签发，由承兑银行承兑的票据。企业申请使用银行承兑汇票时，应向其承兑银行按票面金额的**万分之五**缴纳手续费。银行承兑汇票出票人应当将足额票款在汇票到期前交存开户银行，承兑银行应在汇票到期日或到期日后的见票当日支付票款。银行承兑汇票出票人未能将足额票款在票据到期日前交存银行的，承兑银行仍应在汇票到期日或到期日后的见票当日无条件向持票人付款，另外对出票人尚未支付的汇票金额按照每天万分之五计收利息。

(二) 应收票据的账务处理

企业应当设置"应收票据"科目对企业应收票据的取得和票款的收回进行核算和管理。该科目借方登记企业取得的应收票据的面值,贷方登记企业到期收回的票款或到期前向银行贴现的应收票据的票面金额,期末余额在借方,反映企业期末实际持有的商业汇票的票面金额。企业应当设置"**应收票据备查簿**",按照开出商业承兑汇票的单位进行明细核算。具体账务处理如下:

1. 应收票据的取得

(1) 因债务人抵偿前欠货款而取得的商业汇票,借记"应收票据"科目,贷记"应收账款"科目。

(2) 因企业销售商品、提供服务等而收到的商业汇票,借记"应收票据"科目,贷记"主营业务收入""应交税费——应交增值税(销项税额)"等科目。

具体会计分录如下:

借:应收票据
　　贷:应收账款(抵偿前欠货款)
　　　　或主营业务收入(销售商品、提供服务等)
　　　　应交税费——应交增值税(销项税额)等

2. 到期票款的收回

商业汇票到期收回款项,应按照实际收到金额借记"银行存款"科目,贷记"应收票据"科目。

具体会计分录如下:

借:银行存款
　　贷:应收票据

📢 **学习提示**:商业承兑汇票到期无法收回时,应借记"应收账款"科目,贷记"应收票据"科目。

【例2-9】 玉利兴公司2021年7月22日向乙公司(增值税一般纳税人)销售M产品1 000件,每件售价1 500元,适用的增值税税率为13%。款项尚未收到,已办妥托收手续,取得托收承付结算凭证回单。2021年10月8日,玉利兴公司收到乙公司签发的商业承兑汇票,票面金额1 695 000元,用于抵偿上季度未支付的货款和增值税税款。2021年12月25日,玉利兴公司上述应收票据到期,收回票面金额1 695 000元,存入银行。

要求:编制相关业务的会计分录。

【答案】

实现销售时,玉利兴公司应编制如下会计分录:

借:应收账款　　　　　　　　　　　　　　　　　　　　　　1 695 000
　　贷:主营业务收入　　　　　　　　　　　　　　　　　　　1 500 000
　　　　应交税费——应交增值税(销项税额)　　　　　　　　　195 000

收到汇票时,玉利兴公司应编制如下会计分录:

借:应收票据　　　　　　　　　　　　　　　　　　　　　　1 695 000
　　贷:应收账款　　　　　　　　　　　　　　　　　　　　　1 695 000

收回票面金额时,玉利兴公司应编制如下会计分录:

借:银行存款　　　　　　　　　　　　　　　　　　　　　　1 695 000
　　贷:应收票据　　　　　　　　　　　　　　　　　　　　　1 695 000

3．应收票据的转让

企业将持有的商业汇票背书转让以取得所需物资时，借记"材料采购""原材料""库存商品"等科目，按照增值税专用发票注明的可抵扣的进项税额，借记"应交税费——应交增值税（进项税额）"科目，根据商业汇票票面金额，贷记"应收票据"科目，如有差额则记入"银行存款"等科目的贷方或借方。

具体会计分录如下：

借：材料采购
　　原材料
　　库存商品等
　　应交税费——应交增值税（进项税额）
　贷：应收票据（商业汇票上的金额）
　　　银行存款（或记入借方）

【例2-10】 承上例，如果玉利兴公司为取得生产经营所需的A材料，于2021年10月15日将上述应收票据背书转让，取得的A材料价款为1 500 000元，适用的增值税税率为13%。

要求：编制相关业务的会计分录。

【答案】

玉利兴公司应编制如下会计分录：

借：原材料　　　　　　　　　　　　　　　　　　　　　　　1 500 000
　　应交税费——应交增值税（进项税额）　　　　　　　　　　195 000
　贷：应收票据　　　　　　　　　　　　　　　　　　　　　1 695 000

4．票据的贴现

商业汇票向银行贴现时，根据实际收到的金额借记"银行存款"科目，根据票面金额贷记"应收票据"科目，按照贴现利息差额记入"财务费用"科目的借方或贷方。

具体会计分录如下：

借：银行存款
　　财务费用（或记入贷方）
　贷：应收票据

📢**学习提示**：贴现是指收款人将未到期的商业承兑汇票或银行承兑汇票背书后转让给受让人，受让人按票面金额扣除自贴现日至汇票到期日的利息，将剩余金额支付给持票人的行为，这是一种短期融资策略。

二、应收账款

（一）应收账款的内容

应收账款是指企业因销售商品、提供服务等经营活动，应向购货单位或接受服务单位收取的款项，主要包括企业销售商品或提供服务等应向有关债务人收取的价款（"价"）、增值税销项税额（"税"）及代购货单位垫付的包装费、运杂费等（"费"），如图2-3所示。

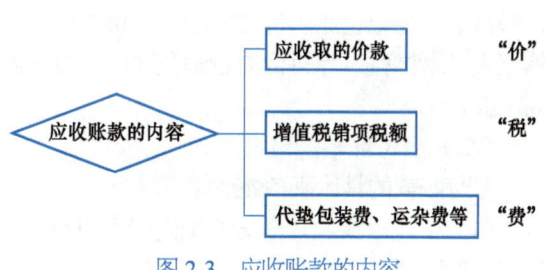

图2-3 应收账款的内容

(二)应收账款的账务处理

企业应当设置"应收账款"科目对企业应收账款的增减变动及其结存情况进行核算和管理。该科目借方登记企业应收账款的增加,贷方登记企业应收账款的收回和确认的坏账损失,期末余额一般在借方,反映企业期末尚未收回的应收账款。如果期末余额在贷方,一般反映企业期末预收的账款,这是由于不单独设置"预收账款"科目的企业,预收的款项也可以在"应收账款"科目的贷方核算。"应收账款"账户的结构如图2-4所示。

应收账款

借方	贷方
应收账款的增加	应收账款的收回及确认的坏账损失
余额:反映企业尚未收回的应收账款	余额:反映企业预收的款项 ↓ 预收账款

图 2-4 "应收账款"账户的结构

【例 2-11】 玉利兴公司 2021 年 5 月 5 日采用托收承付结算方式向丙公司(增值税一般纳税人)销售一批商品。增值税专用发票注明的价款为 1 000 000 元,增值税税额为 130 000 元。此外,玉利兴公司还为丙公司代垫运输费 50 000 元(不考虑增值税),以上款项已办妥托收手续。

要求:编制相关业务的会计分录。

【答案】

玉利兴公司应编制的会计分录如下:

借:应收账款　　　　　　　　　　　　　　　　　　　　　　1 180 000
　　贷:主营业务收入　　　　　　　　　　　　　　　　　　　1 000 000
　　　　应交税费——应交增值税(销项税额)　　　　　　　　　130 000
　　　　银行存款　　　　　　　　　　　　　　　　　　　　　　 50 000

📢 **学习提示**:代购货单位垫付的包装费、运杂费等属于应收账款的范围,但不属于企业的收入。

企业的应收账款用商业汇票结算时,在收到承兑的商业汇票后,借记"应收票据"科目,贷记"应收账款"科目。

三、预付账款

(一)预付账款的内容

预付账款是指企业按照合同规定预付的款项。

企业应当设置"预付账款"科目对企业预付账款的增减变动及其结存情况进行核算和管理。该科目借方登记企业预付的账款和补付的账款,贷方登记企业收到所购物资时根据有关发票账单记入"原材料"等科目的金额及收回多付账款的金额,期末余额在借方,反映企业实际预付的账款。

(二)预付账款的账务处理

预付账款的具体账务处理如下:

(1)企业根据购货合同的规定向供应单位预付款项时,借记"预付账款"科目,贷记"银行存款"科目。

（2）企业收到所购物资时，按照应计入物资成本的金额，借记"材料采购"或"原材料""库存商品"等科目，根据相应的增值税进项税额借记"应交税费——应交增值税（进项税额）"科目，贷记"预付账款"科目。

（3）当预付货款小于采购物资所需支付的款项时，应将不足的部分补付，借记"预付账款"科目，贷记"银行存款"科目。

（4）当预付货款大于采购物资所需支付的款项时，对收回的多余款项，借记"银行存款"科目，贷记"预付账款"科目。

具体会计分录如下：

借：预付账款
　　贷：银行存款
借：材料采购
　　原材料
　　库存商品
　　应交税费——应交增值税（进项税额）等
　　贷：预付账款
借：预付账款
　　贷：银行存款

或

借：银行存款
　　贷：预付账款

【例2-12】玉利兴公司为生产M产品向乙公司采购A材料支付价款50 000元，按照合同约定向乙公司预付A材料价款的30%，材料验收入库并收到发票账单后补付其余款项。

要求：编制相关业务的会计分录。

【答案】

① 预付30%货款时，玉利兴公司应编制如下会计分录：

借：预付账款	15 000
贷：银行存款	15 000

② 材料验收入库并收到发票账单时，玉利兴公司应编制如下会计分录：

借：原材料	50 000
应交税费——应交增值税（进项税额）	6 500
贷：预付账款	56 500

③ 补付剩余款项，玉利兴公司应编制如下会计分录：

借：预付账款	41 500
贷：银行存款	41 500

学习提示：预付账款的情况不多的企业，可以不设置"预付账款"科目，而直接通过"应付账款"科目核算预付的账款。

使用"应付账款"核算"预付账款"的账务处理如下：

（1）预付时，借记"应付账款"科目，贷记"银行存款"科目。

（2）收到货物后，借记"材料采购"或"原材料""库存商品"等科目，根据相应的增值税进项税额借记"应交税费——应交增值税（进项税额）"科目，贷记"应付账款"科目。

四、应收股利和应收利息

（一）应收股利的账务处理

应收股利是指企业应收取的现金股利和应收取其他单位分配的利润。

企业应当设置"应收股利"科目对企业应收股利的增减变动及其结存情况进行核算和管理。该科目借方登记企业应收现金股利或利润的增加，贷方登记企业收到的现金股利或利润，期末余额一般在借方，反映企业尚未收到的现金股利或利润。具体账务处理如下：

（1）以公允价值计量且其变动计入当期损益的金融资产（**交易性金融资产**）在持有期间内被投资单位宣告发放现金股利，应按应享有的份额确认为当期的投资收益，借记"应收股利"科目，贷记"投资收益"科目。

（2）企业收到被投资单位分配的现金股利或利润时，应贷记"应收股利"科目，对于应借记的会计科目，应按以下两种情况分别进行处理：对于企业通过证券公司购入上市公司股票所形成的股权投资取得的现金股利，应借记"其他货币资金——存出投资款"科目；对于企业持有的其他（非上市公司）股权投资取得的现金股利或利润，应借记"银行存款"科目。

具体会计分录如下：

借：其他货币资金——存出投资款（上市公司）
　　银行存款（非上市公司）
　　贷：应收股利

（二）应收利息的账务处理

应收利息是指企业根据合同或协议规定应向债务人收取的利息。

企业应当设置"应收利息"科目对企业应收利息的增减变动及其结存情况进行核算和管理。该科目借方登记企业应收利息的增加，贷方登记企业收到的利息，期末余额一般在借方，反映企业尚未收到的利息。

五、其他应收款

（一）其他应收款的内容

其他应收款是指企业除应收票据、应收账款、预付账款、应收股利和应收利息以外的其他各种应收及暂付款项，它的主要内容包括：

（1）应收的各种赔款、罚款。如因企业财产等遭受意外损失而应向有关保险公司收取的赔款等。

（2）应收的出租包装物租金。

（3）应向职工收取的各种垫付款项。如为职工垫付的水电费，应由职工负担的医药费、房租费等。

（4）存出保证金。如租入包装物支付的押金。

（5）其他各种应收、暂付款项。

（二）其他应收款的账务处理

企业应当设置"其他应收款"科目对企业其他应收款的增减变动及其结存情况进行核算和管理。该科目借方登记企业其他应收款的增加，贷方登记企业收回的其他应收款，期末余额一般在借方，反映企业尚未收回的其他应收款。

【例2-13】玉利兴公司为职工李某垫付应由其个人负担的水电费5 000元，以银行转账方式支付，待支付职工工资时从其工资中扣回。

要求：编制相关业务的会计分录。

【答案】

① 垫付时，玉利兴公司应编制如下会计分录：

借：其他应收款——李某　　　　　　　　　　　　　　　　　　5 000
　　贷：银行存款　　　　　　　　　　　　　　　　　　　　　　　　5 000

② 扣款时，玉利兴公司应编制如下会计分录：

借：应付职工薪酬　　　　　　　　　　　　　　　　　　　　　5 000
　　贷：其他应收款——李某　　　　　　　　　　　　　　　　　　　5 000

【例 2-14】玉利兴公司是增值税一般纳税人，为生产经营所需采购 A 材料一批，在采购过程中发生材料毁损，其中应由保险公司赔偿的金额为 30 000 元，理赔款尚未收到。假定玉利兴公司对原材料采用计划成本进行日常核算。

要求：编制相关业务的会计分录。

【答案】

玉利兴公司应编制如下会计分录：

借：其他应收款——保险公司　　　　　　　　　　　　　　　30 000
　　贷：材料采购　　　　　　　　　　　　　　　　　　　　　　　30 000

【例 2-15】承上例，玉利兴公司如数收到保险公司的理赔款。

要求：编制相关业务的会计分录。

【答案】

玉利兴公司应编制如下会计分录：

借：银行存款　　　　　　　　　　　　　　　　　　　　　　30 000
　　贷：其他应收款——保险公司　　　　　　　　　　　　　　　　30 000

【例 2-16】玉利兴公司租入产品的包装物一批，以银行存款支付押金 1 000 元。

要求：编制相关业务的会计分录。

【答案】

玉利兴公司应编制如下会计分录：

借：其他应收款——包装物押金　　　　　　　　　　　　　　1 000
　　贷：银行存款　　　　　　　　　　　　　　　　　　　　　　　1 000

六、应收款项减值

（一）应收款项减值损失的确认

企业的各项应收款项都可能会因债务人拒付、破产、死亡等原因而无法收回，这类无法收回的应收款项就是坏账。企业因坏账而遭受的损失称为坏账损失或减值损失。

在资产负债表日，企业应当对应收款项的账面价值进行评估，发生减值的应收款项，应当将减值的金额确认为减值损失，同时计提坏账准备。

应收款项的减值有两种核算方法，即直接转销法和备抵法。我国《企业会计准则》规定应采用备抵法核算应收款项的减值。

1. 直接转销法

采用直接转销法时，企业对日常核算的应收款项不考虑可能发生的坏账损失，只有在实际发生坏账时才将损失金额作为坏账损失计入当期损益，同时直接冲销应收款项。

直接转销法的优点是账务处理简单，缺点是不符合权责发生制原则，也与资产定义相冲突。直接转销法只有在实际发生坏账时才确认当期费用，在这种方法下会导致资产不实和各期损益不实；在资产负债表上，应收账款是按照账面余额而不是按照账面价值进行反映，在一定程度上歪曲了期末的财务状况。因此，《企业会计准则》不允许企业采用直接转销法。

2. 备抵法

备抵法是采用一定的方法按期估计坏账损失，将其计入当期损益，同时建立坏账准备，待坏账发生时冲销已计提的坏账准备和相应的应收账款的核算方法。采用备抵法核算，在财务报表上列示的是应收款项的净额，使财务报表使用者能了解企业真实的财务状况或应收款项预期可收回的金额。在这种方法下，企业应当根据《企业会计准则》的规定评估当期坏账损失的金额。

估计坏账的具体方法有余额百分比法、账龄分析法、销货百分比法、预期信用损失法。企业现一般采用预期信用损失法。

余额百分比法是按照期末应收款项余额的一定百分比估计坏账损失的方法。估计坏账损失的百分比由企业根据以往的资料或经验自行确定。在余额百分比法下，企业应在每个会计期末根据本期末应收款项的余额和相应的坏账率估计出期末"坏账准备"账户应有的余额，它与调整前"坏账准备"账户已有的余额的差额，就是当期应计提的坏账准备金额。

账龄分析法是指根据应收款项的时间长短来估计坏账损失的一种方法。账龄是指债务人所欠款项的时间，账龄越长，发生坏账损失的可能性就越大。采用账龄分析法时，将不同账龄的应收款项进行分组，并根据前期坏账实际发生的有关资料，确定各账龄组的估计坏账损失百分比，再将各账龄组的应收款项金额乘以对应的估计坏账损失百分比，计算出各组的估计坏账损失额之和，即为当期的坏账损失预计金额。

销货百分比法是指用销售总额的一定百分比估计坏账损失的方法。在采用销货百分比法的情况下，估计坏账损失百分比可能由于企业市场经营情况的不断变化而与实际情况不相适应，因此，需要经常检查估计坏账损失百分比是否能足以反映企业坏账损失的实际情况，倘若发现估计坏账损失过高或过低的情况，应及时调整估计坏账损失百分比。

例如，玉利兴公司应收账款余额为 100 万元（假设 3 个月内形成的应收账款为 50 万元，账龄为 4～6 个月的应收账款有 35 万元，7～12 个月的应收账款有 10 万元，账龄为 1 年以上的应收账款有 3 万元，账龄为 2 年以上的应收账款有 2 万元）。

如果该公司应收账款按照账龄分析法来计提坏账准备，计提比率为 3 个月内不提，4～6 个月的按 5% 计提，7～12 个月的按 20% 计提，1 年以上的按 50% 计提，2 年以上的按 100% 计提，那么该公司应计提的坏账准备为

$$50×0\%+35×5\%+10×20\%+3×50\%+2×100\%=7.25（万元）$$

如果该公司按照应收账款余额百分比法（计提比率为 5%）计提坏账准备，那么该公司应计提的坏账准备为

$$100×5\%=5（万元）$$

账龄分析法在合理地分析确定计提标准后，计提结果相对来说会更加精确，但工作会相对复杂，因为每个月都要重新计算每一个区间段落的应收款项数值。余额百分比法则相对简单。在实务中，要根据企业类型和模式来确定具体应用的方法。

预期信用损失法是计提信用减值准备的一种方法，其适用对象为企业对以摊余成本计量的

金融资产和以公允价值计量且其变动计入其他综合收益的金融资产等,也包括应收款项。在预期信用损失法下,减值准备的计提不以减值的实际发生为前提,而是以未来可能的违约事件造成的损失的期望值来计量当前(资产负债表日)应当确认的减值准备。

(二)坏账准备的账务处理

企业应当设置"坏账准备"科目对企业应收款项的坏账准备的计提和转销等情况进行核算和监督。"坏账准备"科目属于资产类会计科目的备抵科目,该科目借方登记企业实际发生的坏账损失和冲减的坏账准备,贷方登记企业当期计提的坏账准备和收回已转销的应收账款而恢复的坏账准备,期末余额在贷方,反映企业已计提但尚未转销的坏账准备。

1. 当期应计提的坏账准备金额的确定

当期应计提的坏账准备 = 应收款项的期末余额 × 坏账准备计提比例 −
(或+)"坏账准备"科目的贷方(或借方)余额

📢 **学习提示**:如果当期应计提的坏账准备的计算结果为正数,则需补提坏账准备;如果计算结果为负数,则需冲销坏账准备(在原计提金额内转回)。

【例2-17】 2021年2月1日,玉利兴公司应收账款科目借方余额为5 000万元。当月应收账款借方发生额合计为1 200万元,贷方发生额合计为500万元,玉利兴公司根据预期信用损失法计提坏账准备,计提比例为4%。

要求:计算玉利兴公司月末应计提的坏账准备金额。

【答案】
玉利兴公司月末应计提的坏账准备 = (5 000+1 200−500)×4%−5 000×4%=28(万元)

2. 坏账准备的账务处理

(1)企业计提坏账准备时,应按照减值的金额,借记"信用减值损失"[②]科目,贷记"坏账准备"科目。冲减多计提的坏账准备时,借记"坏账准备"科目,贷记"信用减值损失"科目。

具体会计分录如下:
借:信用减值损失
　　贷:坏账准备
借:坏账准备
　　贷:信用减值损失

"坏账准备"账户的结构如图2-5所示。

【例2-18】 2018年12月31日,玉利兴公司"应收账款——丙公司"科目借方余额为1 000 000元,经评估确定,应计提坏账准备金额为100 000元。

要求:编制相关业务的会计分录。

📖 **知识拓展**

② 应收账款属于金融资产。根据《企业会计准则第22号——金融工具确认和计量》(2018)应用指南,金融资产减值准备所形成的预期信用损失应通过"信用减值损失"科目核算。因此,执行《企业会计准则第22号——金融工具确认和计量》(2018)后,企业发生的坏账准备应通过"信用减值损失"科目核算,不再通过"资产减值损失"科目核算。而固定资产、无形资产等减值仍然使用"资产减值损失"科目。

坏账准备	
借方	贷方
①转回多计提坏账准备 ②实际发生坏账损失	①当期计提坏账准备 ②确认坏账重新收回
	余额：已计提的坏账准备

图 2-5 "坏账准备"账户的结构

【答案】

玉利兴公司应编制的会计分录如下：

借：信用减值损失　　　　　　　　　　　　　　　　　　　　　　　100 000
　　贷：坏账准备　　　　　　　　　　　　　　　　　　　　　　　　　　100 000

（2）企业实际发生坏账损失时，应当冲减已计提的坏账准备，借记"坏账准备"科目，贷记"应收账款"科目。

具体会计分录如下：

借：坏账准备
　　贷：应收账款

【例 2-19】 2021 年 6 月 30 日，玉利兴公司确定应收丙公司的应收账款有 40 000 元无法收回，确认为坏账。

要求：编制相关业务的会计分录。

【答案】

玉利兴公司应编制的会计分录如下：

借：坏账准备　　　　　　　　　　　　　　　　　　　　　　　　　40 000
　　贷：应收账款　　　　　　　　　　　　　　　　　　　　　　　　　　40 000

【例 2-20】 承【例 2-18】和【例 2-19】，玉利兴公司 2021 年年末经评估，确定"坏账准备"科目贷方应保留的余额为 85 000 元，不考虑其他因素。

要求：计算玉利兴公司 2021 年年末应计提的坏账准备金额并编制相关业务的会计分录。

【答案】

玉利兴公司 2021 年年末应计提的坏账准备 =85 000－（100 000－40 000）=25 000（元）

玉利兴公司应编制的会计分录如下：

借：信用减值损失　　　　　　　　　　　　　　　　　　　　　　　25 000
　　贷：坏账准备　　　　　　　　　　　　　　　　　　　　　　　　　　25 000

（3）企业已确认并转销的应收账款以后又收回，应按照实际收到的金额增加坏账准备账面余额，借记"应收账款"科目，贷记"坏账准备"科目；同时借记"银行存款"科目，贷记"应收账款"科目。

具体会计分录如下：

借：应收账款
　　贷：坏账准备
借：银行存款
　　贷：应收账款

【例 2-21】 2021 年 6 月 30 日，玉利兴公司收回上年已确认为坏账的应收账款 10 000 元，款项已收到并存入银行。

要求：编制相关业务的会计分录。

【答案】

玉利兴公司应编制的会计分录如下：

借：应收账款	10 000
贷：坏账准备	10 000
借：银行存款	10 000
贷：应收账款	10 000

3．坏账准备对应收账款账面价值的影响

应收账款的账面价值＝应收账款的账面余额－与应收账款有关的坏账准备

根据上述公式可知：

（1）企业计提坏账准备时，坏账准备增加，会使应收账款的账面价值减少。

（2）企业冲减多计提的坏账准备时，坏账准备减少，会使应收账款的账面价值增加。

（3）企业实际发生坏账损失时，坏账准备与应收账款同时减少，不影响应收账款的账面价值。

（4）企业已确认并转销的应收账款以后又收回，会使应收账款的账面价值减少。

具体影响见表 2-4。

表 2-4　坏账准备对应收账款账面价值的影响

相关会计分录	对应收账款账面价值的影响
计提坏账准备时： 借：信用减值损失 　　贷：坏账准备	贷方登记坏账准备，坏账准备增加，使应收账款的账面价值减少
冲减多计提的坏账准备时： 借：坏账准备 　　贷：信用减值损失	借方登记坏账准备，坏账准备减少，使应收账款的账面价值增加
实际发生坏账损失时： 借：坏账准备 　　贷：应收账款	坏账准备与应收账款同时减少，不影响应收账款的账面价值
已确认并转销的应收账款以后又收回： 借：应收账款 　　贷：坏账准备 同时： 借：银行存款 　　贷：应收账款	第一笔分录借贷方同时影响应收账款的账面价值，相互抵销后不影响应收账款的账面价值 第二笔分录贷方登记应收账款，使应收账款的账面价值减少 因此，该项业务使应收账款账面价值减少

❄ **本节导读分析**：刘军所签的合同是现销合同，会计应在收到货款时将其计入"银行存款"或"库存现金"科目，同时确认收入并结转成本；张凯所签的合同中，收到的商业承兑汇票通过"应收票据"科目核算，并确认收入、结转成本，待票据到期收取款项时转入"银行存款"，如果到期收不到款项，则转入"应收账款"；陈丽所签的合同是赊销合同，在满足收入确认条件时，通过"应收账款"科目核算，如果后期赊销企业以票据结算，在收到票据后应将其转入"应收票据"。

知识小结：其他应收款、应收账款和应收票据的账务处理分别见表2-5～表2-7。

表2-5 其他应收款的账务处理总结

核算内容	账务处理
应收的各种赔款、罚款	以企业应收罚款为例： 借：其他应收款 　　贷：营业外收入 　　　　应交税费——应交增值税（销项税额）
应收的出租包装物的租金	借：其他应收款 　　贷：其他业务收入 　　　　应交税费——应交增值税（销项税额）
应向职工收取的各种垫付款项	企业垫付款项时： 借：其他应收款 　　贷：银行存款 从职工工资中扣减款项时： 借：应付职工薪酬 　　贷：其他应收款
存出保证金	以租入包装物的押金为例： 借：其他应收款 　　贷：银行存款
其他各种应收、暂付款项	以预付职工的差旅费为例： 借：其他应收款 　　贷：银行存款等

表2-6 应收账款的账务处理总结

业务时点	账务处理		
取得时	销售商品、提供服务： 借：应收账款 　　贷：主营业务收入 　　　　应交税费——应交增值税（销项税额） 　　　　银行存款（代垫包装费、运杂费）		
到期时	收回货款： 借：银行存款 　　贷：应收账款	改用应收票据结算： 借：应收票据 　　贷：应收账款	确认为坏账： 借：坏账准备 　　贷：应收账款

表2-7 应收票据的账务处理总结

业务时点	应收票据的账务处理	
取得时	销售商品、提供服务： 借：应收票据 　　贷：主营业务收入 　　　　应交税费——应交增值税（销项税额）	债务人抵偿前欠货款： 借：应收票据 　　贷：应收账款
到期时	收回货款： 借：银行存款 　　贷：应收票据	未收回货款： 借：应收账款 　　贷：应收票据

（续）

业务时点	应收票据的账务处理	
贴现时	不附追索权： 借：银行存款 　　财务费用（贴现利息） 　贷：应收票据	附追索权： 借：银行存款 　　财务费用（贴现利息） 　贷：短期借款
背书转让时	借：在途物资/材料采购/原材料/库存商品等 　　应交税费——应交增值税（进项税额） 　贷：应收票据 　　　银行存款（差额，也可能在借方）	

本章导读分析

甲家具厂收到的货币资金不仅包括库存现金和银行存款，还包括其他货币资金；为了抢占市场，扩大销售额而采用赊销方式虽然能够增加企业利润，但是企业的各项应收款项可能会因购货人拒付、破产、死亡等原因而无法收回，形成坏账。企业应当将应收款项减值的金额确认为信用减值损失，同时计提减值准备，这样会减少企业的利润。在这个过程中始终没有货币资金的参与，而企业的运营需要资金的支持，这也解释了为什么有些企业账面盈利，但实际的生产经营却存在较大风险。

实务案例

B股份有限公司（以下简称B公司）收到了中国证监会的《行政处罚决定书》。2021年8月，B公司披露了重组对象K公司2018年至2021年4月30日间的主要财务数据，其中K公司的资产和营业收入存在虚假记载。2018年虚增营业收入14 752.45万元，占当期披露营业收入的34.89%；2019年虚增营业收入18 311.43万元，占当期披露营业收入的36.90%；2020年虚增营业收入23 840.88万元，占当期披露营业收入的42.62%；2021年1月1日至2021年4月30日虚增营业收入4 128.96万元，占当期披露营业收入的44.25%。证监会决定，责令B公司改正，给予警告，并处以30万元罚款；对B公司相关责任人给予警告并处罚款。

在信用社会，应收账款成为一种常见的销售收款方式。应收账款是指企业因销售商品、提供服务等经营活动，应向购货单位或接受服务单位收取的款项。在激烈的市场竞争中，赊销是加大市场占有率、提高竞争力的一种重要手段。从账面上看，应收账款的增加会伴随着企业的利润增多，但是企业账面上利润的增加并不表示能如期实现现金流入。正是因为应收账款不产生现金流，有的企业会铤而走险对应收账款进行造假以虚增利润，从而达到粉饰利润表的目的，本案中B公司就使用了此造假手段。但是B公司在财务造假时忽略了另外一件事：企业应收账款的大量存在和长期挂账，同样会使人产生疑惑，最终只能用另外一个谎言——大量计提坏账来冲销造假的应收账款。会计人员要恪守诚信这一职业道德，诚信做账。

思维导图

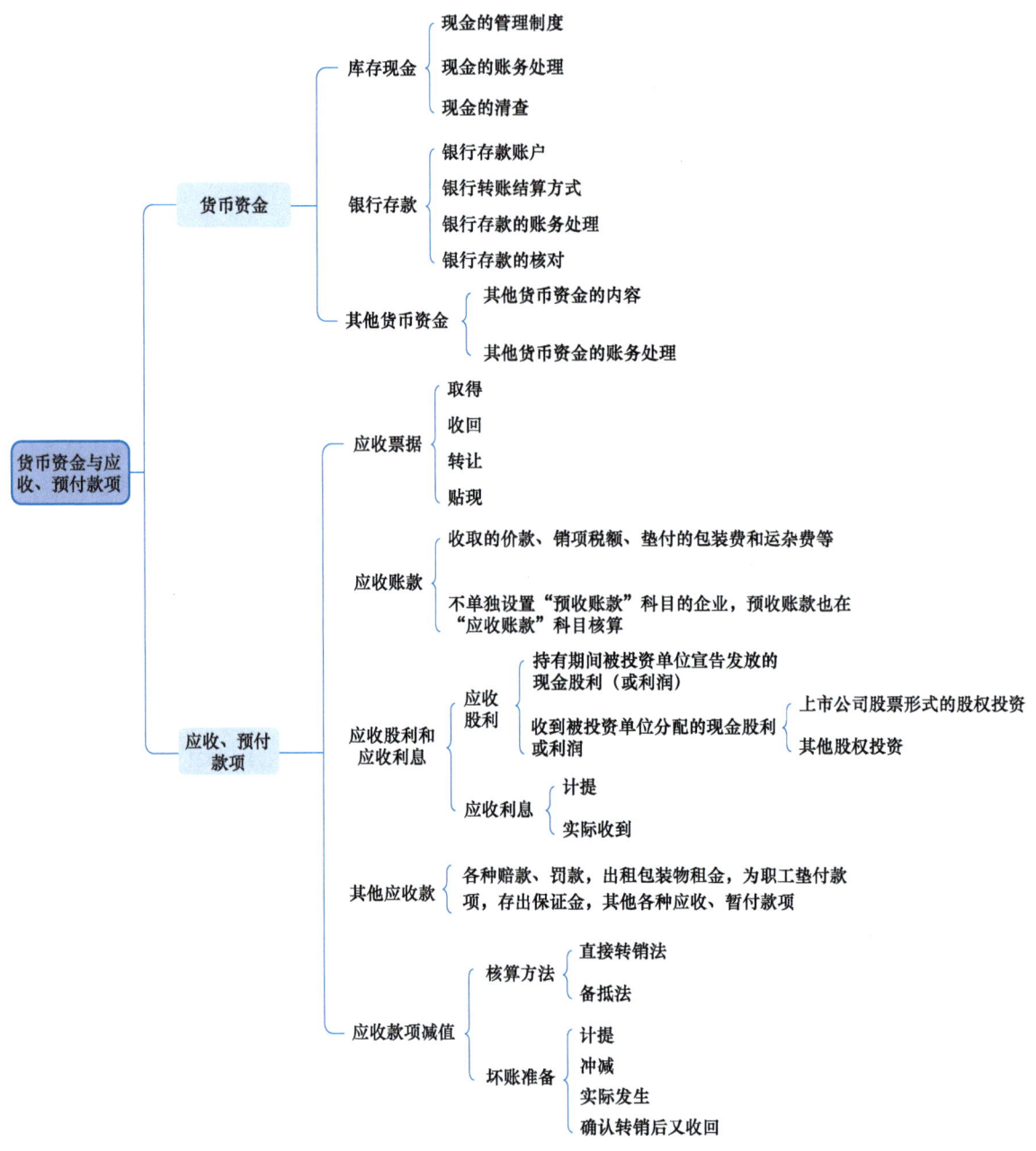

习 题

一、计算分析题

1. 玉利兴公司 2021 年 12 月发生的部分经济业务如下:

(1) 12月1日，出纳员开出现金支票一张，金额为4 000元，用以补充库存现金。

(2) 12月2日，购买办公用纸，支付现金770元。

(3) 12月5日，采购员王晴出差预借差旅费2 000元，以现金支付。

(4) 12月7日，开出现金支票，提取现金56 000元，备发工资。

(5) 12月8日，为职工发放困难补助1 600元。

(6) 12月10日，收到零星销售商品货款1 695元，其中价款为1 500元，增值税税额为195元。

(7) 12月13日，发放职工工资45 200元。

(8) 12月16日，企业行政管理部门一次性领取定额备用金5 000元。

(9) 12月17日，收到银行的收款通知，应收大元公司的货款40 000元已收到并存入结算账户。

(10) 12月18日，采购员王晴出差归来，按规定报销差旅费2 060元。

(11) 12月21日，开出转账支票一张偿付美华公司货款6 200元。

(12) 12月23日，用现金支付董事会费2 500元。

(13) 12月25日，收到采购人员交来采购材料的发票账单，货款总额6 780元。

(14) 12月27日，开出转账支票一张，上缴增值税31 200元。

(15) 12月29日，销售产品一批，价款为40 000元，增值税税额为5 200元，货款已收到并存入银行。

(16) 12月31日，企业行政管理部门报销差旅费3 300元。

要求：根据上述经济业务编制会计分录。

2. 玉利兴公司2021年12月发生的部分经济业务如下：

(1) 12月2日，将款项交存银行，开出银行汇票一张，金额为90 000元，由采购员孙小美携带至沈阳以办理材料采购事宜。

(2) 12月5日，因临时材料采购的需要，将款项80 000元汇往交通银行上海分行并开立采购专户，材料采购员王晴同日前往上海。

(3) 12月9日，为方便行政管理部门办理事务而办理信用卡一张，存入金额42 000元。

(4) 12月13日，采购员孙小美完成材料采购任务回到企业，将有关材料采购凭证交到会计部门。材料采购凭证注明材料价款为71 000元，应交增值税税额为9 230元。

(5) 12月14日，会计人员到银行取回银行汇票余款划回通知，银行汇票余款已存入企业结算户。

(6) 12月17日，因采购材料需要，委托银行开出信用证，交存保证金250 000元。

(7) 12月20日，材料采购员王晴完成材料采购任务回到企业，当日将采购材料的有关凭证交到会计部门，本次采购的材料价款为64 000元，增值税税额为8 320元。

(8) 12月22日，企业接到银行的收款通知，交通银行上海分行采购专户的余款已转回结算户。

(9) 12月25日，行政管理部门小王用信用卡购买办公用品，支付款项4 200元。

(10) 12月28日，为购买股票，企业将款项400 000元存入海通证券公司证券投资账户。

要求：根据上述经济业务编制会计分录。

3. 玉利兴公司2021年6月30日银行存款日记账的余额为81 100元，同日转来的银行对账单的余额为86 500元，为了确定企业银行存款的实有数，需要编制银行存款余额调节表。经过对银行存款日记账和银行对账单的核对，发现部分未达账项以及一些记账方面的错误，情况如下：

(1) 6月18日，企业委托银行收取的金额为4 000元的款项，银行已收妥入账，但企业尚未收到收款通知。

(2) 12月22日，企业存入银行的4 300元的款项，出纳员误记为4 000元。

(3) 6月26日，银行将本企业存入的一笔款项串户记账，金额为2 600元。

(4) 6月29日，企业开出转账支票一张，金额为9 200元，持票人尚未到银行办理转账手续。

(5) 6月30日，企业存入银行支票一张，金额为2 500元，银行已承办，企业已凭回单记账，银行对账单并没有记录。

(6) 6月30日，银行收取借款利息3 000元，企业尚未收到支息通知。

要求：根据上述资料编制银行存款余额调节表（见表2-8）。

表2-8 银行存款余额调节表

2021年6月30日　　　　　　　　　　　　　　　　　　　单位：元

项　　目	金　　额	项　　目	金　　额
银行对账单余额		企业银行存款日记账余额	
调整后的余额		调整后的余额	

二、综合业务题

海倩公司为增值税一般纳税人（执行企业会计制度），销售货物适用的增值税税率为13%，2021年6月发生与应收款项有关的经济业务如下：

(1) 6月1日，企业应收账款余额为2 390万元，其中应收甲公司150万元，应收乙公司2 000万元，应收丙公司160万元，应收丁公司80万元。

(2) 6月5日，销售一批产品给丙公司，产品标价为250万元（不含税），海倩公司给予丙公司20%的商业折扣，并按折扣后的金额开具了增值税专用发票，货款尚未收到。海倩公司在合同中规定的现金折扣条件为"2/10，1/20，N/30"（假定计算现金折扣时不考虑增值税）。

(3) 6月18日，收到甲公司前欠货款，款项存入银行。

(4) 6月22日，收到丙公司前欠货款及本月5日的销售货款，款项均已存入银行。

(5) 6月28日，收到丁公司来函，确认丁公司的货款无法收回，海倩公司确认坏账损失。

(6) 6月29日，收到乙公司前欠货款100万元，款项存入银行。海倩公司按应收账款余额百分比法计提坏账准备，海倩公司根据以往的经验估计坏账计提比例为5%。

要求：根据以上资料，不考虑其他因素，分析回答下列问题（答案中的金额单位用万元表示）。

(1) 2021年6月1日，海倩公司应收账款的账面价值为（　　）万元。

(2) 2021年6月22日，海倩公司收到丙公司款项的实际金额为（　　）万元。

(3) 海倩公司实际发生现金折扣时，下列表述正确的是（　　）。

A．海倩公司发生的现金折扣应计入财务费用中

B．海倩公司应当合理预计可能发生的现金折扣，将其金额从应收账款中扣除

C．海倩公司在2021年6月22日实际收到的货款中有232万元属于当月实现销售款的收回

D．海倩公司在实现销售收入时不考虑现金折扣

(4) 编制海倩公司2021年6月30日的会计分录。

第三章

存货

> **本章导读**
>
> "存货"为会计中的专有名词,是企业对特定商品或产品的统称。以餐饮企业为例,购买的食材、做好的快餐、打包盒、桌椅、餐厅店面……哪些产品该划入"存货"类别?被划分为"存货"的商品或产品该如何核算和计量?一份快餐30元,这个价格是如何构成的?当"存货"发生价值变动时会计又该怎样处理?本章将围绕这些问题,带领大家走进企业的"存货世界"。

第一节 存货概述

> **/学习导读/**
>
> 图 3-1 所示的哪个是存货?
>
>
>
> a) 仓库货品　　　　　　　　　　b) 高楼大厦
>
> 图 3-1 仓库货品和高楼大厦
>
> 仓库存放的企业待出售货品,一般属于企业的存货,而高楼大厦是否为企业的存货呢?

一、存货的概念和种类

(一)存货的概念

存货是指企业在<u>日常活动</u>中持有以备出售的产品或者商品、处在生产过程中的在产品、在生产过程或提供劳务过程中耗用的材料或物料等。企业持有存货的最终目的是<u>出售</u>,这是存货区别于固定资产等非流动资产的最基本的特征。

> 📣 **学习提示**:不是商品或产品本身的性质决定该商品或产品是否为存货,而是企业的性质决定了什么类型的商品或产品才是存货。例如轮船,对于物流公司而言,它是固定资产;对于造船厂而言,它却是一种商品,是造船厂的存货。

（二）存货的种类

1. 按照经济内容或者经济用途划分

按照经济内容或者经济用途，企业的存货主要可以分为如下几种：

（1）原材料。原材料是指企业在生产过程中经过加工改变形态或者性质并构成产品主要实体的各种原料、主要材料和外购半成品，以及不构成产品实体但有助于产品形成的辅助材料。原材料具体包括原料及主要材料、辅助材料、外购半成品、修理用备件、包装材料、燃料等。

（2）在产品。在产品是指企业正在制造的尚未完工的生产物，包括正在各个生产工序加工的产品和已加工完毕但尚未检查或已检验但尚未办理入库手续的产品。

（3）半成品。半成品是指经过一定生产过程并已检验合格交付半成品仓库保管，但尚未制造完工，仍需进一步加工的中间产品。

（4）产成品。产成品是指企业已经完成全部生产过程并已验收入库，可以按照合同规定的条件送交订货单位，或者可以作为商品对外销售的产品。企业接受来料加工制造的代制品和为外单位加工修理的代修品，制造和修理完成验收入库后，也应视同企业的产成品。

（5）库存商品。库存商品是指企业已完成全部生产过程并已验收入库，合乎标准规格和技术条件，可以按照合同规定的条件送交订货单位，也可以作为商品对外销售的产品以及外购或委托加工完成验收入库用于销售的各种产品。

（6）周转材料。周转材料是指企业能够**多次使用，**但**不符合**固定资产定义，需要逐渐转移其价值但仍保持原有形态，不确认为固定资产的材料。企业的周转材料包括包装物和低值易耗品。

（7）委托代销商品。委托代销商品是指企业委托其他单位代销的商品。

> **学习提示**：受托代销商品是指企业接受他方委托代其销售的商品，企业作为受托方并没有取得商品控制权，不符合资产的定义。因此，受托代销商品应作为委托方而不是受托方的存货处理，不能确认为受托方的资产。

2. 按照来源渠道划分

按照来源渠道，企业的存货主要可以分为如下几种：

（1）外购存货。外购存货是指企业从外部购进的各种存货，如商业企业的外购商品、工业企业的外购材料、外购零部件等。

（2）自制存货。自制存货是指由企业内部加工制造的各种存货，如自制材料、自制半成品和产成品等，它的成本包括自制过程中消耗的直接材料费用、直接人工费用、制造费用及其他直接费用。

（3）委托加工的存货。委托加工的存货是指企业委托外单位加工而取得的存货。

（4）其他方式取得的存货。其他方式取得的存货包括投资者投入的存货、接受捐赠的存货、通过债务重组取得的存货、通过非货币性资产交换取得的存货等。

二、存货的初始计量

（一）存货的成本

存货应当按照成本进行初始计量，存货的成本包括采购成本、加工成本和其他成本。

1. 采购成本

存货的采购成本包括购买价款、相关税费和相关费用，如图 3-2 所示。其中，相关费用主要包括运输费、装卸费、保险费以及其他可归属于存货采购成本的费用。

（1）购买价款。购买价款是指企业购入的材料或商品的发票账单上列明的价款，但**不包括**按照规定可以抵扣的增值税进项税额。

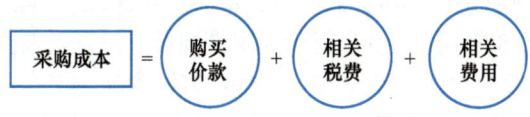

图 3-2　采购成本的构成

（2）相关税费。相关税费是指企业购买存货发生的进口关税、消费税、资源税、**不能抵扣**的进项税额和教育费附加等。

（3）相关费用。相关费用是指存货在采购过程中发生的仓储费、运输费、装卸费、保险费、搬运费、包装费、运输途中的合理损耗③和**入库前**的挑选整理费用等。

📢**学习提示**：小规模纳税人相关增值税进项税额计入存货成本。

商品流通企业的仓储费和进货费用的会计处理如下：

（1）仓储费。①入库前发生的商品仓储费计入存货成本；②入库后发生的商品仓储费计入管理费用；③在产品发生的为达到下一生产阶段所必需的仓储费计入存货成本。

（2）进货费用。①直接计入采购成本；②先进行归集，期末根据所购商品的存销情况进行分摊。若商品已售出，则将进货费用计入**当期损益**（主营业务成本）；若商品未售出，则将进货费用计入存货成本；③金额较小的进货费用，发生时直接计入**当期损益**（销售费用）。

2．加工成本

存货的加工成本是指存货在加工过程中发生的追加费用，包括直接人工以及按照一定方法分配的制造费用，如图3-3所示。

图 3-3　加工成本的构成

（1）直接人工。直接人工是指企业在生产产品和提供劳务过程中发生的直接从事产品生产和直接提供劳务人员的职工薪酬。

（2）制造费用。制造费用是指企业为生产产品和提供劳务发生的各项间接费用。

3．其他成本

存货的其他成本是指除采购成本、加工成本以外的，为使存货到达目前场所和达到目前状态所发生的其他支出。

其中，企业设计产品发生的设计费用通常应当计入当期损益，但**为特定客户设计产品所发生的、可直接确定的设计费用应计入相关存货的成本**。

（二）不应计入存货成本的费用

（1）**非正常消耗**的直接材料、直接人工和制造费用，应当在发生时计入当期损益，不应计入存货成本。其中，属于不可抗力因素导致的，计入营业外支出；属于管理不善导致的，计入

📖**知识拓展**

③ 运输途中的合理损耗是指商品在运输过程中，因商品性质、自然条件及技术设备等因素，所发生的自然的或不可避免的损耗。以餐饮企业为例，采购员花费100元采购100个鸡蛋，到库清点时如果路途颠簸碎了一个，这种损耗即为合理损耗；如果采购员手滑摔碎了90个，这种损耗即为不合理损耗。

管理费用。

例如，自然灾害导致的直接材料、直接人工和制造费用，由于这些费用的发生无助于使存货到达目前场所和达到目前状态，不应计入存货成本，**而应确认为当期损益**。

（2）产品入库后的仓储费用应在发生时计入当期损益。但是，**在生产过程中为达到下一个生产阶段所必需的仓储费用应计入存货成本**。例如，某种食品生产企业为使生产的食品达到规定的产品质量标准而必须发生的仓储费用，应计入食品的成本，**而不应计入当期损益**。

（3）**不能归属于使存货到达目前场所和达到使用状态的其他支出，应在发生时计入当期损益，不得计入存货成本**。

三、发出存货的计价方法

企业应根据实物流转方式、企业管理要求、存货的性质等实际情况，合理地确认发出存货成本的计算方法以及当期发出存货的成本。对于性质和用途相同的存货，应当采用相同的成本计算方法确定发出存货的成本。

实务中，企业发出存货可以按照**计划成本法核算**，也可以按照**实际成本法核算**。如果按照计划成本法核算，会计期末要对存货计划成本和实际成本之间的差异进行单独核算，最终将计划成本调整为实际成本。如果企业按照实际成本法核算，则发出存货成本的计价方法有个别计价法、先进先出法、月末一次加权平均法和移动加权平均法等。**本章无特殊说明，均假定企业采用实际成本法对存货进行日常核算**。计划成本法下发出存货的相应会计处理见本章第二节。

（一）个别计价法

个别计价法是假设存货具体项目的实物流转与成本流转相一致的计价方法，这种方法把每一种存货的实际成本作为计算发出存货成本和期末存货成本的基础。在个别计价法下，各种存货必须是可以具体辨认的。

个别计价法的成本计算准确，符合实际情况，但在**存货收发频繁**的情况下，存货发出成本分辨的工作量较大。因此，这种方法通常适用于一般不能替代使用的存货、为特定项目专门购入或制造的存货以及提供的劳务，如珠宝、名画等贵重物品的计价。

（二）先进先出法

先进先出法是指以先购入的存货应先发出（即用于销售或耗用）这样一种存货实物流转假设为前提对发出存货进行计价的一种方法。采用这种方法，先购入的存货成本在后购入存货成本之前转出，据此确定发出存货和期末存货的成本。具体方法是：收入存货时，逐笔登记收入存货的数量、单价和金额；发出存货时，按照先进先出的原则逐笔登记存货的发出成本和结存成本。

先进先出法可以随时结转存货的发出成本，但较烦琐。在存货收发业务较多且存货单价不稳定时的工作量较大。在**物价持续上升**时，期末存货成本接近于市价，而发出成本偏低，会高估企业库存存货价值和当期利润；反之，会低估企业库存存货价值和当期利润。

（三）月末一次加权平均法

月末一次加权平均法是指用本月入库存货成本、月初结存存货成本、本月入库存货数量及月初结存存货数量计算确定存货加权平均单位成本，以此为依据计算发出存货成本的一种方法。

月末一次加权平均法计算公式如下：

$$存货单位成本 = \frac{月初结存存货成本 + 本月入库存货成本}{月初结存存货数量 + 本月入库存货数量}$$

本次发出存货成本 = 发出存货的数量 × 存货单位成本

月末结存存货成本 = 月末结存存货数量 × 存货单位成本

或

月末结存存货成本 = 月初结存存货成本 + 本月收入存货成本 − 本月发出存货成本

采用月末一次加权平均法，<u>只在月末</u>一次计算加权平均单价，有利于简化成本计算工作；但由于平时无法从账上提供发出和结存存货的单价及金额，不利于存货成本的日常管理与控制。

（四）移动加权平均法

移动加权平均法是指以每次进货的成本加上原有结存存货成本的合计额，除以每次进货数量加上原有结存存货数量的合计数，据以计算加权平均单位成本，作为在下次进货前计算各次发出存货成本依据的一种方法。计算公式如下：

$$每次计算的存货单位成本 = \frac{原有结存存货成本 + 本次进货的成本}{原有结存存货数量 + 本次进货数量}$$

本次发出存货成本 = 本次发出存货数量 × 本次发货前存货的单位成本

月末结存存货成本 = 月末结存存货数量 × 本月月末存货单位成本

或

月末结存存货成本 = 月初结存存货成本 + 本月收入存货成本 − 本月发出存货成本

采用移动加权平均法能够使企业管理层及时了解存货的结存情况，计算的平均单位成本以及发出和结存的存货成本比较客观。但由于每次收货都要计算一次平均单位成本，计算工作量较大，对收发货较频繁的企业不太适用。

> **学习提示**：计价方法一经确定，为了保证会计信息的可比性，不得随意变更。

【例3-1】 玉利兴公司2021年5月根据M商品的收入、发出、结存情况登记的M商品购销明细账见表3-1。

表3-1　M商品购销明细账

数量单位：件，金额单位：元

日期		摘要	收入			发出			结存		
月	日		数量	单价	金额	数量	单价	金额	数量	单价	金额
5	1	期初余额							150	10	1 500
	5	购入	100	12	1 200				250		
	16	销售				200			50		
	20	购入	200	14	2 800				250		
	27	销售				100			150		
	31	本期合计	300	—	4 000	300	—		150		

要求：分别按照上述四种方法计算本月发出存货及本月结存存货成本。

【答案】

① 个别计价法。假设经过具体辨认：5月16日发出的200件存货中，有100件是期初结存存货，单位成本为10元，另外的100件是5月5日购进的存货，单位成本为12元；5月27日发出的100件存货中，有40件是月初结存存货，单位成本为10元，另外的60件是5月20日购进的存货，单位成本为14元，计算结果见表3-2。

表 3-2　M 商品购销明细账（个别计价法）

数量单位：件，金额单位：元

日期		摘要	收入			发出			结存		
月	日		数量	单价	金额	数量	单价	金额	数量	单价	金额
5	1	期初余额							150	10	1 500
	5	购入	100	12	1 200				250		
	16	销售				100 100	10 12	1 000 1 200	50	10	500
	20	购入	200	14	2 800				250		
	27	销售				40 60	10 14	400 840	10 140	10 14	100 1 960
	31	本期合计	300	—	4 000	300	—	3 440	150	—	2 060

计算过程如下：

本月发出存货成本 =（100×10+100×12）+（40×10+60×14）=3 440（元）

月末结存存货成本 =10×10+140×14=2 060（元）

或

月末结存存货成本 = 月初结存存货成本 + 本月收入存货成本 − 本月发出存货成本

=（150×10）+（100×12 +200×14）−3 440=2 060（元）

② 先进先出法。计算结果见表 3-3。

表 3-3　M 商品购销明细账（先进先出法）

数量单位：件，金额单位：元

日期		摘要	收入			发出			结存		
月	日		数量	单价	金额	数量	单价	金额	数量	单价	金额
5	1	期初余额							150	10	1 500
	5	购入	100	12	1 200				250		
	16	销售				150 50	10 12	1 500 600	50	12	600
	20	购入	200	14	2 800				250		
	27	销售				50 50	12 14	600 700	150	14	2 100
	31	本期合计	300	—	4 000	300	—	3 400	150	—	2 100

计算过程如下：

本月发出存货成本 =（150×10+50×12）+（50×12+50×14）=3 400（元）

月末结存存货成本 =150×14=2 100（元）

或

月末结存存货成本 = 月初结存存货成本 + 本月收入存货成本 − 本月发出存货成本

=（150×10）+（100×12 +200×14）−3 400=2 100（元）

③ 月末一次加权平均法。计算过程及结果如下（表略）：

$$存货单位成本 = \frac{月初结存存货成本 + 本月入库存货成本}{月初结存存货数量 + 本月入库存货数量}$$

$$= \frac{月初结存存货成本 + \sum(本月各批进货的实际单位成本 \times 本月各批进货的数量)}{月初结存存货的数量 + \sum 本月各批进货数量}$$

$$= \frac{1\,500 + 100 \times 12 + 200 \times 14}{150 + 100 + 200}$$

$$\approx 12.222\,2（元/件）$$

本月发出存货成本 = 发出存货的数量 × 存货单位成本
$= 300 \times 12.222\,2 = 3\,666.66$（元）

月末结存存货成本 = 月末结存存货数量 × 存货单位成本
$= 150 \times 12.222\,2 = 1\,833.33$（元）

或

月末结存存货成本 = 月初结存存货成本 + 本月收入存货成本 − 本月发出存货成本
$= 1\,500 + 4\,000 − 3\,666.66 = 1\,833.34$（元）

采用两种方法求得的月末结存存货成本有 0.01 元的误差，为四舍五入所致。

④ 移动加权平均法。计算过程及结果如下（表略）：

$$本次存货单位成本 = \frac{原有结存存货成本 + 本次进货的成本}{原有结存存货数量 + 本次进货数量}$$

本次发出存货成本 = 本次发出存货数量 × 本次发货前存货的单位成本

月末结存存货成本 = 月末结存存货数量 × 本月月末存货单位成本

或

月末结存存货的成本 = 月初结存存货成本 + 本月收入存货成本 − 本月发出存货成本

本题中：

5 月 5 日购入存货后存货单位成本 $= \dfrac{1\,500 + 1\,200}{150 + 100} = 10.8$（元/件）

5 月 16 日发出存货的成本 $= 200 \times 10.8 = 2\,160$（元）

5 月 20 日购入存货后存货单位成本 $= \dfrac{50 \times 10.8 + 2\,800}{50 + 200} = 13.36$（元/件）

5 月 27 日发出存货的成本 $= 100 \times 13.36 = 1\,336$（元）

本月发出存货成本 $= 2\,160 + 1\,336 = 3\,496$（元）

月末结存存货成本 $= 150 \times 13.36 = 2\,004$（元）

或

月末结存存货成本 $= 1\,500 + 4\,000 − 3\,496 = 2\,004$（元）

❋ **本节导读分析**：高楼大厦能否作为企业的存货，是由企业的性质决定的。对非房地产企业而言，厂房、办公楼并非企业日常销售的商品，不符合存货的定义，不应作为企业的存货，而属于企业的固定资产；对于房地产企业而言，高楼大厦是它的商品，"售楼"就是销售商品，是它的主营业务，因此房地产企业的高楼大厦符合存货的定义，属于存货。

第二节　原材料

/学习导读/

"橙子"是图 3-4 所示的哪个企业的原材料？

a) 果汁生产厂

b) 超市

图 3-4　果汁生产厂和超市

一、原材料的内容

原材料是指企业在生产过程中经过加工改变形态或者性质并构成产品主要实体的各种原料、主要材料和外购半成品，以及不构成产品实体但有助于产品形成的辅助材料等。

原材料主要包括原料及主要材料、辅助材料、外购半成品（外购件）、修理用备件（备品备件）、包装材料、燃料等。

原材料的日常收入、发出及结存可以采用实际成本法核算，也可以采用计划成本法核算。

二、原材料的核算

（一）采用实际成本法核算

1. 科目设置

原材料采用实际成本法核算时，材料的收入、发出及结存，无论总分类核算还是明细分类核算，均按照实际成本计价。使用的会计科目主要有"原材料""在途物资"等，核算过程中可能涉及的科目主要有"银行存款""应付账款""应付票据""其他货币资金"等。"原材料"账户借方、贷方和余额反映的都是实际成本，不存在成本差异的计算和结存问题，日常反映不出材料成本是节约还是超支，不能反映和考核物资采购业务的**经营成果**④，因此，**实际成本法适用于材料收发业务较少的企业**。

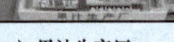知识拓展

④ 反映企业经营成果的会计要素包括收入、费用和利润。它们直接关系到企业经营成果的计量。收入减去费用等于利润，用公式表示即收入－费用＝利润，它是编制利润表的基础。在实务中，会采用"成本费用利润率"指标来衡量企业的盈利能力，成本费用利润率＝利润总额÷成本费用总额×100%。成本费用利润率越企业，表明企业为取得利润而付出的代价越小，成本费用控制得越好，盈利能力越强。

2. 账务处理

（1）购入材料。购入材料的账务处理分以下几种情况：

1）发票账单与材料同时到达时，按照发票账单上的金额借记"原材料"科目，按照发票上的税额借记"应交税费——应交增值税（进项税额）"科目，贷记"银行存款""应付账款""应付票据""其他货币资金"等科目。

具体会计分录如下：

借：原材料
　　应交税费——应交增值税（进项税额）
　　　贷：银行存款/应付账款/应付票据/其他货币资金等

【例 3-2】 玉利兴公司购入 M 材料一批，增值税专用发票上注明的价款为 400 000 元，增值税税额为 52 000 元，款项已用转账支票付讫，材料已验收入库。玉利兴公司为增值税一般纳税人，采用实际成本法进行材料日常核算。

要求：编制相应会计分录。

【答案】

玉利兴公司应编制如下会计分录：

借：原材料：——M 材料　　　　　　　　　　　　　　　　　　　400 000
　　应交税费——应交增值税（进项税额）　　　　　　　　　　　　52 000
　　　贷：银行存款　　　　　　　　　　　　　　　　　　　　　　452 000

2）**发票账单**到达，材料尚未验收入库，应在发票到达时按照发票账单上的金额借记"在途物资"科目，按照发票上的税额借记"应交税费——应交增值税（进项税额）"科目，贷记"银行存款""其他货币资金""应付票据""应付账款"等科目；在材料到达验收入库后，再将原记入"在途物资"科目中的金额转入"原材料"科目。

具体会计分录如下：

发票账单到达材料尚未入库时：

借：在途物资
　　应交税费——应交增值税（进项税额）
　　　贷：银行存款/其他货币资金/应付票据/应付账款等

材料验收入库时：

借：原材料
　　　贷：在途物资

【例 3-3】 玉利兴公司购入 M 材料一批，增值税专用发票上注明的价款为 400 000 元，增值税税额为 52 000 元，款项已用转账支票付讫，材料尚在途中。玉利兴公司为增值税一般纳税人，采用实际成本法进行材料日常核算。

要求：编制相应会计分录。

【答案】

① 发票账单到达时，玉利兴公司应编制如下会计分录：

借：在途物资　　　　　　　　　　　　　　　　　　　　　　　　400 000
　　应交税费——应交增值税（进项税额）　　　　　　　　　　　　52 000
　　　贷：银行存款　　　　　　　　　　　　　　　　　　　　　　452 000

② 待材料验收入库时，玉利兴公司应编制如下会计分录：

借：原材料——M 材料	400 000	
贷：在途物资		400 000

3）材料已经验收入库，发票账单没有到达，月末仍未收到发票账单时，将材料按**暂估价值**入账，借记"原材料"科目，贷记"应付账款——暂估应付账款"科目。

具体会计分录如下：

借：原材料
　　贷：应付账款——暂估应付账款

下月初用红字冲销原暂估入账金额，等发票账单到达后按"发票账单与材料同时到达"进行会计处理。

【例 3-4】 玉利兴公司购入一批 W 材料，材料已验收入库，尚未付款，月末发票账单尚未收到也无法确定其实际成本，暂估价值为 20 000 元。上述购入的 W 材料于次月收到发票账单，增值税专用发票上注明的价款为 21 000 元，增值税税额为 2 730 元，已用银行存款付讫。玉利兴公司为增值税一般纳税人，采用实际成本进行材料日常核算。

要求：编制相应会计分录。

【答案】

① 暂估入账时，玉利兴公司应编制如下会计分录：

借：原材料——W 材料	20 000	
贷：应付账款——暂估应付账款		20 000

② 下月初，用红字冲销原暂估入账金额时（方框内数据表示红字），玉利兴公司应编制如下会计分录：

借：原材料——W 材料	[20 000]	
贷：应付账款——暂估应付账款		[20 000]

③ 收到发票账单时，玉利兴公司应编制如下会计分录：

借：原材料——W 材料	21 000	
应交税费——应交增值税（进项税额）	2 730	
贷：银行存款		23 730

4）采用预付账款方式购入，应在预付账款时按照付款凭证上的金额借记"预付账款"科目，贷记"银行存款"科目；收到材料并验收入库时，将原记入"预付账款"科目中的金额转至"原材料"科目，同时根据发票账单上的税额借记"应交税费——应交增值税（进项税额）"科目；补付货款时同预付货款时的分录相同。

具体会计分录如下：

预付货款时：

借：预付账款
　　贷：银行存款

收到材料并验收入库时：

借：原材料
　　应交税费——应交增值税（进项税额）
　　贷：预付账款

补付货款时：

借：预付账款

贷：银行存款

【例3-5】 玉利兴公司为增值税一般纳税人，10月2日根据与某材料厂（同为增值税一般纳税人）的购销合同规定，为购买A材料向该材料厂预付100 000元价款的85%，即85 000元，已通过银行存款支付。10月20日，玉利兴公司收到该材料厂发运来的A材料，已验收入库。取得的增值税专用发票上注明的价款为100 000元，增值税税额为13 000元，应补付的款项以银行存款付讫。玉利兴公司采用实际成本法进行材料日常核算。

要求：编制相应会计分录。

【答案】

① 10月2日预付货款时，玉利兴公司应编制如下会计分录：

借：预付账款——某材料厂　　　　　　　　　　　　　　　　　85 000
　　贷：银行存款　　　　　　　　　　　　　　　　　　　　　　85 000

② 10月20日收到材料验收入库时，玉利兴公司应编制如下会计分录：

借：原材料——A材料　　　　　　　　　　　　　　　　　　　100 000
　　应交税费——应交增值税（进项税额）　　　　　　　　　　　13 000
　　贷：预付账款——某材料厂　　　　　　　　　　　　　　　113 000

③ 10月20日补付货款时，玉利兴公司应编制如下会计分录：

借：预付账款——某材料厂　　　　　　　　　　　　　　　　　28 000
　　贷：银行存款　　　　　　　　　　　　　　　　　　　　　　28 000

（2）发出材料。发出材料的账务处理分以下几种情况：

1）用于生产经营的，应根据领用部门及用途借记相应的科目，贷记"原材料"科目。

具体会计分录如下：

借：生产成本（直接材料成本）
　　制造费用（间接材料成本）
　　销售费用（销售部门消耗）
　　管理费用（行政部门消耗）
　　在建工程（工程项目消耗）
　　研发支出（研发环节消耗，可资本化）
　　委托加工物资（发出加工材料）
　　贷：原材料

【例3-6】 玉利兴公司为增值税一般纳税人，1月份基本生产车间领用M材料200 000元，辅助生产车间领用M材料40 000元，玉利兴公司采用实际成本法进行材料日常核算。

要求：编制相应会计分录。

【答案】

玉利兴公司应编制如下会计分录：

借：生产成本——基本生产成本　　　　　　　　　　　　　　　200 000
　　　　　　——辅助生产成本　　　　　　　　　　　　　　　　40 000
　　贷：原材料——M材料　　　　　　　　　　　　　　　　　240 000

2）用于直接出售的，应在确认销售收入（其他业务收入）的同时结转相应的销售成本，记入"其他业务成本"科目。

具体会计分录如下：

借：其他业务成本
　　贷：原材料

实际成本法下原材料的基本账务处理如图3-5所示。

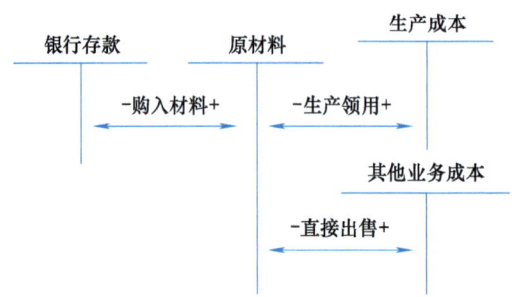

图3-5　实际成本法下原材料的基本账务处理

【例3-7】　玉利兴公司为增值税一般纳税人，2021年2月将M材料用于直接销售，材料成本为38 000元，取得价款合计58 000元。玉利兴公司采用实际成本法进行材料日常核算。

要求：编制结转成本的相应会计分录。

【答案】

玉利兴公司应编制如下会计分录：

借：其他业务成本　　　　　　　　　　　　　　　　　　　　38 000
　　贷：原材料——M材料　　　　　　　　　　　　　　　　　　38 000

（二）采用计划成本法核算

1．科目设置

原材料采用计划成本法核算时，材料的收入、发出及结存，无论是总分类核算还是明细分类核算，均按照计划成本计价。使用的会计科目主要有"材料采购""原材料""材料成本差异"等。原材料在取得时的实际成本与计划成本的差异通过"材料成本差异"科目进行单独记录，会计期末，材料成本差异通过计算材料成本差异率的方法分摊计入发出原材料的计划成本和结存原材料的计划成本。这个过程**本质上还是将计划成本最终转化为实际成本**。所以，计划成本法和实际成本法均属于以实际成本为基础的核算方法。在实务中，对于材料收发业务较多并且计划成本资料较为健全、准确的企业，一般可以采用计划成本法进行材料收入、发出的核算。

"材料采购"科目借方登记采购材料的实际成本，贷方登记入库材料的计划成本。借方大于贷方表示超支，应将这部分金额从"材料采购"科目的贷方转入"材料成本差异"科目的借方；贷方大于借方表示节约，应将这部分金额从"材料采购"科目的借方转入"材料成本差异"科目的贷方；"材料采购"科目期末为借方余额，反映企业在途材料的采购成本。

"原材料"科目用于核算各种库存材料的收入、发出与结存情况。在采用计划成本法核算材料时，"原材料"科目的借方登记入库材料的计划成本，贷方登记发出材料的计划成本，期末余额在借方，反映企业库存材料的计划成本。

"材料成本差异"科目反映企业已入库各种材料的实际成本与计划成本的差异，借方登记超支差异及发出材料应负担的节约差异，贷方登记节约差异及发出材料应负担的超支差异。期末如为借方余额，反映企业库存材料的实际成本大于计划成本的差异（即超支差异）；如为贷方余额，反映企业库存材料实际成本小于计划成本的差异（即节约差异）。

2．账务处理

（1）材料采购。材料采购时，根据**实际成本**借记"材料采购"科目，根据发票上的税额借记"应交税费——应交增值税（进项税额）"科目，贷记"银行存款""其他货币资金""应付票据""应付账款"等科目。

具体会计分录如下：

借：材料采购（实际成本）
　　应交税费——应交增值税（进项税额）
　贷：银行存款/其他货币资金/应付票据/应付账款等

（2）材料验收入库时。材料验收入库时，根据**计划成本**借记"原材料"科目，将"材料采购"科目登记的实际成本转入贷方，差额计入"材料成本差异"科目。如计划成本大于实际成本，差额在贷方；如计划成本小于实际成本，差额在借方。

具体会计分录如下：

借：原材料（计划成本）
　贷：材料采购（实际成本）
　　　材料成本差异（或记入借方）

【例3-8】 玉利兴公司为增值税一般纳税人，购入甲材料一批，增值税专用发票上注明的价款为300 000元，增值税税额为39 000元，发票账单已收到，计划成本为320 000元，已验收入库，全部款项以银行存款支付。玉利兴公司采用计划成本法进行材料日常核算。

要求：编制相应会计分录。

【答案】

玉利兴公司应编制如下会计分录：

借：材料采购——甲材料　　　　　　　　　　　　　　　　　300 000
　　应交税费——应交增值税（进项税额）　　　　　　　　　　39 000
　贷：银行存款　　　　　　　　　　　　　　　　　　　　　339 000
借：原材料——甲材料　　　　　　　　　　　　　　　　　　320 000
　贷：材料采购——甲材料　　　　　　　　　　　　　　　　300 000
　　　材料成本差异——甲材料　　　　　　　　　　　　　　 20 000

（3）发出材料。发出材料的账务处理分以下几种情况：

1）生产经营领用材料时，应按照**计划成本**借记"生产成本""制造费用""销售费用""管理费用"等科目，贷记"原材料"科目。具体会计分录如下：

借：生产成本
　　制造费用
　　销售费用
　　管理费用等（计划成本）
　贷：原材料（计划成本）

2）出售材料结转成本时，应按照计划成本借记"其他业务成本"科目，贷记"原材料"科目。

具体会计分录如下：

借：其他业务成本
　贷：原材料

3）发出委托外单位加工的材料，应按照计划成本借记"委托加工物资"科目，贷记"原材料"科目。

具体会计分录如下：

借：委托加工物资
　　贷：原材料

【例3-9】 玉利兴公司为增值税一般纳税人，2021年1月基本生产车间计划领用甲材料200 000元，辅助生产车间计划领用甲材料40 000元，玉利兴公司采用计划成本法进行材料日常核算。

要求：编制相应会计分录。

【答案】

玉利兴公司应编制如下会计分录：

借：生产成本——基本生产成本　　　　　　　　　　　　　　　　　　200 000
　　　　　——辅助生产成本　　　　　　　　　　　　　　　　　　　 40 000
　　贷：原材料——甲材料　　　　　　　　　　　　　　　　　　　　240 000

（4）期末（月末）计算材料成本差异率，结转发出材料应负担的差异额。

$$本期材料成本差异率 = \frac{期初结存材料的成本差异 + 本期验收入库材料的成本差异}{期初结存材料的计划成本 + 本期验收入库材料的计划成本} \times 100\%$$

发出材料应负担的成本差异 = 发出材料的计划成本 × 本期材料成本差异率

1）若计算结果为**正数**，则为**超支**成本差异率，应编制如下会计分录：

借：生产成本等
　　贷：材料成本差异

2）若计算结果为**负数**，则为**节约**成本差异率，应编制如下会计分录：

借：材料成本差异
　　贷：生产成本等

发出材料的实际成本 = 发出材料的计划成本 + 发出材料应负担的成本差异
　　　　　　　　　= 发出材料的计划成本 × （1+ 材料成本差异率）

结存材料的实际成本 = 结存材料的计划成本 + 结存材料应负担的成本差异
　　　　　　　　　= 结存材料的计划成本 × （1+ 材料成本差异率）

计划成本法下原材料的基本账务处理如图3-6所示。

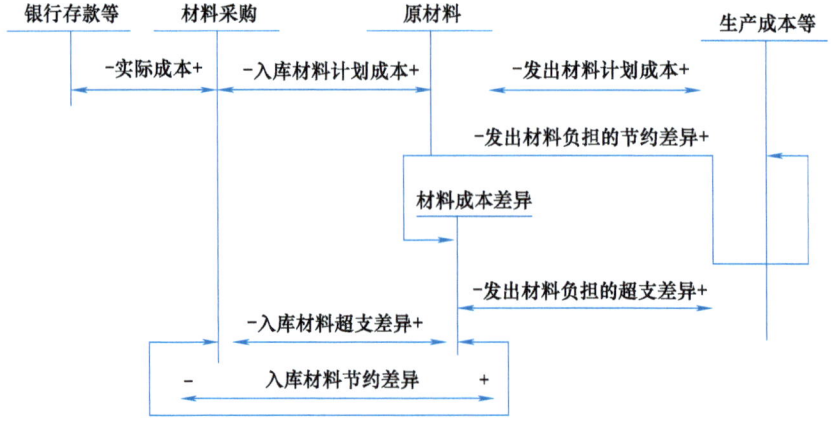

图3-6　计划成本法下原材料的基本账务处理

【例3-10】 承上例,玉利兴公司为增值税一般纳税人,某月月初结存甲材料的计划成本为100 000元,材料成本差异为超支2 740元,当月入库甲材料的计划成本为320 000元,材料成本差异为节约差2 000元。

要求:计算材料成本差异率,并编制相应会计分录。

【答案】

本期材料成本差异率 = $\dfrac{2\ 740-2\ 000}{100\ 000+320\ 000} \times 100\% = 0.18\%$

结转发出材料的成本差异,玉利兴公司应编制如下会计分录:

借:生产成本——基本生产成本(200 000×0.18%=360)　　　360
　　　　　　——辅助生产成本(40 000×0.18%=72)　　　　　72
　　贷:材料成本差异——甲材料(240 000×0.18%=432)　　　　432

❄ **本节导读分析**:原材料是指企业在生产过程中经过加工改变形态或者性质并构成产品主要实体的各种原料、主要材料和外购半成品,以及不构成产品实体但有助于产品形成的辅助材料等。同为"橙子",在不同企业中的"身份"却大不相同。超市货柜中的橙子,没有经过加工改变形态,而是原封不动地销售给顾客,因此不符合原材料的定义,不是超市企业的原材料;而果汁生产厂生产橙汁饮料,需要将橙子经过加工改变形态,构成产品主要实体,由此可见,橙子是果汁生产厂的原材料。

⚙ **知识小结**:

1. 采用实际成本法核算的账务处理总结(见表3-4)

表3-4　采用实际成本法核算的账务处理总结

事　项		账务处理	说　明
购入原材料	单货同到	借:原材料 　　应交税费——应交增值税(进项税额) 贷:银行存款等	—
	单到货未到	借:在途物资 　　应交税费——应交增值税(进项税额) 贷:银行存款等	材料到达入库后,根据验收单: 借:原材料 　　贷:在途物资
	货到单未到	材料验收入库时不进行账务处理,月末仍未收到账单且无法确定其成本时暂估入账: 借:原材料 　　贷:应付账款——暂估应付账款	下月初用红字冲销原暂估入账金额
	货未到预付款	借:预付账款 　　贷:银行存款等	验收入库: 借:原材料 　　应交税费——应交增值税(进项税额) 贷:预付账款
发出原材料		借:生产成本/制造费用/管理费用/其他业务成本/委托加工物资等 贷:原材料	

2．采用计划成本法核算的账务处理总结（见表3-5）

表3-5　采用计划成本法核算的账务处理总结

事　项	账　务　处　理
采购	借：材料采购（实际成本） 　　应交税费——应交增值税（进项税额） 　贷：银行存款等
验收入库	借：原材料（计划成本） 　　材料成本差异（或记入贷方） 　贷：材料采购（实际成本）
发出	借：生产成本／制造费用／管理费用／销售费用／其他业务成本／委托加工物资等（计划成本） 　贷：原材料（计划成本） 同时，计算材料成本差异率，结转发出材料应负担的差异额： 借：生产成本／制造费用／管理费用／销售费用／其他业务成本／委托加工物资等 　贷：材料成本差异（或记入借方，与期末结存材料成本差异方向相反） 企业日常采用计划成本法核算的，发出材料成本应由计划成本调整为实际成本

第三节　库存商品

> **学习导读**
>
> 应届毕业生小张被一家小商品批发企业聘用，担任出纳一职。初入职场的她专注于自己的工作，一丝不苟，在工作上有不懂的地方就会向会计小王请教。随着工作的开展，有一个问题困扰着小张，公司仓库里有许多品种的商品，会计小王怎么能如此轻松地完成核算工作呢？通过本节的学习，请你代替会计小王向小张解惑。

一、库存商品的内容

库存商品是指企业完成全部生产过程并已验收入库、合乎标准规格和技术条件，可以按照合同规定的条件送交订货单位，也可以作为商品对外销售的产品以及外购或委托加工完成验收入库用于销售的各种产品。

库存商品具体包括库存产成品、外购商品、存放在门市部准备出售的商品、发出展览的商品、寄存在外的商品、接受来料加工制造的代制品和为外单位加工修理的代修品等。

二、库存商品的核算

（一）科目设置

企业应当设置"库存商品"科目，用来反映和监督库存商品的增减变动及其结存情况。使用的会计科目主要有"库存商品""在途物资"等科目，核算过程中可能涉及的会计科目主要有"生产成本""银行存款""应付账款""主营业务成本"等。"库存商品"科目借方登记因生产完工、外购等原因而形成的库存商品的增加数，贷方登记因对外销售、盘亏等原因而形成的库存商品的减少数，期末余额在借方，反映企业库存商品的实际成本。

> **学习提示**：已完成销售手续，但购买单位在月末未提取的产品，不应作为企业的库存商品，

而应作为代管商品处理,单独设置"代管商品"备查簿进行登记。

(二)账务处理

1. 生产型企业

生产型企业库存商品流转示意如图 3-7 所示。

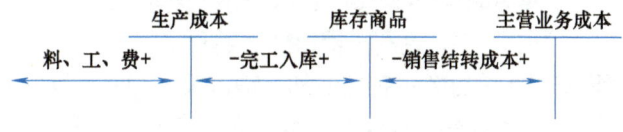

图 3-7 生产型企业库存商品流转示意

(1)验收入库商品。验收入库商品时,根据实际成本金额借记"库存商品"科目,贷记"生产成本——基本生产成本"科目。

具体会计分录如下:

借:库存商品
    贷:生产成本——基本生产成本

(2)发出商品[5]。发出商品时,销售商品应在确认销售收入(主营业务收入)的同时,结转销售成本,借记"主营业务成本"科目,贷记"库存商品"科目。

具体会计分录如下:

借:主营业务成本
    贷:库存商品

【例 3-11】玉利兴公司"商品入库汇总表"记载,某月已经验收入库 B 产品 2 000 件,单位成本为 1 000 元,共计 2 000 000 元。

要求:编制相应会计分录。

【答案】

借:库存商品——B 产品   2 000 000
    贷:生产成本——基本生产成本——B 产品   2 000 000

2. 商品流通企业

商品流通企业的库存商品还可以采用毛利率法和售价金额核算法进行日常核算。

(1)毛利率法。毛利率法是指根据本期销售净额乘以上期实际(或本期计划)毛利率[6]匡算本期销售毛利,并据以计算发出存货和期末存货成本的一种方法。

📖 **知识拓展**

[5] 发出商品是指托收承付结算方式下已发出尚未收到货款的产成品、自制半成品及包装物等。在会计核算中,发出商品不能作为销售处理,而必须在收到货款后销售才能成立。

[6] 毛利是指商业企业商品销售收入(售价)减去商品原进价后的余额,又称为商品进销差价。净利是毛利的对称,企业毛利中除去税款、利息及一些费用等所剩的利润即为净利。毛利或净利占商品销售收入(或营业收入)的百分比称为毛利率或净利率。目前,一些商业企业主要通过毛利率来反映企业的经营成果和价格制定的合理程度,用净利率来衡量企业在一定时期的销售收入获取的能力。

计算公式如下:

$$毛利率 = \frac{销售毛利}{销售额} \times 100\%$$

销售额是指销售净额,公式如下:

$$销售净额 = 商品销售收入 - 销售退回与折让$$
$$销售毛利 = 销售额 \times 毛利率$$
$$销售成本 = 销售额 - 销售毛利 = 销售额 \times (1 - 毛利率)$$
$$期末存货成本 = 期初存货成本 + 本期购货成本 - 本期销售成本$$

这一方法是商品流通企业,尤其是商业批发企业常用的计算本期商品销售成本和期末库存商品成本的方法。商品流通企业由于经营商品的品种繁多,如果分品种计算商品成本,工作量将大大增加,而且一般来讲,商品流通企业同类商品的毛利率大致相同,采用这种存货计价方法既能减轻工作量,又能满足对存货管理的需要。

【例3-12】 某企业采用毛利率法核算库存商品,月初商品库存成本为600万元,购进存货成本为1 400万元,本月销售收入为1 600万元,该商品上期毛利率为15%。

要求:计算本月已销商品和月末商品的成本。

【答案】

$$销售毛利 = 销售额 \times 毛利率 = 1\,600 \times 15\% = 240(万元)$$
$$销售成本 = 1\,600 - 240 = 1\,360(万元)$$
$$期末存货成本 = 600 + 1\,400 - 1\,360 = 640(万元)$$

(2)售价金额核算法。售价金额核算法是指平时商品的购入、加工收回、销售均按售价记账,售价与进价的差额通过"商品进销差价"科目核算,期末计算进销差价率和本期已销售商品应分摊的进销差价,并据以调整本期销售成本的一种方法。

计算公式如下:

$$商品进销差价率 = \frac{期初库存商品进销差价 + 本期购入商品进销差价}{期初库存商品售价 + 本期购入商品售价} \times 100\%$$

$$本期销售商品应分摊的商品进销差价 = 本期商品销售收入 \times 商品进销差价率$$
$$本期销售商品的成本 = 本期商品销售收入 - 本期销售商品应分摊的商品进销差价$$
$$= 本期商品销售收入 \times (1 - 商品进销差价率)$$
$$期末结存商品的成本 = 期初库存商品的进价成本 + 本期购进商品的进价成本 -$$
$$本期销售商品的成本$$

若企业的商品进销差价率各期之间比较均衡,也可以采用上期商品进销差价率分摊本期的商品进销差价。年度终了,应对商品进销差价进行核实调整。

学习提示:商品进销差价作为抵减项目在资产负债表中"存货"项目反映。

【例3-13】 某商场采用售价金额核算法进行核算,2021年9月期初库存商品的进价成本为90万元,售价总额为110万元,本月购进该商品的进价成本为75万元,售价总额为90万元,本月销售收入为120万元。

要求:
①计算商品进销差价率及本期销售商品应分摊的商品进销差价。
②计算本期销售、结存商品的实际成本。

【答案】

$$商品进销差价率 = \frac{(110-90)+(90-75)}{110+90} \times 100\% = 17.5\%$$

本期销售商品应分摊的商品进销差价 =120×17.5%=21（万元）

本期销售商品的实际成本 =120-21=99（万元）

期末结存商品的实际成本 =90+75-99=66（万元）

✽ **本节导读分析**：商品流通企业发出商品的核算方法除了先进先出法、加权平均法或个别计价法外，还可以采用毛利率法和售价金额核算法进行日常核算。商品流通企业，尤其是商品批发企业，由于经营商品的品种繁多，如果分品种计算商品成本，工作量将大大增加。此外，商品流通企业同类商品的毛利率大致相同，采用毛利率法既能减轻工作量，又能满足对存货管理的需要。这就是会计小王的工作看起来比较轻松的缘故。

第四节　委托加工物资

📂 /学习导读/

A公司目前的生产技术只能生产白色的T恤（见图3-8a），无法生产印染其他颜色和图案的T恤，但现有一批订单需要根据设计的图案印染到T恤的正反面（见图3-8b）。于是，A公司委托有此项技术的B公司对其生产的纯白T恤进行进一步的加工。A公司在进行会计核算时，委托B公司进行加工的这批产品还需要通过"库存商品"科目来核算吗？

a）纯白T恤　　　　b）正反面印有图案的T恤

图3-8　纯白T恤和正反面印有图案的T恤

一、委托加工物资的内容

委托加工物资是指企业委托外单位加工的各种材料、商品等物资。

企业委托外单位加工物资的成本包括加工中实际耗用物资的成本、支付的加工费用及应负担的运杂费、支付的税费等。

二、委托加工物资的核算

（一）科目设置

企业应当设置"委托加工物资"科目，用来核算和监督委托加工物资增减变动及其结存情况。核算过程中可能涉及的科目主要有"原材料""库存商品""银行存款""应付账款"等。

"委托加工物资"科目借方登记委托加工物资的实际成本，贷方登记加工完成验收入库的物资的实际成本和剩余物资的实际成本，期末余额在借方，反映企业尚未完工的委托加工物资的实际成本等。

（二）账务处理

1. 发出物资

发出物资时，应借记"委托加工物资"科目，贷记"原材料""库存商品"科目。如果采用计划成本法或售价金额法核算，应按照发出材料的实际成本借记"委托加工物资"科目，按照计划成本贷记"原材料""库存商品"科目，同时结转材料成本差异或商品进销差价，差额记入"材料成本差异"或"商品进销差价"科目。

采用计划成本法或售价金额法核算时，具体会计分录如下：

借：委托加工物资
　　贷：原材料
　　　　库存商品等
　　　　材料成本差异（或记入借方）
　　　　商品进销差价（或记入借方）

【例3-14】 玉利兴公司为增值税一般纳税人，委托乙公司（同为增税一般纳税人）加工产品10 000件，1月2日，玉利兴公司发出材料一批，计划成本为400 000元，材料成本差异率为-3%。玉利兴公司采用计划成本法核算。

要求：编制玉利兴公司的相应会计分录。

【答案】

玉利兴公司应编制如下会计分录：

借：委托加工物资	400 000
贷：原材料	400 000
借：材料成本差异（400 000×3%=12 000）	12 000
贷：委托加工物资	12 000

2. 支付加工费、运费等

支付加工费、运费等时，按照委托加工物资的成本借记"委托加工物资"科目，按支付的、可抵扣的增值税进项税额借记"应交税费——应交增值税（进项税额）"科目，贷记"银行存款"等科目。

具体会计分录如下：

借：委托加工物资
　　应交税费——应交增值税（进项税额）
　　贷：银行存款等

【例3-15】 玉利兴公司为增值税一般纳税人，委托乙公司（同为增值税一般纳税人），加工产品10 000件，1月2日，玉利兴公司支付加工费50 000元，增值税专用发票上注明的税额为6 500元；支付运费2 000元，增值税专用发票上注明的税额为180元。

要求：编制玉利兴公司的相应会计分录。

【答案】

玉利兴公司应编制如下会计分录：

借：委托加工物资　　　　　　　　　　　　　　　　　　　　　　　52 000
　　应交税费——应交增值税（进项税额）　　　　　　　　　　　　 6 680
　　贷：银行存款　　　　　　　　　　　　　　　　　　　　　　　58 680

3．需要缴纳消费税的委托加工物资

（1）**收回后直接用于销售**的，应将受托方代收代缴的消费税计入委托加工物资的成本，即借记"委托加工物资"科目，同时贷记"银行存款"等科目。

具体会计分录如下：

借：委托加工物资
　　贷：银行存款等

【例3-16】玉利兴公司为增值税一般纳税人，委托乙公司（同为增值税一般纳税人）加工产品10 000件，1月3日，乙公司代收代缴消费税60 000元。玉利兴公司收回该产品后直接用于销售。

要求：编制玉利兴公司的相应会计分录。

【答案】

玉利兴公司应编制如下会计分录：

借：委托加工物资　　　　　　　　　　　　　　　　　　　　　　　60 000
　　贷：银行存款　　　　　　　　　　　　　　　　　　　　　　　60 000

（2）**收回后用于连续生产应税消费品**的，按规定受托方代收代缴的消费税准予抵扣，借记"应交税费——应交消费税"科目，同时贷记"银行存款"等科目。

具体会计分录如下：

借：应交税费——应交消费税
　　贷：银行存款等

【例3-17】玉利兴公司为增值税一般纳税人，委托乙公司（同为增值税一般纳税人）加工产品10 000件，1月3日，乙公司代收代缴消费税60 000元。玉利兴公司收回该产品后用于连续生产应税消费品。

要求：编制玉利兴公司的相应会计分录。

【答案】

玉利兴公司应编制如下会计分录：

借：应交税费——应交消费税　　　　　　　　　　　　　　　　　　60 000
　　贷：银行存款　　　　　　　　　　　　　　　　　　　　　　　60 000

4．加工完成验收入库

加工完成验收入库时，如果采用计划成本法或售价金额核算法，应按照计划成本借记"原材料""库存商品"等科目，按照实际成本贷记"委托加工物资"科目，差额记入"材料成本差异"科目。

具体会计分录如下：

借：原材料／库存商品等
　　贷：委托加工物资
　　　　材料成本差异（或借方）

委托加工物资的基本账务处理如图3-9所示。

【例3-18】承【例3-14】～【例3-16】，玉利兴公司为增值税一般纳税人，委托乙公司（同为增值税一般纳税人）加工产品 10 000 件，1 月 31 日，产品加工完毕验收入库，该批产品的计划成本为 510 000 元。

要求：编制完工入库的相应会计分录。

【答案】

玉利兴公司应编制如下会计分录：

借：库存商品　　　　　　　　　　　　　　　　　　　　　　510 000
　　贷：委托加工物资　　　　　　　　　　　　　　　　　　　　500 000
　　　　材料成本差异　　　　　　　　　　　　　　　　　　　　 10 000

本例中，加工完成的委托加工物资的实际成本为 500 000 [（400 000−12 000）+（52 000+60 000）] 元，计划成本为 510 000 元，材料成本差异为 10 000 元，为节约差。

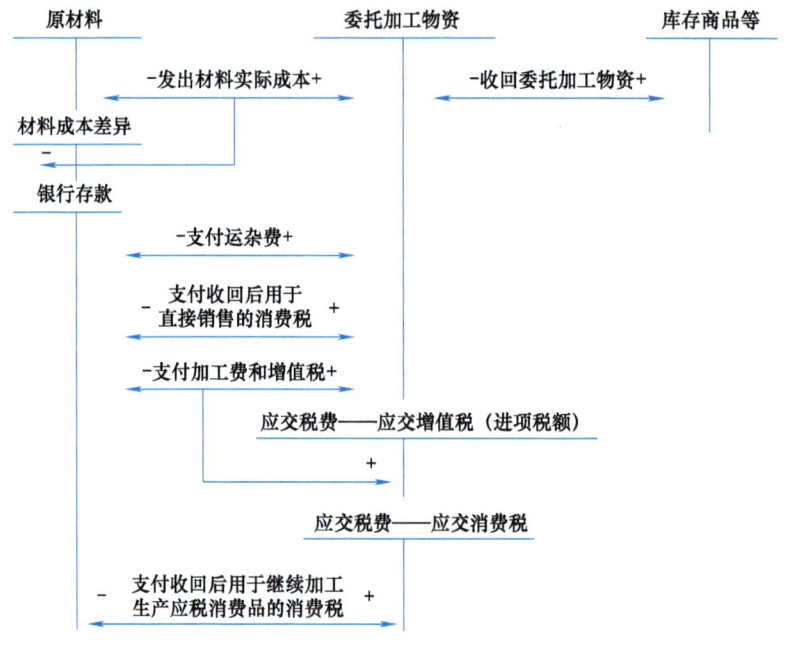

图 3-9　委托加工物资的基本账务处理

✦ **本节导读分析**：A 公司委托 B 公司进行图案印染加工的纯白色 T 恤，属于企业委托外单位加工的各种材料、商品等物资符合委托加工物资的定义。企业应当设置"委托加工物资"科目，用来反映和监督委托加工物资增减变动及其结存情况，而不是通过"库存商品"科目核算。

第五节　周转材料

/学习导读/

"包装箱"在图 3-10 所示的哪个企业作为包装物核算？

a) 包装箱工厂　　　　　　　　b) 汽保设备公司

图 3-10　包装箱工厂和汽保设备公司

周转材料是指企业能够多次使用，在使用过程中逐渐转移其价值但仍保持原有形态，不符合固定资产定义，不确认为固定资产的材料。企业的周转材料包括包装物和低值易耗品。

一、包装物

包装物是指为了包装本企业商品而储备的各种包装容器，如桶、箱、瓶、坛、袋等。主要包括以下几类：

（1）生产过程中用于包装产品作为产品组成部分的包装物。
（2）随同商品出售而不单独计价的包装物。
（3）随同商品出售并单独计价的包装物。
（4）出租或出借给购买单位使用的包装物。

（一）科目设置

企业应当设置"周转材料——包装物"科目，用来核算和监督包装物的增减变动及其价值损耗、结存等情况。核算过程中可能涉及的科目有"生产成本""材料成本差异"（采用计划成本法核算时使用该科目）、"其他业务收入"和"其他业务成本"等。

（二）账务处理

1. 生产领用

生产领用包装物时，按照实际金额借记"生产成本"科目，贷记"周转材料——包装物"科目。如果采用计划成本法核算，应按照实际成本借记"生产成本"科目，按照计划成本贷记"周转材料——包装物"科目，差额记入"材料成本差异"科目。

具体会计分录如下：

借：生产成本
　　贷：周转材料——包装物
　　　　材料成本差异（或记入借方）

【例 3-19】　玉利兴公司为增值税一般纳税人，某月生产产品领用包装物的计划成本为 100 000 元，材料成本差异率为 3%。玉利兴公司对包装物采用计划成本法进行核算。

要求：编制相应会计分录。

【答案】

玉利兴公司应编制如下会计分录：

借：生产成本　　　　　　　　　　　　　　　　　　　　　　　　103 000
　　贷：周转材料——包装物　　　　　　　　　　　　　　　　　　　　100 000

材料成本差异（100 000×3%=3 000）　　　　　　　　　　　　　　　3 000

2. 出租或出借（一次摊销）⑦

出租或出借（一次摊销）包装物的账务处理如下：

(1) 出租或出借包装物的发出。企业出租、出借包装物时，应根据出库等凭证列明的金额，借记"周转材料——包装物——出租包装物（或出借包装物）"科目，贷记"周转材料——包装物——库存包装物"科目。按计划成本计价的包装物，还应同时结转材料成本差异。

具体会计分录如下：

借：周转材料——包装物——出租包装物（或出借包装物）
　　贷：周转材料——包装物——库存包装物

(2) 收取包装物押金和租金。企业出租或出借包装物时，一般会向客户收取一定数额的押金，以保证客户及时返还包装物并能妥善保管包装物，包装物归还时，押金会返还给客户。企业收取包装物押金时，借记"库存现金""银行存款"等科目，贷记"其他应付款——存入保证金"科目；退还押金时，编制相反的会计分录。

具体会计分录如下：

借：库存现金/银行存款等
　　贷：其他应付款——存入保证金

退还押金时，编制相反的会计分录。

(3) 出租期间的租金。出租期间，企业按约定收取的包装物租金，应借记"库存现金""银行存款""其他应收款"等科目，贷记"其他业务收入"科目。

具体会计分录如下：

借：库存现金
　　银行存款
　　其他应收款等
　　贷：其他业务收入

(4) 出租或出借包装物发生的相关费用。出租或出借包装物发生的相关费用包括包装物的摊销费用和包装物的维修费用。

1) 企业按照规定的摊销方法对包装物进行摊销时，应借记"其他业务成本""销售费用"科目，贷记"周转材料包装物——包装物摊销"科目。

具体会计分录如下：

借：其他业务成本（出租包装物）
　　销售费用（出借包装物）
　　贷：周转材料——包装物——包装物摊销

2) 企业确认应由其负担的包装物修理费用等支出时，应借记"其他业务成本""销售费用"科目，贷记"库存现金""银行存款""原材料""应付职工薪酬"等科目。

具体会计分录如下：

知识拓展

⑦ 周转材料的摊销方法有一次摊销法、分期摊销法、分次摊销法或者定额摊销法，企业应当根据具体情况选用适宜的摊销方法，比照"原材料"科目进行处理。

借：其他业务成本（出租包装物）
　　销售费用（出借包装物）
　　　贷：库存现金
　　　　　银行存款
　　　　　原材料
　　　　　应付职工薪酬等

3．出售

（1）随同产品出售单独计价。包装物随同产品出售单独计价时，具体会计处理如下：

1）按照实际取得的金额，借记"银行存款"等科目，按照销售收入，贷记"其他业务收入"科目，按照增值税专用发票上注明的增值税销项税额，贷记"应交税费——应交增值税（销项税额）"科目。

具体会计分录如下：

借：银行存款
　　贷：其他业务收入
　　　　应交税费——应交增值税（销项税额）

2）在确认销售收入（其他业务收入）的同时，结转销售成本，借记"**其他业务成本**"科目，贷记"周转材料——包装物"科目。如果采用计划成本法核算，应按照实际成本借记"其他业务成本"科目，按照计划成本贷记"周转材料——包装物"科目，差额记入"材料成本差异"科目。

具体会计分录如下：

借：**其他业务成本**
　　贷：周转材料——包装物
　　　　材料成本差异（或记入借方，采用计划成本法核算时）

【例 3-20】 玉利兴公司为增值税一般纳税人，某月销售商品领用单独计价的包装物计划成本为 3 000 元，玉利兴公司对包装物采用计划成本法进行核算，材料成本差异率为 −3%。

要求：编制相应会计分录。

【答案】

玉利兴公司应编制如下会计分录：

借：其他业务成本　　　　　　　　　　　　　　　　　　　　　　　2 910
　　材料成本差异　　　　　　　　　　　　　　　　　　　　　　　　 90
　　　贷：周转材料——包装物　　　　　　　　　　　　　　　　　3 000

（2）随同产品出售不单独计价。包装物随同产品出售不单独计价时，应将包装物的实际成本计入销售费用，借记"**销售费用**"科目，贷记"周转材料——包装物"科目。如果采用计划成本法核算，应按照实际成本借记"销售费用"科目，按照计划成本贷记"周转材料——包装物"科目，差额记入"材料成本差异"科目。

具体会计分录如下：

借：**销售费用**
　　贷：周转材料——包装物
　　　　料成本差异（或记入借方，计划成本核算时）

包装物的基本账务处理如图 3-11 所示。

【例3-21】 玉利兴公司为增值税一般纳税人，某月销售商品领用不单独计价的包装物成本为3 000元，玉利兴公司对包装物采用计划成本法进行核算，材料成本差异率为 −3%。

要求：编制相应会计分录。

【答案】

玉利兴公司应编制如下会计分录：

借：销售费用　　　　　　　　　　2 910
　　材料成本差异　　　　　　　　　 90
　　　贷：周转材料——包装物　　　　3 000

二、低值易耗品

作为存货核算和管理的低值易耗品，一般划分为一般工具、专用工具、替换设备、管理用具、劳动保护用品和其他用具等。

（一）科目设置

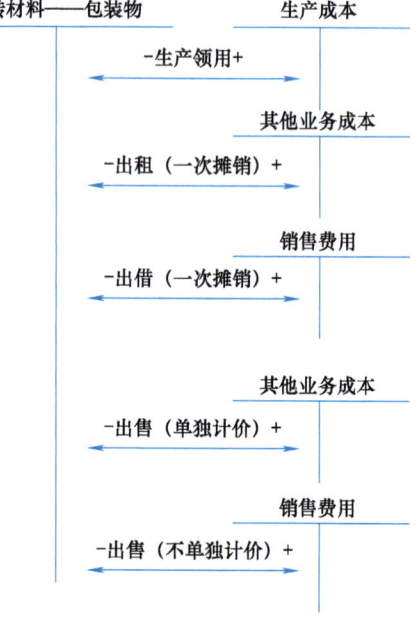

图3-11　包装物的基本账务处理

企业应当设置"周转材料——低值易耗品"科目，用来核算和监督低值易耗品的增减变动及其结存等情况。核算过程中可能涉及的科目有"制造费用"等，采用分次摊销法摊销时应设置"周转材料——低值易耗品（在库）""周转材料——低值易耗品（在用）""周转材料——低值易耗品（摊销）"明细科目。

（二）账务处理

1．一次摊销法

一次摊销法是指将金额较小的低值易耗品在领用时**一次**计入成本费用的账务处理方法。为加强管理，使用一次摊销法时应当在备查等中进行登记。

2．分次摊销法

分次摊销法是指按照低值易耗品的使用次数**分次**计入成本费用的账务处理方法。低值易耗品分次摊销法示意图如图3-12所示。

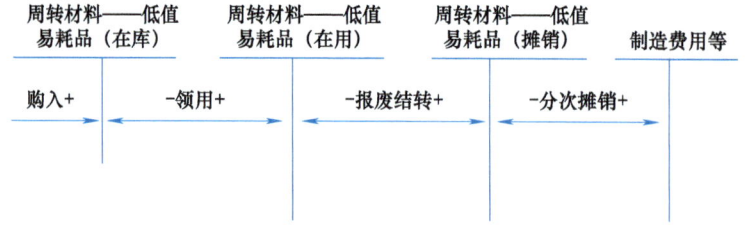

图3-12　低值易耗品分次摊销法示意图

【例3-22】 玉利兴公司为增值税一般纳税人，某月基本生产车间领用专用工具一批，实际成本为150 000元。该类工具不符合固定资产的定义，采用分次摊销法进行摊销。每一件专用工具的估计使用次数为2次。玉利兴公司对低值易耗品采用实际成本法核算。

要求：编制相应会计分录。

【答案】

①领用专用工具时，玉利兴公司应编制如下会计分录：

借：周转材料——低值易耗品（在用） 150 000
　　贷：周转材料——低值易耗品（在库） 150 000
② 第一次使用时摊销其价值的一半，玉利兴公司应编制如下会计分录：
借：制造费用 75 000
　　贷：周转材料——低值易耗品（摊销） 75 000
③ 第二次使用时摊销其价值剩余的一半，玉利兴公司应编制如下会计分录：
借：制造费用 75 000
　　贷：周转材料——低值易耗品（摊销） 75 000
同时，
借：周转材料——低值易耗品（摊销） 150 000
　　贷：周转材料——低值易耗品（在用） 150 000

 本节导读分析：包装物是指为了包装本企业商品而储备的各种包装容器，如桶、箱、瓶、坛、袋等。对于包装箱工厂来说，生产的包装箱是该企业的商品，应作为企业的库存商品；对于汽保设备公司来说，该公司生产的产品是汽保设备，包装箱是在生产过程中用于包装汽保产品而作为产品组成部分核算的。由此可见，汽保设备公司的包装箱是作为包装物核算的。

第六节　存货清查和减值

/学习导读/

小李初到一家药品连锁企业担任主管会计，月末组织财务部同事到门店和库房进行样品抽查。在抽查过程中，财务人员发现下列问题：门店中部分药品的数量、有效期和批号与账簿记录不符；库房中有一些临期的药品未处理；一些有功能故障不能使用的医疗器械未处理；库房门口还堆放着一堆因水管爆裂而泡过水的药品……为保证会计资料的真实、可靠，小李应该怎么做？

一、存货清查

（一）存货清查的内容

存货清查是指通过对存货的实地盘点，确定存货的实有数量，并与账面结存数核对，从而确定存货实存数与账面结存数是否相符的一种专门方法。

企业的存货种类繁多、收发频繁，在日常收发过程中可能会出现记录、计量差错的情况，还可能会由于自然损耗、变质或者被贪污、盗窃等原因而造成盘点结果和账面记录不一致。为确保存货的完整性，企业需要对存货进行定期或者不定期的清查。清查过程中需对存货的盘盈、盘亏和毁损情况予以记录并认真查找原因，按照管理权限和程序做出相应的会计处理。

（二）存货清查的账务处理
1. 科目设置

企业应当设置"待处理财产损溢"科目，用来反映和监督企业在存货清查中查明的各种存货的盘盈、盘亏和毁损情况。"待处理财产损溢"科目借方登记存货的盘亏、毁损金额及盘盈的转销金额，贷方登记存货的盘盈金额及盘亏的转销金额。核算过程中可能涉及的会计科目有

"原材料""库存现金""管理费用""营业外收入""营业外支出""其他应收款"等。

2．盘盈的账务处理

企业发生存货盘盈时，应借记"原材料"等科目，贷记"待处理财产损溢"科目；按管理权限报请批准后，借记"待处理财产损溢"科目，贷记"管理费用"科目。

具体会计分录如下：

批准处理前：

借：原材料等
　　贷：待处理财产损溢

批准处理后：

借：待处理财产损溢
　　贷：管理费用

【例 3-23】 玉利兴公司在财产清查中盘盈材料 500kg，单位成本为 20 元，共计 10 000 元。经查实属于材料收发计量错误导致。

要求：编制相应会计分录。

【答案】

批准前，玉利兴公司应编制如下会计分录：

借：原材料　　　　　　　　　　　　　　　　　　　　　　　　　10 000
　　贷：待处理财产损溢　　　　　　　　　　　　　　　　　　　　　　　10 000

批准后，玉利兴公司应编制如下会计分录：

借：待处理财产损溢　　　　　　　　　　　　　　　　　　　　　10 000
　　贷：管理费用　　　　　　　　　　　　　　　　　　　　　　　　　　10 000

3．盘亏的账务处理

企业发生存货盘亏及毁损时，应借记"待处理财产损溢"科目，贷记"原材料"等科目，并将因管理不善导致的盘亏存货对应的进项税额转出，贷记"应交税费——应交增值税（进项税额转出）"科目，自然灾害等原因导致的存货盘亏**不用转出**进项税额。在按管理权限报请批准后应做如下账务处理：对于入库的残料价值，借记"原材料"等科目，对于因管理不善等造成的一般损失的部分，借记"管理费用"科目；对于应由保险公司和过失人赔偿的款项，借记"其他应收款"科目；对于非常损失的部分，借记"营业外支出"科目，同时贷记"待处理财产损溢"科目。

具体会计分录如下：

批准处理前：

借：待处理财产损溢
　　贷：原材料等
　　　　应交税费——应交增值税（进项税额转出）（自然灾害等原因除外）

批准处理后：

借：原材料等（残料）
　　管理费用（管理不善等一般经营损失）
　　其他应收款（保险公司或责任人赔偿）
　　营业外支出（自然灾害等非常损失）
　　贷：待处理财产损溢

> **学习提示**：造成存货损失的自然灾害主要有暴雨、地震、洪水等，人为原因引起的火灾损失、存货被盗等属于因管理不善造成的存货损失。

【例 3-24】 玉利兴公司在财产清查中盘亏材料 500kg，单位成本为 20 元，共计 10 000 元。经查实应由保险公司赔偿的金额为 7 000 元，由于管理不善原因需承担的金额为 3 000 元。

要求：编制相应会计分录。

【答案】

玉利兴公司应编制如下会计分录：

借：待处理财产损溢	10 000
贷：原材料	10 000
借：管理费用 3 000×10 000×13%	4 300
其他应收款	7 000
贷：待处理财产损溢	10 000
应交税费——应交增值税（进项税额转出）	1 300

二、存货的减值

（一）存货期末计量方法

资产负债表日，存货应当按照**成本与可变现净值**孰低计量。

成本是指期末存货的实际成本。如企业在存货成本的日常核算中采用计划成本法、售价金额核算法等简化核算方法，则成本为经调整后的实际成本。

可变现净值 = 存货的估计售价 - 至完工时估计将要发生的成本 - 估计的销售税费及相关税费

可变现净值的特征表现为存货的预计未来净现金流量，而不是存货的售价或合同价。

【例 3-25】 某企业 2021 年 3 月 31 日有一批乙存货需要加工，加工该存货至完工产成品估计还将发生成本 25 万元，估计销售费用和相关税费为 3 万元，估计该存货生产的产成品售价为 120 万元。

要求：计算乙存货的可变现净值。

【答案】

乙存货的可变现净值 =120-25-3=92（万元）

（二）存货跌价准备的计提

当存货成本低于其可变现净值时，存货按成本计价，无须计提存货跌价准备。

当存货成本高于其可变现净值时，表明存货可能发生损失，应在存货销售之前确认这一损失，计入当期损益，并相应地减少存货的账面价值。

具体会计分录如下：

借：资产减值损失——计提的存货跌价准备
  贷：存货跌价准备

【例 3-26】 某企业 2021 年 3 月 31 日乙存货的实际成本为 100 万元，加工该存货至完工产成品估计还将发生成本 25 万元，估计销售费用和相关税费为 3 万元，估计该存货生产的产成品售价为 120 万元。假定乙存货月初"存货跌价准备"科目无余额。

要求：计算需计提存货跌价准备的金额，并编制相应会计分录。

【答案】

乙存货的成本为 100 万元，乙存货的可变现净值为 120-25-3=92（万元），成本大于可变现净值，乙存货发生减值，需要计提的存货跌价准备为100-92=8（万元）。该企业应编制如下会计分录：

借：资产减值损失——计提的存货跌价准备　　　　　　　　　　80 000
　　贷：存货跌价准备　　　　　　　　　　　　　　　　　　　　　80 000

（三）存货跌价准备的转回

若以前减记存货价值的影响因素已经消失，减记的金额应当予以恢复，并在**原已计提的存货跌价准备金额内**转回，转回的金额计入**当期损益**。

具体会计分录如下：

借：存货跌价准备
　　贷：资产减值损失——计提的存货跌价准备

【例3-27】 某企业2021年4月30日乙存货的实际成本为100万元，已计提存货跌价准备8万元，由于市场价格有所上升，乙存货的预计可变现净值为98万元。

要求：计算应转回的存货跌价准备金额，并编制相应会计分录。

【答案】

应转回的存货跌价准备为8-（100-98）=6（万元）

该企业应编制如下会计分录：

借：存货跌价准备　　　　　　　　　　　　　　　　　　　　　　60 000
　　贷：资产减值损失——计提的存货跌价准备　　　　　　　　　　60 000

假如2021年5月31日，由于市场价格持续上升，乙存货的可变现净值为101万元，则存货跌价准备应再转回的金额为8-6=2（万元），使得存货跌价准备余额为零。此时，乙存货的成本小于其可变现净值，无须计提存货跌价准备。

（四）存货跌价准备的结转

对已售存货计提了存货跌价准备的，还应结转已计提的存货跌价准备，冲减当期主营业务成本或其他业务成本，实际上是按已售产成品或商品的账面价值结转至主营业务成本或其他业务成本。

具体会计分录如下：

借：存货跌价准备
　　贷：主营业务成本/其他业务成本

资产负债表列示的存货的账面价值计算方法如下：

存货的账面价值=存货的账面余额-存货跌价准备贷方余额

【例3-28】 2021年5月2日，某企业的乙存货其中一半对外销售（销售乙存货为该企业的主营业务），则应结转的存货跌价准备为其存货跌价准备科目余额的一半。假设此时存货跌价准备贷方发生额为8万元，借方发生额为6万元，余额为贷方余额2万元。

要求：计算应结转的存货跌价准备金额，并编制相应会计分录。

【答案】

按照比例应结转的存货跌价准备金额为（8-6）÷2=1（万元）

该企业应编制如下会计分录：

借：存货跌价准备　　　　　　　　　　　　　　　　　　　　　　10 000
　　贷：主营业务成本　　　　　　　　　　　　　　　　　　　　　10 000

✱ **本节导读分析**：为保证会计资料的真实、可靠，小李应该制定存货管理制度对企业的存货进行定期或不定期的清查，以及时掌握存货情况，对盘盈、盘亏、毁损的存货情况认真查找原因，按管理权限和程序做出相应的会计处理，并于每月月末对存货进行减值测试，使会计资料能反映存货的真实价值。

本章导读分析

存货是指企业在日常活动中持有以备出售的产品或者商品、处在生产过程中的在产品、在生产过程或提供劳务过程中耗用的材料或物料等。按经济内容可将存货分类为原材料、在产品、半成品、产成品、库存商品及周转材料。企业持有存货的最终目的是出售，这是存货区别于固定资产等非流动资产的最基本的特征。由此可见，餐饮企业购买的食材、做好的快餐、打包盒可划入存货类别，而餐厅的店面属于餐厅的固定资产，不属于存货。一份快餐30元的价格中，包括了材料费、人工费、其他相关费用、其他相关税费及企业的合理利润。

企业应定期或不定期进行存货盘点，盘点不仅盘存数量，还应盘点存货的完整性、新旧程度等，进而判断存货的实际价值，盘存过程中应对盘盈、盘亏、毁损情况予以记录并查找原因，按程序报请批准后进行处理。月末应当对存货进行减值测试，按成本与可变现净值孰低计量存货，当存货的可变现净值低于成本时，应当对其计提减值准备；否则按成本计价，无须计提存货跌价准备。

实务案例

Z公司的扇贝"又跑了"：从盈利变亏损7亿元——扇贝真的会"跑"吗？原来事情是这样的：2021年1月30日晚间，Z公司发布业绩预告修正公告，公告称公司预计2020年亏损5.3亿元～7.2亿元。原因如下：公司正在按制度进行底播虾夷扇贝的年末存量盘点，××会计师事务所同步实施监盘。目前发现部分海域的底播虾夷扇贝存货异常。根据《企业会计准则》的相关规定，公司可能需要对部分海域的底播虾夷扇贝存货进行计提跌价准备或核销处理，相关金额将全部计入2020年度损益，这预计可能导致公司2020年度全年亏损。这是继2017年100多万亩（1亩=666.67m²）即将进入收获期的底播虾夷扇贝绝收后Z公司另一起存货异常案件。

"扇贝跑了"这一事件最主要的原因是什么？究其答案，还是作为海洋生物性资产的扇贝存货异常而引发的"黑天鹅事件"。但是存货发生异常肯定是有预见性的，因此，对各类存货的日常管理显得尤其重要。

良好的存货管理制度也是企业管理绩效的特质之一，是企业业务层面内部控制体系的重要组成部分。存货管理的流程主要分为采购、验收、保管、出库和盘点等五个环节。加强存货的日常管理可以有效降低存货管理风险，保证存货信息的账实相符。在存货采购环节，要做好存货规划，严格采购纪律，建立存货请购、询价与审批机制。在验收入库环节，验收质检部门要同采购部门职责分离，建立严格的质量控制标准，健全验收流程；外购存货的验收应当重点关注合同、发票等原始单据与存货的数量、质量、规格等是否一致，存货是否有残次损坏；自制存货的验收，应当重点关注产品质量，只有检验合格的半成品、产成品才能办理入库手续，不合格品应及时查明原因、落实责任、报批处理。在存货仓储保管环节，企业需建立完善的存货仓储保管制度，加强存货的日常保管和检查工作，严格限制未经授权的人员接触存货。在存货出库环节，企业应当明确存货发出和领用的审批权限，健全存货出库手续。最后，在存货盘点环节，定期和不定期的存货盘点不仅可以及时检查存货是否有变质损坏现象，从而使企业及时处理，减少损失，最重要的是还可以检查存货的账实相符情况。

思维导图

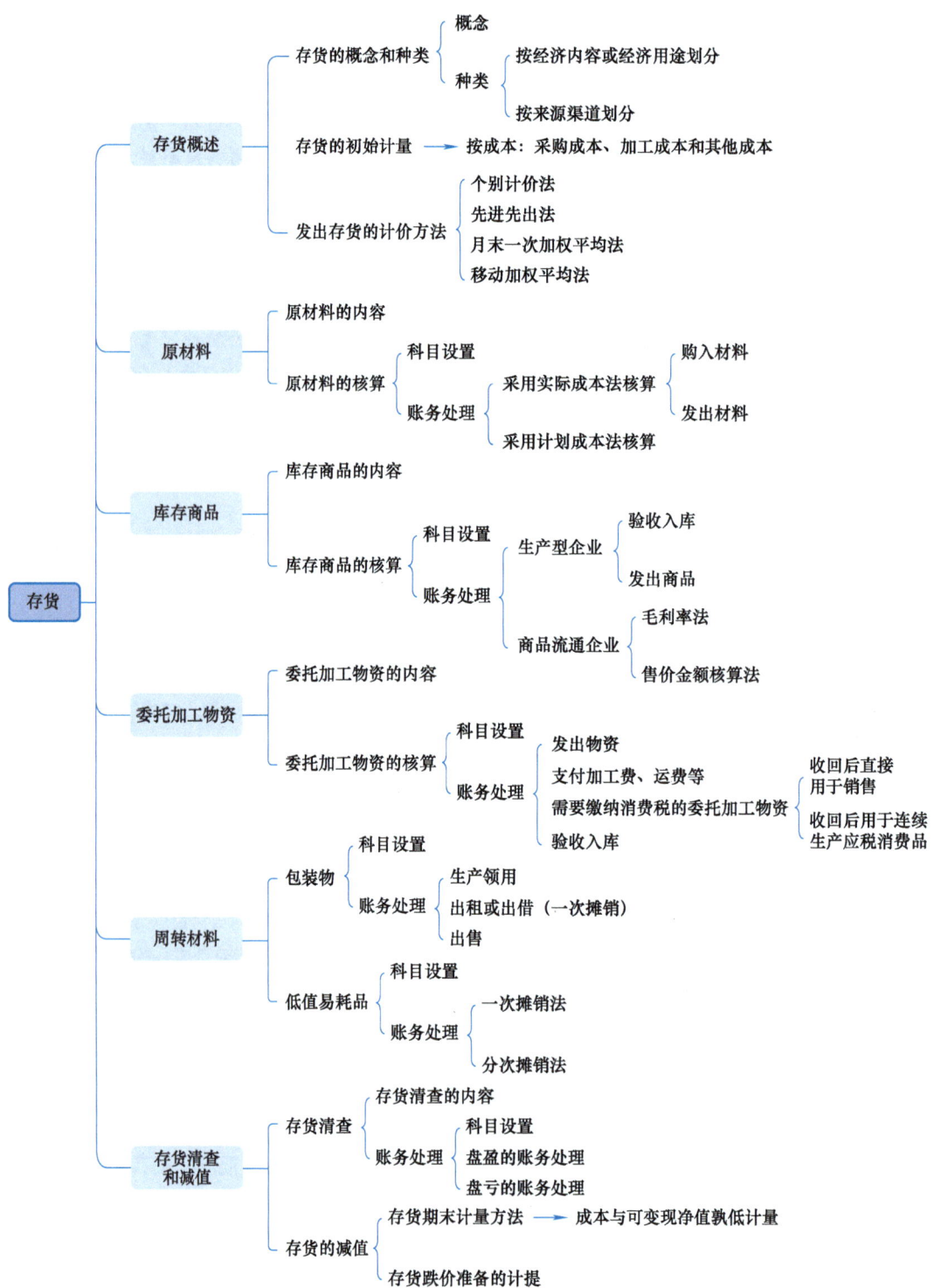

习 题

资料一：玉利兴公司是一家工业企业，为增值税一般纳税人，适用13%的增值税税率，采用计划成本法核算存货。为简化核算，该公司对购进存货的经济业务，平时只在付款时编制结算货款的会计分录，月末，再汇总编制收入存货和结转存货成本差异的会计分录；该公司单独设置"包装物"和"低值易耗品"科目核算相应存货，分别按原材料、包装物和低值易耗品核算材料成本差异并计算材料成本差异率。

资料二：2021年11月30日，玉利兴公司结存原材料、包装物和低值易耗品的账面余额见表3-6。

表3-6 原材料、包装物和低值易耗品的账面余额

2021年11月30日　　　　　　　　　　　　　　　　　　金额单位：元

存货项目	存货类别	计量单位	数量	计划成本		材料成本差异		实际成本
				单位成本	金额	差异额	差异率	
原材料	甲材料	kg	66 000	20.00	1 320 000	—	—	—
	乙材料	kg	28 000	15.00	420 000	—	—	—
小计	—	—	—	—	1 740 000	−52 200	−3%	1 687 800
包装物	纸箱	个	200	5.00	1 000			
	铁桶	个	30	40.00	1 200			
小计	—	—	—	—	2 200	+264	+12%	2 464
低值易耗品	A工具	件	15	120.00	1 800			
	B工具	件	75	28.00	2 100			
小计	—	—	—	—	3 900	−54	−1.4%	3 846
合计					1 746 100	−51 990		1 694 110

注："−"号表示节约差异，"+"号表示超支差异，下同。

资料三：2021年12月，玉利兴公司购入原材料、包装物和低值易耗品的业务如下：

（1）12月1日，购进甲材料85 000kg，增值税专用发票上列明的材料价款为1 768 000元，增值税税额为229 840元。货款已通过银行转账支付，材料也已验收入库。

（2）12月5日，购进乙材料36 000kg，材料已验收入库，但尚未收到结算凭证。

（3）12月7日，购进包装物（纸箱）400个，增值税专用发票上列明的包装物价款为1 900元，增值税税额为247元。货款已通过银行转账支付，包装物也已验收入库。

（4）12月8日，购进低值易耗品（A工具）25件，增值税专用发票上列明的低值易耗品价款为3 000元，增值税税额为390元。货款已通过银行转账支付，低值易耗品也已验收入库。

（5）12月10日，购进甲材料90 000kg，材料已验收入库，但尚未收到结算凭证。

（6）12月12日，购进低值易耗品（B工具）100件，增值税专用发票上列明的低值易耗品价款为2 660元，增值税税额为345.80元。货款已通过银行转账支付，低值易耗品尚未运达企业。

（7）12月14日，收到12月5日购进乙材料的结算凭证，增值税专用发票上列明的材料价款为567 000元，增值税税额为73 710元，货款通过银行转账支付。

（8）12月15日，购进乙材料40 000kg，增值税专用发票上列明的材料价款为588 000元，增值税税额为76 440元。货款已通过银行转账支付，材料尚未运达企业。

（9）12月18日，收到12月10日购进甲材料的结算凭证，增值税专用发票上列明的材料价款为1 928 600元，增值税税额为250 718元，货款通过银行转账支付。

（10）12月19日，收到12月12日购进的低值易耗品（B工具）并验收入库。

（11）12月20日，购进甲材料80 000kg，增值税专用发票上列明的材料价款为1 680 000元，增值税税额为218 400元。货款已通过银行转账支付，材料尚未运达企业。

（12）12月22日，收到12月15日购进的乙材料并验收入库。

（13）12月25日，购进乙材料25 000kg，材料已验收入库，但尚未收到结算凭证。

（14）12月26日，收到12月20日购进的甲材料并验收入库。

（15）12月29日，购进甲材料50 000kg，增值税专用发票上列明的材料价款为970 000元，增值税税额为126 100元。货款已通过银行转账支付，材料尚未运达企业。

（16）12月31日，未收到12月25日购进乙材料的结算凭证，将乙材料按计划成本375 000元估价入账。

资料四：2021年12月，玉利兴公司领用原材料的业务如下：

（1）基本生产领用甲材料280 000kg，乙材料70 000kg。

（2）辅助生产领用甲材料5 000kg，乙材料12 000kg。

（3）生产车间一般性耗用乙材料600kg。

（4）自制生产设备领用甲材料6 000kg，领用乙材料2 000kg。

（5）管理部门领用乙材料400kg。

资料五：玉利兴公司用于出租或出借的包装物以及领用的低值易耗品，均采用一次摊销法核销成本。2021年12月，玉利兴公司有关包装物及低值易耗品的业务如下：

（1）基本生产车间领用纸箱320个，销售产品时领用纸箱160个。

（2）出借给美美公司铁桶25个，收取押金1 200元。

（3）出借给开心公司铁桶20个，开心公司逾期未归还，没收包装物押金1 000元。

（4）用于出借的10个铁桶报废，将残料售出，收取价款20元，存入银行。

（5）基本生产车间领用A工具26件，领用B工具70件；辅助生产车间领用A工具5件，领用B工具40件；自制固定资产工程领用B工具20件。

（6）基本生产车间报废A工具20件，将残料售出，收取价款150元；报废B工具50件，将残料售出，收取价款50元。辅助生产车间报废A工具5件，将残料售出，收取价款30元；报废B工具40件，将残料售出，收取价款60元。出售报废低值易耗品收取的价款均已存入银行。

资料六：2021年12月31日，原材料、包装物及低值易耗品均未发生价值减损。

要求：根据以上资料，完成如下业务的会计处理：

（1）编制玉利兴公司2021年12月购入原材料、包装物和低值易耗品的会计分录。

（2）填写玉利兴公司2021年12月的"收货凭证汇总表"（见表3-7），汇总已结算并已验收入库的存货实际成本和计划成本，并编制存货验收入库和结转存货成本差异的会计分录。

表3-7 收货凭证汇总表

2021年12月

付款日期	收货日期	存货名称	数量	计量单位	实际成本	计划成本	成本差异

（续）

付款日期	收货日期	存货名称	数　量	计量单位	实际成本	计划成本	成本差异

（3）分别计算玉利兴公司 2021 年 12 月原材料、包装物和低值易耗品的材料成本差异率。

（4）填写玉利兴公司 2021 年 12 月的"发出存货汇总表"（见表 3-8），汇总本月发出原材料的计划成本和材料成本差异，并编制发出原材料和分摊材料成本差异的会计分录。

表 3-8　发出存货汇总表

2021 年 12 月

领用部门	甲材料		乙材料		合计	
	计划成本	成本差异	计划成本	成本差异	计划成本	成本差异
合计						

（5）编制玉利兴公司 2021 年 12 月有关领用包装物和低值易耗品的会计分录。

（6）登记玉利兴公司 2021 年 12 月"原材料——甲材料""包装物——纸箱""低值易耗品——A 工具"明细账（其余存货明细账略）。存货明细账的格式参照表 3-9。

表 3-9　存货明细账

存货类别：　　　　　　　　　　金额单位：　　　　　　　　　计划单价：
存货名称及规格：　　　　　　　计量单位：

年		凭证编号	摘　　要	收入数量	发出数量	结　　存	
月	日					数　量	金　额

（7）分别登记玉利兴公司 2021 年 12 月原材料包装物和低值易耗品存货成本差异明细账。存货成本差异明细账的格式参照表 3-10。

表 3-10 存货成本差异明细账

明细科目： 　　　　　　　　　　2021 年 12 月　　　　　　　　　　金额单位：元

年		凭证编号	摘　要	本月收入			成本差异率	本月发出			月末结存		
月	日			计划成本	成本差异			计划成本	成本差异		计划成本	成本差异	
					超支	节约			超支	节约		超支	节约

（8）比照表 3-6 的格式，编制玉利兴公司 2021 年 12 月 31 日原材料、包装物和低值易耗品的账面余额表。

第四章

金融资产

> **本章导读**
>
> 不知大家是否看过电视剧《我们都要好好的》？剧中，男主人公是一名金融才子，通过自身的不懈努力成为全球知名的 IPD 基金公司高管，负责该公司的金融资产运作。他被人陷害辞职后，将自己的全部积蓄投入金融市场，曾因市场行情不好而破产，最后又靠金融投资重返人生巅峰，可谓成也金融，败也金融。那么，金融资产是什么，又是如何核算的呢？

第一节 金融资产概述

> **/学习导读/**
>
> 玉利兴公司从证券市场上购入一项债券，该债券期限为 3 年，到期一次还本付息，票面利率为 5%（不计复利）。那么，玉利兴公司把此债券作为交易性金融资产核算是否正确？本节将讲解金融资产的基本概念和分类。

金融资产是《企业会计准则第 22 号——金融工具确认和计量》的主要内容。金融工具是指形成一方的金融资产并形成其他方的金融负债或权益工具的合同，包括金融资产、金融负债和权益工具。金融工具的构成如图 4-1 所示。

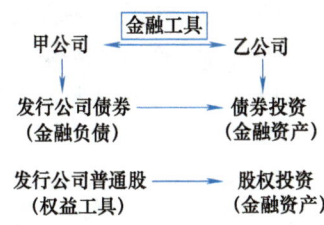

图 4-1 金融工具的构成

一、金融资产的概念

金融资产是指企业持有的现金、其他方的权益工具以及符合下列条件之一的资产：

（1）从其他方收取现金或其他金融资产的合同权利。例如企业的银行存款、应收账款、应收票据和贷款等均属于金融资产。需要注意的是，**预付账款不是金融资产**，因其产生的未来经济利益是商品或服务，不是收取现金或其他金融资产的权利。

（2）在潜在有利条件下，与其他方交换金融资产或金融负债的合同权利。例如，企业持有的**看涨期权**或**看跌期权**、**远期合约**等均属于金融资产。

（3）将来须用或可用企业**自身权益工具**进行结算的**非衍生工具**合同，且企业根据该合同将收到可变数量的自身权益工具。

（4）将来须用或可用企业自身权益工具进行结算的衍生工具合同，但以**固定数量**的自身权益工具**交换固定金额**的现金或其他金融资产的衍生工具合同除外。其中，企业自身权益工具不包括应当按照《企业会计准则第 37 号——金融工具列报》分类为权益工具的可回售工具或发行方仅在清算时才有义务向另一方按比例交付其净资产的金融工具，也**不包括**本身就要求在未来收取或交付企业自身权益工具的合同。

【例 4-1】 2021 年 1 月 31 日，子豪公司（为上市公司）的股票价格为每股 100 元。玉利兴公司与黄河公司签订了 4 个月后结算的期权合同，合同约定：玉利兴公司可以每股 4 元的期权费买入 4 个月后执行价格为 116 元的子豪公司股票的看涨期权。

要求：根据条件分析玉利兴公司的这一期权合同能否确认为金融资产。

【答案】 本例中，玉利兴公司享有在潜在有利条件下与黄河公司交换金融资产的合同权利，若 2021 年 5 月 31 日子豪公司股票的价格高于 116 元，则行权对玉利兴公司有利，玉利兴公司将选择执行该期权。故玉利兴公司的这一期权合同应当确认一项金融资产。

二、金融资产的分类

企业可以将金融资产按照不同的标志进行分类，根据企业管理金融资产的**业务模式**和金融资产的**合同现金流量**特征，可以将金融资产划分为以下三类：

（1）以摊余成本计量的金融资产。

（2）以公允价值计量且其变动计入其他综合收益的金融资产。

（3）以公允价值计量且其变动计入当期损益的金融资产。

金融资产分类一经确定，不得随意变更。

（一）企业管理金融资产的业务模式

1. 企业管理金融资产的业务模式的概念

企业管理金融资产的业务模式是指企业管理其金融资产以产生现金流量的方式。业务模式决定企业所管理金融资产现金流量的**来源**是收取合同现金流量、出售金融资产还是两者兼有。企业确定其管理金融资产的业务模式时，应当注意以下方面的问题：

（1）企业应当以企业**关键管理人员**决定的，对金融资产进行管理的特定业务目标为基础，确定管理金融资产的业务模式。

（2）企业应当以**客观事实**为依据确定管理金融资产的业务模式，而不得以按照合理预期不会发生的情形为基础。

（3）企业的业务模式并非企业自愿指定，而是一种**客观事实**。这一事实通常可以从企业为实现其设定的目标而开展的特定活动中得以反映，企业应当考虑在业务模式评估日可获得的所有相关证据。

（4）企业应当在**金融资产组合**的层次上确定管理金融资产的业务模式，而**不必**按照单项金融资产逐项确定业务模式。金融资产组合的层次应当反映企业管理该类金融资产的层次。

（5）一个企业可能会采用多个业务模式管理其金融资产。例如，企业持有一组以收取合同现金流量为目标的投资组合，同时还持有另一组既以收取合同现金流量为目标又以出售该金融资产产生整体回报为目标的投资组合。

2. 企业管理金融资产的业务模式的种类

企业管理金融资产的业务模式按照其管理的目标分类，可以分为以下三种：

（1）以收取合同现金流量为目标的业务模式。在以收取合同现金流量为目标的业务模式下，企业管理金融资产旨在通过在金融资产存续期内收取合同约定的款项来实现现金流量，而**不是通过持有并出售金融资产产生整体回报**。

（2）以收取合同现金流量和出售金融资产产生整体回报为目标的业务模式。在**同时**以收取合同现金流量和出售金融资产产生整体回报为目标的业务模式下，企业的关键管理人员认为收取合同现金流量和出售金融资产产生整体回报对于实现其管理目标而言都是不可或缺的。

在该业务模式下不存在对出售金融资产的频率或者价值的明确界限，因为出售金融资产是这种业务模式的目标之一。与以收取合同现金流量为目标的业务模式相比，这种业务模式涉及的出售通常频率更高、价值更大。

（3）其他业务模式。如果企业管理金融资产的业务模式**不是**以收取合同现金流量为目标，**也不是**既以收取合同现金流量又以出售金融资产产生整体回报为目标，那么该企业管理金融资产的业务模式就是其他业务模式。例如，企业持有金融资产的目的是交易性的，即企业管理金融资产的目标是通过出售金融资产以实现现金流量。在这种情况下，即使企业在持有金融资产的过程中会收取合同现金流量，但因为收取合同现金流量对实现该业务模式目标来说只是附带性质（可有可无）的活动，故企业管理该金融资产的业务模式属于其他业务模式。

（二）金融资产的合同现金流量特征

金融资产的合同现金流量特征是指金融工具合同约定的、反映相关金融资产经济特征的现金流量属性。企业分类为**以摊余成本计量**的金融资产和**以公允价值计量且其变动计入其他综合收益**的金融资产，其合同现金流量特征应当与**基本借贷安排**相一致，即相关金融资产在特定日期产生的合同现金流量仅为其他方对**本金**和**以未偿付本金金额**为基础的利息的支付（本金加利息的合同现金流量特征）。

（三）金融资产的具体分类

1．以摊余成本计量的金融资产

金融资产同时符合下列条件的，应当分类为以摊余成本计量的金融资产：

（1）企业管理该金融资产的**业务模式是以收取合同现金流量**为目标的业务模式。

（2）该金融资产的合同条款规定，在特定日期产生的现金流量，**仅为**其他方对**本金**和以未偿付本金金额为基础的**利息**的支付。

本金是指金融资产在初始确认时的公允价值。本金金额可能因提前还款等原因在金融资产的存续期内发生变动；利息包括对货币时间价值、与特定时期未偿付本金金额相关的信用风险，以及其他基本借贷风险、成本和利润的对价。

这种分类表明，企业持有的摊余成本计量的金融资产不是以出售为目的的。

【例 4-2】 玉利兴公司在证券市场上购入了一般公司债券，一般情况下一般公司债券的合同现金流量是到期收回本金及按约定利率在合同期间按时收取固定或浮动利息。

要求：判断玉利兴公司购入的一般公司债券应划分为哪类金融资产。

【答案】 在没有特殊安排的情况下，该项债券通常符合本金加利息的合同现金流量特征。如果企业管理该债券的业务模式是以收取合同现金流量为目标，那么该债券可以分类为以摊余成本计量的金融资产。

2．以公允价值计量且其变动计入其他综合收益的金融资产

金融资产同时符合下列条件的，应当分类为以公允价值计量且其变动计入其他综合收益的金融资产：

（1）企业管理该金融资产的业务模式是**既以收取合同现金流量**为目标**又以出售该金融资产产生整体回报**为目标的业务模式。

（2）该金融资产的合同条款约定，在特定日期产生的现金流量，仅为其他方对**本金**和以未偿付本金金额为基础的利息的支付。

【例4-3】 玉利兴公司在证券市场上购入了一般公司债券，玉利兴公司关键管理人员认为出售金融资产和收取合同现金流量对玉利兴公司来说都是不可或缺的。

要求：判断玉利兴公司购入的一般公司债券应划分为哪类金融资产。

【答案】

一般情况下，一般公司债券的合同现金流量是到期收回本金及按约定利率在合同期间按时收取固定或浮动利息。在没有特殊安排的情况下，该项债券通常可能符合本金加利息的合同现金流量特征。玉利兴公司管理该金融资产的目的为收取合同现金流量和出售该金融资产产生整体回报，所以该金融资产可以划分为以公允价值计量且其变动计入其他综合收益的金融资产。

3. 以公允价值计量且其变动计入当期损益的金融资产

企业应当将除分类为以摊余成本计量的金融资产和以公允价值计量且其变动计入其他综合收益的金融资产之外的金融资产，分类为以公允价值计量且其变动计入当期损益的金融资产。例如股票、基金、可转换债券等。

4. 金融资产分类的特殊规定

初始确认时，企业可基于单项非交易性权益工具投资，将其指定为以公允价值计量且其变动计入其他综合收益的金融资产，并将该金融资产的公允价值的后续变动计入其他综合收益。该指定一经做出不得撤销，且无须计提减值准备。

本节导读分析：玉利兴公司从证券市场上购入一项债券，该债券的合同现金流量是到期收回的本金及按约定利率在合同期间按时收取的固定利息。在没有其他特殊安排的情况下，普通债券的合同现金流量一般情况下可能符合仅为对本金和以未偿付本金金额为基础的利息支付的要求。玉利兴公司购入的债券如何分类，要结合以下情况具体分析：

（1）若玉利兴公司管理该项债券的业务模式仅为以收取合同现金流量为目标，则该项债券应划分为以摊余成本计量的金融资产。

（2）若玉利兴公司管理该项债券的业务模式为既以收取合同现金流量为目标又以出售该债券产生整体回报为目标，则该项债券应划分为以公允价值计量且其变动计入其他综合收益的金融资产。

（3）若玉利兴公司管理该项债券的业务模式是其他业务模式，则该项债券应划分为以公允价值计量且其变动计入当期损益的金融资产。

知识小结：合同现金流量测试是指确定交易合同当中产生的现金流量是否仅仅只是本金加利息的付款额。例如，甲企业从乙企业借入款项，在借款合同中约定了按固定年利率每年付息到期还本，这里的本金、产生的利息都是合同现金流量，测试此流量的影响因素时，因为是固定利率，影响因素仅为期初本金，也不产生额外的支付，所以可以通过合同现金流量测试。做这个测试主要是为了判断金融资产的分类：①可以通过合同现金流量测试，一般划分为以摊余成本计量的金融资产或者以公允价值计量且其变动计入其他综合收益的金融资产；②不可以通过合同现金流量测试，一般划分为以公允价值计量且其变动计入当期损益的金融资产（符合条件指定为以公允价值计量且其变动计入其他综合收益的金融资产的除外）。金融资产分类的总结如图4-2所示。

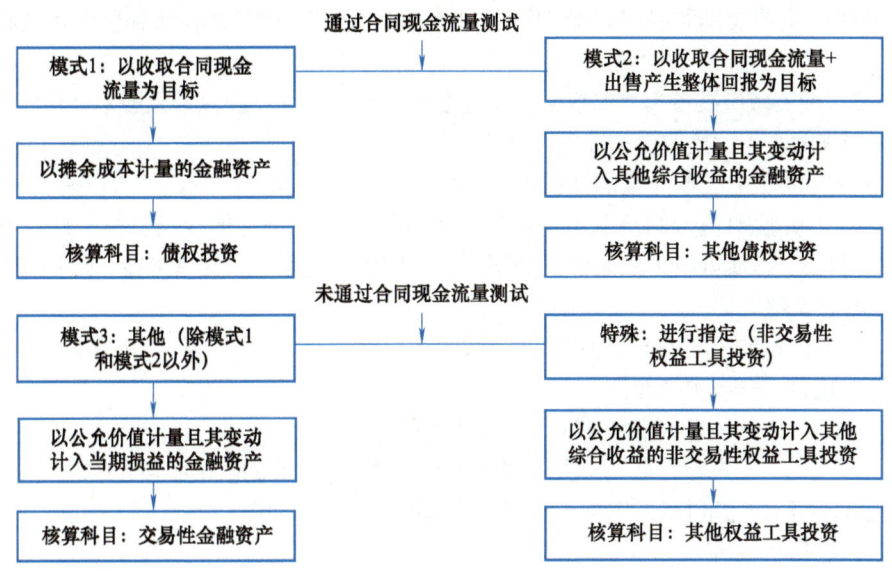

图 4-2　金融资产分类的总结

第二节　以摊余成本计量的金融资产

> /学习导读/
>
> 玉利兴公司从证券市场上购入一项债券，支付交易费用 50 万元，该项债券期限为 3 年，到期一次还本付息，票面利率为 5%（不计复利）。玉利兴公司准备长期持有该债券，不打算进行交易赚取价差，也无其他特殊安排。玉利兴公司将其作为以摊余成本计量的金融资产核算是否准确？支付的交易费用应如何处理？

一、初始计量

企业初始确认以摊余成本计量的金融资产，应当按照公允价值计量。对于以摊余成本计量的金融资产，购入时发生的相关交易费用计入初始入账成本。

交易费用是指可直接归属于购买、发行或处置金融工具的增量费用。增量费用是指企业没有发生购买、发行或处置相关金融工具的情形就不会发生的费用，包括支付给代理机构、咨询公司、券商、证券交易所、政府有关部门等的手续费、佣金、相关税费以及其他必要支出，不包括债券的溢价、折价、融资费用、内部管理成本和持有成本等与交易不直接相关的费用。

企业取得金融资产所支付的价款中包含的已宣告但尚未发放的利息，应当单独确认为应收项目处理。

核算以摊余成本计量的金融资产应该设置的会计科目如下：

（1）"应收利息"。"应收利息"科目核算企业发放的贷款、各类债权投资、存放中央银行款项、拆出资金、买入返售金融资产等应收取的利息。但是，企业购入的一次还本付息的债权投资持有期间取得的利息，在"债权投资——应计利息"科目核算。

（2）"债权投资"。"债权投资"科目核算企业以摊余成本计量的债权投资的账面余额。该科目可按债权投资的类别和品种，分别设置"成本""利息调整""应计利息"明细科目进行核算。

(3)"债权投资减值准备"。"债权投资减值准备"科目核算企业以摊余成本计量的债权投资以预期信用损失为基础计提的损失准备。

企业取得的以摊余成本计量的债权投资，应按该投资的面值，借记"债权投资——成本"科目，按支付的价款中包含的已宣告但尚未领取的利息，借记"债权投资——应计利息"或"应收利息"科目，按实际支付的金额，贷记"银行存款"等科目，按其差额，借记或贷记"债权投资——利息调整"科目。

以摊余成本计量的金融资产相关会计分录如下：

借：债权投资——成本（面值）
　　　　　　——利息调整（差额，也可能在贷方）
　　　　　　——应计利息（一次还本付息的债券实际支付的款项中包含的利息）
　　　应收利息（分期付息的债券实际支付的款项中包含的利息）
　　贷：银行存款等

【例4-4】 2021年1月1日，玉利兴公司以银行存款1 100万元购入乙公司当日发行的面值为1 000万元的5年期不可赎回债券。该债券票面年利率为10%，每年付息一次。为取得该项债券，玉利兴公司支付相关交易费用10万元，该项债券可以通过合同现金流量测试，玉利兴公司管理该项债券的业务模式为以收取合同现金流量为目标的业务模式。

要求：判断玉利兴公司购入的债券应划分为哪类金融资产，并编制相应会计分录。

【答案】 玉利兴公司管理该金融资产的业务模式是以收取合同现金流量为目标的业务模式，且该金融资产可以通过合同现金流量测试，则玉利兴公司应将其划分为以摊余成本计量的金融资产。

相关会计分录如下：

借：债权投资——成本（面值）　　　　　　　　　　　10 000 000
　　　　　　——利息调整（差额）　　　　　　　　　　 1 100 000
　　贷：银行存款　　　　　　　　　　　　　　　　　　11 100 000

二、后续计量

（一）实际利率法

实际利率法是指计算金融资产或金融负债的摊余成本以及将利息收入或利息费用分摊计入各会计期间的方法。

实际利率是指将金融资产或金融负债在预计存续期内估计的未来现金流量，折现为该金融资产账面余额（不考虑减值）或该金融负债摊余成本所使用的利率。

📢 学习提示：金融负债与金融资产同属于金融工具。

（二）摊余成本

以摊余成本计量的金融资产的摊余成本应当以该金融资产的初始确认金额经下列调整后的结果确定：

（1）扣除已偿还的本金。

（2）加上或减去采用实际利率法将该初始确认金额与到期日金额之间的差额进行摊销形成的累计摊销额。

(3) 扣除计提的累计信用减值准备。

📢 学习提示：
金融资产的摊余成本 = 初始确认金额 – 已偿还的本金 +（或 –）累计摊销额 – 已计提的信用减值准备

该摊余成本实际上相当于账面价值。

（三）利息收入的计算

（1）购入时已发生信用减值或源生的已发生信用减值的债权投资利息收入计算公式如下：

利息收入 = 期初摊余成本 × 经信用调整的实际利率

（2）未实际发生信用减值的债权投资利息收入计算公式如下：

利息收入 = 期初账面余额 × 实际利率

（3）购入后实际发生信用减值的债权投资利息收入计算公式如下：

利息收入 = 期初摊余成本 × 实际利率

📢 学习提示：经信用调整的实际利率，是指将购入或源生的已发生信用减值的金融资产在预计存续期内估计的未来现金流量折现为该金融资产摊余成本的利率。

（四）具体会计处理

以摊余成本计量的金融资产的会计处理，主要包括该金融资产实际利率的计算、摊余成本的确定、持有期间的收益确认及将其处置时损益的处理。

以摊余成本计量的金融资产所产生的利得或损失，应当在终止确认、按照规定重分类、按照实际利率法摊销或确认减值时，计入当期损益。

1. 以摊余成本计量的金融资产持有期间计提的利息

资产负债表日，以摊余成本计量的金融资产为分期付息、一次还本债券投资的，应按票面利率计算确定的应收未收利息，借记"应收利息"科目，按该金融资产账面余额（或摊余成本）和实际利率（或经信用调整的实际利率）计算确定的利息收入，贷记"投资收益"科目，按其差额，借记或贷记"债权投资——利息调整"科目。

以摊余成本计量的金融资产为一次还本付息债券投资的，应按票面利率计算确定的应收未收利息，借记"债权投资——应计利息"科目，按该金融资产账面余额（或摊余成本）和实际利率（或经信用调整的实际利率）计算确定的利息收入，贷记"投资收益"科目，按其差额，借记或贷记"债权投资——利息调整"科目。

以摊余成本计量的金融资产持有期间的会计分录如下：
借：应收利息（分期付息债券按票面利率计算的利息）
　　债权投资——应计利息（到期一次还本付息债券按票面利率计算的利息）
　贷：投资收益（债权投资期初账面余额或期初摊余成本乘以实际利率计算确定的利息收入）
　　债权投资——利息调整（差额，也可能在借方）

【例 4-5】 2017 年 1 月 1 日，玉利兴公司支付价款 1 000 万元（含交易费用）从上海证券交易所购入乙公司同日发行的 5 年期公司债券 12 500 份，债券票面价值总额为 1 250 万元，票面年利率为 4.72%（即每年利息为 59 万元），实际年利率为 10%，于年末支付本年度债券利息，本金在债券到期时一次性偿还。合同约定，该债券的发行方在遇到特定情况时可以将债券赎回，且不需要为提前赎回支付额外款项。玉利兴公司在购买该债券时，预计发行方不会提前赎回。玉利兴公司根据其管理该债券的业务模式和该债券的合同现金流量特征，将该债券分类为以摊余成本计量的金融资产。不考虑其他因素,利息计算结果保留整数。

要求:根据分期付息债券摊余成本计算表(见表 4-1)中的数据,说明玉利兴公司应做的账务处理。

表 4-1　分期付息债券摊余成本计算表

单位:万元

年　份	期初账面余额	实际利息收入	现 金 流 入	期末账面余额
2017 年	1 000	100	59	1 041
2018 年	1 041	104	59	1 086
2019 年	1 086	109	59	1 136
2020 年	1 136	114	59	1 191
2021 年	1 191	118*	1 309	0

注:* 尾数调整 =1 250+ 59−1 191=118(万元)。

【答案】

玉利兴公司应做的账务处理如下:

① 2017 年 1 月 1 日,购入乙公司债券:

借:债权投资——成本　　　　　　　　　　　　　　　　　　　　12 500 000
　　贷:银行存款　　　　　　　　　　　　　　　　　　　　　　10 000 000
　　　　债权投资——利息调整　　　　　　　　　　　　　　　　 2 500 000

② 2017 年 12 月 31 日,确认乙公司债券实际利息收入、收到债券利息:

借:应收利息　　　　　　　　　　　　　　　　　　　　　　　　　590 000
　　债权投资——利息调整　　　　　　　　　　　　　　　　　　　410 000
　　贷:投资收益　　　　　　　　　　　　　　　　　　　　　　 1 000 000
借:银行存款　　　　　　　　　　　　　　　　　　　　　　　　　590 000
　　贷:应收利息　　　　　　　　　　　　　　　　　　　　　　　 590 000

③ 2018 年 12 月 31 日,确认乙公司债券实际利息收入、收到债券利息:

借:应收利息　　　　　　　　　　　　　　　　　　　　　　　　　590 000
　　债权投资——利息调整　　　　　　　　　　　　　　　　　　　450 000
　　贷:投资收益　　　　　　　　　　　　　　　　　　　　　　 1 040 000
借:银行存款　　　　　　　　　　　　　　　　　　　　　　　　　590 000
　　贷:应收利息　　　　　　　　　　　　　　　　　　　　　　　 590 000

④ 2019 年 12 月 31 日,确认乙公司债券实际利息收入、收到债券利息:

借:应收利息　　　　　　　　　　　　　　　　　　　　　　　　　590 000
　　债权投资——利息调整　　　　　　　　　　　　　　　　　　　500 000
　　贷:投资收益　　　　　　　　　　　　　　　　　　　　　　 1 090 000
借:银行存款　　　　　　　　　　　　　　　　　　　　　　　　　590 000
　　贷:应收利息　　　　　　　　　　　　　　　　　　　　　　　 590 000

⑤ 2020 年 12 月 31 日,确认乙公司债券实际利息收入、收到债券利息:

借:应收利息　　　　　　　　　　　　　　　　　　　　　　　　　590 000

债权投资——利息调整　　　　　　　　　　　　　　　　　550 000
　　　贷：投资收益　　　　　　　　　　　　　　　　　　　　　1 140 000
借：银行存款　　　　　　　　　　　　　　　　　　　　　590 000
　　贷：应收利息　　　　　　　　　　　　　　　　　　　　　590 000

⑥2021年12月31日，确认乙公司债券实际利息收入、收到债券利息和本金：
借：应收利息　　　　　　　　　　　　　　　　　　　　　590 000
　　债权投资——利息调整　　　　　　　　　　　　　　　　　590 000
　　　贷：投资收益　　　　　　　　　　　　　　　　　　　　　1 180 000
借：银行存款　　　　　　　　　　　　　　　　　　　　　590 000
　　贷：应收利息　　　　　　　　　　　　　　　　　　　　　590 000
借：银行存款　　　　　　　　　　　　　　　　　　　　　12 500 000
　　贷：债权投资——成本　　　　　　　　　　　　　　　　　12 500 000

📢**学习提示**：债权投资最后一期账务处理流程如下：
（1）首先计算出"债权投资——利息调整"明细账户余额。
（2）其次以票面金额及票面利息计算出"应收利息"（或"债权投资——应计利息"）账户余额。
（3）最后根据上述账户余额计算出实际利息收入。

【例4-6】　承上例，假定玉利兴公司购买的乙公司债券不是分次付息，而是到期一次还本付息，且利息不以复利计算。假定玉利兴公司所购买乙公司债券的实际利率为9.05%，不考虑其他因素。

要求：根据到期一次还本付息债券摊余成本计算表（见表4-2）中的数据，说明玉利兴公司应做的账务处理。

表4-2　到期一次还本付息债券摊余成本计算表

单位：万元

年　份	期初账面余额	实际利息收入	现金流入	期末账面余额
2017年	1 000	90.5	0	1 090.5
2018年	1 090.5	98.69	0	1 189.19
2019年	1 189.19	107.62	0	1 296.81
2020年	1 296.81	117.36	0	1 414.17
2021年	1 414.17	130.83*	1 545	0

*尾数调整 = 1 250+59×5−1 414.17 = 130.83（万元）。

【答案】
玉利兴公司应做的账务处理如下：
①2017年1月1日，购入乙公司债券：
借：债权投资——成本　　　　　　　　　　　　　　　　　12 500 000
　　贷：银行存款　　　　　　　　　　　　　　　　　　　　　10 000 000
　　　　债权投资——利息调整　　　　　　　　　　　　　　　　2 500 000
②2017年12月31日，确认乙公司债券实际利息收入：
借：债权投资——应计利息　　　　　　　　　　　　　　　590 000

                    ——利息调整   315 000
            贷：投资收益   905 000
   ③ 2018年12月31日，确认乙公司债券实际利息收入：
        借：债权投资——应计利息   590 000
                    ——利息调整   396 900
            贷：投资收益   986 900
   ④ 2019年12月31日，确认乙公司债券实际利息收入：
        借：债权投资——应计利息   590 000
                    ——利息调整   486 200
            贷：投资收益   1 076 200
   ⑤ 2020年12月31日，确认乙公司债券实际利息收入：
        借：债权投资——应计利息   590 000
                    ——利息调整   583 600
            贷：投资收益   1 173 600
   ⑥ 2021年12月31日，确认乙公司债券实际利息收入、收回债券本金和票面利息：
        借：债权投资——应计利息   590 000
                    ——利息调整   718 300
            贷：投资收益   1 308 300
        借：银行存款   15 450 000
            贷：债权投资——成本   12 500 000
                    ——应计利息   2 950 000

2. 出售以摊余成本计量的债权投资

出售以摊余成本计量的债权投资，应按实际收到的金额，借记"银行存款""债权投资减值准备"科目，贷记"债权投资——成本""债权投资——应计利息"科目，贷记或借记"债权投资——利息调整"科目，按其差额，贷记或借记"投资收益"科目。

企业持有的以摊余成本计量的应收款项、贷款等的账务处理原则，与债权投资大致相同，企业可使用"应收账款""贷款"等科目进行核算。

出售债权投资的会计分录如下：

        借：银行存款等
            债权投资减值准备
            贷：债权投资（成本、利息调整、应计利息）
                投资收益（差额，也可能在借方）

【例4-7】 承【例4-5】，假定玉利兴公司因资金周转困难，于2020年1月1日将上述债券出售，实际取得价款1 200万元，不考虑其他因素。

要求：计算出售时点利息调整的金额，并编制相应会计分录。

【答案】

出售时点利息调整的金额=250-41-45-50=114（万元）

玉利兴公司应编制如下会计分录：

        借：银行存款   12 000 000
            债权投资——利息调整   1 140 000

贷：债权投资——成本　　　　　　　　　　　　　　　　　　　12 500 000
　　　　投资收益　　　　　　　　　　　　　　　　　　　　　　　　640 000

❋ **本节导读分析**：分类为以摊余成本计量的金融资产的条件为企业管理金融资产的业务模式是以收取合同现金流量为目标的业务模式，且在特定日期产生的现金流量仅为其他方对本金和未偿付本金为基础的利息的支付。导读中玉利兴公司购入的债券符合上述规定，玉利兴公司对其所做的划分是正确的。对于以摊余成本计量的金融资产，购入时发生的相关交易费用应计入初始入账成本。玉利兴公司支付的交易费用50万元应计入初始入账成本。

第三节　以公允价值计量且其变动计入其他综合收益的金融资产

📂 /学习导读/

　　玉利兴公司从证券市场上购入一项债券，支付交易费50万元，该债券期限为3年，到期一次还本付息，票面利率为5%（不计复利）。玉利兴公司准备长期持有该债券，但是如果价格合适，玉利兴公司也会将其出售，以赚取价差。玉利兴公司将其作为以公允价值计量且其变动计入其他综合收益的金融资产核算是否准确？支付的交易费又该如何处理？

一、初始计量

　　企业初始确认以公允价值计量且其变动计入其他综合收益的金融资产，应当按照**公允价值计量**。对于以**公允价值计量**且其变动计入其他综合收益的金融资产，购入时发生的**相关交易费用计入初始入账成本**。

　　企业取得金融资产所支付的价款中包含的已宣告但尚未发放的债券利息或现金股利，应当单独确认为应收项目进行处理。

　　以公允价值计量且其变动计入其他综合收益的金融资产核算所涉及的会计科目如下：

　　（1）"其他债权投资"。"其他债权投资"科目核算企业分类为以公允价值计量且其变动计入其他综合收益的金融资产（债券性投资）。该科目可按金融资产类别和品种，分为"成本""利息调整""公允价值变动""应计利息"明细科目进行核算。

　　（2）"其他权益工具投资"。"其他权益工具投资"科目核算企业指定为以公允价值计量且其变动计入其他综合收益的金融资产（**非交易性权益工具投资**）。该科目可按其他权益工具投资的类别和品种，分别在"成本""公允价值变动"等明细科目进行核算。

　　（3）"其他综合收益"。"其他综合收益"科目核算以公允价值计量且其变动计入其他综合收益的金融资产以**预期信用损失**为基础计提的损失准备及持有期间的公允价值变动，该科目的明细科目分别为"信用减值准备""其他权益工具投资公允价值变动""其他债权投资公允价值变动"。

　　以公允价值计量且其变动计入其他综合收益的金融资产的初始计量如下：

　　（一）分类为以公允价值计量且其变动计入其他综合收益的金融资产（债券性投资）

　　企业取得的分类为以公允价值计量且其变动计入其他综合收益的金融资产，应按该金融资产投资的面值，借记"其他债权投资——成本"科目，按支付的价款中包含的已宣告但尚未领取的利息，借记"应收利息""其他债权投资——应计利息"科目，按实际支付的金额，贷记"银行存款"等科目，按其差额，借记或贷记"其他债权投资——利息调整"科目。

　　会计分录如下：

借：其他债权投资——成本（面值）
　　　　　　　——应计利息（到期一次还本付息）
或　　　　　应收利息（分期付息）
　　贷：银行存款
　　　　其他债权投资——利息调整（差额，也可能在借方）

（二）指定为以公允价值计量且其变动计入其他综合收益的金融资产（非交易性权益工具投资）

权益工具投资一般不符合**本金加利息的合同现金流量**特征，因此应当分类为以公允价值计量且其变动计入当期损益的金融资产。然而在初始确认时，企业可以将**非交易性权益工具**投资**指定**为以公允价值计量且其变动计入其他综合收益的金融资产。该指定一经做出不得撤销。企业投资购买的其他上市公司股票或者非上市公司股权的都可能属于这种情形。

企业取得的指定为以公允价值计量且其变动计入其他综合收益的非交易性权益工具投资，应按该投资的**公允价值与交易费用之和**，借记"其他权益工具投资——成本"科目，按支付的价款中包含的已宣告但尚未发放的现金股利，借记"应收股利"科目，按实际支付的金额，贷记"银行存款"等科目。

会计分录如下：
借：其他权益工具投资——成本
　　应收股利
　　贷：银行存款

【例 4-8】 玉利兴公司为境内上市公司，由于经营业绩良好，玉利兴公司试图与境外 A 公司进行 M 商品的出口贸易。但 A 公司相关章程明确规定，由于 M 商品的特殊性，A 公司仅可以与其投资人进行相关贸易。玉利兴公司为进行 M 商品的出口，购入了 A 公司 5% 的股权（A 公司股权较为集中，玉利兴公司无法对 A 公司的财务和经营决策产生重大影响）。

要求：判断玉利兴公司购入的 A 公司 5% 的股权应划分哪类金融资产。

【答案】

玉利兴公司取得 A 公司股权不构成重大影响，且股权投资一般无法通过合同现金流量测试，故玉利兴公司购入的 A 公司的股权应作为以公允价值计量的金融资产核算；此外，玉利兴公司是为了与 A 公司进行商品贸易才取得股权的，对于该项股权投资本身不是为了近期出售或者回购，不是以交易为目的，故应将其指定为以公允价值计量且其变动计入其他综合收益的非交易性权益工具投资核算。

二、后续计量

（一）分类为以公允价值计量且其变动计入其他综合收益的金融资产（债券性投资）

以公允价值计量且其变动计入其他综合收益的金融资产的会计处理，与以公允价值计量且其变动计入当期损益的金融资产（将在本章第四节介绍）的会计处理存在类似之处，均要求按公允价值进行后续计量。不同的是，以公允价值计量且其变动**计入其他综合收益**的金融资产所产生的利得或损失，除减值损失或利得和汇兑损益外，均应当计入其他综合收益，直至该金融资产终止确认或被重分类。但是，采用实际利率法计算的该金融资产的利息应当计入当期损益。终止确认时，之前计入其他综合收益的累计利得或损失应当从其他综合收益中转出，计入当期损益。具体账务处理如下：

(1) 资产负债表日,以公允价值计量且其变动计入其他综合收益的金融资产为分期付息、一次还本债券投资的,应按票面利率计算确定的应收未收利息,借记"应收利息"科目,按债券的账面余额(或摊余成本)和实际利率(或经信用调整的实际利率)计算确定的利息收入,贷记"投资收益"科目,按其差额,借记或贷记"其他债权投资——利息调整"科目。

以公允价值计量且其变动计入其他综合收益的金融资产为一次还本付息债券投资的,应按票面利率计算确定的应收未收利息,借记"其他债权投资——应计利息"科目,按债券的账面余额(或摊余成本)和实际利率(或经信用调整的实际利率)计算确定的利息收入,贷记"投资收益"科目,按其差额,借记或贷记"其他债权投资——利息调整"科目。

会计分录如下:

借:应收利息(分期付息债券按票面利率计算的利息)/ 其他债权投资——应计利息(到期时一次还本付息债券按票面利率计算的利息)
　　贷:投资收益〔(其他债权投资的期初账面余额(或摊余成本)乘以实际利率(或经信用调整的实际利率)计算确定的利息收入〕
　　　　其他债权投资——利息调整(差额,也可能在借方)

(2) 资产负债表日,以公允价值计量且其变动计入其他综合收益的金融资产的公允价值高于其账面余额的差额,借记"其他债权投资——公允价值变动"科目,贷记"其他综合收益——其他债权投资公允价值变动"科目;公允价值低于其账面余额的差额做相反的会计分录。

会计分录如下:

公允价值上升:

借:其他债权投资——公允价值变动
　　贷:其他综合收益——其他债权投资公允价值变动

公允价值下降:

借:其他综合收益——其他债权投资公允价值变动
　　贷:其他债权投资——公允价值变动

确定以公允价值计量且其变动计入其他综合收益的金融资产发生减值的,应按减值的金额,借记"信用减值损失"科目,按从其他综合收益中转出的累计损失金额,贷记"其他综合收益——信用减值准备"科目。

📢 **学习提示**:金融工具和应收款项减值计入"信用减值损失";固定资产、无形资产、长期股权投资减值则都计入"资产减值损失"。

(3) 出售以公允价值计量且其变动计入其他综合收益的金融资产,应按实际收到的金额,借记"银行存款"等科目,按其账面余额,贷记"其他债权投资——成本""其他债权投资——应计利息"科目,贷记或借记"其他债权投资——公允价值变动""其他债权投资——利息调整"科目;按应从其他综合收益中转出的公允价值累计变动额,借记或贷记"其他综合收益——其他债权投资公允价值变动"科目;按应从其他综合收益转出的信用减值准备累计金额,借记"其他综合收益——信用减值准备"科目,按其差额,贷记或借记"投资收益"科目。

会计分录如下:

借:银行存款等
　　贷:其他债权投资(账面价值)
　　　　投资收益(差额,也可能在借方)

同时:

借：其他综合收益
　　贷：投资收益
或做相反的会计分录。

【例 4-9】 2019 年 1 月 1 日，玉利兴公司支付价款 1 000 万元（含交易费用）从证券交易所购入乙公司同日发行的 5 年期公司债券，债券票面价值总额为 1 250 万元，票面年利率为 4.72%（即每年利息为 59 万元），实际年利率为 10%，于年末支付本年度债券利息，本金在债券到期时一次性偿还。合同约定，该债券的发行方在遇到特定情况时可以将债券赎回，且不需要为提前赎回支付额外款项。玉利兴公司在购买该债券时，预计发行方不会提前赎回。玉利兴公司根据其管理该债券的业务模式和该债券的合同现金流量特征，将该债券分类为以公允价值计量且其变动计入其他综合收益的金融资产。

其他资料如下：

① 2019 年 12 月 31 日，乙公司债券的公允价值为 1 200 万元（不含利息）。

② 2020 年 12 月 31 日，乙公司债券的公允价值为 1 300 万元（不含利息）。

③ 2021 年 1 月 20 日，玉利兴公司通过证券交易所出售了全部的乙公司债券，取得价款 1 400 万元。假定不考虑所得税、减值损失等因素。

要求：根据 Z 公司债券摊余成本计算表（见表 4-3）说明玉利兴公司应做的账务处理。

表 4-3　Z 公司债券摊余成本计算表

单位：万元

日期	现金流入（A）	实际利息收入（B＝上期 D×10%）	已收回的本金（C＝A−B）	账面余额（D＝上期 D−C）	公允价值（E）	公允价值变动（F＝E−D−上期 G）	公允价值变动累计金额（G＝上期 G+F）
2019 年 1 月 1 日				1 000	1 000	0	0
2019 年 12 月 31 日	59	100	−41	1 041	1 200	159	159
2020 年 12 月 31 日	59	104	−45	1 086	1 300	55	214

玉利兴公司应做的账务处理如下：

① 2019 年 1 月 1 日，购入乙公司债券：

借：其他债权投资——成本　　　　　　　　　　　　　　　　　12 500 000
　　贷：银行存款　　　　　　　　　　　　　　　　　　　　　　10 000 000
　　　　其他债权投资——利息调整　　　　　　　　　　　　　　 2 500 000

② 2019 年 12 月 31 日，确认乙公司债券实际利息收入、公允价值变动、收到债券利息：

借：应收利息　　　　　　　　　　　　　　　　　　　　　　　　 590 000
　　其他债权投资——利息调整　　　　　　　　　　　　　　　　　410 000
　　贷：投资收益　　　　　　　　　　　　　　　　　　　　　　 1 000 000
借：其他债权投资——公允价值变动　　　　　　　　　　　　　 1 590 000
　　贷：其他综合收益——其他债权投资公允价值变动　　　　　　 1 590 000
借：银行存款　　　　　　　　　　　　　　　　　　　　　　　　 590 000

　　　　贷：应收利息　　　　　　　　　　　　　　　　　　　　590 000
　　③ 2020年12月31日，确认乙公司债券实际利息收入、公允价值变动、收到债券利息：
　　借：应收利息　　　　　　　　　　　　　　　　　　　　　590 000
　　　　其他债权投资——利息调整　　　　　　　　　　　　　450 000
　　　　贷：投资收益　　　　　　　　　　　　　　　　　　1 040 000
　　借：其他债权投资——公允价值变动　　　　　　　　　　　550 000
　　　　贷：其他综合收益——其他债权投资公允价值变动　　　550 000
　　借：银行存款　　　　　　　　　　　　　　　　　　　　　590 000
　　　　贷：应收利息　　　　　　　　　　　　　　　　　　　590 000
　　④ 2021年1月20日，出售乙公司债券：
　　借：银行存款　　　　　　　　　　　　　　　　　　　14 000 000
　　　　其他债权投资——利息调整　　　　　　　　　　　　1 640 000
　　　　贷：其他债权投资——成本　　　　　　　　　　　12 500 000
　　　　　　　　　　　　——其他债权投资公允价值变动　2 140 000
　　　　　　投资收益　　　　　　　　　　　　　　　　　1 000 000
　　借：其他综合收益　　　　　　　　　　　　　　　　　　2 140 000
　　　　贷：投资收益　　　　　　　　　　　　　　　　　　2 140 000

（二）指定为以公允价值计量且其变动计入其他综合收益的金融资产（非交易性权益工具投资）

　　（1）资产负债表日，指定为以公允价值计量且其变动计入其他综合收益的非交易性权益工具投资的公允价值**高于**账面余额的差额，借记"其他权益工具投资——公允价值变动"科目，贷记"其他综合收益——其他权益工具投资公允价值变动"科目；公允价值低于账面余额的差额，做相反的会计分录。

　　公允价值上升，会计分录如下：
　　借：其他权益工具投资——公允价值变动
　　　　贷：其他综合收益——其他权益工具投资公允价值变动
　　公允价值下降，会计分录如下：
　　借：其他综合收益——其他权益工具投资公允价值变动
　　　　贷：其他权益工具投资——公允价值变动

　　（2）持有期间被投资单位宣告发放的现金股利或利润，借记"应收股利"科目，贷记"投资收益"科目（**唯一影响当期损益**）。
　　企业只有在同时符合下列条件时，才能确认股利收入：①企业收取股利的权利已经确立；②与股利相关的经济利益很可能流入企业；③股利的金额能够可靠计量。
　　会计分录如下：
　　借：应收股利
　　　　贷：投资收益

　　（3）出售指定为以公允价值计量且其变动计入其他综合收益的非交易性权益工具投资，应按实际收到的金额，借记"银行存款"等科目，按其账面余额，贷记"其他权益工具投资——成本"科目，贷记或借记"其他权益工具投资——公允价值变动"科目，按应从其他综合收益中转出的公允价值累计变动额，借记或贷记"其他综合收益——其他权益工具投资公允价值变动"科目,按其差额,贷记或借记"盈余公积""利润分配——未分配利润"等科目。

会计分录如下:

借:银行存款等
　　贷:其他权益工具投资(账面价值)
　　　　盈余公积(差额,也可能在借方)
　　　　利润分配——未分配利润(差额,也可能在借方)

同时:

借:其他综合收益
　　贷:盈余公积
　　　　利润分配——未分配利润

或做相反会计分录。

【例4-10】 2019年7月10日,玉利兴公司与乙公司签订股权转让合同,以2 400万元的价格受让乙公司所持丙公司2%的股权。同日,玉利兴公司向乙公司支付股权转让款2 400万元;丙公司的股东变更手续办理完成。受让丙公司股权后,玉利兴公司将其指定为以公允价值计量且其变动计入其他综合收益的金融资产。

2019年12月31日,玉利兴公司所持上述丙公司股权的公允价值为2 800万元。

2020年5月6日,丙公司股东会批准利润分配方案,向全体股东分配现金股利共计500万元。

2020年7月12日,玉利兴公司收到丙公司分配的股利10万元。

2020年12月31日,玉利兴公司所持上述丙公司股权的公允价值为3 000万元。

2021年9月6日,玉利兴公司将所持丙公司2%的股权予以转让,取得款项3 300万元。

其他有关资料:玉利兴公司对丙公司不具有控制、共同控制或重大影响;玉利兴公司按实际净利润的10%计提法定盈余公积,不计提任意盈余公积;不考虑税费及其他因素。

要求:编制上述业务的相关会计分录。

【答案】

玉利兴公司应编制如下会计分录:

① 2019年7月10日:

借:其他权益工具投资——成本	24 000 000
贷:银行存款	24 000 000

② 2019年12月31日:

借:其他权益工具投资——公允价值变动	4 000 000
贷:其他综合收益——其他权益工具投资公允价值变动	4 000 000

③ 2020年5月6日:

借:应收股利	100 000
贷:投资收益	100 000

④ 2020年7月12日:

借:银行存款	100 000
贷:应收股利	100 000

⑤ 2020年12月31日:

借:其他权益工具投资——公允价值变动	2 000 000
贷:其他综合收益——其他权益工具投资公允价值变动	2 000 000

⑥ 2021年9月6日：
借：银行存款　　　　　　　　　　　　　　　　　　　33 000 000
　　贷：其他权益工具投资——成本　　　　　　　　　　24 000 000
　　　　　　　　　　　　——公允价值变动　　　　　　 6 000 000
　　　　盈余公积　　　　　　　　　　　　　　　　　　　 300 000
　　　　利润分配——未分配利润　　　　　　　　　　　 2 700 000
借：其他综合收益——其他权益工具投资公允价值变动　　6 000 000
　　贷：盈余公积　　　　　　　　　　　　　　　　　　　 600 000
　　　　利润分配——未分配利润　　　　　　　　　　　 5 400 000

❋ **本节导读分析：** 从导读描述中可以看出，玉利兴公司管理该项金融资产的业务模式为既以收取合同现金流量为目标又以出售该金融资产产生整体回报为目标的业务模式，玉利兴公司将该项债券划分为以公允价值计量且其变动计入其他综合收益的金融资产是正确的。对于以公允价值计量且其变动计入其他综合收益的金融资产，购入时发生的相关交易费用计入初始入账成本。

第四节　以公允价值计量且其变动计入当期损益的金融资产

> /学习导读/
>
> 玉利兴公司从证券市场上购入一项债券，支付交易费50万元，该债券期限为3年，到期一次还本付息，票面利率为5%（不计复利）。玉利兴公司对该债券不打算长期持有，购入债券就是为了交易。玉利兴公司将其作为以公允价值计量且其变动计入当期损益的金融资产的核算是否准确？支付的交易费又该如何处理？

一、初始计量

企业初始确认是以公允价值计量且其变动计入当期损益的金融资产的，应当按照公允价值计量。对于以公允价值计量且其变动计入当期损益的金融资产，**相关交易费用**应当直接**计入当期损益**（投资收益）。

企业取得金融资产所支付的价款中包含的已宣告但尚未发放的利息或现金股利，应当单独确认为应收项目处理。

以公允价值计量且其变动计入当期损益的金融资产核算所涉及的会计科目如下：

"**交易性金融资产**"科目，核算企业分类为以公允价值计量且其变动计入当期损益的金融资产。本科目可按金融资产的类别和品种，分别在"成本""公允价值变动"明细科目进行核算。企业持有的指定为以公允价值计量且其变动计入当期损益的金融资产可在本账户下单设"指定类"明细科目核算。

企业取得以公允价值计量且其变动计入当期损益的金融资产，应按其**公允价值**，借记"交易性金融资产——成本"科目，按发生的交易费用，借记"投资收益"科目，按已到付息期但尚未领取的利息或已宣告但尚未发放的现金股利，借记"应收利息"或"应收股利"等科目，按实际支付的金额，贷记"银行存款"等科目。

具体会计分录如下：

借：交易性金融资产——成本（公允价值）

投资收益（发生的交易费用）
　　应收股利（已宣告但尚未发放的现金股利）
　　应收利息（已到付息期但尚未领取的利息）
　　　贷：银行存款等

二、后续计量

以公允价值计量且其变动计入当期损益的金融资产的后续计量，着重于反映该类金融资产公允价值的变化以及对企业财务状况和经营成果的影响。

以公允价值计量且其变动计入当期损益的金融资产相关的账务处理如下：

（1）以公允价值计量且其变动计入当期损益的金融资产持有期间收到被投资单位发放的现金股利，或在资产负债表日按分期付息、一次还本债券投资的票面利率计算的利息，或上述股利或利息已宣告但未发放，应借记"库存现金""银行存款""应收股利"或"应收利息"等科目，贷记"投资收益"科目。

会计分录如下：

　借：应收股利（被投资单位宣告发放的现金股利×持股比例）
　　　应收利息（资产负债表日计算的应收利息）
　　　　贷：投资收益

（2）资产负债表日，以公允价值计量且其变动计入当期损益的金融资产的公允价值高于账面余额的差额，借记"交易性金融资产——公允价值变动"科目，贷记"公允价值变动损益"科目；公允价值低于账面余额的差额做相反的会计分录。

公允价值上升，会计分录如下：

　借：交易性金融资产——公允价值变动
　　　　贷：公允价值变动损益

公允价值下降，会计分录如下：

　借：公允价值变动损益
　　　　贷：交易性金融资产——公允价值变动

（3）出售以公允价值计量且其变动计入当期损益的金融资产，应按实际收到的金额，借记"银行存款"等科目，按该金融资产的账面余额，贷记"交易性金融资产——成本"，贷记或借记"交易性金融资产——公允价值变动"等科目，按其差额，贷记或借记"投资收益"科目。

会计分录如下：

　借：银行存款（出售净价，即价款扣除手续费）
　　　　贷：交易性金融资产——成本
　　　　　　　　　　　　——公允价值变动（或借方）
　　　　　　投资收益（差额，也可能在借方）

📖 **学习提示**：以公允价值计量且其变动计入当期损益的金融资产的处置损益、累计影响损益金额的计算公式如下：

交易性金融资产出售时的处置损益＝出售净价－出售时的账面价值
从取得至处置累计影响损益的金额＝总的现金流入－总的现金流出

【例 4-11】 2020 年 5 月 6 日，玉利兴公司支付价款 1 225 万元（含交易费用 5 万元和已宣告发放的现金股利 20 万元），购入乙公司发行的股票 10 000 股，占乙公司有表决权股份的 2%。

2020 年 5 月 10 日，玉利兴公司收到乙公司发放的现金股利 20 万元。

2020 年 12 月 31 日，该股票市价为每股 1 280 元。

2021 年 5 月 9 日，乙公司宣告发放现金股利 4 000 万元。

2021 年 5 月 13 日，玉利兴公司收到乙公司发放的现金股利。

2021 年 5 月 20 日，玉利兴公司以 1 350 万元的价格将该项股票全部转让。

假定玉利兴公司根据其管理乙公司股票的业务模式，将其持有的乙公司股票分类为以公允价值计量且其变动计入当期损益的金融资产，不考虑其他因素。

要求：编制玉利兴公司相应的会计分录。

【答案】

玉利兴公司应编制如下会计分录：

① 2020 年 5 月 6 日，购入股票：

借：交易性金融资产——成本	12 000 000
应收股利	200 000
投资收益	50 000
贷：银行存款	12 250 000

② 2020 年 5 月 10 日，收到现金股利：

借：银行存款	200 000
贷：应收股利	200 000

③ 2020 年 12 月 31 日，确认股票价格变动：

借：交易性金融资产——公允价值变动	800 000
贷：公允价值变动损益	800 000

④ 2021 年 5 月 9 日，确认应收现金股利：

借：应收股利（40 000 000×2%）	800 000
贷：投资收益	800 000

⑤ 2021 年 5 月 13 日，收到现金股利：

借：银行存款	800 000
贷：应收股利	800 000

⑥ 2021 年 5 月 20 日，出售股票：

借：银行存款	13 500 000
贷：交易性金融资产——成本	12 000 000
——公允价值变动	800 000
投资收益	700 000

假定玉利兴公司将其指定为以公允价值计量且其变动计入其他综合收益的非交易性权益工具投资，其他条件不变，玉利兴公司按 10% 提取法定盈余公积，不提取任意盈余公积，不考虑其他因素。玉利兴公司的账务处理如下：

① 2020 年 5 月 6 日，购入股票：

借：其他权益工具投资——成本	12 050 000
应收股利	200 000
贷：银行存款	12 250 000

② 2020 年 5 月 10 日，收到现金股利：
借：银行存款　　　　　　　　　　　　　　　　　　　　　　　200 000
　　贷：应收股利　　　　　　　　　　　　　　　　　　　　　　　　　200 000
③ 2020 年 12 月 31 日，确认股票价格变动：
借：其他权益工具投资——公允价值变动　　　　　　　　　　　750 000
　　贷：其他综合收益——其他权益工具投资公允价值变动　　　　　　750 000
④ 2021 年 5 月 9 日，确认应收现金股利：
借：应收股利（40 000 000 ×2%）　　　　　　　　　　　　　800 000
　　贷：投资收益　　　　　　　　　　　　　　　　　　　　　　　　800 000
⑤ 2021 年 5 月 13 日，收到现金股利：
借：银行存款　　　　　　　　　　　　　　　　　　　　　　　800 000
　　贷：应收股利　　　　　　　　　　　　　　　　　　　　　　　　800 000
⑥ 2021 年 5 月 20 日，出售股票：
借：银行存款　　　　　　　　　　　　　　　　　　　　　　13 500 000
　　贷：其他权益工具投资——成本　　　　　　　　　　　　　　12 050 000
　　　　　　　　　　　　——公允价值变动　　　　　　　　　　　　750 000
　　　　盈余公积——法定盈余公积　　　　　　　　　　　　　　　　 70 000
　　　　利润分配——未分配利润　　　　　　　　　　　　　　　　　630 000
借：其他综合收益——其他权益工具投资公允价值变动　　　　　750 000
　　贷：盈余公积——法定盈余公积　　　　　　　　　　　　　　　　 75 000
　　　　利润分配——未分配利润　　　　　　　　　　　　　　　　　675 000

✱ **本节导读分析**：从导读描述中可以看出，玉利兴公司管理该项金融资产既不是为了收取合同现金流量，也不是为了在收取合同现金流量的同时又以出售产生整体回报为目标，玉利兴公司将其作为以公允价值计量且其变动计入当期损益的金融资产的核算是正确的。除此之外，权益工具投资一般不符合本金加利息的合同现金流量特征，也应将其划分为此类金融资产。对于以公允价值计量且其变动计入当期损益的金融资产，相关交易费用应当直接计入当期损益（投资收益）。

✿ **知识小结**：金融资产重点知识总结见表 4-4。

表 4-4　金融资产重点知识总结

类　别		初始计量	后续计量	影响损益	影响其他综合收益	影响未分配利润和盈余公积
以摊余成本计量的金融资产			摊余成本	①使用实际利率法确认利息收入；②减值；③外汇利得和损失；④终止确认产生的利得或损失	无	无
以公允价值计量且其变动计入其他综合收益的金融资产	债权投资	公允价值＋交易费用	公允价值	①使用实际利率法确认利息收入；②减值；③外汇利得和损失；④终止确认产生的利得或损失	公允价值变动和减值	无
	非交易性权益工具投资		公允价值	股利	公允价值变动和外汇差额部分	出售时从其他综合收益中转出部分

（续）

类　　别	初始计量	后续计量	影响损益	影响其他综合收益	影响未分配利润和盈余公积
以公允价值计量且其变动计入当期损益的金融资产	公允价值（交易费用计入投资收益）	公允价值	①公允价值变动；②外汇利得或损失；③终止确认产生的利得或损失	无	无

注：表中"减值"相关知识在本章第五节详细介绍。

第五节　金融资产减值

/学习导读/

> 玉利兴公司从证券市场上购入的分类为以公允价值计量且其变动计入其他综合收益的金融资产的债券。由于市场利率的变化，该债券的公允价值由 2 000 万元下降至 1 900 万元。该债券的惠誉评级为"AA+"，通过采用低信用风险简化操作，玉利兴公司确定信用风险自初始确认后没有显著增加，应计量 12 个月预期信用损失。为了计算预期信用损失，玉利兴公司采用了"AA+"评级中隐含的 12 个月违约率为 2% 和 60% 的违约损失率，计算的 12 个月预期信用损失为 24 万元。针对该项业务，玉利兴公司应如何进行账务处理？

一、金融资产减值概述

金融资产减值的核算方法为"**预期信用损失法**"。该方法与过去规定的，根据实际已发生减值损失确认减值准备的方法有着根本性的不同。在预期信用损失法下，减值准备的计提**不以**减值的**实际发生**为前提，而是**以未来可能**的违约事件造成的损失的**期望值**来计量当前（资产负债表日）应当确认的减值准备。

> **学习提示**："金融负债减值"同样适用预期信用损失法。

预期信用损失是指**以**发生违约的**风险为权重**的金融工具信用损失的加权平均值。其中，发生违约的风险可以理解为发生**违约的概率**；信用损失则是指企业根据合同应收的现金流量与预期能收到的现金流量之间的差额（以下称现金流缺口）的现值。根据现值的定义，即使企业能够全额收回合同约定的金额，但如果收款时间晚于合同规定的时间，也会产生信用损失。

【例 4-12】　甲银行发放了一笔 5 000 万元的贷款。考虑到对具有相似信用风险的其他金融工具的预期（使用无须付出额外成本或努力即可获得，合理且有依据的信息）、借款人的信用风险以及未来 12 个月的经济前景，甲银行估计初始确认时，该贷款在接下来的 12 个月内的违约率为 0.6%，如果贷款违约，会损失账面总额的 15%。假定自初始确认后信用风险并无显著增加。

要求：计算预期信用损失的金额。

【答案】

甲银行该项贷款的预期信用损失为以发生违约的风险为权重的金融工具信用损失的加权平均值 =5 000 ×0.6% ×15% = 4.5（万元）。

二、金融资产减值的账务处理

（一）减值准备的计提和转回

企业应当在资产负债表日计算金融资产的预期信用损失。如果计算的预期信用损失**大于**该金融资产当前减值准备的账面金额，企业应当将其**差额确认为减值损失**，借记"信用减值损失"科目，贷记"贷款损失准备""债权投资减值准备""坏账准备""合同资产减值准备""其他综合收益"（用于以公允价值计量且其变动计入其他综合收益的债权类资产，企业可以设置二级账户"其他综合收益——信用减值准备"来核算）等科目（上述贷记科目，以下统称"贷款损失准备"等科目）；如果资产负债表日计算的预期信用损失**小于**该金融资产当前减值准备的账面金额（例如，从按照整个存续期预期信用损失计量损失准备转为按照未来12个月预期信用损失计量损失准备时，可能出现这一情况），则应当将**差额确认为减值利得**，做相反的会计分录。

（二）已发生信用损失的金融资产的核销

企业实际发生信用损失，认定相关金融资产无法收回，经批准予以核销的，应当根据批准的核销金额，借记"贷款损失准备"等科目，贷记相应的资产账户，如"贷款""应收账款""合同资产"等科目。若核销金额**大于**已计提的损失准备，还应按其差额**借记"信用减值损失"** 科目。

（三）具体账务处理

1. 减值准备的计提

如果资产负债表日计算的预期信用损失大于该金融资产当前减值准备的账面金额，企业应当将其差额确认为**减值损失**。

借：信用减值损失
　　贷：贷款损失准备
　　　　债权投资减值准备
　　　　坏账准备
　　　　合同资产减值准备
　　　　其他综合收益——信用减值准备（以公允价值计量且其变动计入其他综合收益的
　　　　　　债权类资产）

2. 减值准备的转回

如果资产负债表日计算的预期信用损失小于该金融资产当前减值准备的账面金额，则应当将差额确认为减值利得。

借：贷款损失准备
　　债权投资减值准备
　　坏账准备
　　合同资产减值准备
　　其他综合收益——信用减值准备（以公允价值计量且其变动计入其他综合收益的债权
　　　　类资产）
　　贷：信用减值损失

3. 减值准备的核销

减值准备的核销是指企业按照国家有关财务会计制度的规定，对预计可能发生损失的资产，如取得合法、有效证据证明确实发生事实损失，则应对该项资产进行处置，并对其账面余额和相应的资产减值准备进行核销。企业实际发生信用损失，认定相关金融资产无法收回，经批准予以核销的，应当根据批准的金额进行核销。

借：贷款损失准备
　　贷：贷款（或应收账款、合同资产）

❋ **本节导读分析**：《企业会计准则第22号——金融工具确认和计量》中规定的金融资产减值的方法为"预期信用损失法"。在预期信用损失法下，减值准备的计提不以减值的实际发生为前提，而是以未来可能的违约事件造成的损失的期望值来计量当前（资产负债表日）应当确认的损失准备，通过"信用减值损失"科目核算。根据上述规定，玉利兴公司应做如下账务处理：

公允价值下降时：

借：其他综合收益——其他债权投资公允价值变动（2 000-1 900）　　100
　　贷：其他债权投资——公允价值变动　　　　　　　　　　　　　　　100

计提信用减值损失时：

借：信用减值损失　　　　　　　　　　　　　　　　　　　　　　　　24
　　贷：其他综合收益——信用减值准备　　　　　　　　　　　　　　　24

本章导读分析

在企业的全部资产中，库存现金、银行存款、应收账款、应收票据、贷款、其他应收款、应收利息、债券投资、股票投资、基金投资及衍生金融资产等统称为金融资产。企业应当根据其管理金融资产的业务模式和金融资产的合同现金流量特征，将金融资产划分为三类，对每类金融资产分别进行初始计量与后续计量的核算。

实务案例

Y公司实行品牌服装、房地产和金融投资三大业务的多元化发展战略，从而大量持有上市公司股票等金融资产。该公司的股权投资资产占总资产的比例高达40%以上，其中可供出售金融资产（《企业会计准则第22号——金融工具确认和计量》修订前的分类表述）份额最高。此外，投资收益对归属于母公司净利润的影响比例高达90%以上，可见该公司投资运作可以带来的效益巨大。为了进行盈余管理，Y公司将大量的金融资产在初始确认时划分为可供出售金融资产。近年来，Y公司金融投资收益占其营业利润的比重越来越大。2008年金融危机出现，Y公司资产减值损失（对金融资产减值的核算现应用"信用减值损失"账户。）巨大，导致其品牌服装、房地产行业等经营性收益无法弥补这一亏损。为了扭亏为盈，Y公司大量减持股票等金融资产，从而将以前年度计入资本公积的公允价值变动转入当期收益，实现了整个公司的净盈利。此外，Y公司还利用金融资产的管理来平滑利润。

在2020第4季度业绩快报中，Y公司披露投资板块实现扣除非经常性损益后净利润为11.21亿元，其中由于计提Z股份资产减值准备的影响金额达33.08亿元。在2021年第1季度业绩快报中，Y公司对Z股份的会计核算方法由可供出售金融资产变更为长期股权投资，以权益法确认损益，并将所持Z股份对应的净资产可辨认公允价值与账面价值的差额93.02亿元，全额计入当期损益，这一操作对净利润影响金额达93.02亿元。

上市公司在进行金融投资时，对相关资产的分类不一样，放在不同账户中，对利润表以及股东权益变动表产生的影响也不尽相同。本例中，Y 公司就是利用金融资产的盈余管理进行财务造假。然而天网恢恢，疏而不漏，最终得到应有的处罚。因此，《企业会计准则》的制定应谨慎确定企业的职业判断范围，谨慎赋予企业会计政策的选择权，同时加强对资产减值准备披露的监管力度和专业审查力度。

思维导图

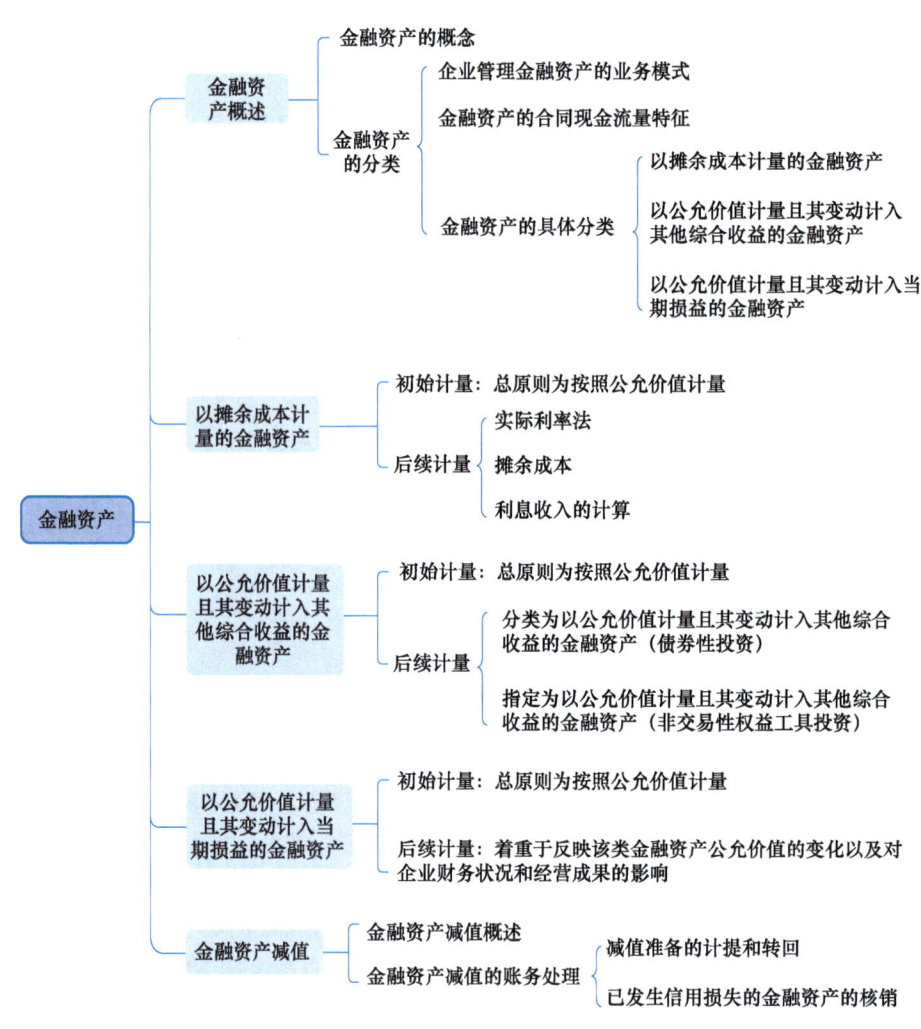

习　题

一、计算分析题

1. 玉利兴公司于 2019 年 4 月 9 日从证券市场购入河海公司股票 50 000 股，划分为交易性金融资产，每股买价 10 元（其中包括已宣告发放尚未领取的现金股利 1 元），另外支付印花税及佣金 8 000 元。4 月 29 日，该股票的市场价为 12 元（其中包括已宣告发放尚未领取的现金股利 1 元）。要求：

（1）根据以上资料计算 4 月 9 日交易性金融资产的入账价值。

（2）4月30日玉利兴公司资产负债表中的"以公允价值计量且其变动计入当期损益的金融资产"项目的金额应该填列多少？

（3）该股票4月30日对资产负债表资产和利润表的哪些项目产生影响？

2．2018年1月1日，玉利兴公司按95 600元的价格购入河海公司于2017年1月1日发行的面值为90 000元，期限为5年，票面利率为6%，每年12月31日付息，到期还本的债券作为交易性金融资产，并支付交易费用400元。债券购买价格中包含已到付息期但尚未支付的利息5 400元。要求：

（1）确定2018年1月1日玉利兴公司购入河海公司债券的初始确认金额。

（2）试分析玉利兴公司购买的河海公司债券引起资产的变化。

（3）试分析玉利兴公司购买的河海公司债券对利润总额的影响。

3．玉利兴公司2020年12月31日对持有的交易性金融资产按公允价值进行后续计量并确认公允价值变动损益。该公司持有的交易性金融资产账面余额和当日公允价值资料见表4-5。要求：

表4-5　交易性金融资产相关资料

单位：元

交易性金融资产项目	调整前的账面余额	公允价值	公允价值变动损益	调整后的账面余额
A公司股票	525 000	360 000		
B公司股票	352 000	397 000		
甲公司债券	92 000	95 000		
合计				

（1）根据上述资料，计算并填写表中空白项目的金额。

（2）逐项分析2020年12月31日交易性金融资产公允价值变动对玉利兴公司当期损益的影响。

（3）分析2020年12月31日公允价值变动损益总额对玉利兴公司当期所得税的影响。

4．玉利兴公司2020年1月1日购入东华公司发行的3年期公司债券作为以摊余成本计量的金融资产。该债券公允价值为52 000万元，面值为50 000万元，每半年付息一次，到期还本，该债券票面利率为6%，实际利率为4%。采用实际利率法摊销。要求：

（1）计算2020年6月30日该债券投资的应计利息收入数、实际利息收入数和溢价摊销数。

（2）计算2020年12月31日该债券投资的摊余成本、应计利息收入数、实际利息收入数和溢价的摊销数。

（3）计算2020年12月31日玉利兴公司"债权投资——利息调整"账户的余额。

5．2021年1月1日，玉利兴公司支付价款394 600元（含2020年度已到付息期但尚未支付的债券利息）购入光华公司2020年1月1日发行，债券面值为400 000元的4年期债券。债券票面利率为4%，实际利率为6%，每年12月31日付息一次，到期还本。玉利兴公司将该债券投资作为以摊余成本计量的金融资产。该债券投资采用实际利率法摊销。要求：

（1）计算2021年1月1日该债券投资的初始入账金额。

（2）计算2021年12月31日该债券投资的应计利息收入数、实际利息收入数和利息调整摊销数。

（3）计算2021年12月31日该债券投资的摊余成本。

6．玉利兴公司于2021年4月9日从证券交易市场购入玉彬公司股票10万股，每股买价15元（其中包括已宣告发放尚未领取的现金股利1元），另支付交易费用10 000元。玉利兴公司设置"其他权益工具投资"账户对该股票进行核算。4月30日，该股票的市场价格为12元（其中包括已宣告发放尚未领取的现金股利1元）。要求：

（1）根据以上资料计算4月9日该股票的入账价值。

（2）计算4月30日资产负债表中该股票对应项目的金额应该填列多少。

（3）简述该股票对资产负债表和利润表的哪些项目产生影响。

7．玉利兴公司于2021年1月1日从证券交易市场购入怡珍公司债券，债券的本金为4 000万元，年限为5年，次年1月5日按票面利率3%支付利息。公司高层管理人员根据债券市场情况分析决定：

（1）为了赚取市场的差价，将购买的怡珍公司债券的20%近期随时出售。

（2）将购买的怡珍公司债券的40%根据证券市场的情况，等待时机出售（不在近期出售）。

（3）将购买的怡珍公司债券的30%在第5年兑付本金及最后一期利息。要求：

（1）分析玉利兴公司的高层管理人员根据其管理金融资产的业务模式和金融资产的合同现金流量特征，将该债券划分为哪类金融资产。

（2）假设玉利兴公司到2021年1月31日还没有将该债券出售，当日该债券的市场价格为5 000万元，试分析情况（1）对当期的利润、所有者权益、所得税是否有影响？如果有影响，影响金额是多少？

（3）假设玉利兴公司到2021年1月31日还没有将该债券出售，当日该债券的市场价格为5 000万元，试分析情况（2）对当期的利润、所有者权益、所得税是否有影响？如果有影响，影响金额是多少？

8．玉利兴公司于2021年4月12日从证券交易市场购入玉彬公司股票20万股，每股买价15元（其中包括已宣告发放尚未领取的现金股利1元），另支付交易费用19 000元。4月30日，该股票的市场价格为12元（其中包括已宣告发放尚未领取的现金股利1元）。回答下列问题：

（1）假设玉利兴公司计划将该股票近期出售，应将其作为哪类金融资产核算？并根据以上资料计算4月12日这一金融资产的入账价值，做相关会计分录。4月30日，玉利兴公司又应该如何进行账务处理？资产负债表中该股票对应项目的金额应该填列多少？该股票对资产负债表和利润表的哪些项目产生影响？

（2）假设玉利兴公司计划将该股票持有1年以后出售，应将其作为哪类金融资产核算？并根据以上资料计算4月12日这一金融资产的入账价值，做相关会计分录。4月30日玉利兴公司又应该如何进行账务处理？资产负债表中该股票对应项目的金额应该填列多少？该股票对资产负债表和利润表的哪些项目产生影响？

9．2021年3月，由于市场因素的影响，玉利兴公司原来准备持有至到期的怡珍公司债券价格持续下跌。为此，玉利兴公司于4月1日对外出售该债券的10%，收取价款240万元（即所出售债券的公允价值），剩余部分也将随时出售。假定4月1日该债券出售前的账面余额（成本）为2 000万元，不考虑其他相关因素的影响，假定4月23日玉利兴公司将该债券全部出售，收取价款2 360万元。要求：

（1）分析4月1日玉利兴公司对未出售金融资产的重分类属于哪一种类型？该金融资产重新分类后入账成本是多少？该分类是否影响当期损益？并做相关的账务处理。

（2）做4月23日玉利兴公司将该债券全部出售的账务处理，并分析4月30日玉利兴公司该债券对当月资产、所有者权益、利润及现金流量的影响。

二、综合业务题

1．玉利兴公司按季度计提利息。2021年有关业务如下：

（1）1月6日，以赚取差价为目的从二级市场购入的一批债券作为交易性金融资产，面值总额为100万元，票面利率为6%，3年期，每半年付息一次，该债券为2020年1月1日发行。取得时公允价值为103万元，含已到付息期但尚未领取的2020年下半年的利息3万元，另支付交易费用2万元，全部价款以银行存款支付。

（2）1月16日，收到2020年下半年的利息3万元。

（3）3月31日，该债券公允价值为110万元。

（4）3月31日，按债券票面利率计算利息。

（5）3月30日，该债券公允价值为96万元。

（6）3月30日，按债券票面利率计算利息。

（7）3月16日，收到2021年上半年的利息3万元。

（8）3月16日，将该债券全部处置，实际收到价款120万元。

要求：根据以上业务编制玉利兴公司有关交易性金融资产的会计分录。

2．玉利兴公司于2020年10月3日用银行存款从二级市场购入子豪公司股票1 000万股，划分为交易性金融资产，购买价款为12.6元/股，购入时子豪公司已宣告但尚未发放的现金股利为0.3元/股，玉利兴公司另支付交易费用4万元。2020年10月15日，玉利兴公司收到了上述现金股利。2020年12月31日，子豪公司股票收盘价为13.1元/股。2021年4月18日，子豪公司宣告发放现金股利5元/股。2021年5月15日，玉利兴公司收到了上述现金股利。2021年6月30日，子豪公司股票收盘价为11.5元/股。2021年7月9日，玉利兴公司将上述股票全部出售，售价共计13 144万元（含税，税率为6%）。

要求：编制玉利兴公司的相关会计分录。

3．玉利兴公司2019年3月10日购买B公司发行的股票300万股，成交价为14.7元，另支付交易费用90万元，占B公司表决权股份的5%。玉利兴公司将该股票作为以公允价值计量且其变动计入其他综合收益的金融资产。

2017年4月20日，B公司宣告发放现金股利1 200万元。

2019年5月20日，玉利兴公司收到现金股利。

2019年12月31日，该股票每股市价为13元，玉利兴公司预计股票价格下跌是暂时的。

2020年12月31日，B公司因违反相关证券法规受到证券监管部门查处，受此影响，B公司股票的价格发生严重下跌，12月31日收盘价格为每股市价6元。

2021年3月31日，B公司整改完成，加之市场宏观经济形势向好，B公司股票收盘价格为每股市价10元。

要求：编制玉利兴公司有关B公司股票的会计分录。

4．2017年1月1日，玉利兴公司从活跃市场购买了一项乙公司债券，准备持有该债券至到期。该债券年限为5年，债券的本金为1 100万元，公允价值为961万元（含交易费用10万元）。2018年1月5日按票面利率3%支付利息。该债券在第5年兑付本金及最后一期利息。合同约定债券发行方乙公司在遇到特定情况下可以将债券赎回，且不需要为赎回支付额外款项。玉利兴公司在购买时预计乙公司不会提前赎回。假定2019年1月1日玉利兴公司预计本金的50%将于2019年12月31日赎回，共计550万元。2019年12月31日，乙公司实际赎回550万元的本金。要求：

（1）编制玉利兴公司2017年购买债券时的会计分录。

（2）计算该债券在初始确认时的实际利率。

（3）编制玉利兴公司2017年末确认实际利息收入的有关会计分录。

（4）编制玉利兴公司2018年1月5日收到利息及年末确认实际利息收入的会计分录。

（5）编制玉利兴公司调整2019年初摊余成本的会计分录。

（6）编制玉利兴公司2019年1月5日收到利息及年末确认实际利息收入、年末收到本金的会计分录。

（7）编制玉利兴公司2020年1月5日收到利息及年末确认实际利息收入的会计分录。

（8）编制玉利兴公司2021年1月5日收到利息及年末确认实际利息收入的会计分录。

第五章

长期股权投资

> **本章导读**
>
> 星雨公司为了实现多角化经营，分散经营风险，经股东会决议对心愿公司进行投资，以1亿元购买心愿公司30%的股份并向其公司派出董事。一段时间后，心愿公司经营业绩斐然，于是星雨公司追加1亿元投资取得心愿公司25%的股权。经过两次投资，星雨公司累计持有心愿公司55%的股权，能够控制心愿公司。天有不测风云，不久后，心愿公司因产品质量事故导致股价持续下跌，星雨公司为了及时止损，抛售所持心愿公司的全部股份。星雨公司对心愿公司的股权投资应如何进行会计核算？

第一节 长期股权投资概述

> **学习导读**
>
> A企业是一家传统能源公司，为响应国家能源战略规划，开始筹划转型升级。从资金和技术共享方面考虑，A企业战略转型的第一步就是并购新型能源公司。于是，A企业与其他企业一起投资了一家新型能源公司B公司。那么，B公司是A公司的子公司吗？

一、长期股权投资的内容

本章涉及的长期股权投资是指应当按照《企业会计准则第2号——长期股权投资》进行核算的权益性投资，即投资方对被投资方能够**实施控制（又称为控股合并形成的长期股权投资、企业合并形成的长期股权投资或对子公司的投资）** 或具有**重大影响**的权益性投资，以及对其合营企业的权益性投资。具体主要包括以下三个方面的内容：

1. 对子公司的投资

投资方能够对被投资方实施控制的权益性投资即对子公司的投资。

控制是指投资方拥有对被投资方的**权力**，通过参与被投资方的相关活动而享有**可变回报**，并且有**能力运用**对被投资方的**权力**影响回报金额。控制必须具备的三个要素如下：①投资方拥有对被投资方的权力；②投资方通过参与被投资方的相关活动而享有可变回报；③投资方有能力运用对被投资方的权力影响回报金额。

> **学习提示**：可变回报是不固定且可能随着被投资方业绩变化而变化的回报；权力一般表现为表决权，但有时也可能表现为其他合同安排。

2. 对联营企业[8]的投资

投资方对被投资方具有重大影响的权益性投资即对联营企业的投资。

重大影响是指投资方对被投资方的财务和生产经营有参与决策的权力，但并不能控制或与其他方一起共同控制这些政策的制定。例如，投资方在被投资方的董事会中派有代表、与被投资方之间发生重要交易、向被投资方派出管理人员、向被投资方提供关键技术资料等情形一般表明投资方对被投资方具有重大影响。

在确定是否对被投资方具有重大影响时，应当考虑投资方和其他方持有的被投资方当期可转换公司债券、当期可执行认股权证等潜在表决权因素。

3. 对合营企业的投资

投资方与其他合营方一同对被投资方实施共同控制且对被投资方净资产享有权利的权益性投资即对合营企业的投资。

共同控制是指按照相关约定对某项安排所共有的控制，并且该安排的相关活动必须经过分享控制权的参与方一致同意后才能决策。

如果存在两个或两个以上的参与方组合能够集体控制某项安排的，不构成共同控制，仅享有保护性权利的参与方不享有共同控制。

📣 **学习提示**：投资方持有的对被投资方不具有控制、共同控制或重大影响，在活跃市场上没有报价、公允价值不能可靠计量的权益性投资（"三无投资"），可依据《企业会计准则第39号——公允价值计量》确定其公允价值，并按《企业会计准则第22号——金融工具确认和计量》的有关规定处理，根据管理金融资产的业务模式和金融资产的合同现金流量特征，可将其划分为以公允价值计量且其变动计入其他综合收益的金融资产；投资方对被投资方不具有控制、共同控制或重大影响，在活跃市场上有报价、公允价值能够可靠计量的权益性投资，应按《企业会计准则第22号——金融工具确认和计量》的有关规定处理，根据管理金融资产的业务模式和金融资产的合同现金流量特征，可将其划分为以公允价值计量且其变动计入其他综合收益的金融资产或者以公允价值计量且其变动计入当期损益的金融资产。

二、长期股权投资的分类

投资方取得被投资方的股权能够对被投资方实施控制的（对子公司的投资），进一步区分是**同一控制下的**企业合并还是**非同一控制下**的企业合并。若投资方与被投资方在合并之前从属于同一个企业集团，说明投资方与被投资方在合并之前**存在关联方关系**，为同一控制下的企业合并；若投资方与被投资方在合并之前不从属于同一个企业集团，说明投资方与被投资方在合并之前**不存在关联方关系**，为非同一控制下的企业合并。除企业合并形成的对子公司的长期股权投资外，企业以支付现金、转让非现金资产、发行权益性证券等方式取得的对被投资方不具有

〰️ **知识拓展**

⑧ 联营企业与合营企业在意义及决策权方面有所区别。联营企业是指投资者对其有重大影响，但不是投资方的子公司或合营企业的企业。当某一企业或个人（投资方）拥有另一企业20%以上50%以下的表决权资本时，通常被认为投资方对被投资方具有重大影响，被投资方可视为投资方的联营企业。合营企业是指由两个或多个企业或个人共同投资建立的企业，被投资方的财务和经营政策必须由投资方共同决定。投资方对联营企业的经营决策和财务决策具有参与决策权而不具有控制权；合营者对被投资方的经营决策和财务决策具有共同控制权。

控制权的长期股权投资，为企业合并以外其他方式形成的长期股权投资。长期股权投资的分类见表 5-1。

表 5-1　长期股权投资的分类

分类	形成控股合并	同一控制下的企业合并形成的长期股权投资
		非同一控制下的企业合并形成的长期股权投资
	不形成控股合并	企业合并以外其他方式形成的长期股权投资

投资方取得被投资方的股权不能够对被投资方实施控制，但能够对被投资方实施共同控制或重大影响的，属于对合营企业的投资（共同控制）或对联营的企业投资（重大影响）。

只有投资方取得被投资方股权达到控制的情况下才会进一步区分是同一控制下还是非同一控制下的企业合并。

投资方取得被投资方的股权是否属于控制，并不是以股权比例是否大于 50% 为依据进行判断的，而是以投资方取得被投资方的股权对被投资方的影响程度为基础进行判断的。

✵ **本节导读分析**：B 公司是否是 A 公司的子公司，需分情况而定：如果 A 公司可以控制 B 公司，那么 B 公司就是 A 公司的子公司；如果 A 公司对被投资方 B 公司仅有参与决策的权利，不能控制或与其他方一起控制 B 公司但对其具有重大影响，那么这项投资对于 A 公司而言就是对联营企业的投资；如果 A 公司可以和其他方一起共同控制 B 公司，那么这项投资就是对合营企业的投资。

第二节　长期股权投资的初始计量

📖 /学习导读/

E 能源集团公司下属子公司有煤炭发电公司和太阳能发电公司两家，为响应国家能源发展战略规划，煤炭发电公司决议向新能源产业迈进，于是购买了太阳能发电公司和另外一家风能发电公司（不属于 E 能源集团）的股份。那么，煤炭发电公司购买两家公司的股份的会计核算方法一样吗？

企业合并形成的长期股权投资，分别为同一控制下的企业合并形成的长期股权投资和非同一控制下的企业合并形成的长期股权投资。

一、同一控制下的企业合并形成的长期股权投资

同一控制下的企业合并是指参与合并的企业在<u>合并前后均受同一方或相同的多方</u>最终控制且该<u>控制并非暂时性</u>的。对于同一控制下的企业合并，从能够对参与合并各方在合并前及合并后均实施最终控制的一方来看，该最终控制方在企业合并前及合并后能够控制的资产并没有发生变化。合并方对被合并方的长期股权投资的成本代表的是在被合并方账面所有者权益中享有的份额。

同一控制下的企业合并的应用原则为"权益结合法"，也称为"股权结合法""权益联营法"，即视企业合并为参与合并的各方通过股权的交换形成的所有者权益的联合。在此方法中，原所有者权益继续存在，以前的会计基础不变。参与合并的各方的资产和负债继续按其原来的账面价值记录，合并后企业的利润包括合并日之前本年度已实现的利润，以前年度累积的留存

利润也应予以合并。

1. 合并方以支付现金、转让非现金资产或承担其他债务方式作为合并对价

合并方以支付现金、转让非现金资产或承担其他债务方式作为合并对价的，应当在合并日按照取得的被合并方所有者权益在**最终控制方合并财务报表中的账面价值（以下简称"账面价值"）的份额**确认**长期股权投资的初始投资成本**。初始投资成本**大于**支付的合并对价账面价值的差额，应计入资本公积（资本溢价或股本溢价）；初始投资成本**小于**支付合并对价账面价值的差额，应冲减资本公积（资本溢价或股本溢价），**资本公积的余额不足冲减**的，应**依次**冲减盈余公积、未分配利润。

合并方为进行企业合并而发行债券或承担其他债务支付的手续费、佣金等，应当计入所发行债券及所承担其他债务的初始确认金额。为进行企业合并而发生的各项直接相关费用，如审计费用、评估费用、法律服务费用等，应当于发生时计入管理费用。

合并方应当在合并日按照取得被合并方所有者权益在最终控制方合并财务报表中的账面价值的份额，借记"长期股权投资"科目，按照应享有被合并方已宣告但尚未发放的现金股利或利润，借记"应收股利"科目，按支付合并对价的账面价值，贷记有关资产等科目，按其差额贷记"资本公积——资本溢价（或股本溢价）"科目。如为借方差额，则应借记"资本公积——资本溢价（或股本溢价）"科目，资本公积（资本溢价或股本溢价）不足冲减的，应依次借记"盈余公积""利润分配——未分配利润"科目。同时支付的与企业合并相关的审计费用、评估费费用、法律服务费用等直接费用，借记"管理费用"科目，贷记"银行存款"等科目。

会计分录如下：

（1）以支付或转让资产方式进行的合并：

借：长期股权投资（按取得被**合并方所有者权益账面价值的份额**）
　　贷：银行存款、库存商品等（支付合并对价的账面价值）
　　　　资本公积（差额，也可能在借方）*

注意：*如果是借记"资本公积"科目，则以合并方"资本公积"科目的资本溢价贷方余额为上限冲减，不足部分依次冲减合并方"盈余公积""利润分配——未分配利润"科目的余额，以下同。

（2）以发行债券及承担其他债务方式进行的合并：

借：长期股权投资（按取得被合并方所有者权益账面价值的份额）
　　贷：应付债券（发行债券的面值－手续费、佣金等）
　　　　银行存款等（实际发生的与发行债券有关的手续费、佣金等）
　　　　资本公积（差额，也可能在借方）

（3）支付的与企业合并相关的审计、评估、法律服务等费用及已宣告但尚未发放的现金股利或利润：

借：管理费用
　　应收股利（按应享有的被合并方已宣告但尚未发放的现金股利或利润）
　　贷：银行存款等

【例 5-1】 河海公司与子豪公司同为玉利兴公司的子公司。2021 年 4 月 23 日，河海公司与子豪公司签订协议，以 900 万元的银行存款作为合并对价取得子豪公司 90% 的股份，并于 5 月 1 日取得实际控制权。合并日，子豪公司所有者权益在玉利兴公司合并财务报表中的账面价值总额为 800 万元，河海公司"资本公积——股本溢价"账户的余额为 100 万元，盈余公积账户的余额为 50 万元。河海公司在合并过程中，用银行存款支付审计费用、评估费用、法律咨询费用共计 4 万元。

要求：编制河海公司与上述业务相关的会计分录。

【答案】

在本例中，河海公司与子豪公司在合并前后均受玉利兴公司的控制，玉利兴公司是最终控制方。通过合并，河海公司取得了对子豪公司的实际控制权，所以河海公司与子豪公司合并属于同一控制下的企业合并，河海公司是合并方，子豪公司是被合并方，合并日为 2021 年 5 月 1 日。河海公司在合并日的相关会计分录如下：

① 河海公司确认长期股权投资时，应编制如下会计分录：

初始投资成本 =800×90%=720（万元）

借：长期股权投资——子豪公司　　　　　　　　　　　7 200 000
　　资本公积——股本溢价　　　　　　　　　　　　　1 000 000
　　盈余公积　　　　　　　　　　　　　　　　　　　　500 000
　　利润分配——未分配利润　　　　　　　　　　　　　300 000
　　贷：银行存款　　　　　　　　　　　　　　　　　9 000 000

② 河海公司支付相关的直接费用时，应编制如下会计分录：

借：管理费用　　　　　　　　　　　　　　　　　　　　40 000
　　贷：银行存款　　　　　　　　　　　　　　　　　　　40 000

2．合并方以发行权益性证券作为合并对价

合并方以发行权益性证券作为合并对价的，应当在合并日按照取得被合并方所有者权益在最终控制方合并财务报表中的产账面价值份额确认长期股权投资的初始成本，按照发行**权益性证券的面值总额**确认股本。初始投资成本大于发行的权益性证券面值总额的差额应当计入资本公积（资本溢价或股本溢价）；初始投资成本小于发行权益性证券面值总额的差额，应当冲减资本公积（资本溢价或股本溢价），资本公积（资本溢价或股本溢价）的余额不足冲减的，依次冲减盈余公积、未分配利润。

合并方为进行企业合并而发行权益性证券发生的手续费、佣金等费用，应当冲减权益性证券溢价发行收入，溢价发行收入不足冲减的，依次冲减盈余公积、未分配利润。

合并方应当在合并日按照取得被合并方所有者权益在最终控制方合并财务报表中的账面价值的份额，借记"长期股权投资"科目，按照应享有被合并方已宣告但尚未发放的现金股利或利润，借记"应收股利"科目，按发行权益性证券面值总额，贷记"股本"科目，按其差额贷记"资本公积——股本溢价"科目。如为借方差额，则应借记"资本公积——股本溢价"科目，资本公积（股本溢价）不足冲减，应依次借记"盈余公积""利润分配——未分配利润"科目。

按照发行权益性证券过程中支付的手续费、佣金等费用，借记"资本公积——股本溢价"科目，贷记"银行存款"等科目，溢价发行收入不足冲减的，依次借记"盈余公积""利润分配——未分配利润"科目。同时支付的与企业合并相关的审计费用、评估费用、法律服务费用等直接费用，借记"管理费用"科目，贷记"银行存款"等科目。

会计分录如下：

（1）以发行权益性证券方式进行的合并：

借：长期股权投资（按取得被合并方所有者权益账面价值的份额）
　　贷：股本（发行权益性证券的面值总额）

　　　　资本公积——股本溢价（差额，也可能在借方）
（2）发行权益性证券过程中支付的手续费、佣金等费用：
借：资本公积——股本溢价
　　贷：银行存款等（实际发生的与发行权益性证券有关的手续费、佣金等）
（3）支付的与企业合并相关的审计、评估、法律服务等费用及已宣告但尚未发放现金股利或利润：
借：管理费用
　　应收股利（按应享有被合并方已宣告但尚未发放的现金股利或利润）
　　贷：银行存款等

【例 5-2】 河海公司与博琳公司同为玉利兴公司的子公司。2021 年 6 月 15 日，河海公司以增发权益性证券作为合并对价取得博琳公司 60% 的股份，河海公司增发的权益性证券为每股面值 1 元的普通股股票，共增发 100 万股，支付手续费及佣金等费用 6 万元。2021 年 7 月 1 日，河海公司实际取得对博琳公司的控制权，当日博琳公司所有者权益在玉利兴公司合并财务报表中的账面价值总额为 200 万元。

要求：编制河海公司与上述业务相关的会计分录。

【答案】
在本例中，河海公司与博琳公司在合并前后均受玉利兴公司的控制，玉利兴公司是最终控制方。通过合并，河海公司取得了对博琳公司的实际控制权，所以河海公司与博琳公司的合并属于同一控制下的企业合并，河海公司是合并方，博琳公司是被合并方，合并日为 2021 年 7 月 1 日。河海公司在合并日的会计分录如下：

① 河海公司确认长期股权投资时，应编制如下会计分录：
初始投资成本 =200×60%=120（万元）
借：长期股权投资——博琳公司　　　　　　　　　　　　　　　　　　1 200 000
　　贷：股本　　　　　　　　　　　　　　　　　　　　　　　　　　　　1 000 000
　　　　资本公积——资本溢价　　　　　　　　　　　　　　　　　　　　　200 000

② 河海公司支付手续费、佣金等直接费用时，应编制如下会计分录：
借：资本公积——资本溢价　　　　　　　　　　　　　　　　　　　　　60 000
　　贷：银行存款　　　　　　　　　　　　　　　　　　　　　　　　　　　60 000

学习提示：
（1）如果被合并方在合并日的净资产账面价值为负数，则长期股权投资的成本按零确定，同时，在备查簿中予以登记。
（2）如果被合并方在被合并以前，是最终控制方通过非同一控制下的企业合并所控制的，则合并方长期股权投资的初始投资成本还应包括相关的商誉金额。
（3）如果合并前合并方与被合并方所采用的会计政策、会计期间不一致，则应基于重要性原则，按照合并方的会计政策、会计期间对被合并方资产负债的账面价值进行调整，并以调整后的被合并方所有权益在最终控制方合并财务报表中的账面价值为基础，计算确定长期股权投资的初始投资成本。

二、非同一控制下的企业合并形成的长期股权投资

非同一控制下的企业合并是指参与合并的各方在**合并前后不属于同一方或相同的多方最**

终控制情况下的企业合并。非同一控制下的企业合并中，投资方可以称为"合并方"或"购买方"，被投资方可以称为"被合并方"或"被购买方"。购买方应当按照确定的企业合并成本确认长期股权投资的初始投资成本。企业合并成本包括购买方付出的资产、发生或承担的负债、发行的权益性工具或债务性工具的公允价值之和。

非同一控制下企业合并处理的基本原则为"购买法"，即将企业合并视为购买方以一定的价款购进被购买方的机器设备、存货等资产项目，同时承担被购买方所有负债的行为。因此，购买方应按合并时的公允价值计量被购买方的净资产，将投资成本（购买价格）超过享有被购买方净资产公允价值的差额确认为商誉。

1. 购买方以支付现金、转让非现金资产或承担债务等方式作为合并对价

购买方以支付现金、转让非现金资产或承担债务等方式作为合并对价的，长期股权投资的初始投资成本即合并成本为购买方在购买日为取得对被购买方控制权而付出的资产、发生或承担的债务的公允价值。

购买方作为合并对价付出的资产，应该按照公允价值处置该资产并进行会计处理。其中，付出资产为存货的，按公允价值确认收入，同时按账面价值结转成本，涉及增值税的，还应进行相应的处理；付出资产为无形资产、固定资产的，付出资产的公允价值与账面价值的差额计入资产处置损益；付出资产为金融资产的，付出资产的公允价值与账面价值的差额计入投资收益。此外，企业以公允价值计量且其变动计入其他综合收益的金融资产作为合并对价的，该以公允价值计量且其变动计入其他综合收益的金融资产在持有期间内因公允价值变动而形成的其他综合收益应转出，计入当期投资收益。

购买方为进行企业合并而发行债券支付的手续费、佣金等费用，应当计入所发行债券及其他债务的初始确认金额，不构成初始投资成本；购买方为进行企业合并而发生的各项直接相关费用，如审计费用、评估费用、法律服务费用等，应当于发生时计入当期管理费用。

购买方应当在购买日按照确定的企业合并成本（不含应从被购买方收取的现金股利或利润），借记"长期股权投资"科目，按应享有被购买方已宣告但尚未发放的现金股利或利润，借记"应收股利"科目；按支付合并对价的账面价值，贷记有关资产科目；按其差额贷记"资产处置损益""投资收益"等科目或借记"资产处置损益""投资收益"等科目。合并对价为以公允价值计量且其变动计入其他综合收益的金融资产的，还应按持有期间公允价值变动形成的其他综合收益，借记（或贷记）"其他综合收益"科目，贷记（或借记）"投资收益"科目。支付的与企业合并相关的审计费用、评估费用、法律服务费用等直接费用，借记"管理费用"科目，贷记"银行存款"等科目。

会计分录如下：

（1）购买方以支付资产方式进行的合并：

借：长期股权投资
  贷：主营业务收入等（支付合并对价的公允价值）
    应交税费——应交增值税（销项税额）
同时，借：主营业务成本
    贷：库存商品等

（2）购买方以承担债务方式进行的合并：

借：长期股权投资
  贷：应付债券（面值）

　　　　应付债券（利息调整）（承担债务的溢价－手续费、佣金等）
　　　　银行存款等（实际发生的与承担债务有关的手续费、佣金等）
　（3）支付的与企业合并相关的审计、评估、法律服务等费用及已宣告但尚未发放的现金股利或利润：
　　　借：管理费用
　　　　　应收股利（按应享有的被合并方已宣告但尚未发放的现金股利或利润）
　　　　　贷：银行存款等

【例 5-3】 玉利兴公司与华宇公司为两个独立的非关联方法人企业，2021 年 7 月 25 日签订合并合同，合同约定玉利兴公司用银行存款、以公允价值计量且其变动计入其他综合收益的金融资产、产成品作为合并对价，取得华宇公司 80% 的股权。玉利兴公司付出的银行存款的金额为 2 000 万元；付出的以公允价值计量且其变动计入其他综合收益的金融资产的账面价值为 3 500 万元（其中，成本为 3 000 万元，公允价值变动为 500 万元），购买日的公允价值为 3 800 万元；付出的产成品账面价值为 5 000 万元，购买日的公允价值为 5 800 万元，增值税销项税额为 754 万元。2021 年 8 月 1 日，玉利兴公司取得华宇公司的实际控制权。在玉利兴公司与华宇公司的合并过程中，玉利兴公司用银行存款支付审计费用、法律服务费用、评估费用等共计 130 万元。

　　要求：编制玉利兴公司与上述业务相关的会计分录。

【答案】
　　在本例中，玉利兴公司与华宇公司为两个独立的非关联方法人企业。通过合并，玉利兴公司取得了对华宇公司的实际控制权，所以玉利兴公司与华宇公司的合并属于非同一控制下的企业合并，玉利兴公司是购买方，华宇公司是被购买方，合并日为 2021 年 8 月 1 日。玉利兴公司在合并日的会计分录如下：

　　借：长期股权投资　　　　　　　　　　　　　　　　　　　　　　　123 540 000
　　　　贷：银行存款　　　　　　　　　　　　　　　　　　　　　　　　20 000 000
　　　　　　主营业务收入　　　　　　　　　　　　　　　　　　　　　　58 000 000
　　　　　　应交税费——应交增值税（销项税额）　　　　　　　　　　　 7 540 000
　　　　　　其他债权投资——成本　　　　　　　　　　　　　　　　　　30 000 000
　　　　　　　　　　　　——公允价值变动　　　　　　　　　　　　　　 5 000 000
　　　　　　投资收益　　　　　　　　　　　　　　　　　　　　　　　　 3 000 000

同时：
　　借：主营业务成本　　　　　　　　　　　　　　　　　　　　　　　 50 000 000
　　　　贷：库存商品　　　　　　　　　　　　　　　　　　　　　　　　50 000 000
　　借：其他综合收益　　　　　　　　　　　　　　　　　　　　　　　　 5 000 000
　　　　贷：投资收益　　　　　　　　　　　　　　　　　　　　　　　　 5 000 000
　　借：管理费用　　　　　　　　　　　　　　　　　　　　　　　　　　 1 300 000
　　　　贷：银行存款　　　　　　　　　　　　　　　　　　　　　　　　 1 300 000

2．购买方以发行权益性证券作为合并对价

　　购买方以发行权益性证券作为合并对价的，合并成本为购买方在购买日为取得对被购买方控制权而发行的权益性证券的公允价值。

　　购买方为进行企业合并而发行权益性证券发生的手续费、佣金等费用，应当冲减权益性证券的溢价发行收入，溢价发行收入不足冲减的，依次冲减盈余公积、未分配利润。

购买方应当在购买日按照发行的权益性证券的公允价值（不包含应从被购买方取得的现金股利或者利润），借记"长期股权投资"科目，应按照享有被购买方已宣告但尚未发放的现金股利或利润，借记"应收股利"科目，按照发行权益性证券面值总额，贷记"股本"科目，按其差额贷记"资本公积——资本溢价（或股本溢价）"科目。同时按照发行权益性证券过程中支付的手续费、佣金等费用，借记"资本公积——资本溢价（或股本溢价）"科目，贷记"银行存款"等科目，溢价发行收入不足冲减的，依次借记"盈余公积""利润分配——未分配利润"科目。支付的与企业合并相关的审计费用、评估费用、法律服务费用等直接费用，借记"管理费用"科目，贷记"银行存款"等科目。

会计分录如下：

（1）购买方以发行权益性证券方式进行的合并：

借：长期股权投资
　　贷：股本（发行权益性证券的面值总额）
　　　　资本公积——资本溢价（或股本溢价）（发行权益性证券的溢价 - 手续费、佣金等）

（2）支付的与企业合并相关的审计、评估、法律服务等费用及已宣告但尚未发放的现金股利或利润：

借：管理费用
　　应收股利（按应享有被合并方已宣告但尚未发放的现金股利或利润）
　　贷：银行存款等

【例5-4】 玉利兴公司与怡蕾公司为两个独立的非关联方法人企业。玉利兴公司与怡蕾公司签订合同，约定玉利兴公司以增发权益性证券作为合并对价取得怡蕾公司70%的股份。玉利兴公司拟增发的权益性证券为每股面值1元的普通股股票，共增发300万股，每股市场价值为4.5元；2021年10月1日，玉利兴公司完成了权益性证券的增发任务，支付手续费及佣金等费用5万元。在玉利兴公司与怡蕾公司的合并中，玉利兴公司另外支付了与企业合并相关的审计费用、评估费用、法律服务费用等直接费用共计3万元。

要求：编制玉利兴公司与上述业务相关的会计分录。

【答案】

在本例中，玉利兴公司与怡蕾公司为两个独立的非关联方法人企业。通过合并，玉利兴公司取得了对怡蕾公司的实际控制权，所以玉利兴公司与怡蕾公司的合并属于非同一控制下的企业合并，玉利兴公司是购买方，怡蕾公司是被购买方，合并日为2021年10月1日。玉利兴公司在购买日的会计分录如下：

① 玉利兴公司确认长期股权投资时，应编制如下会计分录：

初始投资成本 =300×4.5= 1 350（万元）

借：长期股权投资——怡蕾公司　　　　　　　　　　　　　　13 500 000
　　贷：股本　　　　　　　　　　　　　　　　　　　　　　　3 000 000
　　　　资本公积——股本溢价　　　　　　　　　　　　　　　10 500 000

② 玉利兴公司支付手续费及佣金等费用时，应编制如下会计分录：

借：资本公积——资本溢价　　　　　　　　　　　　　　　　　50 000
　　贷：银行存款　　　　　　　　　　　　　　　　　　　　　　50 000

③ 玉利兴公司支付审计费用、评估费用、法律服务费用等直接费用时，应编制如下会计分录：

借：管理费用　　　　　　　　　　　　　　　　　　　　　　　30 000
　　贷：银行存款　　　　　　　　　　　　　　　　　　　　　　30 000

三、非企业合并方式形成的长期股权投资

企业的长期股权投资，除合并形成对子公司的投资外，以支付现金、转让非现金资产、发行权益性证券等方式取得的对被投资方不具有控制权的长期股权投资，为非企业合并方式形成的长期股权投资，例如取得的对合营企业、联营企业的权益性投资。企业通过非企业合并方式取得的长期股权投资，应当根据不同的取得方式，按照实际支付的价款、转让非现金资产的公允价值、发行权益性证券的公允价值等分别确定其初始投资成本作为入账的依据。

1. 以支付现金方式取得的长期股权投资

企业以支付现金方式取得的长期股权投资，应当以实际支付的购买价款作为初始投资成本，包括与取得长期股权投资直接相关的费用、税金及其他必要支出，但不包括被投资方已宣告但尚未发放的现金股利或利润。

企业以支付现金方式取得长期股权投资时，应按照确定的初始投资成本，借记"长期股权投资"科目，按应享有被投资方已宣告但尚未发放的现金股利或利润，借记"应收股利"科目，按照实际支付的买价及手续费、税金等，贷记"银行存款"等科目。

【例 5-5】 玉利兴公司于 2021 年 4 月 10 日自公开市场中购买倩红公司 20% 的股份，实际支付价款 5 000 万元。在购买过程中支付手续费等相关费用 800 万元。玉利兴公司取得该部分股权后能够对倩红公司施加重大影响。假定玉利兴公司取得该项投资时，倩红公司已宣告但尚未发放现金股利，玉利兴公司按其持股比例计算确定可分得 30 万元。

要求：在不考虑其他因素的情况下，编制玉利兴公司相关的会计分录。

【答案】

玉利兴公司应当以实际支付的购买价款扣减应收未收的现金股利后的余额作为取得长期股权投资的成本，会计分录如下：

借：长期股权投资——投资成本　　　　　　　　　　　　　　57 700 000
　　应收股利　　　　　　　　　　　　　　　　　　　　　　　　300 000
　贷：银行存款　　　　　　　　　　　　　　　　　　　　　　58 000 000

2. 以发行权益性证券方式取得的长期股权投资

以发行权益性证券方式取得的长期股权投资，应当按照发行权益性证券的公允价值确认初始投资成本，但不包括被投资方已宣告但尚未发放的现金股利或利润。为发行权益性证券支付的手续费、佣金等与发行直接相关的费用，不构成长期股权投资的初始投资成本，这部分费用应冲减所发行证券的溢价发行收入，溢价收入不足冲减的，应依次冲减盈余公积和未分配利润。

企业以发行的权益性证券方式取得长期股权投资时，应按照确定的初始投资成本，借记"长期股权投资"科目，按照应享有被投资方已宣告但尚未发放的现金股利或利润，借记"应收股利"科目，按照发行权益性证券的面值总额，贷记"股本"科目，按其差额贷记"资本公积——股本溢价"科目。同时，按照发行权益性证券过程中支付的手续费、佣金等费用，借记"资本公积——股本溢价"科目，贷记"银行存款"等科目；溢价发行收入不足冲减的，依次借记"盈余公积""利润分配——未分配利润"科目。

【例 5-6】 2021 年 3 月，玉利兴公司以增发 5 000 万股（每股面值为 1 元）本企业普通股为对价，从非关联方处取得对佳迪公司 20% 的股权，所增发股份的公允价值为 8 500 万元。为增发该部分普通股，玉利兴公司支付了 100 万元的佣金和手续费。取得佳迪公司股权后，玉利兴公司能够对佳迪公司施加重大影响。

要求：在不考虑其他因素的情况下，编制玉利兴公司与上述业务相关的会计分录。

【答案】

本例中，玉利兴公司应当以所发行股份的公允价值作为取得长期股权投资的成本，编制如下会计分录：

借：长期股权投资——投资成本　　　　　　　　　　　　85 000 000
　　贷：股本　　　　　　　　　　　　　　　　　　　　　　　50 000 000
　　　　资本公积——股本溢价　　　　　　　　　　　　　　　35 000 000
借：资本公积——股本溢价　　　　　　　　　　　　　　 1 000 000
　　贷：银行存款　　　　　　　　　　　　　　　　　　　　　 1 000 000

3. 以非货币性资产交换、债务重组等方式取得的长期股权投资

以**非货币性资产交换**、**债务重组**等方式取得的长期股权投资，其初始投资成本的确定分别按照《企业会计准则第 7 号——非货币性资产交换》《企业会计准则第 12 号——债务重组》的相关规定进行处理。

> **本节导读分析**：煤炭发电公司购买两家公司的股份的会计核算方法是不一样的，煤炭发电公司和太阳能发电公司都是 E 能源集团下属子公司，煤炭发电公司购买太阳能发电公司的股份属于同一控制下的企业合并，应采用"权益结合法"核算；煤炭发电公司购买的另外一家风能发电公司的股份，属于非同一控制下的企业合并，应采用"购买法"核算。

第三节　长期股权投资的后续计量

> /学习导读/
>
> 煤炭发电公司决定向新能源公司转型，于是购买了太阳能发电公司 58% 的股份、风能发电公司 35% 的股份和潮汐能发电公司 75% 的股份。那么，煤炭发电公司购买这 3 家公司的股份的会计核算方法一样吗？本节将介绍长期股权投资的成本法和权益法。

企业取得的长期股权投资在持有期间，应该根据是否对被投资方实施控制而采用不同的会计核算方法进行处理。具体方法包括成本法和权益法。我国《企业会计准则》规定，应当作为长期股权投资核算的对**子公司的投资**，投资方应当采用成本法核算，对**联营企业**、**合营企业**的长期股权投资，投资方应当采用权益法核算。

一、长期股权投资的成本法

成本法即长期股权投资按**成本计价**的方法，是指长期股权投资的账面价值按初始投资成本计量，除追加或收回投资外，一般不对长期股权投资的账面价值进行调整的一种会计处理方法。长期股权投资的成本法适用于企业持有的、能够对被投资方**实施控制**的长期股权投资，即对子公司的长期股权投资。

采用成本法核算的长期股权投资核算方法如下：

（1）设置"长期股权投资"科目反映长期股权投资的初始投资成本，在收回投资前，无论被投资方经营情况如何，所有者权益是否增减，投资方一般不对"长期股权投资"的账面价值进行调整。

（2）如果发生追加投资或者收回投资等情况，投资方应按照追加投资或收回投资时的成本增加或者减少长期股权投资的账面价值。

（3）除取得投资时实际支付的价款或对价中包含的已宣告但尚未发放的现金股利或利润外，投资方应当按照持股比例计算享有被投资方宣告发放的现金股利或利润确认投资收益，被投资方宣告分派股票股利，投资方应在除权日记录备查；被投资方没有分派股利，投资方则不做任何会计处理。

具体会计分录如下：
借：应收股利
　　贷：投资收益

投资方在确认自被投资方应分得的现金股利或利润后，应当考虑有关长期股权投资是否发生减值。从理论上来讲，如果投资方在取得投资以后，自被投资方分得的现金股利或利润大于在其获取投资以后被投资方实现的净利润，则超过部分是对被投资方在投资方取得投资前被投资方实现利润的分配，该部分利润原则上应当已经包含在长期股权投资的原取得成本中，因而可能涉及相关长期股权投资应当考虑减值的问题，但这只是判断有关长期股权投资可能存在减值的一个因素而已。在判断长期股权投资是否存在减值迹象时，一般应当关注长期股权投资的账面价值是否大于投资方享有投资方净资产（包括相关商誉）账面价值的份额等情况。出现类似情况时，投资方应当按照规定对长期股权投资进行减值测试，可收回金额低于长期股权投资账面价值的，应当计提减值准备。

具体会计分录如下：
借：资产减值损失
　　贷：长期股权投资减值准备

📢学习提示：长期股权投资减值准备一经计提，在持有期间内不得转回。

（4）被投资方将未分配利润或盈余公积转增股本（实收资本），且未向投资方提供等值现金股利或利润的选择权时，投资方并没有获得收取现金或者利润的权力，该项交易通常属于子公司自身权益结构的重分类，投资方不应确认相关的投资收益。

【例 5-7】 2021 年 6 月 20 日，玉利兴公司以 3 000 万元购入龙马公司 70% 的股权。玉利兴公司取得该部分股权后，能够主导龙马公司的相关活动并获得可变回报。2021 年 9 月 30 日，龙马公司宣告分派现金股利，玉利兴公司按照持股比例确定可分得 40 万元。

要求：在不考虑其他因素的情况下，编制玉利兴公司与上述业务相关的会计分录。

【答案】
借：长期股权投资——投资成本　　　　　　　　　　　　　30 000 000
　　贷：银行存款　　　　　　　　　　　　　　　　　　　　　　30 000 000
借：应收股利　　　　　　　　　　　　　　　　　　　　　　400 000
　　贷：投资收益　　　　　　　　　　　　　　　　　　　　　　400 000

【例 5-8】 玉利兴公司对丙股份有限公司（以下简称丙公司）投资业务的有关资料如下：

① 2019 年 3 月 1 日，玉利兴公司以银行存款 3 200 万元（包括相关税费和已宣告但尚未发放的现金股利 200 万元）的价款购入丙公司普通股股票共 2 800 万股。玉利兴公司持有的股份占丙公司有表决权股份的 60%，形成非同一控制下的企业合并，玉利兴公司将所购股份作为长期股权投资并采用成本法进行核算。

② 2019 年 5 月 9 日，玉利兴公司收到丙公司分派的 2018 年度的现金股利。

③ 2020 年 4 月 10 日，丙公司宣告分派 2019 年度的现金股利 120 万元。
④ 2020 年 5 月 15 日，玉利兴公司收到丙公司分派的 2019 年度的现金股利 120 万元。
⑤ 2021 年度，丙公司因亏损没有进行现金股利的分派。

【答案】
① 2019 年 3 月 1 日，玉利兴公司购入丙公司普通股股票时，应编制如下会计分录：
借：长期股权投资——投资成本　　　　　　　　　　　　　　　30 000 000
　　应收股利　　　　　　　　　　　　　　　　　　　　　　　 2 000 000
　　贷：银行存款　　　　　　　　　　　　　　　　　　　　　32 000 000
② 2019 年 5 月 9 日，玉利兴公司收到丙公司分派的现金股利时，应编制如下会计分录：
借：银行存款　　　　　　　　　　　　　　　　　　　　　　　 2 000 000
　　贷：应收股利　　　　　　　　　　　　　　　　　　　　　 2 000 000
③ 2020 年 4 月 10 日，丙公司宣告分派现金股利时，应编制如下会计分录：
借：应收股利　　　　　　　　　　　　　　　　　　　　　　　 1 200 000
　　贷：投资收益　　　　　　　　　　　　　　　　　　　　　 1 200 000
④ 2020 年 5 月 15 日，玉利兴公司收到丙公司分派的现金股利时，应编制如下会计分录：
借：银行存款　　　　　　　　　　　　　　　　　　　　　　　 1 200 000
　　贷：应收股利　　　　　　　　　　　　　　　　　　　　　 1 200 000
⑤ 2021 年度，丙公司因亏损没有进行现金股利的分派。玉利兴公司不做任何会计处理。

二、长期股权投资的权益法

权益法是指长期股权投资以**初始投资成本**计量后，在持有期间内根据**被投资方所有者权益**的**变动**，投资方按应享有（或应分担）被投资方所有者权益的份额**调整**长期股权**投资账面价值**的方法。

投资方对合营企业和联营企业的投资应当采用权益法核算。投资方在判断对被投资方是否具有共同控制及重大影响时，应综合考虑**直接持有的**股权和通过子公司**间接持有的**股权。在综合考虑直接持有的股权和通过子公司间接持有的股权后，如果认定投资方对被投资方具有共同控制或重大影响，在个别财务报表中，投资方进行权益法核算时应**仅考虑直接持有的**股权份额。

采用权益法核算的长期股权投资，一般情况下的账务处理如下：

（1）**初始投资**或**追加投资**时，应按照初始投资成本或追加投资的投资成本，增加长期股权投资的账面价值。

（2）比较初始投资成本与投资时应享有被投资方可辨认净资产公允价值的份额，前者大于后者的，不调整长期股权投资账面价值；前者小于后者的，应当按照两者之间的差额调增长期股权投资的账面价值，同时计入取得投资时的当期损益（营业外收入）。

（3）持有投资期间，随着被投资方所有者权益的变动**相应调整**增加或减少长期股权投资的账面价值，并分别以下情况处理：①对于因被投资方**实现净损益**和**其他综合收益**而产生的所有者权益的变动，投资方应当按照**应享有的份额**增加或减少长期股权投资的账面价值，同时确认投资损益和其他综合收益；②对于被投资方宣告分派的现金股利或利润中投资方**应分得的部分**，相应减少长期股权投资的账面价值；③对于被投资方除净损益、其他综合收益以及利润分配以外的因素导致的**其他所有者权益变动**，投资方应相应调整长期股权投资的账面价值，同时确认资本公积（其他资本公积）。

在权益法核算下，投资时点取得成本时通过"长期股权投资——投资成本"科目核算；持有期间被投资方的净损益及利润分配变动通过"长期股权投资——损益调整"科目核算；持有期间被投资方的其他综合收益变动、其他所有者权益变动，应分别通过"长期股权投资——其他综合收益""长期股权投资——其他权益变动"科目核算。

（一）初始投资成本的调整

投资方取得对联营企业或合营企业的投资以后，对于取得投资时初始投资成本与应享有被投资方可辨认净资产公允价值份额之间的差额，应分以下情况处理：

（1）初始投资成本**大于**取得投资时应享有被投资方可辨认净资产公允价值份额的，该部分差额是投资方在取得投资的过程中通过购买作价体现出的与所取得股权份额相对应的**商誉价值**，这种情况下**不要求**对长期股权投资的成本进行调整。

（2）初始投资成本小于取得投资时应享有被投资方可辨认净资产公允价值份额的，两者之间的差额体现为双方在交易作价过程中被投资方的让步，该部分经济利益流入应计入取得投资当期的营业外收入，同时调整增加长期股权投资的账面价值。

投资方享有被投资方可辨认净资产公允价值份额，可用公式表示如下：

投资方享有被投资方可辨认净资产公允价值份额＝投资时被投资方可辨认净资产公允价值总额×投资方持股比例

【例5-9】 玉利兴公司于2021年1月2日取得乙公司30%的股权，支付价款4 500万元。取得投资时乙公司账面所有者权益的构成如下（假定该时点乙公司各项可辨认资产、负债的公允价值与其账面价值相同）：

实收资本4 500万元，资本公积3 600万元，盈余公积900万元，未分配利润2 250万元，所有者权益总额11 250万元。

假定在乙公司的董事会中，所有股东均以其持股比例行使表决权。玉利兴公司在取得对乙公司的股权后，派出人员参与了乙公司的财务和生产经营决策。因能够对乙公司的生产经营决策施加重大影响，玉利兴公司对该项投资采用权益法核算。

要求：编制玉利兴公司取得投资时的会计分录。

【答案】

玉利兴公司应编制如下会计分录：

借：长期股权投资——投资成本　　　　　　　　　　　　　　　　　　45 000 000
　　贷：银行存款　　　　　　　　　　　　　　　　　　　　　　　　　　45 000 000

长期股权投资的成本4 500万元大于取得投资时应享有乙公司可辨认净资产公允价值的份额3 375万元（11 250万元×30%），不对其初始投资成本进行调整。

假定上例中取得投资时乙公司可辨认净资产公允价值为18 000万元，玉利兴公司按持股比例30%计算确定应享有5 400万元，则初始投资成本与应享有乙公司可辨认净资产公允价值份额之间的差额900万元应计入取得投资当期的营业外收入。会计分录如下：

借：长期股权投资——投资成本　　　　　　　　　　　　　　　　　　54 000 000
　　贷：银行存款　　　　　　　　　　　　　　　　　　　　　　　　　　45 000 000
　　　　营业外收入　　　　　　　　　　　　　　　　　　　　　　　　　　9 000 000

（二）投资损益的确认

采用权益法核算的长期股权投资，在确认应享有（或分担）被投资方的净利润（或净亏损）时，**在被投资方账面净利润的基础上**，应考虑以下因素的影响进行适当调整：

（1）被投资方采用的会计政策和会计期间与投资方不一致的，应**按投资方**的会计政策和会计期间对被投资方的财务报表进行调整，在此基础上确定被投资方的损益。

（2）以取得投资时被投资方固定资产、无形资产等的公允价值**为基础计提**的折旧额或摊销额，以及有关资产减值准备金额等对被投资方**净利润**的影响。投资方取得投资时，被投资方有关资产、负债的公允价值与其账面价值**不同的**，未来期间在计算归属于投资方应享有的净利润或应承担的净亏损时，**应考虑**对被投资方计提的折旧额、摊销额以及资产减值准备金额等**进行调整**。这是因为投资方计算净利润的基础与被投资方计算净利润的基础不一致，被投资方在计算影响损益的金额时按照原有资产的**账面价值**进行计算，而投资方计算净利润时影响损益的金额按照评估的**公允价值**为基础进行计算，这样二者计算出来的净利润金额结果不一致，中间存在资产的评估增值或减值。所以在计算投资方应享有被投资方的净利润时要在被投资方的计算基础上**调整为投资方的计算**基础。

（三）被投资方其他综合收益变动的处理

被投资方其他综合收益发生变动的，投资方应当按照**归属于本企业**的部分，**相应调整**长期股权投资的账面价值，同时增加或减少其他综合收益。

【例5-10】 玉利兴公司持有华宇公司35%的股份，能够对华宇公司施加重大影响。当期，华宇公司因持有分类为以公允价值计量且其变动计入其他综合收益的金融资产（其他债权投资）公允价值的变动计入其他综合收益的金额为30万元，除该事项外，华宇公司当期实现的净利润为80万元。假定玉利兴公司与华宇公司适用的会计政策、会计期间相同，两者在当期及以前期间未发生任何内部交易，投资时华宇公司各项可辨认资产、负债的公允价值与其账面价值相同。不考虑相关税费等其他因素影响。

要求：编制玉利兴公司与上述业务相关的会计分录。

【答案】

玉利兴公司应编制如下会计分录：

借：长期股权投资——损益调整（800 000×35%=280 000）　　　280 000
　　　　　　　　　——其他综合收益（300 000×35%=105 000）　　105 000
　　贷：投资收益　　　　　　　　　　　　　　　　　　　　　　280 000
　　　　其他综合收益　　　　　　　　　　　　　　　　　　　　105 000

（四）取得现金股利或利润的处理

按照权益法核算的长期股权投资，投资方自被投资方取得的现金股利或利润，应**抵减**长期股权投资的账面价值。在被投资方**宣告分派**现金股利或利润时，借记"应收股利"科目，贷记"长期股权投资——损益调整"科目。

具体会计分录如下：

借：应收股利
　　贷：长期股权投资——损益调整

【例5-11】 玉利兴公司2020年至2021年对棋瑞公司投资业务的有关资料如下：

① 2020年3月1日，玉利兴公司以银行存款4 000万元购入棋瑞公司的股份，另支付相关

税费20万元。玉利兴公司持有的股份占棋瑞公司有表决权股份的30%，对棋瑞公司的财务和经营决策具有重大影响，并准备长期持有该股份。玉利兴公司取得该项投资时，棋瑞公司可辨认净资产的公允价值为9 500万元，其中存在一项评估增值的固定资产。该固定资产的账面原价为1 000万元，预计折旧年限为10年，预计净残值为0，采用直线法计提折旧，已使用4年，公允价值为744万元。

② 2020年4月1日，棋瑞公司宣告分派2019年度的现金股利130万元。

③ 2020年5月10日，玉利兴公司收到棋瑞公司分派的2019年度现金股利。

④ 2020年11月1日，棋瑞公司因合营企业资本公积（股本溢价）增加而调整增加资本公积110万元。

⑤ 2020年度棋瑞公司实现净利润600万元（其中1月—2月净利润为120万元）。

⑥ 2021年4月2日棋瑞公司召开股东大会，审议董事会于2021年3月1日提出的2020年度利润分配方案。审议通过的利润分配方案如下：按净利润的10%提取法定盈余公积；按净利润的5%提取任意盈余公积金；分配现金股利100万元。该利润分配方案于当日对外公布。

⑦ 2021年，棋瑞公司发生净亏损50万元。

要求：编制玉利兴公司与上述业务相关的会计分录。

【答案】

① 2020年3月1日，玉利兴公司购入棋瑞公司股份时，应编制如下会计分录：

借：长期股权投资——棋瑞公司（投资成本） 40 200 000
　　贷：银行存款 40 200 000

② 2020年4月1日，棋瑞公司宣告分派现金股利时，应编制如下会计分录：

借：应收股利（1 300 000×30%=390 000） 390 000
　　贷：长期股权投资——棋瑞公司（损益调整） 390 000

③ 2020年5月10日，收到股利时，应编制如下会计分录：

借：银行存款 390 000
　　贷：应收股利 390 000

④ 2020年11月1日，棋瑞公司发生其他所有者权益变动时，玉利兴公司应编制如下会计分录：

借：长期股权投资——棋瑞公司（其他权益变动） 330 000
　　贷：资本公积——其他资本公积 330 000

⑤ 2020年度棋瑞公司实现的账面净利润为600万元，按照公允价值调整后的净利润为

$$\frac{(600-120)-(744-600)}{6} \times \frac{10}{12} = 480 - 20 = 460（万元）$$

投资方应确认的投资收益 = 460×30% = 138（万元）

玉利兴公司应编制如下会计分录：

借：长期股权投资——棋瑞公司（损益调整） 1 380 000
　　贷：投资收益 1 380 000

⑥ 2021年4月2日，棋瑞公司宣告分配股利时，玉利兴公司应编制如下会计分录：

借：应收股利 300 000
　　贷：长期股权投资——棋瑞公司（损益调整） 300 000

⑦ 2021年，棋瑞公司发生净亏损50万元，按照公允价值调整后的净利润为

$$-50 - \frac{(744-600)}{6} = -74（万元）$$

投资方应确认的投资收益 =−74×30％= −22.2（万元）

借：投资收益　　　　　　　　　　　　　　　　　　　　　　　　222 000
　　贷：长期股权投资——棋瑞公司（损益调整）　　　　　　　　　222 000

（五）超额亏损的确认

投资方确认应分担被投资方发生的净亏损，应当以长期股权投资的账面价值以及其他实质上构成对被投资方净投资的长期权益减记至零为限，投资方负有承担额外亏损义务的除外。

投资方在确认应分担被投资方发生的净亏损时，应当按照以下顺序进行处理：

（1）冲减长期股权投资的账面价值。

（2）冲减长期应收款。

（3）确认预计负债。

（4）备查登记。

被投资方在以后期间实现净利润或其他综合收益增加净额时，投资方应当按照以前确认或登记的有关投资净损失时的相反顺序进行会计处理。

（六）被投资方除净损益、其他综合收益以及利润分配以外的所有者权益的其他变动

被投资方除净损益、其他综合收益以及利润分配以外的所有者权益的其他变动因素，主要包括被投资方接受其他股东的资本性投入、被投资方发行可分离交易的可转债中包含的权益成分、以权益结算的股份支付、其他股东对被投资方增资导致投资方持股比例变动等。投资方应按持股比例计算应享有的份额，调整长期股权投资的账面价值，同时计入资本公积（其他资本公积），并在备查簿中予以登记。

❄ **本节导读分析**：煤炭发电公司购买三家新能源公司的股份的会计核算方法不同，购买潮汐能发电公司和太阳能发电公司的股份应采用成本法核算，而购买风能发电公司的股份应采用权益法核算。

🔍 **知识小结：**

1．个别报表采用成本法核算的股权投资会计处理总结（同一控制下的企业合并和非同一控制下的企业合并，见表5-2）。

表5-2　个别报表采用成本法核算的股权投资会计处理总结

	初始投资成本调整	无须调整
会计处理	持有期间的核算	（1）按照持股比例计算享有子公司宣告发放的现金股利或利润，不需要区分所分配的股利或利润是取得投资前还是取得投资后，均确认为投资收益。会计分录如下： 借：应收股利 　　贷：投资收益 （2）长期股权投资发生减值时，应计提减值准备。会计分录如下： 借：资产减值损失 　　贷：长期股权投资减值准备 （3）被投资方宣告发放股票股利，投资方不做处理，但应当备查登记增加的股数 （4）被投资方将未分配利润或盈余公积转增实收资本（或股本），且未向投资方提供等值现金股利或利润选择权的情况下，投资方不确认投资收益

2．个别报表采用权益法核算的股权投资会计处理总结（见表5-3）

表 5-3　个别报表采用权益法核算的股权投资会计处理总结

定义	权益法是指投资以初始投资成本计量后，在投资持有期间根据被投资方所有者权益的变动，投资方按应享有（或应分担）被投资方所有者权益的份额调整其投资账面价值的方法		
科目设置	长期股权投资——投资成本（投资时点及对初始投资成本的调整） 　　　　——损益调整（持有期间被投资方净损益及利润分配变动） 　　　　——其他综合收益（持有期间被投资方其他综合收益变动） 　　　　——其他权益变动（持有期间被投资方其他权益变动）长期股权投资减值准备		
适用范围	对联营企业的投资（重大影响）、对合营企业的投资（共同控制）		
会计处理	初始投资成本调整	初始投资成本大于投资时应享有被投资方可辨认净资产公允价值份额	不调整（属于包含在长期股权投资价值中的正商誉）
		初始投资成本小于投资时应享有被投资方可辨认净资产公允价值份额	应当调整（属于负商誉） 借：长期股权投资——投资成本 　　贷：营业外收入
	持有期间的核算	（1）按照应享有或应分担的被投资方实现净损益（经调整）的份额 　　借：长期股权投资——损益调整 　　　　贷：投资收益（亏损做相反会计分录） （2）按照持股比例计算享有被投资方宣告发放的现金股利或利润 　　借：应收股利 　　　　贷：长期股权投资——损益调整 （3）按照持股比例计算享有被投资方其他综合收益变动 　　借：长期股权投资——其他综合收益 　　　　贷：其他综合收益（或做相反会计分录） （4）按照持股比例计算享有被投资方除净损益、其他综合收益及利润分配以外所有者权益的其他变动 　　借：长期股权投资——其他权益变动 　　　　贷：资本公积——其他资本公积（或做相反会计分录） （5）长期股权投资发生减值，计提减值准备 　　借：资产减值损失 　　　　贷：长期股权投资减值准备 （6）被投资方宣告发放股票股利，投资方不做处理，但应当备查登记增加的股数	

第四节　长期股权投资的转换

> /学习导读/
>
> 　　前述煤炭发电公司进一步增持太阳能发电公司、风能发电公司、潮汐能发电公司的股份，每个公司都增持 20%。此时煤炭发电公司对这三家公司的会计核算方法会发生变化吗？本节将介绍长期股权投资核算方法相互转换的会计处理。

一、公允价值计量转为权益法核算

投资方原持有的对被投资方不具有控制、共同控制或重大影响的按照相关内容进行会计处理的权益性投资，因**追加投资**等原因导致**持股比例上升**，能够对被投资方施加共同控制或重大影响的，在转按权益法核算时，投资方应当按其确定的原股权投资的**公允价值**加上为取得新增投资而应支付对价的**公允价值**，作为改按权益法核算的初始投资成本。原持有的股权投资分类为以公允价值计量且其变动计入当期损益的金融资产，其公允价值与账面价值之间的差额应当转入改按权益法核算的**当期损益**；原持有的股权投资指定为以公允价值计量且其变动计入其他综合收益的非交易性权益工具投资的，其公允价值与账面价值之间的差额以及原计入其他综合收益的累计公允价值变动应当直接转入**留存收益**。然后，比较上述计算所得的初始投资成本，与按照追加投资后全新的持股比例计算确定的应享有被投资方在追加投资日可辨认净资产公允价值份额之间的差额，前者**大于**后者的，不调整长期股权投资的账面价值；前者小于后者的，差额应调整长期股权投资的账面价值，并计入当期营业外收入。

【例 5-12】 2019 年 2 月，玉利兴公司以 3 000 万元现金自非关联方处取得乙公司 10% 的股权，将其作为以公允价值计量且其变动计入当期损益的金融资产。2021 年 1 月 2 日，玉利兴公司又以 2 200 万元的现金自另一非关联方处取得乙公司 25% 的股权，相关手续于当日完成。当日，乙公司可辨认净资产公允价值总额为 24 000 万元，玉利兴公司原持有乙公司的以公允价值计量且其变动计入当期损益的金融资产的公允价值为 3 200 万元。取得该部分股权后，玉利兴公司能够对乙公司施加重大影响，对该项股权投资转为采用权益法核算。不考虑相关税费等其他因素影响。

要求：编制玉利兴公司新增持股比例后的会计分录。

【答案】

玉利兴公司原持有 10% 股权的公允价值为 3 200 万元，为取得新增投资而支付对价的公允价值为 2 200 万元，因此玉利兴公司对乙公司 35% 股权的初始投资成本为 5 400 万元。

玉利兴公司对乙公司新持股比例为 35%，应享有乙公司可辨认净资产公允价值的份额为 8 400 万元（24 000 万元 ×35%）。由于初始投资成本（5 400 万元）小于应享有乙公司可辨认净资产公允价值的份额，因此玉利兴公司应调整长期股权投资的成本。

2021 年 1 月 2 日，玉利兴公司应进行如下账务处理：

借：长期股权投资——投资成本　　　　　　　　　　54 000 000
　　贷：交易性金融资产　　　　　　　　　　　　　32 000 000
　　　　银行存款　　　　　　　　　　　　　　　　22 000 000
借：长期股权投资——投资成本　　　　　　　　　　30 000 000
　　贷：营业外收入　　　　　　　　　　　　　　　30 000 000

二、公允价值计量或权益法核算转为成本法核算

投资方原持有的对被投资方不具有控制、共同控制或重大影响的按照相关内容进行会计处理的权益性投资，或者原持有对联营企业、合营企业的长期股权投资，因追加投资等原因，能够对被投资方实施控制的，应按本章关于企业合并形成的长期股权投资的有关内容进行会计处理。

【例 5-13】 玉利兴公司于 2020 年 3 月以 2 000 万元取得 B 公司 5% 的股权，对 B 公司不具有重大影响，玉利兴公司将其分类为以公允价值计量且其变动计入当期损益的金融资产，按公允价值计量。

2021 年 4 月 1 日，玉利兴公司又斥资 25 000 万元自 C 公司取得 B 公司另外 50% 的股权。

假定玉利兴公司在取得对B公司的股权后,B公司未宣告发放现金股利。玉利兴公司原持有B公司5%的股权于2021年3月31日的公允价值为2 500万元(与2021年4月1日的公允价值相等),累计计入公允价值变动损益的金额为500万元。玉利兴公司与C公司不存在任何关联方关系。假定不考虑所得税影响。

要求:判断玉利兴公司购入B公司50%的股权是属于同一控制下的企业合并还是非同一控制下的企业合并,并编制相关会计分录。

【答案】
本例中,玉利兴公司是通过分步购买最终达到对B公司控制的,因玉利兴公司与C公司不存在任何关联方关系,故形成非同一控制下的企业合并。玉利兴公司应将对B公司的股权投资由以公允价值计量转为成本法核算,按"先卖后买"的原则进行处理,会计分录如下:

借:长期股权投资　　　　　　　　　　　　　　　　　275 000 000
　　贷:交易性金融资产　　　　　　　　　　　　　　　25 000 000
　　　　银行存款　　　　　　　　　　　　　　　　　250 000 000

假定玉利兴公司于2020年3月以12 000万元取得B公司20%的股权,并能对B公司施加重大影响,玉利兴公司采用权益法核算该项股权投资,当日B公司可辨认净资产公允价值为50 000万元,玉利兴公司当年度确认对B公司的投资收益为450万元。会计分录如下:

取得投资时:
借:长期股权投资——投资成本　　　　　　　　　　　120 000 000
　　贷:银行存款　　　　　　　　　　　　　　　　　120 000 000

确认投资收益时:
借:长期股权投资——损益调整　　　　　　　　　　　　4 500 000
　　贷:投资收益　　　　　　　　　　　　　　　　　　4 500 000

2021年4月,玉利兴公司又斥资15 000万元自C公司取得B公司另外35%的股权。玉利兴公司除净利润以外,无其他所有者权益变动,按净利润的10%提取盈余公积。

玉利兴公司对该项长期股权投资未计提任何减值准备,其他资料同上。购买日,玉利兴公司应将对B公司的股权投资由权益法转为成本法核算,会计分录如下:

借:长期股权投资——B公司　　　　　　　　　　　　150 000 000
　　贷:银行存款　　　　　　　　　　　　　　　　　150 000 000

借:长期股权投资——B公司　　　　　　　　　　　　124 500 000
　　贷:长期股权投资——投资成本　　　　　　　　　120 000 000
　　　　　　　　　　——损益调整　　　　　　　　　　4 500 000

购买日,玉利兴公司对B公司长期股权投资的账面价值=(12 000+450)+15 000=27 450(万元)

三、权益法核算转为公允价值计量

投资方原持有的对被投资方具有共同控制或重大影响的长期股权投资,因部分处置等原因导致**持股比例下降**,**不再**对被投资方实施共同控制或重大影响的,应按照相关内容对剩余股权投资进行会计处理,其在丧失共同控制或重大影响之日的公允价值与账面价值之间的差额计入**当期损益**。原采用权益法核算的相关其他综合收益应当在终止采用权益法核算时,采用与被投资方直接处置相关资产或负债相同的基础进行会计处理,因被投资方除净损益、其他综合收益和利润分配以外的**其他所有者权益变动**而确认的所有者权益,应当在终止采用权益法核算时全部转入当期损益。

【例5-14】 玉利兴公司持有乙公司30%的有表决权股份，能够对乙公司施加重大影响，对该股权投资采用权益法核算。2020年10月，玉利兴公司将该项投资中的50%出售给非关联方，取得价款1 800万元。相关股权划转手续于当日完成。玉利兴公司持有乙公司剩余15%股权，无法再对乙公司施加重大影响，故将这项投资转为以公允价值计量且其变动计入当期损益的金融资产。股权出售日，剩余股权的公允价值为1 800万元。出售该股权时，玉利兴公司长期股权投资的账面价值为3 200万元，其中投资成本为2 600万元，损益调整为300万元，因乙公司的以公允价值计量且其变动计入其他综合收益的债权性金融资产的累计公允价值变动享有部分为200万元，除净损益、其他综合收益和利润分配外的其他所有者权益变动为100万元。不考虑相关税费等其他因素影响。

要求：编制玉利兴公司与上述业务相关的会计分录。

【答案】
玉利兴公司的会计分录如下：
①确认有关股权投资的处置损益时，应编制如下会计分录：

借：银行存款　　　　　　　　　　　　　　　　　　　　　　　　　18 000 000
　　贷：长期股权投资——投资成本（26 000 000×50%=13 000 000）　13 000 000
　　　　　　　　　　——损益调整（3 000 000×50%=1 500 000）　　 1 500 000
　　　　　　　　　　——其他权益变动（1 000 000×50%=500 000）　　 500 000
　　　　　　　　　　——其他综合收益（2 000 000×50%=1 000 000）　1 000 000
　　　　投资收益　　　　　　　　　　　　　　　　　　　　　　　　 2 000 000

② 将剩余股权投资转为以公允价值计量且其变动计入当期损益的金融资产，当日公允价值为1 800万元，账面价值为1 600万元，两者差异计入当期投资收益（先卖后买），编制如下会计分录：

借：交易性金融资产　　　　　　　　　　　　　　　　　　　　　　18 000 000
　　贷：长期股权投资——投资成本　　　　　　　　　　　　　　　　13 000 000
　　　　　　　　　　——损益调整　　　　　　　　　　　　　　　　 1 500 000
　　　　　　　　　　——其他权益变动　　　　　　　　　　　　　　　 500 000
　　　　　　　　　　——其他综合收益　　　　　　　　　　　　　　 1 000 000
　　　　投资收益　　　　　　　　　　　　　　　　　　　　　　　　 2 000 000

③ 由于终止采用权益法核算，将原确认的相关其他综合收益全部转入投资收益，编制如下会计分录：

借：其他综合收益　　　　　　　　　　　　　　　　　　　　　　　 2 000 000
　　贷：投资收益　　　　　　　　　　　　　　　　　　　　　　　　 2 000 000

④ 由于终止采用权益法核算，将原计入资本公积的其他所有者权益变动全部转入当期损益，编制如下会计分录：

借：资本公积——其他资本公积　　　　　　　　　　　　　　　　　 1 000 000
　　贷：投资收益　　　　　　　　　　　　　　　　　　　　　　　　 1 000 000

四、成本法核算转为权益法核算

投资方因**处置投资等原因**导致对被投资方由能够实施控制转为具有重大影响或者与其他投

资方一起实施共同控制的,首先应**按处置投资的比例**结转应终止确认的长期股权投资成本。

然后,比较剩余长期股权投资的成本与按照剩余持股比例计算原投资时应享有被投资单位可辨认净资产公允价值的份额,前者**大于**后者的,不调整长期股权投资的账面价值;前者**小于**后者的,在调整长期股权投资成本的同时,**调整留存收益**。

📢 **学习提示**:成本法核算转为权益法核算就是将剩余投资追溯调整为该长期股权投资一直采用权益法核算下的账面价值。

对于原取得投资时至处置投资时(转为权益法核算)之间被投资方实现净损益中投资方应享有的份额,应**调整长期股权投资的账面价值**,同时,对于原取得投资时至处置投资当期期初被投资方实现的净损益(扣除已宣告发放的现金股利和利润)中应享有的份额,**调整留存收益**;对于处置投资当期期初至处置投资之日被投资方实现的净损益中应享有的份额,**调整当期损益**;对于被投资方其他综合收益变动中应享有的份额,在调整长期股权投资账面价值的同时,应当计入**其他综合收益**;除净损益、其他综合收益和利润分配外的其他原因导致被投资方其他所有者权益变动中应享有的份额,在调整长期股权投资账面价值的同时,应当计入**资本公积**(其他资本公积)。

【例 5-15】 玉利兴公司原持有乙公司 60% 的股权,能够对乙公司实施控制。2021 年 11 月 6 日,玉利兴公司对乙公司的长期股权投资账面价值为 4 500 万元,未计提减值准备,玉利兴公司将其持有的对乙公司长期股权投资中的 1/3 出售给非关联方,取得价款 2 700 万元,当日乙公司可辨认净资产公允价值总额为 1 200 万元。相关手续于当日完成,玉利兴公司不再对乙公司实施控制,但具有重大影响。玉利兴公司原取得乙公司 60% 股权时,乙公司可辨认净资产公允价值总额为 6 750 万元(假定公允价值与账面价值相同)。自玉利兴公司取得对乙公司长期股权投资后至部分处置投资前,乙公司实现净利润 3 750 万元。其中,自玉利兴公司取得投资日至 2021 年年初实现净利润 3 000 万元。假定乙公司一直未进行利润分配,也未发生其他计入资本公积的交易或事项。玉利兴公司按净利润的 10% 提取法定盈余公积。不考虑相关税费等其他因素的影响。

要求:编制玉利兴公司与上述业务相关的会计分录。

【答案】
① 确认长期股权投资处置损益时,玉利兴公司应编制如下会计分录:
借:银行存款　　　　　　　　　　　　　　　　　　　　　　　　27 000 000
　　贷:长期股权投资——乙公司　　　　　　　　　　　　　　　15 000 000
　　　　投资收益　　　　　　　　　　　　　　　　　　　　　　12 000 000

② 调整长期股权投资的账面价值时,剩余长期股权投资的账面价值为 3 000 万元,与原投资时应享有乙公司可辨认净资产公允价值份额之间的差额 300 万元(3 000 万元 –6 750 万元 ×40%)为商誉,该部分商誉的价值不需要对长期股权投资的成本进行调整。处置投资以后按照持股比例计算应享有乙公司自购买日至处置投资当期期初之间实现的净损益为 1 200 万元(3 000 万元 ×40%),应调整增加长期股权投资的账面价值,同时调整留存收益;处置当期期初至处置日之间实现的净损益为 300 万元(750 万元 ×40%),应调整增加长期股权投资的账面价值,同时计入当期投资收益。玉利兴公司应编制如下会计分录:
借:长期股权投资——乙公司(损益调整)　　　　　　　　　　15 000 000
　　贷:盈余公积——法定盈余公积　　　　　　　　　　　　　　1 200 000
　　　　利润分配——未分配利润　　　　　　　　　　　　　　　10 800 000

投资收益	3 000 000

投资方因其他投资方对其子公司增资而导致持股比例下降，从而丧失控制权但能实施共同控制或施加重大影响的，投资方在个别财务报表中，应当对该项长期股权投资从成本法核算转为权益法核算。首先，按照新的持股比例确认本方应享有的原子公司因增资扩股而增加净资产的份额，与应结转持股比例下降部分所对应的长期股权投资原账面价值之间的差额计入当期损益；然后，按照新的持股比例视同自取得投资时即采用权益法核算进行调整。

五、成本法核算转为公允价值计量

原持有的对被投资方具有控制的长期股权投资，因部分处置等原因导致**持股比例下降，不再**对被投资方实施控制、共同控制或重大影响的，在丧失控制之日的公允价值与账面价值之间的差额计入当期**投资收益**。

【例5-16】 玉利兴公司持有乙公司80%的有表决权股份，能够对乙公司实施控制，投资成本为24万元，玉利兴公司对该项投资采用成本法核算。2021年8月，玉利兴公司将该项投资中的70%出售给非关联方，取得价款32万元，相关手续于当日完成。玉利兴公司无法再对乙公司实施控制或共同控制，也不能施加重大影响，将剩余股权投资分类为以公允价值计量且其变动计入当期损益的金融资产。剩余股权投资的公允价值为8万元。不考虑相关税费等其他因素的影响。

要求：编制玉利兴公司与上述业务相关的会计分录。

【答案】
① 确认有关股权投资的处置损益时，玉利兴公司应编制如下会计分录：

借：银行存款	320 000
贷：长期股权投资	168 000
投资收益	152 000

② 将剩余股权投资转为以公允价值计量且其变动计入当期损益的金融资产，转换日剩余股权投资的公允价值为8万元，账面价值为7.2万元，两者差额应计入当期投资收益。玉利兴公司应编制如下会计分录：

借：交易性金融资产	80 000
贷：长期股权投资	72 000
投资收益	8 000

本节导读分析：煤炭发电公司对太阳能发电公司、潮汐发电公司的股权投资的核算方法没有改变，而对风能发电公司的股权投资则由权益法核算转为成本法核算。

第五节 长期股权投资的减值与处置

/学习导读/

煤炭发电公司在生产过程中虽然采取了一些环保措施，但是仍然对周围环境特别是空气质量造成了污染，引起当地居民的不满。同时，煤炭发电公司对几个新能源公司的投资前景光明。煤炭发电公司的股东——E能源集团（持有煤炭发电公司70%的股份），E能源集团管理层对煤炭发电公司的投资会提出怎样的处理意见？

一、长期股权投资的减值

投资方应当关注长期股权投资的账面价值**是否大于**应享有被投资方所有者权益账面价值的份额等类似情况。出现类似情况时,投资方应当按照相关规定对长期股权投资进行减值测试,可收回金额**低于**长期股权投资账面价值的,企业应将长期股权投资的账面价值减记至可收回金额,将减记的金额计入"资产减值损失"科目,同时计提相应的减值准备。

具体会计分录如下:
借:资产减值损失
　　贷:长期股权投资减值准备

📢**学习提示**:长期股权投资减值准备跟固定资产和无形资产一样,一经计提,持有期间不得转回。

二、长期股权投资的处置

以出售股权方式处置长期股权投资时,应相应结转与所售股权相对应的长期股权投资的账面价值,一般情况下,出售所得价款与处置长期股权投资账面价值之间的差额,应确认为**处置损益**。

投资方**全部处置**权益法核算的长期股权投资时,原权益法核算的相关其他综合收益应当在终止采用权益法核算时采用与被投资方直接处置相关资产或负债相同的基础进行会计处理,因被投资方除净损益、其他综合收益和利润分配以外的其他所有者权益变动而确认的所有者权益,应当在终止采用权益法核算时**全部转入**当期投资收益。投资方部分处置权益法核算的长期股权投资,**剩余股权仍采用权益法核算**的,原权益法核算的相关其他综合收益应当采用与被投资方直接处置相关资产或负债相同的基础处理并**按比例结转**,因被投资方除净损益、其他综合收益和利润分配以外的其他所有者权益变动而确认的所有者权益,应当**按比例结转**计入当期投资收益。

📢**学习提示**:处置的长期股权投资计提减值准备的,应当将减值准备一并结转。

【**例 5-17**】玉利兴公司持有乙公司 30% 的股权并采用权益法核算。2021 年 7 月 1 日,玉利兴公司将乙公司 20% 的股权出售给非关联的第三方,对剩余 10% 的股权仍采用权益法核算。玉利兴公司取得乙公司股权至 2021 年 7 月 1 日期间,乙公司确认的相关其他综合收益为 30 万元(为按比例应享有的乙公司其他债权投资的公允价值变动),应享有乙公司除净损益、其他综合收益和利润分配以外的其他所有者权益变动为 3 万元。不考虑相关税费等其他因素的影响。

要求:编制玉利兴公司与上述业务相关的会计分录。

【**答案**】

由于玉利兴公司处置后的剩余股权仍采用权益法核算,因此相关的其他综合收益和其他所有者权益变动应按比例结转。玉利兴公司应编制如下会计分录:

借:其他综合收益　　　　　　　　　　　　　　　　　　　　　200 000
　　资本公积——其他资本公积　　　　　　　　　　　　　　　　20 000
　　贷:投资收益　　　　　　　　　　　　　　　　　　　　　　220 000

假设 2021 年 7 月 1 日玉利兴公司将乙公司 25% 的股权出售给非关联的第三方,剩余 5% 股权作为以公允价值计量且其变动计入当期损益的金融资产核算。由于玉利兴公司处置后的剩余股权视同全部出售,因此,相关的其他综合收益和其他所有者权益变动应全部结转。玉利兴公司应编制如下会计分录:

借：其他综合收益	300 000
资本公积——其他资本公积	30 000
贷：投资收益	330 000

❄ **本节导读分析**：E 能源集团管理层对煤炭发电公司的投资可能提出两种处理意见：继续持有并进行减值测试和马上处置。投资方应当关注长期股权投资的账面价值是否高于可收回金额，如果高于可回收金额应计提减值。对于投资回报不好、前景堪忧的投资项目，投资方应予以处置，以达到止损目的。

⚙ **知识小结**：长期股权投资在处置时的账务处理见表 5-4。

表 5-4　长期股权投资在处置时的账务处理

同一控制下的企业合并	非同一控制下的企业合并
终止确认处置部分长期股权投资账面价值，出售净价（出售价格 – 交易费用等）– 出售时的账面价值 = 投资收益 会计分录如下： 借：银行存款 　　长期股权投资减值准备 　贷：长期股权投资 　　　投资收益（差额，倒挤）	（1）终止确认处置部分长期股权投资账面价值，出售净价（出售价格 – 交易费用等）– 出售时的账面价值 ± 持有期间确认的其他综合收益（可转损益）、资本公积（其他资本公积）的结转金额 = 投资收益 会计分录如下： 借：银行存款 　　长期股权投资减值准备 　贷：长期股权投资——投资成本 　　　　　　　　——损益调整（也可能在借方） 　　　　　　　　——其他综合收益（也可能在借方） 　　　　　　　　——其他权益变动（也可能在借方） 　　　投资收益（差额，倒挤） （2）原权益法核算确认的其他综合收益（不能结转损益的除外）和资本公积（其他资本公积），转至投资收益（对应处置部分），会计分录如下： 借：其他综合收益 　　资本公积——其他资本公积 　贷：投资收益（或做相反分录）

本章导读分析

星雨公司第一次持有心愿公司 30% 的股份，并向心愿公司派出董事参与管理，能够对心愿公司施加重大影响，在星雨公司的个别报表中不仅应采用权益法进行核算，而且应仅考虑直接持有的股份份额。星雨公司追加投资后能够控制心愿公司，业务处理应将权益法核算转为成本法核算，在按照持股比例计算股利或利润时通过"应收股利"科目核算，这是区别于权益法核算的。处置投资时，星雨公司应将出售所得价款与处置投资账面价值的差额确认为处置损益。

实务案例

A 股上市公司 Y 公司公告收到证监会的《行政处罚决定书》，被指 2017 年至 2021 年年报均存在信息披露违法情形。这是一起连续五年财务造假案例。此前，也有上市公司甚至被查出连续六年财务造假的事实。证监会已经下发的《行政处罚决定书》中，对 Y 公司给予警告并处以 60 万元罚款；对公司前董事长等 23 名涉事责任人给予警告，对其中 17 人处以 3 万元至 30 万元金额不等的罚款。证监会在《行政处罚决定书》中认为，Y 公司自 2017 年至 2021 年不仅财务造假行为次数多、持续时间长，而且虚增、虚减营业收入和净利润的数额占公司当期披露数额的比重较大。

其中，Y 公司 2020 年因未计提长期股权投资减值准备，导致 2020 年虚增利润 237.79 万元。因此，Y 公司在 2020 年累计虚增利润 494.83 万元。对于 2020 年公告净利润仅 262.63 万元的 Y 公司来说，如果减去虚增的 494.83 万元利润，2020 年净利润为负值。

长期股权投资会计核算复杂，而且很多时候需要运用会计职业判断，因此在会计实务中经常被作为财务造假的手段。一旦对长期股权投资造假往往数额巨大，会对公司和投资者造成不可弥补的巨大损失。本案例中，Y 公司就是为了粉饰报表，虚增利润，对本已减值的长期股权投资故意未计提减值准备，从而虚增利润 494.83 万元。长期股权投资作为企业的重要资产，应按照重要性原则进行详细反映，会计从业人员应谨慎对待。

思维导图

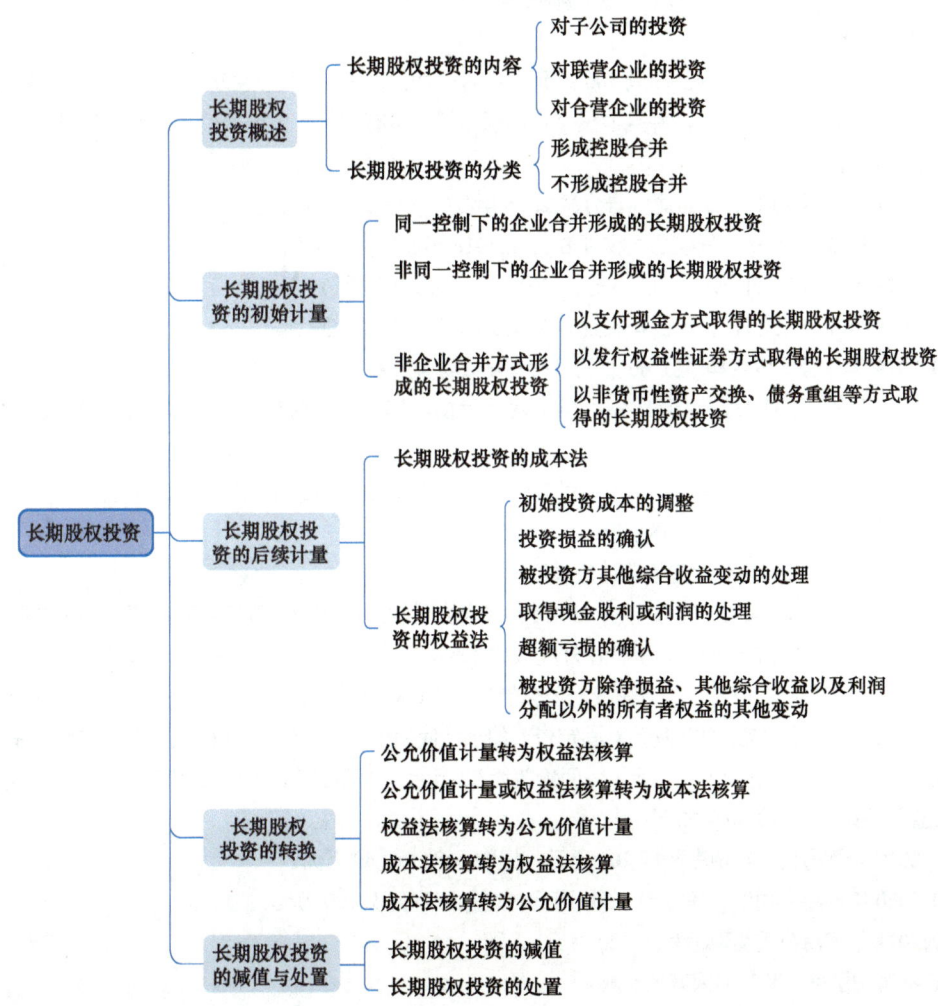

习　题

一、计算分析题

1. A 公司 2021 年 1 月 1 日购入 B 公司 40% 的股份，对 B 公司能够实施重大影响，A 公司以银行存款支付买价 2 800 万元，同时支付相关税费 32 万元。A 公司购入 B 公司股份后准备长期持有，B 公司 2021 年 1 月 1 日的所有者权益账面价值总额为 7 000 万元，B 公司可辨认净资产的公允价值为 8 500 万元。

要求：A 公司应确认的长期股权投资初始投资成本和 A 公司长期股权投资的入账价值分别是多少？应如何计算？

2. 甲公司于 2021 年 1 月 1 日以银行存款 300 万元为对价取得乙公司 20% 的股权，同时甲公司的子公司持有乙公司 10% 的股权，因此甲公司能够对乙公司施加重大影响。当日乙公司可辨认净资产公允价值为 1 800 万元。乙公司 2021 年度实现净利润 2 000 万元，以公允价值计量且其变动计入其他综合收益的金融资产的公允价值上升 400 万元，无其他所有者权益变动，假定不考虑所得税及其他因素的影响。

要求：2021 年末甲公司长期股权投资的账面价值是多少？应如何计算？

二、综合业务题

1. 2017 年 1 月 2 日，华宇公司以 500 万元投资 B 公司，占 B 公司表决权股份的 10%，华宇公司对 B 公司不具有共同控制或重大影响，并且该投资在活跃市场中没有报价、公允价值不能可靠计量，采用成本法核算。有关资料如下：

（1）2017 年 4 月 20 日，B 公司宣告分派 2016 年度的现金股利 60 万元。

（2）2017 年 5 月 19 日，华宇公司收到 B 公司 2016 年度的现金股利。

（3）2018 年 4 月 20 日，B 公司宣告分派 2017 年度的现金股利 76 万元。

（4）2018 年 5 月 26 日，华宇公司收到 B 公司 2018 年度的现金股利。

（5）2019 年 B 公司发生净亏损 60 万元，没有发放现金股利。

（6）2020 年 12 月 31 日，由于 B 公司当年发生亏损，华宇公司对 B 公司投资的预计可收回金额为 450 万元。

（7）2021 年 3 月 20 日，华宇公司出售对 B 公司的全部投资，收到出售价款 650 万元已存入银行。

假定不考虑所得税及其他因素的影响。

要求：编制华宇公司各年度有关会计分录。

2. 子豪公司于 2019 年 1 月 1 日以 1 035 万元（含支付的相关费用 1 万元）购入河海公司股票 400 万股，每股面值 1 元，占河海公司实际发行在外股数的 30%，子豪公司采用权益法核算此项投资。

2019 年 1 月 1 日河海公司可辨认净资产公允价值为 3 000 万元。取得投资时河海公司固定资产的公允价值为 300 万元，账面价值为 200 万元；固定资产的预计使用年限为 10 年，净残值为零，按照直线法计提折旧。无形资产的公允价值为 100 万元，账面价值为 50 万元；无形资产的预计使用年限为 5 年，净残值为零，按照直线法摊销。有关资料如下：

（1）2019 年河海公司实现净利润 200 万元，提取盈余公积 40 万元。

（2）2020 年河海公司发生净亏损 4 000 万元，增加资本公积 100 万元。

（3）2021 年河海公司实现净利润 520 万元。

假定不考虑所得税及其他因素的影响。

要求：编制子豪公司各年度有关会计分录。

第六章

固定资产

本章导读

某机器设备生产企业购买了一条新的价值 100 万元的生产线，此生产线需要进行安装才能使用。安装过程中发生安装调试费用 10 万元。根据相关规定，估计该生产线使用寿命为 8 年。使用 4 年后该生产线出现故障，发生修理费用 1 万元。第 5 年，因新的技术出现，该生产线预估价值迅速下降。第 7 年，该生产线生产的产品没有市场，生产线本身也无法售出，不能再给企业带来经济利益，故企业将其进行报废处理。这就是该生产线的"一生"。

无论任何会计主体，经营活动和生产活动均离不开各种有形资产。各种有形资产中，固定资产是非常重要的内容，本章将介绍遵循《企业会计准则第 4 号——固定资产》这一具体准则的固定资产核算，用会计的语言来讲述固定资产的"传奇一生"。

第一节　固定资产概述

/学习导读/

图 6-1 所示的机器设备都是企业的固定资产吗？

机器设备生产企业待售的设备
a)

生产企业正在运行的生产用机器设备
b)

图 6-1　待售的设备和正在运行的设备

一、固定资产的概念和特征

固定资产是指企业为**生产产品**、**提供劳务**、**出租**或者**经营管理**而持有的，使用寿命超过一个会计年度的，价值达到一定标准的非货币性资产，包括房屋、建筑物、机器、运输工具以及其他与生产经营活动有关的设备、工具等。固定资产是企业的劳动工具，也是企业赖以生产经营的主要资产。固定资产一般具备以下特征：

（1）为生产商品、提供劳务、出租或经营管理而持有。这个特征表明企业持有的固定资产这一劳动工具不是以**投资和销售为目的**，而是为了服务于企业自身的生产经营活动。企业可以通过固定资产生产产品、提供劳务，也可以租赁给他人使用或用于企业的各种经营管理。

（2）使用寿命超过一个会计年度。这一特点说明企业的固定资产是可供企业长期使用的耐用资产。固定资产的**使用寿命**是指企业使用固定资产的**预计期间**（一般用使用年限表示，如房屋、建筑物等的估计使用年限），或者是该固定资产所能生产产品或者提供劳务的数量（一般用产量、行驶路程表示，如发电设备用发电量估计使用寿命，动车或者汽车或者飞机等用行驶路程估计使用寿命）。

（3）固定资产是**有形的资产**。这个特征表明企业或者单位持有的固定资产是实物资产，而且其实物形态在长期的使用中基本不改变，价值以折旧方式计入有关的成本费用。这一特征有别于无形资产、应收账款等，也有别于存货等流动资产。

二、固定资产的分类

固定资产种类繁多，规格也不一样，这些固定资产在生产经营活动中处于不同地位，发挥不同作用。

为了加强对固定资产的管理，需要根据企业经营管理的不同需要，从不同角度对固定资产进行分类。

（一）按经济用途分类

固定资产按经济用途分类，可以分为生产经营用固定资产和非生产经营用固定资产。

生产经营用固定资产是指参加生产过程或直接服务于生产经营过程的各种房屋、建筑物、机器设备、工具、仪器和运输设备等固定资产。

非生产经营用固定资产是指不直接服务于生产经营过程的各种固定资产，如职工宿舍及公用事业、文化生活、卫生保健等使用的房屋、建筑物、设备和器具等。

（二）按使用情况分类

固定资产按使用情况分类，可以分为以下几种类型：

（1）租出固定资产，即企业在经营租赁方式下出租给外单位使用的固定资产。

（2）不需用固定资产，即不适合本企业需要，已报请上级等待调配处理的固定资产。

（3）未使用固定资产，即尚未投入使用的新增固定资产和因非正常原因暂时停止使用的固定资产。

（4）土地，即过去已经估价单独入账的土地。

📎**学习提示**：单独估价作为固定资产入账的土地是不计提折旧的。因征地而支付的补偿费，应计入与土地有关的房屋、建筑物的价值内，不单独作为土地价值入账。企业取得的土地使用权应作为无形资产管理和核算，不作为固定资产管理和核算。

（三）按获取途径分类

固定资产按获取途径分类，可分为以下几种类型：

（1）外购固定资产。

（2）自行建造固定资产。

（3）租入固定资产，即企业除短期租赁和低价值资产租赁外租入的固定资产，在租赁期内，应视同自有固定资产进行管理。

（4）接受投资取得的固定资产。

由于企业的经营性质不同，经营规模各异，对固定资产的分类不可能完全一致，企业可以按照自身的实际情况自行进行分类。但在实际工作中，企业大多数采用按经济用途和使用情况综合分类。

固定资产的分类如图 6-2 所示。

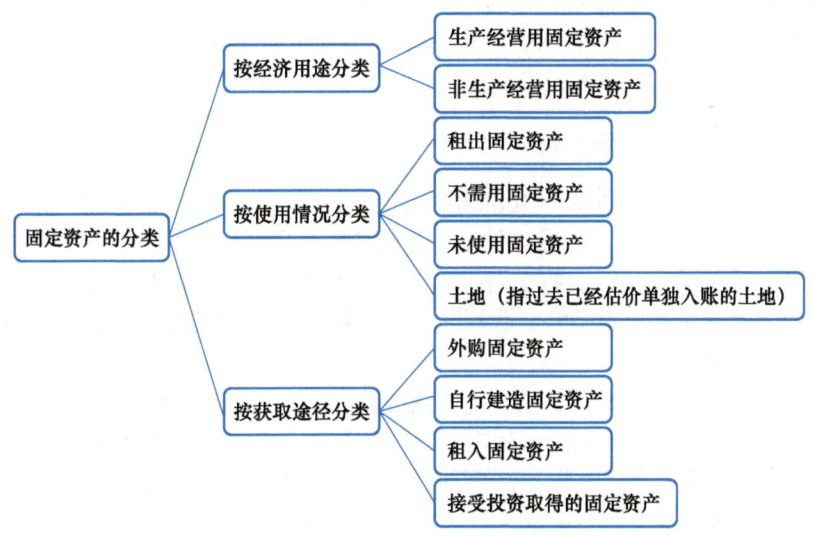

图 6-2　固定资产的分类

✱ **本节导读分析**：机器设备是否为企业的固定资产需结合企业的性质和资产用途分析。导读中，机器设备生产企业待售的设备是存货，生产企业正在运行的生产用机器设备则是固定资产。

第二节　固定资产的确认和初始计量

/学习导读/

会计学专业毕业的小新，经过几年的努力工作积累了经验和财富，年初新购的精装房也已经拿到钥匙，唯一的遗憾是还缺家电。这天，正逢休息日的小新约同事一起逛家电商场，以 2 万元购得了家电组合大礼包。结账前，小新拿出笔记本记下每样电器的单独售价。小新这样做的原因是什么呢？

一、固定资产的确认

一项资产如要作为固定资产加以确认，首先需要符合固定资产的定义，其次还要符合固定资产的确认条件。固定资产的确认条件为与固定资产有关的经济利益很可能流入企业且固定资产的成本能够可靠地计量。

1. 与固定资产有关的经济利益很可能流入企业

企业在确认固定资产时，需要判断与该项固定资产有关的经济利益是否很可能流入企业。实务中，主要是通过判断与该项固定资产所有权相关的风险和报酬是否转移到了企业来确定。

2. 固定资产的成本能够可靠地计量

成本能够可靠地计量是资产确认的一项基本条件。要确认固定资产，企业取得该固定资产所发生的成本必须能够可靠地计量。企业在确定固定资产成本时，有时需要根据所获得的最新资料对固定资产的成本进行合理的估计。如果企业能够合理地估计出固定资产的成本，则视同固定资产的成本能够可靠地计量。

固定资产的各组成部分具有不同使用寿命或者以不同方式为企业提供经济利益，适用不同折旧率或折旧方法的，应当分别将各组成部分确认为单项固定资产。

📣 **学习提示**：与固定资产有关的后续支出，符合固定资产确认条件的，应当计入固定资产成本；不符合固定资产确认条件的，应当在发生时计入当期损益。

二、固定资产的初始计量

固定资产的初始计量是指企业最初取得固定资产时对其入账价值的确定。固定资产应当按照成本进行初始计量。固定资产的成本是指企业购建的某项固定资产达到预定可使用状态前所发生的一切合理、必要的支出。这些支出包括直接发生的价款、运杂费、包装费和安装成本等，也包括间接发生的费用，如应承担的借款利息、外币借款折算差额以及应分摊的其他间接费用。

（一）外购固定资产

外购固定资产的成本包括购买价款、相关税费（关税、契税、耕地占用税、车辆购置税等），使固定资产达到预定可使用状态前所发生的可归属于该项资产的运输费、装卸费、安装费和专业人员服务费等。外购固定资产分为购入不需要安装的固定资产和购入需要安装的固定资产两类。

📣 **学习提示**：相关税费中不包括税法中规定的购进固定资产时支付的可抵扣的增值税进项税额。固定资产原值中不包括员工培训费。

1. 核算原则

购入不需要安装的固定资产时，应按支付的购买价款、使固定资产达到预定可使用状态前所发生的可归属于该项资产的运输费、装卸费和专业人员服务费等确定固定资产成本，借记"固定资产"科目，取得增值税专用发票、海关完税证明或公路发票等增值税扣税凭证，并经税务机关认证可以抵扣的，应按专用发票上注明的增值税进项税额，借记"应交税费——应交增值税（进项税额）"科目，贷记"银行存款""应付账款"等科目。

具体会计分录如下：

借：固定资产
　　应交税费——应交增值税（进项税额）
贷：银行存款/应付账款等

购入需要安装的固定资产时，应在购入的固定资产取得成本的基础上，加上安装调试成本作为入账成本。按照购入需要安装的固定资产的取得成本，借记"在建工程"科目，按购入固定资产时可抵扣的增值税进项税额，借记"应交税费——应交增值税（进项税额）"科目，贷记"银行存款""应付账款"等科目。按实际发生的安装调试成本，借记"在建工程"科目，按取得的外部单位提供的增值税专用发票上注明的增值税进项税额，借记"应交税费——应交增值税（进项税额）"科目，贷记"银行存款"等科目；耗用了本单位的材料或人工的，按应承担的成本金额，借记"在建工程"科目，贷记"原材料""应付职工薪酬"等科目。安装完成达到预定可使用状态时，由"在建工程"科目转入"固定资产"科目，借记"固定资产"科目，贷记"在建工程"科目。

具体会计分录如下：

（1）购入及安装调试时：

借：在建工程
　　应交税费——应交增值税（进项税额）

　　　　贷：银行存款／应付账款等
　（2）耗用本单位的材料或人工时：
　　借：在建工程
　　　　贷：原材料／应付职工薪酬等
　（3）达到预定可使用状态时：
　　借：固定资产
　　　　贷：在建工程

【例 6-1】 玉利兴公司为增值税一般纳税人，2021 年 6 月 1 日用银行存款购入一台需要安装的设备，增值税专用发票上注明的价款为 200 000 元，增值税税额为 26 000 元。玉利兴公司另支付安装费并取得增值税专用发票，发票上注明的安装费为 40 000 元，税率为 9%，增值税税额为 3 600 元。

要求：编制玉利兴公司相关业务的会计分录。

【答案】

①购入时，玉利兴公司应编制如下会计分录：

借：在建工程	200 000
应交税费——应交增值税（进项税额）	26 000
贷：银行存款	226 000

②支付安装费时，玉利兴公司应编制如下会计分录：

借：在建工程	40 000
应交税费——应交增值税（进项税额）	3 600
贷：银行存款	43 600

③设备安装完毕交付使用时，玉利兴公司应编制如下会计分录：

该设备成本 = 200 000 + 40 000 = 240 000（元）

借：固定资产	240 000
贷：在建工程	240 000

学习提示： 企业若为小规模纳税人，购入固定资产发生的增值税进项税额应计入固定资产成本，借记"固定资产"或"在建工程"科目，不通过"应交税费——应交增值税"科目核算。

【例 6-2】 假设甲公司为增值税小规模纳税人，2021 年 6 月 1 日用银行存款购入一台需要安装的设备，增值税专用发票上注明的价款为 200 000 元，增值税税额为 26 000 元，甲公司另支付安装费并取得增值税专用发票，发票上注明的安装费为 40 000 元，增值税税额为 3 600 元。

要求：编制甲公司相关业务的会计分录。

【答案】

①购入时，甲公司应编制如下会计分录：

借：在建工程	226 000
贷：银行存款	226 000

②支付安装费时，甲公司应编制如下会计分录：

借：在建工程	43 600
贷：银行存款	43 600

③设备安装完毕交付使用时，甲公司应编制如下会计分录：

该设备成本 = 226 000 + 43 600 = 269 600（元）

借：固定资产	269 600

贷：在建工程　　　　　　　　　　　　　　　　　　　　　　　　　　269 600

2．外购固定资产的特殊处理

以一笔款项**购入多项没有单独标价**的固定资产，应当按照各项固定资产的**公允价值比例**对总成本进行分配，**分别确定**各项固定资产的成本。外购固定资产的特殊处理如图 6-3 所示。

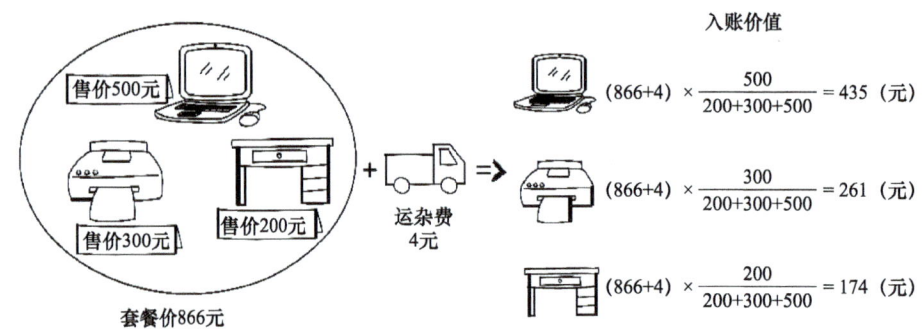

图 6-3　外购固定资产的特殊处理

（二）自行建造固定资产

自行建造**固定资产**是指企业利用自己的力量自营建造以及出包给他人建造的固定资产。自行建造固定资产的成本，无论是自营建造还是出包给他人建造，均由建造该项资产使之达到预定可使用状态前所发生的必要支出构成，包括工程物资成本、**人工成本**、缴纳的**相关税费**、应予资本化的借款费用以及应分摊的间接费用等。企业（除房地产开发企业以外）为建造固定资产通过出让方式取得土地使用权而**支付的土地出让金**不计入在建工程成本，应确认为**无形资产（土地使用权）**。

1．自营工程

自营工程是指企业自行组织工程物资采购、自行组织施工人员施工的建筑工程和安装工程，自营工程的成本应当按照实际发生的材料费、人工费、机械施工费等计量。

购入工程物资时，按已认证的增值税专用发票上注明的价款，借记"工程物资"科目。增值税一次性全额抵扣的，借记"应交税费——应交增值税（进项税额）"科目，贷记"银行存款""应付账款"等科目。领用工程物资时，借记"在建工程"科目，贷记"工程物资"等科目。自营工程领用本企业原材料时，借记"在建工程"科目，贷记"原材料"等科目。自营工程领用本企业生产的商品时，借记"在建工程"科目，贷记"库存商品"科目。自营工程发生的其他费用（如分配的工程施工人员薪酬等），借记"在建工程"科目，贷记"银行存款""应付职工薪酬"等科目。自营工程达到预定可使用状态时，按其成本借记"固定资产"科目，贷记"在建工程"科目。

具体会计分录如下：

（1）购入物资时：

借：工程物资
　　应交税费——应交增值税（进项税额）
　　贷：银行存款 / 应付账款等

（2）领用物资时：

借：在建工程
　　贷：工程物资

（3）领用本企业原材料、生产的商品或发生其他费用时：
借：在建工程
　　贷：原材料/库存商品/银行存款/应付职工薪酬等
（4）达到预定可使用状态时：
借：固定资产
　　贷：在建工程

📢 **学习提示**：企业为建造房屋建筑等不动产工程购入的工程物资，如用于机器设备等动产工程或转为企业生产用原材料，则应按增值税专用发票上注明的不含税价格借记"在建工程""原材料"等科目，贷记"工程物资"科目。

自营方式建造固定资产的账务处理如图6-4所示。

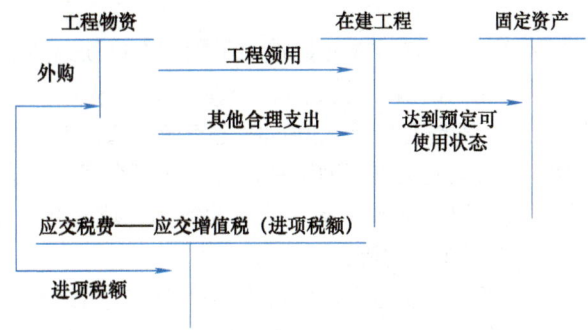

图6-4　自营方式建造固定资产

【例6-3】　玉利兴公司为增值税一般纳税人，2021年5月7日动工自行建造厂房一幢，购入为工程准备的各种物资500 000元，增值税专用发票上注明的增值税税额为65 000元，全部用于工程建设。领用本企业生产的水泥一批，实际成本为400 000元，工程施工人员应计工资100 000元，支付的其他费用已取得增值税专用发票，注明安装费为30 000元，税率为9%，增值税税额为2 700元。工程完工并达到预定可使用状态。

要求：编制玉利兴公司相关业务的会计分录。

【答案】
① 购入工程物资时，玉利兴公司应编制如下会计分录：

借：工程物资	500 000
应交税费——应交增值税（进项税额）	65 000
贷：银行存款	565 000

② 领用工程物资时，玉利兴公司应编制如下会计分录：

| 借：在建工程 | 500 000 |
| 　　贷：工程物资 | 500 000 |

③ 支付其他工程费用时，玉利兴公司应编制如下会计分录：

借：在建工程	30 000
应交税费——应交增值税（进项税额）	2 700
贷：银行存款	32 700

④ 支付工程人员工资时，玉利兴公司应编制如下会计分录：

| 借：在建工程 | 100 000 |

  贷：应付职工薪酬   100 000

⑤ 领用本企业水泥时，玉利兴公司应编制如下会计分录：

借：在建工程   400 000
  贷：库存商品   400 000

⑥ 工程完工时，玉利兴公司应编制如下会计分录：

借：固定资产   1 030 000
  贷：在建工程   1 030 000

2. 出包工程

出包工程是指企业采用招标等方式将工程项目出包给建造商，由建造商组织施工的建筑工程和安装工程。企业采用出包方式进行的固定资产建造工程，其工程的具体支出主要由建造商核算。

企业以出包方式建造固定资产，其成本由建造该项固定资产使之达到预定可使用状态前所发生的必要支出构成，包括发生的建筑工程支出、安装工程支出以及需分摊计入的待摊支出。待摊支出是指建设期间发生的、不能直接计入某项固定资产价值，而应由所建造固定资产共同负担的相关费用，包括为建造工程发生的管理费用、可行性研究费用、临时设施费用、公证费用、监理费用、应负担的税金、符合资本化条件的借款费用、建设期间发生的工程物资盘亏、报废及毁损净损失以及负荷联合试车费用等。

在出包工程方式下，主要通过"在建工程"账户核算企业支付给承包单位的工程价款以及建设期间的资本化借款利息。当企业按合理估计的工程进度和合同规定向承包单位结算工程价款时，借记"在建工程""应交税费——应交增值税（进项税额）"科目，贷记"银行存款"科目；工程完工后收到承包单位账单并补付工程价款时，借记"在建工程""应交税费——应交增值税（进项税额）"科目，贷记"银行存款"科目；结算建设期间的资本化借款利息时，借记"在建工程"科目，贷记"长期借款""应付利息"等科目；工程完工达到预定可使用状态时，借记"固定资产"科目，贷记"在建工程"科目。

具体会计分录如下：

（1）按工程进度和合同规定结算工程款时：

借：在建工程
  应交税费——应交增值税（进项税额）
  贷：银行存款

（2）收到账单，补付工程款时：

借：在建工程
  应交税费——应交增值税（进项税额）
  贷：银行存款

（3）结算资本化借款利息时：

借：在建工程
  贷：长期借款 / 应付利息等

（4）工程完工达到预定可使用状态时：

借：固定资产
  贷：在建工程

出包方式建造固定资产的账务处理如图 6-5 所示。

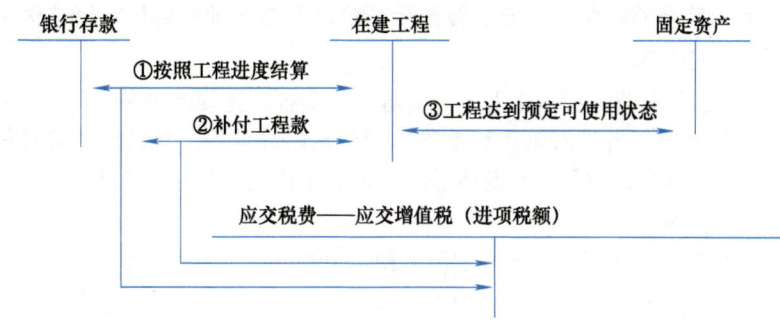

图 6-5 出包方式建造固定资产的账务处理

📢 **学习提示**：通常情况下，**出包**企业不需要耗用材料或产品，不需要支付工人工资，只需支付给建造承包商工程款。

【例6-4】 玉利兴公司为增值税一般纳税人，2020年5月25日，将一幢厂房的建造工程出包给怡蕾公司（为增值税一般纳税人）承建，按合理估计的发包工程进度和合同规定向怡蕾公司结算进度款并取得怡蕾公司开具的增值税专用发票，发票注明工程款 600 000 元，税率为 9%，增值税税额为 54 000 元。2021年5月25日工程完工后，收到怡蕾公司有关工程结算单据和增值税专用发票，补付工程款并取得怡蕾公司开具的增值税专用发票，发票注明工程款 400 000 元，税率为 9%，增值税税额为 36 000 元。工程完工并达到预定可使用状态。

要求：编制玉利兴公司相关业务的会计分录。

【答案】
① 按工程进度和合同规定支付结算进度款时，玉利兴公司应编制如下会计分录：
借：在建工程　　　　　　　　　　　　　　　　　　　600 000
　　应交税费——应交增值税（进项税额）　　　　　　 54 000
　　贷：银行存款　　　　　　　　　　　　　　　　　654 000
② 补付工程款时，玉利兴公司应编制如下会计分录：
借：在建工程　　　　　　　　　　　　　　　　　　　400 000
　　应交税费——应交增值税（进项税额）　　　　　　 36 000
　　贷：银行存款　　　　　　　　　　　　　　　　　436 000
③ 工程完工并达到预定使用状态时，玉利兴公司应编制如下会计分录：
借：固定资产　　　　　　　　　　　　　　　　　　1 000 000
　　贷：在建工程　　　　　　　　　　　　　　　　1 000 000

（三）租入固定资产

根据《企业会计准则第 21 号——租赁》的规定，在租赁期开始日，承租人应当对租赁确认使用权资产和租赁负债，但是短期租赁和低价值资产租赁除外。

1. 使用权资产的计量

使用权资产应当按照成本进行初始计量，该成本包括以下几项：
（1）租赁负债的初始计量金额。
（2）在租赁期开始日或之前支付的租赁付款额，存在租赁激励的，扣除已享受的租赁激励相关金额。
（3）承租人发生的初始直接费用。

（4）承租人为拆卸及移除租赁资产、复原租赁资产所在场地或将租赁资产恢复至租赁条款约定状态预计将发生的成本。

📎 **学习提示**：租赁激励是指出租人为达成租赁向承租人提供的优惠，包括出租人向承租人支付的与租赁有关的款项、出租人为承租人偿付或承担的成本等。初始直接费用是指为达成租赁所发生的增量成本。其中，增量成本是指若企业不取得该租赁就不会发生的成本。

2．租赁负债的计量

租赁负债应当按照租赁期开始日尚未支付的租赁付款额的现值进行初始计量。

（1）在计算租赁付款额的现值时，承租人应当采用租赁内含利率作为折现率。

（2）无法确定租赁内含利率的，应当采用承租人增量借款利率作为折现率。

📎 **学习提示**：租赁内含利率是指使出租人的租赁收款额的现值与未担保余值的现值之和等于租赁资产公允价值与出租人的初始直接费用之和的利率。承租人增量借款利率是指承租人在类似经济环境下为获得与使用权资产价值接近的资产，在类似期间以类似抵押条件借入资金需支付的利率。

3．租赁付款额

租赁付款额是指承租人向出租人支付的与在租赁期内使用租赁资产的权利相关的款项。其包括：

（1）固定付款额及实质固定付款额，存在租赁激励的，扣除租赁激励相关金额。其中，实质固定付款额是指在形式上可能包含变量但实质上无法避免的付款额。

（2）取决于指数或比率的可变租赁付款额，该款项在初始计量时根据租赁期开始日的指数或比率确定。可变租赁付款额是指承租人为取得在租赁期内使用租赁资产的权利，向出租人支付的因租赁期开始日后的事实或情况发生变化（而非时间推移）而变动的款项。取决于指数或比率的可变租赁付款额包括与消费者价格指数挂钩的款项、与基准利率挂钩的款项和为反映市场租金费率变化而变动的款项等。

（3）购买选择权的行权价格，前提是承租人合理确定将行使该选择权。

（4）行使终止租赁选择权需支付的款项，前提是租赁期反映出承租人将行使终止租赁选择权。

（5）根据承租人提供的担保余值预计应支付的款项。担保余值是指与出租人无关的一方向出租人提供担保，保证在租赁结束时租赁资产的价值至少为某指定的金额。相对的，未担保余值是指租赁资产余值中，出租人无法保证能够实现或仅由与出租人有关的一方予以担保的部分。

（四）接受投资取得的固定资产

接受固定资产投资的企业在办理了固定资产移交手续之后，应按投资合同或协议约定的价值加上应支付的相关税费作为固定资产的入账价值，但合同或协议约定价值不公允的除外。取得投资者投入的资产时，借记"固定资产""应交税费——应交增值税（进项税额）"科目，贷记"实收资本"科目。

具体会计分录如下：

借：固定资产
　　应交税费——应交增值税（进项税额）
　　　贷：实收资本

（五）固定资产的弃置费用

特殊行业的特定固定资产，对其进行初始计量时，还应当考虑弃置费用。弃置费用通常是指根据国家法律和行政法规、国际公约等规定，企业承担的环境保护和生态恢复等义务所确定的支出，如油气资产、核电站核设施等的弃置和恢复环境义务。对此，企业应当将弃置费用的现值计入相关固定资产的成本，同时确认相应的预计负债。在固定资产使用寿命内，按照预计负债的摊余成本和实际利率计算确定的利息费用应当在发生时计入财务费用。由于技术进步、法律要求或市场环境变化等原因，特定固定资产履行的弃置义务可能会发生支出金额、预计弃置起点、折现率等的变动，从而引起原确认的预计负债的变动。

📢 **学习提示：**
摊余成本＝初始确认金额－已偿还的本金－累计摊销额－减值损失（或无法收回的金额）
实际利率法计算确定的利息费用（财务费用）＝期初预计负债的摊余成本（账面价值）×实际利率

与弃置费用有关的账务处理如下：
（1）特殊资产完工时：
借：固定资产
　　贷：在建工程（实际发生的建造成本）
　　　　预计负债（弃置费用的现值）
（2）每期期初：
借：财务费用（每期期初预计负债的摊余成本×实际利率）
　　贷：预计负债
（3）发生弃置费用支出时：
借：预计负债
　　贷：银行存款等

📢 **学习提示：** 一般工商企业的固定资产发生的报废清理费用不属于弃置费用，应当在发生时作为固定资产处置费用处理。

❋ **本节导读分析：** 小新以2万元购得家电礼包是以一笔款项购入多项没有单独标价的固定资产，如果想要记清楚每样家电的真实购买价款，应以其公允价值比例对其总的购买价款进行分配，商场里每款电器的单独售价就是其公允价值，所以小新才会有这样的记录行为。同理，对于企业来说，以一笔款项购入多项没有单独标价的固定资产，也应按照各项固定资产的公允价值比例对总成本进行分配，分别确定各项固定资产的成本。

第三节　固定资产的后续计量

📁 **/学习导读/**

> 小新会计所在公司有一条机器生产线，现因其产品更新换代，该生产线无法满足生产需要，公司决定对该生产线进行更新改造，替换部分配件。该生产线经过一段时间的改造，完成更新，达到预定可使用状态，更新改造发生的费用大部分符合资本化条件，另有一小部分不符合资本化条件。对于固定资产的更新改造业务，小新会计应如何进行账务处理？

一、固定资产的折旧

固定资产的折旧是指在**固定资产**使用寿命内，按照确定的方法对应计提折旧额进行系统分摊。使用寿命①是指固定资产的预计使用年限，或者该固定资产所能生产产品或提供劳务的数量。应计提折旧额是指应计提折旧的固定资产的原价扣除其预计净残值后的金额。已计提减值准备的固定资产，还应扣除已计提的固定资产减值准备的累计金额。

（一）固定资产的折旧范围

除已提足折旧仍继续使用的固定资产和单独计价入账的土地外，企业需要对所有的固定资产计提折旧，确定固定资产的折旧范围是计提折旧的前提。

> **学习提示**：未使用的固定资产也需要计提折旧。

固定资产折旧的特殊情况包括：

（1）处于更新改造过程中暂停使用的固定资产，应将其账面价值转入在建工程，不再计提折旧。更新改造项目达到预定可使用状态转为固定资产后，再按照重新确定的折旧方法和该项固定资产尚可使用年限计提折旧。

（2）因进行大修理而停用的固定资产，应当照提折旧，计提的折旧额应计入相关资产成本或当期损益。

在确定计提折旧的范围时，还应注意以下几点：

（1）固定资产应当按月计提折旧，当月增加的固定资产，当月不计提折旧，从下月起计提折旧；当月减少的固定资产，当月仍计提折旧，从下月起不计提折旧。

（2）固定资产提足折旧后，不论能否继续使用，均不再计提折旧；提前报废的固定资产，也不再补提折旧。所谓提足折旧，是指已经提足该项固定资产的应计提折旧额。

（3）已达到预定可使用状态但尚未办理竣工决算的固定资产，应当按照暂估价值确定其成本并计提折旧，待办理竣工决算后，再按照实际成本调整原来的暂估价值，但不需要调整原已计提的折旧额。

（4）对于租入固定资产（除短期租赁和低价值资产租赁外），承租人应当参照《企业会计准则第4号——固定资产》有关折旧的规定，自租赁期开始日起对使用权资产计提折旧。当月计提折旧确有困难的，也可以选择自租赁期开始的下月计提折旧，但应对同类使用权资产采取相同的折旧政策。

承租人能够合理确定租赁期届满时取得租赁资产所有权的，应当在租赁资产剩余使用寿命内计提折旧。无法合理确定租赁期届满时能够取得租赁资产所有权的，应当在租赁期与租赁资产剩余使用寿命两者孰短的期间内计提折旧。

> **学习提示**：承租人短期租入的房屋由出租人计提折旧，承租人不计提折旧。

（二）固定资产折旧的方法

企业计提固定资产折旧的方法有多种，如年限平均法、工作量法、年数总和法、双倍余额递减法等，企业应当根据固定资产所含经济利益预期消耗方式合理选择固定资产的折旧方法。企业选择的折旧方法不同，计提的折旧额可能相差很大。固定资产的折旧方法一经确定，不得随意变更。

> **学习提示**："不得随意变更"不是不能变，只是变更有条件。当与固定资产有关的经济利益预期消耗方式有重大改变时，企业应当变更为适宜的折旧方法。

知识拓展

① 确定固定资产的使用寿命需要考虑以下因素：固定资产的预计生产能力或实物产量；固定资产的预计有形损耗；固定资产的预计无形损耗；法律或者类似规定对该项固定资产使用的限制。

企业不能以包括使用固定资产在内的经济活动所产生的收入为基础进行折旧,因为收入可能受到投入、生产过程、销售等因素的影响,这些因素与固定资产有关经济利益的预期消耗方式无关。

1. 年限平均法

年限平均法又称为直线法。采用年限平均法计提固定资产折旧的特点是将固定资产的应计折旧额均衡地分摊到固定资产的预计使用寿命内,采用这种方法计算的每期折旧额是相等的。具体计算方法如下:

$$年折旧率 = \frac{(1 - 预计净残值率)}{预计使用寿命(年)} \times 100\%$$

$$月折旧率 = \frac{年折旧率}{12}$$

$$月折旧额 = 固定资产原价 \times 月折旧率$$

【例 6-5】 玉利兴公司 2020 年 12 月 31 日引进了一条生产线,价值 3 000 000 元,预计总产量为 200 000 件,预计净残值率为 3%,预计使用年限为 5 年,该生产线 2021 年实际产量为 42 000 件。

要求:假设玉利兴公司采用直线法计提折旧,计算 2021 年玉利兴公司应计提的折旧额。

【答案】

$$2021 年玉利兴公司应计提的折旧额 = \frac{3\,000\,000 \times (1-3\%)}{5} = 582\,000(元)$$

2. 工作量法

工作量法是指根据实际工作量计算固定资产每期应计提折旧额的一种方法。具体计算方法如下:

$$单位工作量折旧额 = \frac{固定资产原价 \times (1 - 预计净残值率)}{预计总工作量}$$

$$某项固定资产月折旧额 = 该项固定资产当月工作量 \times 单位工作量折旧额$$

【例 6-6】 承【例 6-5】,其他条件不变,假设玉利兴公司采用工作量法计提折旧。

要求:计算 2021 年玉利兴公司应计提的折旧额。

【答案】

$$2021 年玉利兴公司应计提的折旧额 = \frac{3\,000\,000 \times (1-3\%)}{200\,000} \times 42\,000 = 611\,100(元)$$

3. 双倍余额递减法

双倍余额递减法是指在不考虑固定资产预计净残值的情况下,根据每期期初固定资产原价减去累计折旧后的余额和双倍的直线法折旧率计算固定资产折旧的一种方法。采用双倍余额递减法计提固定资产折旧,一般应在固定资产使用寿命到期前两年内,将固定资产账面净值扣除预计净残值后的余额平均摊销。具体计算方法如下:

$$年折旧率 = \frac{2}{预计使用寿命(年)} \times 100\%$$

$$月折旧率 = \frac{年折旧率}{12}$$

$$月折旧额 = 每个折旧年度年初固定资产账面净值 \times 月折旧率$$

年限平均法与双倍余额递减法的比较如图 6-6 所示。

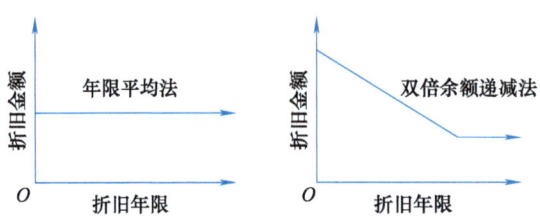

图 6-6 年限平均法与双倍余额递减法的比较

【例 6-7】 承【例 6-5】，其他条件不变，假设玉利兴公司采用双倍余额递减法计提折旧。
要求：计算玉利兴公司每年应计提的折旧额。
【答案】

2021 年玉利兴公司应计提的折旧额 $=\dfrac{3\,000\,000\times 2}{5}=1\,200\,000$（元）

2022 年玉利兴公司应计提的折旧额 $=\dfrac{(3\,000\,000-1\,200\,000)\times 2}{5}=720\,000$（元）

2023 年玉利兴公司应计提的折旧额 $=\dfrac{(3\,000\,000-1\,200\,000-720\,000)\times 2}{5}=432\,000$（元）

最后两年应采用直线法计提折旧。

2024 年及 2025 年玉利兴公司应计提的折旧额

$=\dfrac{3\,000\,000-1\,200\,000-720\,000-432\,000-3\,000\,000\times 3\%}{2}=279\,000$（元）

4．年数总和法

年数总和法又称为年限合计法，是指将固定资产的原价减去预计净残值后的余额，乘以一个逐年递减的分数计算每年的折旧额的方法。这个分数的分子代表固定资产尚可使用寿命，分母代表固定资产预计使用寿命逐年数字总和。具体计算方法如下：

$$年折旧率=\dfrac{尚可使用年限}{预计使用年限的年数总和}\times 100\%$$

年折旧额＝（固定资产原值－预计净残值）× 年折旧率

已计提减值准备的固定资产，应当按照该项固定资产的账面价值（固定资产账面余额扣减累计折旧和减值准备后的金额）以及尚可使用年限重新计算确定折旧率和折旧额。

> **学习提示**：年数总和法和双倍余额递减法又称为加速折旧法。

影响折旧的因素如下：
（1）固定资产原价。
（2）预计净残值。
（3）固定资产减值准备。
（4）固定资产的使用寿命。

【例 6-8】 承【例 6-5】其他条件不变，假设玉利兴公司采用年数总和法计提折旧。
要求：计算 2021 年玉利兴公司应计提的折旧额。
【答案】

2021 年玉利兴公司应计提的折旧额 $=\dfrac{3\,000\,000\times(1-3\%)\times 5}{15}=970\,000$（元）

（三）固定资产折旧的账务处理

固定资产应当按月计提折旧，计提的折旧应当记入"累计折旧"账户，并根据用途计入相关资产的成本或者当期损益。企业自行建造固定资产过程中使用的固定资产，计提的折旧应计入在建工程成本；基本生产车间所使用的固定资产，计提的折旧应记入"制造费用"账户；管理部门所使用的固定资产，计提的折旧应记入"管理费用"账户；销售部门所使用的固定资产，计提的折旧应记入"销售费用"账户；经营租出的固定资产，其应计提的折旧额应记入"其他业务成本"账户。

具体会计分录如下：
借：制造费用（用于生产车间）
　　管理费用（用于行政管理部门）
　　销售费用（用于销售部门）
　　在建工程（用于工程建设）
　　研发支出（用于项目研发）
　　其他业务成本（用于经营出租）
　贷：累计折旧

（四）固定资产使用寿命、预计净残值和折旧方法的复核

企业至少应当于每年年度终了，对固定资产的使用寿命、预计净残值和折旧方法进行复核。

（1）如有确凿证据表明固定资产的使用寿命、预计净残值的预期数与原先估计数有差异的，应当相应调整固定资产使用寿命、预计净残值，并按照会计估计变更的有关规定进行处理。

（2）在固定资产使用过程中，与其有关的经济利益预期消耗方式也可能发生重大变化，在这种情况下，企业也应相应改变固定资产的折旧方法，并按照会计估计变更的有关规定进行处理。

二、固定资产的后续支出

固定资产的后续支出是指固定资产在使用过程中发生的更新改造支出、修理费用等与固定资产有关的后续支出。固定资产的后续支出符合资本化条件的应当予以资本化，计入固定资产成本，同时将被替换部分的账面价值扣除。不符合资本化条件的后续支出应当予以费用化，在发生时计入当期损益。

（一）资本化的后续支出

固定资产发生可资本化的后续支出时，企业一般应将该固定资产的原价、已计提的累计折旧和减值准备转销，将其账面价值转入在建工程，并停止计提折旧。在固定资产更新改造或修理完工并达到预定可使用状态时，再从在建工程转为固定资产，并按重新确定的固定资产原价、使用寿命、预计净残值和折旧方法计提折旧。

企业发生的一些固定资产的后续支出可能涉及替换原固定资产的组成部分，为避免将替换部分的成本和被替换部分的成本同时计入固定资产成本，导致成本重复计算，应将被替换部分的账面价值从新确认的固定资产成本中扣除。

（二）费用化的后续支出

费用化的后续支出通常为日常维修费用。

（1）行政管理部门等发生的固定资产日常修理费用等后续支出记入"管理费用"账户。

（2）企业设置专设销售机构的，发生的与专设销售机构相关的固定资产修理费用等后续支出记入"销售费用"账户。

具体会计分录如下：

借：管理费用（车间和管理部门的固定资产修理费）
　　销售费用（销售部门的固定资产的修理费）
　　应交税费——应交增值税（进项税额）
　贷：银行存款等

固定资产的后续支出的性质如图 6-7 所示。

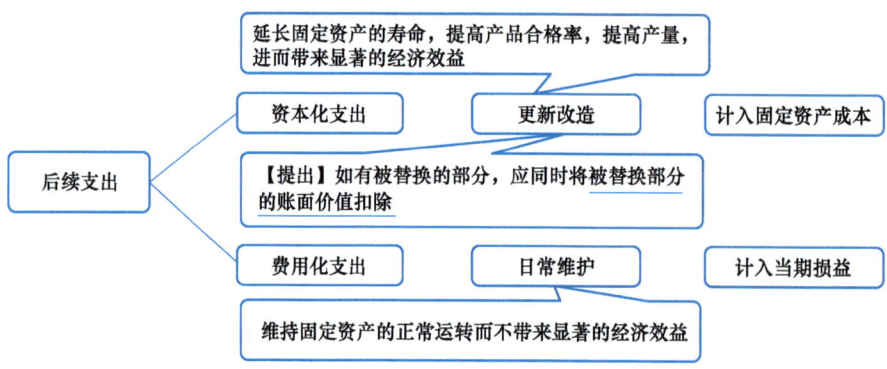

图 6-7　固定资产的后续支出的性质

本节导读分析：小新会计所在公司生产线进行更新改造属于固定资产的后续支出。发生时，应将固定资产的原价、已计提的折旧和减值准备转销，将其账面价值转入在建工程并停止计提折旧。为了避免成本重复计算，应将被替换部分的账面价值在新确认的固定资产成本中扣除，更新完成达到预定可使用状态时，由在建工程转入固定资产，并根据重新估计的使用寿命、预计净残值和折旧方法计提折旧额。与固定资产有关的更新改造等后续支出，符合资本化条件的应当予以资本化，计入固定资产成本，不符合资本化条件的应当予以费用化，计入当期损益。

知识小结：固定资产资本化后续支出的账务处理见表 6-1。

表 6-1　固定资产资本化后续支出的账务处理

业务类型	会计分录
结转固定资产的账面价值	借：在建工程 　　累计折旧 　　固定资产减值备 　贷：固定资产
发生可资本化的后续支出	借：在建工程 　　应交税费——应交增值税（进项税额） 　贷：银行存款等
扣除被替换部分的账面价值	借：营业外支出等 　贷：在建工程（被替换部分的账面价值） （原部件的账面价值需剔除，不构成固定资产更新改造后的成本）
完工并达到预定可使用状态	借：固定资产（更新后的账面价值＝更新前总的账面价值－替换部分的账面价值＋资本化的支出部分） 　贷：在建工程

第四节 固定资产的处置

> **/学习导读/**
>
> 月初，小新会计所在公司的车辆发生意外自燃，幸无人员受伤，但车辆已严重毁损。事后，保险公司进行了事故调查并进行了理赔。对于固定资产的毁损业务，小新会计应如何进行账务处理？

一、固定资产终止确认的条件

固定资产处置即固定资产的终止确认，具体包括固定资产的出售、报废、毁损、对外投资、非货币性资产交换、债务重组等。

固定资产满足下列条件之一的，应当予以终止确认：

1. 该固定资产处于处置状态

处于处置状态的固定资产不再用于生产商品、提供劳务、出租或经营管理，因此不再符合固定资产的定义，应予终止确认。

2. 该固定资产预期通过使用或处置不能产生经济利益

固定资产的确认条件之一是"与固定资产有关的经济利益很可能流入企业"，如果一项固定资产预期通过使用或处置不能产生经济利益，就不再符合固定资产的定义和确认条件，应予终止确认。

二、固定资产的处置

企业出售、转让、报废固定资产或发生固定资产毁损，应当将处置收入扣除账面价值和相关税费后的金额计入当期损益。固定资产处置一般通过"固定资产清理"科目进行核算。

企业因出售、转让、报废或毁损、对外投资等处置固定资产的，会计处理一般经过以下几个步骤：

1. 固定资产转入清理

固定资产转入清理时，应按固定资产的账面价值借记"固定资产清理"科目，按已计提的累计折旧借记"累计折旧"科目，按已计提的减值准备借记"固定资产减值准备"科目，按固定资产账面余额贷记"固定资产"科目。

具体会计分录如下：

借：固定资产清理
　　累计折旧
　　固定资产减值准备
　　贷：固定资产

2. 发生清理费用

固定资产清理过程中发生有关清理费用以及应支付相关税费的，应借记"固定资产清理""应交税费——应交增值税（进项税额）"科目，贷记"银行存款"等科目。

具体会计分录如下：

借：固定资产清理

应交税费——应交增值税（进项税额）
　　　　贷：银行存款

3. 收回出售收入、处理残料等

企业收回出售固定资产的价款、残料价值和变价收入等，应冲减清理支出，借记"银行存款""原材料"等科目，贷记"固定资产清理""应交税费——应交增值税（销项税额）"科目。

具体会计分录如下：

借：银行存款/原材料等
　　贷：固定资产清理
　　　　应交税费——应交增值税（销项税额）

4. 处理保险赔偿

企业计算或收到的应由保险公司或过失人赔偿的损失，应冲减清理支出，借记"其他应收款""银行存款"等科目，贷记"固定资产清理"科目。

具体会计分录如下：

借：其他应收款/银行存款等
　　贷：固定资产清理

5. 处理清理净损益

因已丧失使用功能或因自然灾害发生毁损等原因而报废清理产生的利得或损失应计入营业外收支。属于生产经营期间正常报废清理产生的处理净损失的，应借记"营业外支出——处置非流动资产损失"科目，贷记"固定资产清理"科目；属于生产经营期间由于自然灾害等非正常原因造成的处理净损失的，应借记"营业外支出——非常损失"科目，贷记"固定资产清理"科目；如为净收益，借记"固定资产清理"科目，贷记"营业外收入"科目。

具体会计分录如下：

（1）如为净损失：

借：营业外支出——处置非流动资产损失（生产经营期间正常报废清理）
　　　　　　　　——非常损失（由于自然灾害等非正常原因造成的）
　　贷：固定资产清理

（2）如为净收益：

借：固定资产清理
　　贷：营业外收入

因出售、转让等原因产生的固定资产处置利得或损失应计入资产处置损益。产生处置净损失的，借记"资产处置损益"科目，贷记"固定资产清理"科目；如为净收益，借记"固定资产清理"科目，贷记"资产处置损益"科目。

具体会计分录如下：

借：资产处置损益
　　贷：固定资产清理（或为相反分录）

📌 **学习提示**："资产处置损益"是损益类科目。固定资产"一生"的状态可以用"在建工程"（达到预定可使用状态前）"固定资产"（服役期）和"固定资产清理"（要退役了）来表示。资产负债表上只有"在建工程"和"固定资产"两个项目，"固定资产清理"在"固定资产"项目列示，正数相加，负数相减。

【例 6-9】 玉利兴公司为增值税一般纳税人，因遭受暴风雨袭击毁损一座仓库。该仓库原价 5 000 000 元，已计提折旧 2 000 000 元，未计提减值准备。收回的残料估计价值 60 000 元，残料已办理入库。发生清理费用（装卸费）并取得增值税专用发票，注明的装卸费为20 000元，增值税税额为1 200元，以银行存款支付。经保险公司核定应赔偿损失1 700 000元，款项已存入银行。假定不考虑其他相关税费。

要求：编制玉利兴公司相关业务的会计分录。

【答案】

① 将毁损的仓库转入清理时，玉利兴公司应编制如下会计分录：

借：固定资产清理　　　　　　　　　　　　　　　　　　　3 000 000
　　累计折旧　　　　　　　　　　　　　　　　　　　　　2 000 000
　　贷：固定资产　　　　　　　　　　　　　　　　　　　　　　　5 000 000

② 残料入库时，玉利兴公司应编制如下会计分录：

借：原材料　　　　　　　　　　　　　　　　　　　　　　　60 000
　　贷：固定资产清理　　　　　　　　　　　　　　　　　　　　　60 000

③ 支付清理费用时，玉利兴公司应编制如下会计分录：

借：固定资产清理　　　　　　　　　　　　　　　　　　　　20 000
　　应交税费——应交增值税（进项税额）　　　　　　　　　　1 200
　　贷：银行存款　　　　　　　　　　　　　　　　　　　　　　　21 200

④ 确定并收到保险公司理赔款项时，玉利兴公司应编制如下会计分录：

借：其他应收款　　　　　　　　　　　　　　　　　　　　1 700 000
　　贷：固定资产清理　　　　　　　　　　　　　　　　　　　　1 700 000
借：银行存款　　　　　　　　　　　　　　　　　　　　　1 700 000
　　贷：其他应收款　　　　　　　　　　　　　　　　　　　　　1 700 000

⑤ 结转毁损固定资产发生的损失时，玉利兴公司应编制如下会计分录：

借：营业外支出——非常损失　　　　　　　　　　　　　　1 260 000
　　贷：固定资产清理　　　　　　　　　　　　　　　　　　　　1 260 000

在本例中，固定资产清理完毕时，"固定资产清理"账户为借方余额，余额为1 260 000元（3 000 000元 − 60 000元 + 20 000元 − 1 700 000元），由于属于自然灾害等非正常原因造成的清理净损失，应结转至"营业外支出——非常损失"账户的借方，从而使"固定资产清理"账户余额为0。

✿ **本节导读分析**：车辆自燃发生毁损的，企业应作为固定资产核算的车辆进行处置，将固定资产的账面原价、已计提的折旧和已计提的减值准备转入"固定资产清理"账户核算，计算或收到保险赔偿时通过"其他应收款""银行存款"账户核算，因自然灾害发生毁损而报废清理产生的利得或损失应计入营业外收支。

⚙ **知识小结**：固定资产处置的账务处理见表6-2。

表6-2　固定资产处置的账务处理

业务类型	会计分录
固定资产转入清理	借：固定资产清理 　　累计折旧 　　固定资产减值准备 　　贷：固定资产
发生清理费用	借：固定资产清理 　　应交税费——应交增值税（进项税额） 　　贷：银行存款

(续)

业务类型	会计分录		
收取出售收入、处理残料等	借：银行存款（价税合计） 　　贷：固定资产清理 　　　　应交税费——应交增值税（销项税额） 借：原材料（残料入库） 　　贷：固定资产清理		
处理保险赔偿	借：其他应收款/银行存款等 　　贷：固定资产清理		
处理清理净损益	处置状态	清理净损失	清理净收益
	生产经营期间正常处置	借：营业外支出——处置非流动资产损失 　　贷：固定资产清理	借：固定资产清理 　　贷：营业外收入
	自然灾害等非正常原因造成的	借：营业外支出——非常损失 　　贷：固定资产清理	借：固定资产清理 　　贷：营业外收入
	因出售、转让等原因造成的	借：资产处置损益 　　贷：固定资产清理	借：固定资产清理 　　贷：资产处置损益

第五节　固定资产的清查与减值

> /学习导读/
>
> 年末，小新所在公司一年一度的大盘点开始，资产管理部门、使用部门、财务部门对公司资产进行联合清查。在清查过程中，小新发现一台崭新的机床被苫布盖着，但在已有的账目上并未记载此设备。该机床旁边还堆放着已损坏、锈迹斑斑的两台机床，上面落满灰尘，但账面上显示的价值却不低。小新遇到的情况该如何进行账务处理？

一、固定资产的清查

固定资产清查是对固定资产实物进行清点盘查，是企业保证固定资产核算的真实性，保证固定资产的安全和完整，挖掘现有固定资产潜力的一个重要手段。固定资产清查每年至少进行一次，首先由会计部门将总分类账"固定资产"账户余额与固定资产登记簿或固定资产明细分类账以及固定资产卡片的原始价值合计认真核对相符。然后由固定资产管理部门、使用部门和财务部门共同进行实物盘点，把固定资产的实有数与账面数进行核对。在清查过程中，应查明盘盈固定资产的数量和原因，丢失和毁损的固定资产的数量和原因，以及固定资产的使用、保管维护、修理中存在的问题，按规定程序列表上报审批，及时调整账目。同时，研究和提出改进措施，进一步加强固定资产的管理工作。

（一）固定资产盘盈

企业在清查中盘盈的固定资产应作为前期差错处理，在按管理权限报请批准处理前应先通过"以前年度损益调整"⑩科目核算。盘盈的固定资产,应按重置成本确定入账价值。

企业应按上述规定确定的入账价值,借记"固定资产"科目,贷记"以前年度损益调整"科目,批准处理后结转为留存收益时,借记"以前年度损益调整"科目,贷记"盈余公积""利润分配"科目。

具体会计分录如下:

批准处理前:
借:固定资产
　　贷:以前年度损益调整

批准处理后:
借:以前年度损益调整
　　贷:盈余公积——法定盈余公积
　　　　　　　　——任意盈余公积(如有)
　　　　利润分配——未分配利润

【例6-10】 玉利兴公司在财产清查中发现未入账的设备一台,估计有七成新,同类设备的市场价格为70 000元。

要求:编制玉利兴公司相关业务的会计分录。

【答案】

批准处理前,玉利兴公司应编制如下会计分录:

借:固定资产	49 000
贷:以前年度损益调整	49 000

批准处理后,玉利兴公司应编制如下会计分录:

借:以前年度损益调整	49 000
贷:盈余公积——法定盈余公积	4 900
利润分配——未分配利润	44 100

(二)固定资产盘亏

企业在财产清查中盘亏的固定资产,应按盘亏固定资产的账面价值借记"待处理财产损溢"科目,按已计提的累计折旧借记"累计折旧"科目,按已计提的减值准备借记"固定资产减值准备"科目,按固定资产的原价贷记"固定资产"科目。

具体会计分录如下:

借:待处理财产损溢
　　累计折旧
　　固定资产减值准备
　　贷:固定资产

按管理权限报请批准后处理时,按可收回的保险赔偿或过失人赔偿借记"其他应收款"科目,按应计入营业外支出的金额借记"营业外支出——盘亏损失"科目,贷记"待处理财产损

知识拓展

⑩"以前年度损益调整"科目是损益类账户。该科目核算企业本年度发生的调整以前年度损益的事项以及本年度发现的重要前期差错更正涉及调整以前年度损益的事项。企业在资产负债表日至财务报告批准报出日之间发生的需要调整报告年度损益的事项,也可以通过"以前年度损益调整"科目核算。

溢"科目。

具体会计分录如下：

借：其他应收款（保险赔款或过失人赔偿）
　　营业外支出——盘亏损失（不影响营业利润）
　　贷：待处理财产损溢

已抵扣进项税额的购进货物及不动产发生非正常损失等，其负担的进项税额从当期的进项税额中扣减，做转出处理，借记"待处理财产损溢"科目，贷记"应交税费——应交增值税（进项税额转出）"科目。

具体会计分录如下：

借：待处理财产损溢
　　贷：应交税费——应交增值税（进项税额转出）

【例 6-11】 玉利兴公司在进行财产清查时发现盘亏机床一台，该机床账面原价为 300 000 元，累计折旧为 180 000 元，已计提减值准备 20 000 元。上述盘亏的机床应由保险公司赔偿 90 000 元。

要求：编制玉利兴公司相关业务的会计分录。

【答案】玉利兴公司盘亏固定资产时应编制如下会计分录：

借：待处理财产损溢——待处理固定资产损溢　　　　　100 000
　　累计折旧　　　　　　　　　　　　　　　　　　　180 000
　　固定资产减值准备　　　　　　　　　　　　　　　 20 000
　　贷：固定资产　　　　　　　　　　　　　　　　　　　　　300 000

玉利兴公司盘亏固定资产批准转销时，应编制如下会计分录：

借：其他应收款——某保险公司　　　　　　　　　　　 90 000
　　营业外支出　　　　　　　　　　　　　　　　　　 10 000
　　贷：待处理财产损溢——待处理固定资产损溢　　　　　　　100 000

二、固定资产的减值

固定资产发生损坏或因技术陈旧等其他经济原因，导致其可收回金额低于账面价值，这种情况称为固定资产减值。

固定资产在资产负债表日存在可能发生减值的迹象，即可收回金额低于账面价值的，企业应当将该固定资产的账面价值减记至可收回金额，减记的金额确认为减值损失，计入当期损益，借记"资产减值损失"科目，同时，计提相应的资产减值准备，贷记"固定资产减值准备"科目。

需要强调的是，根据《企业会计准则第 8 号——资产减值》的规定，企业固定资产减值损失一经确认，在以后会计期间不得转回。

具体会计分录如下：

借：资产减值损失
　　贷：固定资产减值准备

学习提示：可收回金额是指资产的销售净价与预期从该资产的持续使用和使用寿命结束时的处置中形成的预计未来现金流量的现值两者之间较高者。

本节导读分析：企业应至少每年对固定资产实物进行一次清点盘查，以保证固定资产核算的真实、安全和完整。在清查过程中，应查明盘盈、盘亏固定资产的数量和原因，并按规定的程序列表上报审批，及时调账，同时提出改进措施，以加强管理。小新所在公司盘盈的固定资产应作为前期差错通过"以前年度损益调整"账户进行处理。对于已损坏存在减值迹象的固定资产应计提资产减值损失，该减值损失一经确认，以后会计期间不得转回。

本章导读分析

企业外购的固定资产分为购入不需要安装的固定资产和购入需要安装的固定资产两类，导读中的机器设备生产企业购入的固定资产是需要安装的，该固定资产的入账成本应加上安装调试费。企业中小到一台计算机，大到厂房、设备都属于固定资产，固定资产的价值比较大，通过折旧将其价值转移到产品中去，且能在较长时间内为企业带来价值。为了平衡分配各期费用，在固定资产使用寿命内应根据所含预期消耗方式合理选择折旧方法。当固定资产发生报废毁损或被企业出售转让，也就是它"功成身退"的时候了。

实务案例

SH 股份有限公司由韩会计具体负责固定资产核算业务。该公司从 2015 年 1 月 1 日起按照《企业会计制度》进行会计处理，同时执行《企业会计准则第 4 号——固定资产》的相关规定。2015 年 12 月 20 日，该公司购置一项固定资产，原值为 1 300 万元，确定的折旧年限为 8 年，预计净残值为 65 万元（假定以后也不会发生变化），采用年限平均法计提折旧。

韩会计对该项固定资产进行减值测试，确认其已经发生减值并对其计提了减值准备，同时重新按照账面价值以及尚可使用寿命计算确定折旧率和折旧额。假定 2021 年 12 月 31 日，原影响该固定资产计提减值准备的因素消失，预计该固定资产可收回金额上升。韩会计没有转回已经计提的固定资产减值损失，但同事黄会计认为，既然导致固定资产减值的因素已经消失，原计提的减值准备应予冲回，按照现行《企业会计制度》的规定，转回的固定资产减值损失不得超过原已计提数额，并无须重新计算折旧率和折旧额。那么，哪位会计的理解出错了呢？

韩会计没错，而是黄会计错了。黄会计错在对固定资产的三个重要概念——账面余额、账面净值、账面价值的理解，以及对已计提减值准备的固定资产如何处理上。按现行《企业会计制度》及《企业会计准则第 4 号——固定资产》的规定，固定资产的减值是指固定资产的可收回金额低于其账面价值的差额。账面价值是指某账户的账面余额减去相关备抵项目金额之后的净额。账面余额是指某账户的账面实际余额，不扣除作为该账户备抵项目（如累计折旧、相关资产的减值准备等）的余额。账面净值是指固定资产原值减去累计折旧后的差额。已计提减值准备的固定资产，应当按照该固定资产的账面价值（不是账面余额）以及尚可使用寿命重新计算确定折旧率和折旧额，但是因固定资产减值准备而调整固定资产折旧额时，对此前已计提的累计折旧不做调整。

当以前导致固定资产减值的各种因素发生变化，使得固定资产的可收回金额大于其账面价值时，以前期间已计提的资产减值损失不能转回，这是要会计人员谨慎对待资产减值，并防止企业利用资产减值对利润进行操纵。

思维导图

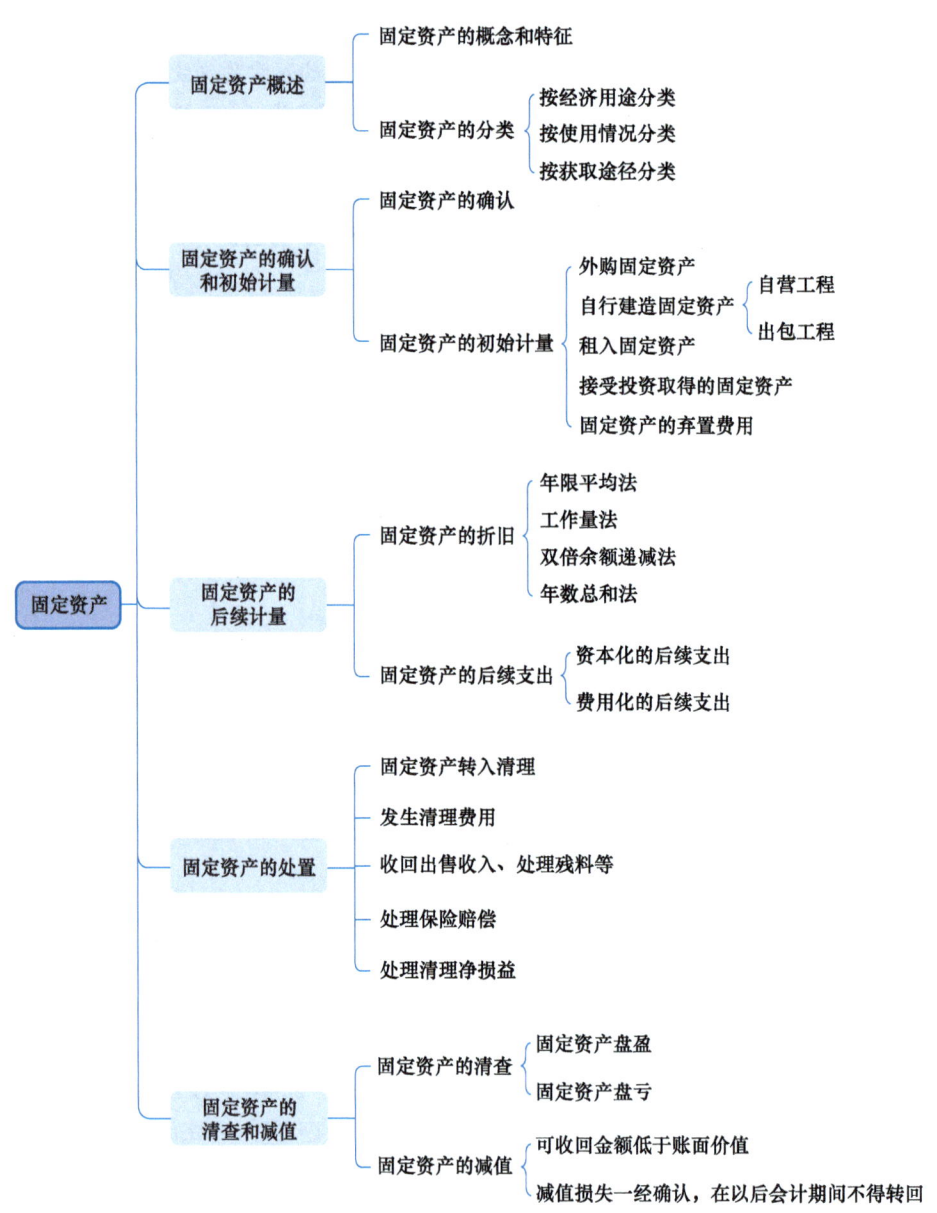

习 题

一、计算分析题

1. 玉利兴公司购入一项固定资产，入账价值为 40 万元，预计可使用年限为 5 年，预计净残值为 3 万元。玉利兴公司对该项固定资产采用双倍余额递减法计提折旧。

要求：（1）计算该项固定资产每年计提的折旧额。

（2）分析双倍余额递减法的特点。

（3）说明该项固定资产每年对当期损益的影响额。

2. 玉利兴公司有一幢厂房，原价为 800 万元，预计可使用 40 年，预计报废时的净残值率为 2%。玉利兴公司对该厂房采用直线法计提折旧。

要求：（1）计算该厂房的年折旧率和年折旧额。

（2）分析直线法的特点。

（3）说明该厂房每年对当期损益的影响额。

3. 玉利兴公司的一辆运货卡车的原价为 40 万元，预计总行驶里程为 50 万 km。预计报废时的净残值率为 4%，本月行驶 2 000km。玉利兴公司对该卡车采用工作量法计提折旧。

要求：（1）计算该卡车的月折旧额。

（2）分析工作量法的特点。

二、综合业务题

1. 玉利兴公司 2021 年发生如下经济业务：

（1）接受华宇公司投入一台生产用设备，该设备的原价为 90 000 元，已计提折旧 5 000 元，投资双方合同确认的价值为 65 000 元（假定是公允的），该设备已交付使用。

（2）一台设备因转产不再使用，准备出售（有活跃交易市场），设备原价为 200 000 元，已计提折旧 110 000 元，设备的公允价值为 80 000 元，估计处置费用为 12 000 元。

（3）购入一台不需要安装的生产用机器，以银行存款支付机器价款 60 000 元及增值税税额 7 800 元，同时支付运杂费 2 000 元，该机器已交付生产使用。

（4）盘盈设备一台，同类设备市场价格为 90 000 元，估计有六成新，对盘盈设备的处理已经批准。

（5）在财产清查中发现盘亏设备一台，该设备原价为 40 000 元，已计提折旧 10 000 元，已计提减值准备 2 000 元，经查明是由于员工李宪刚使用不当造成的毁损，应由过失人赔偿 10 000 元。

要求：根据上述经济业务编制玉利兴公司的有关会计分录。

2. 玉利兴公司为增值税一般纳税人，适用的增值税税率为 13%，购置了一台需要安装的生产用设备，与该设备有关的业务如下：

（1）2019 年 5 月 20 日，购入该设备供生产车间使用，增值税专用发票上注明的买价为 500 000 元，增值税税额为 65 000 元；另支付保险费及其他费用 20 000 元。该设备已交付本公司安装部门安装。

（2）安装设备时领用本公司生产用原材料一批，该批原材料的实际成本为 60 000 元。

（3）安装设备时领用本公司库存的产品一批，该批产品的实际成本为 200 000 元。

（4）领用本公司工程物资一批，价款为 100 000 元。

（5）计提安装工程人员应付工资及福利费 26 200 元，用银行存款支付其他安装费用 5 600 元。

（6）2019 年 6 月 30 日，安装工程结束，该设备随即投入使用，预计使用年限为 5 年，采用年数总和法计提折旧，预计净残值为 0。

（7）2020 年年末，对该设备进行减值测试，发现该设备的公允价值为 490 000 元，处置费用为 50 000 元，预计未来现金流量的现值为 500 000 元。计提减值后，剩余使用年限为 3 年，采用年限平均法计提折旧，预计净残值为 0。

（8）2021 年 12 月 31 日，由于经营方向的改变，玉利兴公司处置了该设备，收到的价款为 400 000 元，发生的相关清理费用为 3 000 元。

要求：

（1）编制王利兴公司 2019 年 5 月 20 日购建该设备的有关会计分录（"应交税费"科目要求写出明细科目）。

（2）计算 2019 年度及 2020 年度该设备应计提的折旧，并编制玉利兴公司 2019 年度及 2020 年度计提折旧的会计分录。

（3）计算 2020 年该设备应计提的减值，并编制相应的会计分录。

（4）计算 2021 年该设备应计提的折旧并编制相应的会计分录。

（5）编制 2021 年 12 月 31 日处置该设备的会计分录。

第七章

无形资产与长期待摊费用

本章导读

刘靓初为人母，感到非常幸福，可是孩子每个月的花销非常大。为了缓解经济压力，全职妈妈刘靓筹集资金加盟了"优家宝贝"品牌连锁，开了一家母婴连锁店。根据合同约定，刘靓需要向"优家宝贝"品牌方支付一笔数目不菲的加盟费。如果你是刘靓所开连锁店的会计，开店的加盟费应该如何进行会计核算？让我们开始本章的学习吧。

第一节 无形资产概述

/学习导读/

5G时代已经到来，我国的"华为"品牌因其在该领域的独特领先优势而傲视全球。华为所拥有的该项技术经过苦心研发而得，推动了全人类构建强大互联网世界的步伐，它能够为企业带来丰厚的收益。从会计角度看，该技术就属于华为的无形资产。什么是无形资产呢？通过本节的学习，你将对无形资产有更全面的认识。

一、无形资产的概念和特征

（一）概念

无形资产是指企业拥有或者控制的**没有**实物形态的**可辨认**非货币性资产。

📢 学习提示：商誉的存在无法与企业自身相分离，不具有可辨认性，不属于本章所介绍的无形资产。

（二）特征

无形资产主要具有以下特征：

1. 由企业拥有或控制并能为企业带来未来经济利益

无形资产作为一项资产，具有一般资产的本质特征，即由企业**拥有或者控制**并预期能为企业带来未来经济利益。

📢 学习提示：客户关系、人力资源等不应确认为无形资产，因为企业不能控制与之相关的未来经济利益的流入。

2. 不具有实物形态

无形资产是不具有实物形态的非货币性资产，通常表现为某种权利、某项技术或某种获取超额利润的综合能力，如商标权等。

3. 具有可辨认性

一项资源是否具有可辨认性，主要看其是否满足下列条件之一：

(1) 能够从企业中分离或者划分出来，并能单独或者与相关合同、资产或负债一起用于出售、转移、授予许可、租赁或者交换。

(2) 源自合同性权利或其他法定权利，无论这些权利是否可以从企业或其他权利和义务中转移或者分离。

4. 属于非货币性长期资产

(1) "非货币性"的确定。无形资产在持有过程中为企业带来的未来经济利益存在不确定性，不属于以固定或可确定的金额收取经济利益的资产，属于非货币性资产。

(2) "长期"的确定。无形资产能够在多个会计期间为企业带来经济利益，使用年限在一年以上，价值在各个收益期间分期摊销。

二、无形资产的内容

无形资产主要包括专利权、非专利技术、商标权、著作权、土地使用权和特许权等。

（一）专利权

专利权是指国家专利主管机关依法授予发明创造专利申请人对其发明创造在法定期限内所享有的专有权利，包括**发明专利权**、**实用新型专利权**和**外观设计专利权**。专利权持有者拥有的专利权受到《中华人民共和国专利法》的保护。

专利权并不能保证一定能够给持有者带来经济利益，随着科技的进步，原有的专利技术可能被更有经济价值的专利技术所取代，使原有专利技术的价值降低甚至遭受淘汰。

不是所有的专利权都能够予以资本化作为无形资产管理和核算，一般只有购入的或者自行开发并按法律程序申请的专利权，才可以作为无形资产管理和核算。

（二）非专利技术

非专利技术即专有技术或秘密技术、诀窍技术，是指先进的、未公开的、未申请专利的、可以带来经济效益的技术。非专利技术主要包括工业专有技术、商业贸易专有技术以及管理专有技术等。

> **学习提示**：王老吉凉茶的生产配方就属于非专利技术。

（三）商标权

商标是用来辨认特定的商品或劳务的标记，例如通过汽车的商标就可以辨认是哪个品牌的汽车，如图 7-1 所示。商标注册人享有商标专用权，受《中华人民共和国商标法》的保护。

企业为宣传自创并已注册登记的商标而发生的相关费用，应在发生时直接计入当期损益。企业如果购买他人的商标，一次性支出费用较大的，可以将购入商标的价款、支付的手续费及有关费用确认为商标权的成本。

图 7-1　汽车商标

（四）著作权

著作权又称为版权，是指作者对其创作的文学、科学和艺术作品依法享有的某些特殊权利，包括精神权利（人身权利）和经济权利（财产权利）。

（五）土地使用权

土地使用权是指国家准许某一企业或单位在一定期间内对国有土地进行开发、利用、经营的权利。在我国，土地属于国家或集体所有，任何单位和个人不得侵占、买卖或以其他形式非法转让土地，但土地使用权可以依法转让。

（六）特许权

特许权又称为经营特许权、专营权，是指企业在某一地区经营或销售某种特定商品的权利或是一家企业接受另一家企业使用其商标、商号、技术秘密等的权利，如烟草专卖权、连锁店的特许经营权等。

> **本节导读分析**：无形资产是指企业拥有或者控制的没有实物形态的可辨认非货币性资产，主要包括专利权、非专利技术、商标权、著作权、土地使用权和特许权等。

第二节　无形资产的账务处理

> **/学习导读/**
>
> 小陈是会计学专业的毕业生，目前就职于 A 房地产公司，从事会计工作。他还有另外一项技能——软件编程。某日，小陈受公司委托设计了一款专门的房地产成本核算软件，公司为此支付了 5 万元的软件研发费用，研发成功达到预定用途后，公司把该软件作为无形资产核算，入账成本为 5 万元。不久后，公司以 50 万元的价格把该软件销售给了另外一家房地产公司 C 公司，C 公司也将该软件作为无形资产核算，入账成本为 50 万元。同一个软件，在不同公司，入账成本却相差甚大，这两家公司的核算是否有误？让我们在本节的学习中寻找答案吧。

在计量无形资产之前，首先应对无形资产进行确认。《企业会计准则第 6 号——无形资产》规定无形资产在同时满足"**与该无形资产有关的经济利益很可能流入企业**"和"**该无形资产的成本能够可靠计量**"两个条件时，才能予以确认。

企业在判断与无形资产有关的经济利益是否很可能流入时，应当对无形资产在预计使用寿命内可能存在的各种经济因素做出合理估计，并且应当有明确证据支持。例如，合理估计企业的人力资源、硬件设备、材料是否充足，是否受到新产品、新技术的冲击等。

一、无形资产的科目设置及初始计量

（一）科目设置

企业应设置"无形资产""累计摊销""无形资产减值准备"等科目对无形资产进行会计核算。

1."无形资产"科目

"无形资产"科目核算企业持有无形资产的成本。该科目借方登记无形资产取得时的成本，贷方登记处置无形资产或转出无形资产的账面余额，期末余额在借方。

企业应当按照无形资产的项目设置明细科目进行核算。

2."累计摊销"科目

"累计摊销"科目是无形资产的调整科目，用于核算企业对使用寿命有限的无形资产计提的累计摊销。该科目贷方登记企业计提的无形资产的摊销额，借方登记处置无形资产或转出无形资产的累计摊销额，期末余额在贷方。

3."无形资产减值准备"科目

无形资产发生的减值应计入"无形资产减值准备"科目。该科目贷方登记计提的减值准备金额，借方登记出售无形资产时转销的减值准备金额。

> **学习提示**：《企业会计准则第 8 号——资产减值》规定，无形资产计提的减值是不能转

回的，只能在处置无形资产时转销已计提的减值准备。

（二）初始计量

无形资产通常按照实际成本进行初始计量，即以取得无形资产并使之达到预定用途所发生的全部支出作为无形资产的成本。无形资产的来源不同，其成本构成也不同。

1. 外购无形资产

外购无形资产的成本包括购买价款、相关税费以及直接归属于使该项无形资产达到预定用途所发生的其他支出。

直接归属于使该项无形资产达到预定用途所发生的其他支出包括使无形资产达到预定用途所发生的专业服务费用、测试无形资产是否能够正常发挥作用的费用等。

下列内容不包括在无形资产的初始成本中：

（1）为引入新产品进行宣传发生的广告费、管理费用和其他间接费用。

（2）无形资产达到预定用途后所发生的其他支出。

📖 **学习提示**：相关税费不包含可以从增值税销项税额中抵扣的增值税进项税额。

企业外购无形资产时，应借记"无形资产"科目，取得增值税专用发票的，还应借记"应交税费——应交增值税（进项税额）"科目，未取得增值税专用发票的，应将价税合计金额作为无形资产的成本，按支付的价款贷记"银行存款"等科目。

具体会计分录如下：

借：无形资产
　　应交税费——应交增值税（进项税额）
　贷：银行存款等

【例7-1】 玉利兴公司为增值税一般纳税人，购入一项专利权，取得增值税专用发票注明的价款为1 000万元，增值税税额为60万元，款项以银行存款付讫。

要求：编制玉利兴公司该笔业务的会计分录。

【答案】

玉利兴公司应编制如下会计分录：

借：无形资产——专利权　　　　　　　　　　　　　　　　　　　10 000 000
　　应交税费——应交增值税（进项税额）　　　　　　　　　　　　　600 000
　贷：银行存款　　　　　　　　　　　　　　　　　　　　　　　　10 600 000

购买无形资产的价款超过正常信用条件延期支付，实质上具有融资性质的，无形资产的初始成本以购买价款的现值为基础确定。实际支付的价款与购买价款的现值之间的差额作为未确认融资费用，应当在付款期间内采用实际利率法进行摊销，摊销金额除满足借款费用资本化条件应当计入无形资产成本的外，均应当在信用期间内计入当期损益（财务费用）。

2. 自行研发无形资产

对于企业内部自行进行的无形资产研发项目所发生的支出，应当区分研究阶段支出与开发阶段支出分别进行核算。

（1）研究阶段支出。对于企业内部自行进行的无形资产研发项目，研究阶段的有关支出，应当在发生时全部费用化，计入当期损益（管理费用）。

（2）开发阶段支出。对于企业内部自行进行的无形资产研发项目，开发阶段的支出同时满足下列条件的可以资本化，确认为无形资产，否则应当计入当期损益（管理费用）：①完成该无形资产以使其能够使用或出售，在技术上具有可行性；②具有完成该无形资产并使用或出售的意图；③具有该无形资产产生经济利益的证明，包括能够证明运用该无形资产生产的产品存在市场或无形资产自身存在市场，无形资产将在内部使用的，应当证明其有用性；④有足够的**技术、财务资源**和**其他资源**支持，以完成该无形资产的开发，并有能力使用或出售该无形资产；⑤归属于该无形资产开发阶段的**支出能够可靠地计量**。

研发支出的阶段划分及账务处理如图 7-2 所示。

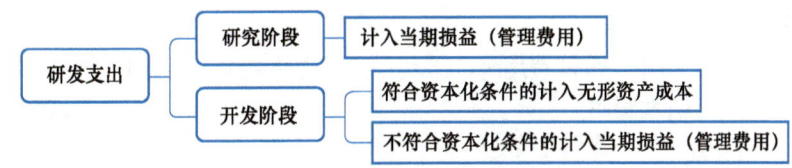

图 7-2 研发支出的阶段划分及账务处理

不满足资本化条件的研发支出，应借记"研发支出——费用化支出"科目，满足资本化条件的研发支出，借记"研发支出——资本化支出"科目，贷记"原材料""银行存款""应付职工薪酬"等科目，取得增值税专用发票的还应借记"应交税费——应交增值税（进项税额）"科目。期（月）末，应当将"研发支出——费用化支出"科目金额转入"管理费用"科目。达到预定用途形成无形资产时，应借记"无形资产"科目，贷记"研发支出——资本化支出"科目。

具体会计分录如下：
借：研发支出——费用化支出（不满足资本化条件）
　　　　　　——资本化支出（满足资本化条件）
　　应交税费——应交增值税（进项税额）
　贷：原材料
　　　银行存款
　　　应付职工薪酬等
借：管理费用——研发费用
　贷：研发支出——费用化支出
借：无形资产
　贷：研发支出——资本化支出

📢 **学习提示**：利润表中的"研发费用"项目，反映企业进行研究与开发过程中发生的费用化支出，以及计入管理费用的自行开发无形资产的摊销。该项目应根据"管理费用"科目下的"研发费用"明细科目的发生额以及"管理费用"科目下的"无形资产摊销"明细科目的发生额分析填列。

📢 **学习提示**：企业**无法可靠区分**研究阶段支出和开发阶段支出的，应将发生的研发支出**全部费用化**，计入当期损益，这是遵循谨慎性原则的体现。

【例 7-2】 玉利兴公司的董事会于 2021 年 4 月初批准自行研究开发一项新专利技术，2021 年年末，该项研究发生的材料费用为 500 万元，人工费用为 378 万元，计提的专用设备折旧为 22 万元，支付的其他费用为 50 万元，总计 950 万元，其中符合资本化条件的开发支出为 750 万元。需支付的款项以银行存款付讫，该项新专利技术尚未达到预定用途。

要求：计算玉利兴公司应记入"研发支出——费用化支出"科目的金额，并编制该业务的会计分录。

【答案】
应记入"研发支出——费用化支出"科目的金额为 950−750 = 200（万元）。

① 发生研发支出时，玉利兴公司应编制如下会计分录：

借：研发支出——费用化支出　　　　　　　　　　　　　　2 000 000
　　　　　　——资本化支出　　　　　　　　　　　　　　7 500 000
　　贷：原材料　　　　　　　　　　　　　　　　　　　　5 000 000
　　　　应付职工薪酬　　　　　　　　　　　　　　　　　3 780 000
　　　　累计折旧　　　　　　　　　　　　　　　　　　　　220 000
　　　　银行存款　　　　　　　　　　　　　　　　　　　　 50 000

② 月末将费用化支出转入管理费用时，玉利兴公司应编制如下会计分录：

借：管理费用——研发费用　　　　　　　　　　　　　　　2 000 000
　　贷：研发支出——费用化支出　　　　　　　　　　　　2 000 000

【例 7-3】 承上例，玉利兴公司 2022 年 1 月发生与新专利技术开发有关的材料费用 172.2 万元，人工费用 150 万元，专用设备折旧 7.8 万元，上述费用全部满足资本化条件，月末，该项专利技术研发成功并达到预定用途。

要求：计算玉利兴公司该项无形资产的入账价值，并编制相应的会计分录。

【答案】

无形资产的入账价值为 750+172.2+150+7.8 = 1 080（万元）。

发生研发支出时，玉利兴公司应编制如下会计分录：

借：研发支出——资本化支出　　　　　　　　　　　　　　3 300 000
　　贷：原材料　　　　　　　　　　　　　　　　　　　　1 722 000
　　　　应付职工薪酬　　　　　　　　　　　　　　　　　1 500 000
　　　　累计折旧　　　　　　　　　　　　　　　　　　　　 78 000

达到预定用途，形成无形资产时，玉利兴公司应编制如下会计分录：

借：无形资产——专利权　　　　　　　　　　　　　　　 10 800 000
　　贷：研发支出——资本化支出　　　　　　　　　　　 10 800 000

📢 **学习提示**："研发支出"属于成本类科目，"研发支出——资本化支出"明细科目期末余额填列在资产负债表的"开发支出"项目中。

3．投资者投入无形资产

企业收到投资者投入的无形资产，应当按照投资合同或协议约定的价值确定无形资产的入账价值，但合同或协议约定价值不公允的，应按无形资产的公允价值入账。

4．土地使用权

企业取得的土地使用权，通常应当按照取得时所支付的价款及相关税费确认为无形资产。

用于自行开发建造厂房等地上建筑物时，土地使用权的账面价值不与地上建筑物合并计算成本，而仍作为无形资产进行核算，并与地上建筑物分别进行摊销和计提折旧。但下列情况除外：

（1）房地产开发企业取得的土地使用权用于建造对外出售的房屋建筑物的，相关土地使用权应当计入所建造的房屋建筑物的成本（开发成本）。

（2）企业外购房屋建筑物所支付的价款中包括土地使用权和建筑物价值的，应当对实际支付的价款按照合理的方法（例如公允价值相对比例）在土地使用权与地上建筑物之间进行分配；如果确实无法在土地使用权与地上建筑物之间进行合理分配的，应当全部作为固定资产，按照固定资产确认和计量的原则进行会计处理。

5．通过政府补助取得无形资产

企业通过政府补助取得的无形资产的成本应当按照公允价值计量，公允价值不能可靠取得的，按照名义金额计量。

二、无形资产的后续计量

（一）估计无形资产使用寿命应考虑的因素

企业取得无形资产，首先应当对无形资产的使用寿命进行判断，将其分为**使用寿命有限的**无形资产和使用寿命不确定的无形资产。

使用寿命有限的无形资产，**应当估计**该无形资产使用寿命的年限或者构成使用寿命的产量等类似计量单位的数量；**无法预见**无形资产为企业带来经济利益期限的，应当视为**使用寿命不确定**的无形资产。

在估计无形资产的使用寿命时通常应考虑下列因素：

（1）运用该无形资产生产的产品通常的寿命周期、可获得的类似无形资产使用寿命的信息。

（2）技术、工艺等方面的现实情况及对未来发展趋势的估计。

（3）该无形资产在行业运用的稳定性和生产的产品或服务的市场需求情况。

（4）现在或潜在的竞争者预期将采取的行动。

（5）为维持该无形资产产生未来经济利益能力的预期维护支出，以及企业预计支付有关支出的能力。

（6）对该无形资产的控制期限以及对该无形资产使用的相关法律规定或类似限制，如特许使用期、租赁期等。

（7）与企业持有的其他资产使用寿命的关联性等。

（二）无形资产使用寿命的确定

（1）源自**合同性权利**或**其他法定权利**取得的无形资产，使用寿命**不应超过**合同性权利或其他法定权利**规定的期限**。但如果企业使用无形资产的**预期期限短于**合同性权利或其他法定权利规定的期限的，则应当按照企业**预期使用的期限**来确定其使用寿命。如果合同性权利或其他法定权利能够在到期时**因续约等原因延续**，则仅当有证据表明企业续约**不需要付出重大成本**时，**续约期才能够包括在**使用寿命的估计当中。

📢 **学习提示**：无形资产使用寿命的确定应遵循"孰短"原则。

（2）**没有明确的**合同或法律规定无形资产的使用寿命的，企业应当**综合各方面情况**来确定无形资产为企业**带来**未来经济利益的**期限**。

（3）经过上述程序**仍无法合理确定**无形资产为企业带来经济利益的期限的，才能将该无形资产作为**使用寿命不确定**的无形资产。

（三）无形资产使用寿命的复核

（1）企业至少应当于**每年年度终了**对使用寿命有限的无形资产的**使用寿命**进行复核，如果有证据表明无形资产的使用寿命**不同于以前的估计**，则对于使用寿命有限的无形资产，应改变其摊销期限，并按照**会计估计变更**进行处理。

（2）企业应当于每个会计期末对**使用寿命不确定**的无形资产的使用寿命进行复核，如果有证据表明其**使用寿命是有限的**，则应视为**会计估计变更**，并按使用寿命有限的无形资产的处理原则进行会计处理。

（四）无形资产的摊销

企业对于使用寿命不确定的无形资产不进行摊销，而对于使用寿命有限的无形资产，应当在其预计使用寿命内采用系统、合理的方法对应摊销金额进行摊销。

1. 应摊销金额

无形资产应摊销金额是指无形资产的成本**扣除残值**后的金额。已计提减值准备的无形资产，还应扣除已计提的无形资产减值准备累计金额。

使用寿命有限的无形资产的残值一般为零,但是有第三方承诺在其使用寿命结束时购买该无形资产或在活跃市场能够得到预计残值信息,且使用寿命结束时该无形资产的残值信息很可能存在的情况除外。

2. 摊销期和摊销方法

(1) 摊销期。无形资产的摊销期自其可供使用(即其达到预定用途)当月起开始,处置当月不再摊销。

📕 **学习提示**:无形资产的摊销规则是当月增加的无形资产当月开始摊销,当月减少的无形资产当月不再摊销;固定资产折旧的计提规则是当月增加的固定资产当月不提折旧,当月减少的固定资产当月仍计提折旧,下月不再计提。

(2) 摊销方法。无形资产的摊销方法包括年限平均法(即直线法)、生产总量法(即产量法)等。

企业选择的无形资产摊销方法,应当能够反映与该项无形资产有关的经济利益的预期消耗方式。无法可靠确定其预期消耗方式的,应当采用年限平均法进行摊销。企业应当按月对无形资产进行摊销。

3. 无形资产摊销的会计处理

无形资产的摊销金额一般应计入当期损益。管理用的无形资产,摊销金额应计入管理费用;出租的无形资产,摊销金额应计入其他业务成本;某项无形资产包含的经济利益通过所生产的产品或其他资产实现的,摊销金额应计入相关资产成本。

无形资产摊销时应借记"管理费用""其他业务成本""生产成本""制造费用"等科目,贷记"累计摊销"科目。

具体会计分录如下:

借:管理费用
　　其他业务成本
　　生产成本
　　制造费用等
　　贷:累计摊销

三、无形资产的减值

对于使用寿命不确定的无形资产,在持有期间内不需要进行摊销,但应当至少在每个会计期末按照《企业会计准则第 8 号——资产减值》的有关规定进行减值测试。

如果经过减值测试表明无形资产确已发生减值,则需要将无形资产的账面价值减记至可收回金额,可收回金额低于账面价值的部分确认为资产减值损失,计入当期损益,同时计提相应的资产减值准备。按照应减记的金额,借记"资产减值损失——计提的无形资产减值准备"科目,贷记"无形资产减值准备"科目。

具体会计分录如下:

借:资产减值损失——计提的无形资产减值准备
　　贷:无形资产减值准备

企业无形资产的资产减值损失一经确认,在以后会计期间不得转回。

📕 **学习提示**:企业固定资产、无形资产的减值损失一经确认,在以后会计期间也不得转回。但是存货和应收款项的减值损失可以转回。

无形资产账面净值 = 无形资产原价 – 累计计提的摊销
无形资产账面价值 = 无形资产原价 – 累计计提的摊销 – 计提的减值准备

四、无形资产的处置

无形资产的处置主要是指无形资产的**对外出租、出售、报废**，或者无法为企业带来未来经济利益时的**转销及终止确认**。

（一）无形资产的出租

企业让渡无形资产使用权取得租金收入时，应借记"银行存款"等科目，贷记"其他业务收入"等科目；摊销无形资产成本和发生与转让有关的各种费用支出时，应借记"其他业务成本""税金及附加"等科目，贷记"累计摊销""应交税费"等科目。

具体会计分录如下：
借：银行存款
　　贷：其他业务收入等
借：其他业务成本
　　税金及附加等
　　贷：累计摊销
　　　　应交税费等

【例 7-4】 玉利兴公司将自行开发的专利权出租给诚意公司，租赁方式为经营租赁。该专利权的成本为 1 080 万元，预计使用年限为 10 年，无残值，玉利兴公司对该项专利权采用直线法按月进行摊销。

要求：计算玉利兴公司该项专利权每月的摊销金额并编制会计分录。

【答案】
每月的摊销金额为 1 080÷10÷12=9（万元）。
玉利兴公司应编制如下会计分录：
借：其他业务成本　　　　　　　　　　　　　　　　　　　　　　　90 000
　　贷：累计摊销　　　　　　　　　　　　　　　　　　　　　　　　90 000

（二）无形资产的出售

企业出售无形资产，应当将取得的价款扣除该无形资产的账面价值以及出售相关税费后的差额作为**资产处置损益**进行会计处理。

出售无形资产时，企业应按实际收到或应收的金额等，借记"银行存款""其他应收款"等科目，按已计提的累计摊销，借记"累计摊销"科目，按已计提的减值准备，借记"无形资产减值准备"科目，按实际支付的相关费用可抵扣的进项税额，借记"应交税费——应交增值税（进项税额）"科目；按实际支付的相关费用，贷记"银行存款"等科目；按无形资产的账面余额，贷记"无形资产"科目，按照开具增值税专用发票注明的增值税税额，贷记"应交税费——应交增值税（销项税额）"科目，按其差额，贷记或借记"资产处置损益"科目。

具体会计分录如下：
借：银行存款（实际收到的金额）
　　其他应收款（应收的金额）
　　累计摊销（已计提的摊销金额）
　　无形资产减值准备（已计提的减值准备）
　　应交税费——应交增值税（进项税额）

  贷：银行存款（实际支付的金额）
    无形资产（账面余额）
    应交税费——应交增值税（销项税额）
    资产处置损益（差额，也可能在借方）

【例 7-5】 玉利兴公司将自行开发的专利权出售给宏达公司，开具的增值税专用发票上注明的价款为 1 000 万元，增值税税额为 60 万元，款项 1 060 万元已银行收讫。该专利权的成本为 1 080 万元，已累计摊销 108 万元，未发生减值。

要求：计算玉利兴公司应记入"资产处置损益"科目的金额并编制会计分录。

【答案】

记入"资产处置损益"科目的金额为 1 000−（1 080−108）=28（万元）。

玉利兴公司应编制如下会计分录：

借：	银行存款	10 600 000
	累计摊销	1 080 000
贷：	无形资产	10 800 000
	应交税费——应交增值税（销项税额）	600 000
	资产处置损益	280 000

（三）无形资产的报废

如果无形资产预期不能为企业带来未来经济利益，则不再符合资产的定义，应将其报废并**予以转销**，并将其账面价值**转入当期损益**。

【例 7-6】 玉利兴公司内部研发成功一项新专利技术，取代了原有的专利技术。根据市场调研，原有专利技术生产的产品已没有市场，预期不能再为企业带来任何经济利益。该项原有专利技术的成本为 1 080 万元，已累计摊销 972 万元，累计计提减值准备 100 万元，残值为 0，不考虑其他因素。

要求：编制玉利兴公司的相关会计分录。

【答案】

玉利兴公司应编制如下会计分录：

借：	累计摊销	9 720 000
	无形资产减值准备——专利技术	1 000 000
	营业外支出——处置非流动资产损失	80 000
贷：	无形资产——专利技术	10 800 000

  本节导读分析：A 公司和 C 公司把核算软件作为无形资产核算都是正确的，入账成本也准确。A 公司是自行研发无形资产，5 万元符合资本化条件，故无形资产初始确认成本为 5 万元。C 公司通过购买获得该无形资产，为此付出了 50 万元相关支出，入账成本为 50 万元也是正确的。

  知识小结：

1. 自行研究开发无形资产初始计量的总结见表 7-1。

表 7-1　自行研究开发无形资产初始计量的总结

	资本化支出	费用化支出

发生支出时的会计分录	借：研发支出——**资本化支出**
	  贷：原材料
	    银行存款
	    应付职工薪酬等
		借：研发支出——**费用化支出**
		  贷：原材料
		    银行存款
		    应付职工薪酬等

第七章　无形资产与长期待摊费用

（续）

	资本化支出	费用化支出
结转时间及结转时的会计分录	达到预定用途时结转： 借：无形资产 　　贷：研发支出——资本化支出	每期期末结转： 借：管理费用 　　贷：研发支出——费用化支出
列报要求	资产负债表日可以有余额，列报在"开发支出"项目内	研发费用列报于利润表"研发费用"项目内

2．无形资产后续计量的总结如图 7-3 所示。

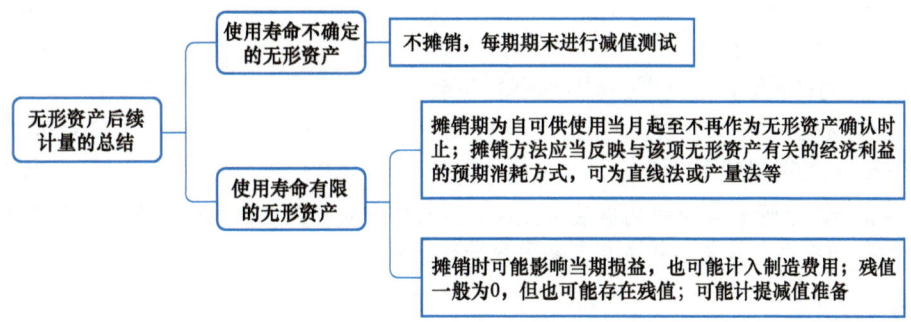

图 7-3　无形资产后续计量的总结

第三节　长期待摊费用

/学习导读/

A 公司因业务发展需要从 B 公司租入一条生产线，租期为 3 年。此外，为了提高产品质量和产品科技含量，A 公司对其计算机集成制造系统进行了改造，花费了 10 万元。A 公司把这 10 万元改造费用作为"管理费用"进行核算。A 公司的做法是否正确？让我们开始本节的学习吧。

一、长期待摊费用的内容

长期待摊费用是指企业本期发生但应由本期和以后各期负担的，分摊期限在 1 年以上（不含 1 年）的各项费用，如以租赁方式租入的使用权资产发生的改良支出等。

二、长期待摊费用的核算

企业应通过"长期待摊费用"科目对长期待摊费用进行核算，以反映长期待摊费用的发生及摊销情况。"长期待摊费用"可按费用项目进行明细核算。

（一）发生长期待摊费用

企业发生长期待摊费用时，应借记"长期待摊费用"科目，取得可在当期抵扣的增值税进项税额时，借记"应交税费——应交增值税（进项税额）"科目，贷记"原材料""银行存款"等科目。

（二）摊销长期待摊费用

企业摊销长期待摊费用时，应借记"管理费用""销售费用"等科目，贷记"长期待摊费用"科目。

"长期待摊费用"科目期末为**借方余额**，反映企业尚未摊销完毕的长期待摊费用。

【例7-7】 玉利兴公司于2021年5月1日对以租赁方式租入的办公楼进行改建，领用生产用材料100万元，发生的人工费用为50万元。6月30日，该办公楼改建完工，达到预定可使用状态，按租期5年进行摊销，不考虑相关税费等其他因素。

要求：编制玉利兴公司的相关会计分录。

【答案】

发生待摊费用时，玉利兴公司应编制如下会计分录：

借：长期待摊费用	1 500 000
贷：原材料	1 000 000
应付职工薪酬	500 000

2021年7月摊销时，玉利兴公司应编制如下会计分录：

借：管理费用	25 000
贷：长期待摊费用	25 000

❋ **本节导读分析**：A公司的做法不正确。以租赁方式租入的固定资产发生的改良支出应该作为"长期待摊费用"核算，并在相应期间内进行分摊。

本章导读分析

企业依照签订的合同，有限期或无限期使用另一家企业的某些要素，如连锁店使用总店的名称等，属于无形资产中特许权的内容。由此可见，刘靓所在连锁店支付的加盟费应按照无形资产进行会计核算，并于取得无形资产的当月在使用期限内进行摊销。如果刘靓所在连锁店加盟的期限有限，那么应当在取得加盟特许权时分析判断其使用寿命，在使用寿命期限内分期摊销。使用寿命无法确定的，不进行摊销，但应至少在每个会计期末进行减值测试。

实务案例

L公司是一家非常著名的互联网公司。自2010年上市以来，L公司创始人通过定增、发债、股权质押、风险投资等多种手法累计筹资超过725亿元。为了筹集资金，L公司创始人一直虚增该公司的营业收入和利润，虚假的利润，只能靠资产来掩饰，这其中就包括数额巨大的无形资产。L公司对无形资产采用直线法摊销，而同类知名公司都是对影视作品采用加速摊销法。截至2016年年底，L公司无形资产的数额是68亿元，而且是在3年间从26亿元增长到68亿元，年复合增长率达到38%。

L公司对无形资产的处理还有一个"妙招"：费用资本化。L公司把研发支出的60%都确认为资产，这也是造成无形资产数额庞大的原因。越来越多的无形资产，以后怎么办？不要忘了还有减值测试。L公司深谙此道，通过减值测试达到"毁尸灭迹"的效果。

2021年4月，L公司公布了2020年年报，公告当年巨亏139亿元，市场一片哗然。其中，计提各项资产减值损失108亿元，无形资产减值损失33亿元，一下把多年虚增的巨额无形资产冲销，虚增的无形资产几乎全部"消化"。

L公司滥用无形资产确认条件和无形资产摊销方法，从而虚构了大量的无形资产。无形资产研发分为研究阶段和开发阶段，只有开发阶段符合资本化条件的支出才可以资本化，而L公司把本该费用化的支出大量资本化，从而虚增了无形资产的价值。对于影视版权，业内都是采用加速摊销法进行摊销，这是符合影视作品预期消耗方式的,而 L 公司又选择了直线法对影视版权进行摊销,使得本该摊销的无形资产滞留账上,进一步虚增无形资产。虚增无形资产虽达到了筹资目的,但是无形资产过高对于企业可持续发展来讲无疑是一个隐患。于是 L 公司又乱用减值,妄图把无形资产毁灭,最终受到应有的处罚。会计人员对于无形资产的确认和减值一定要坚持谨慎性原则,严禁滥用减值操纵利润。

思维导图

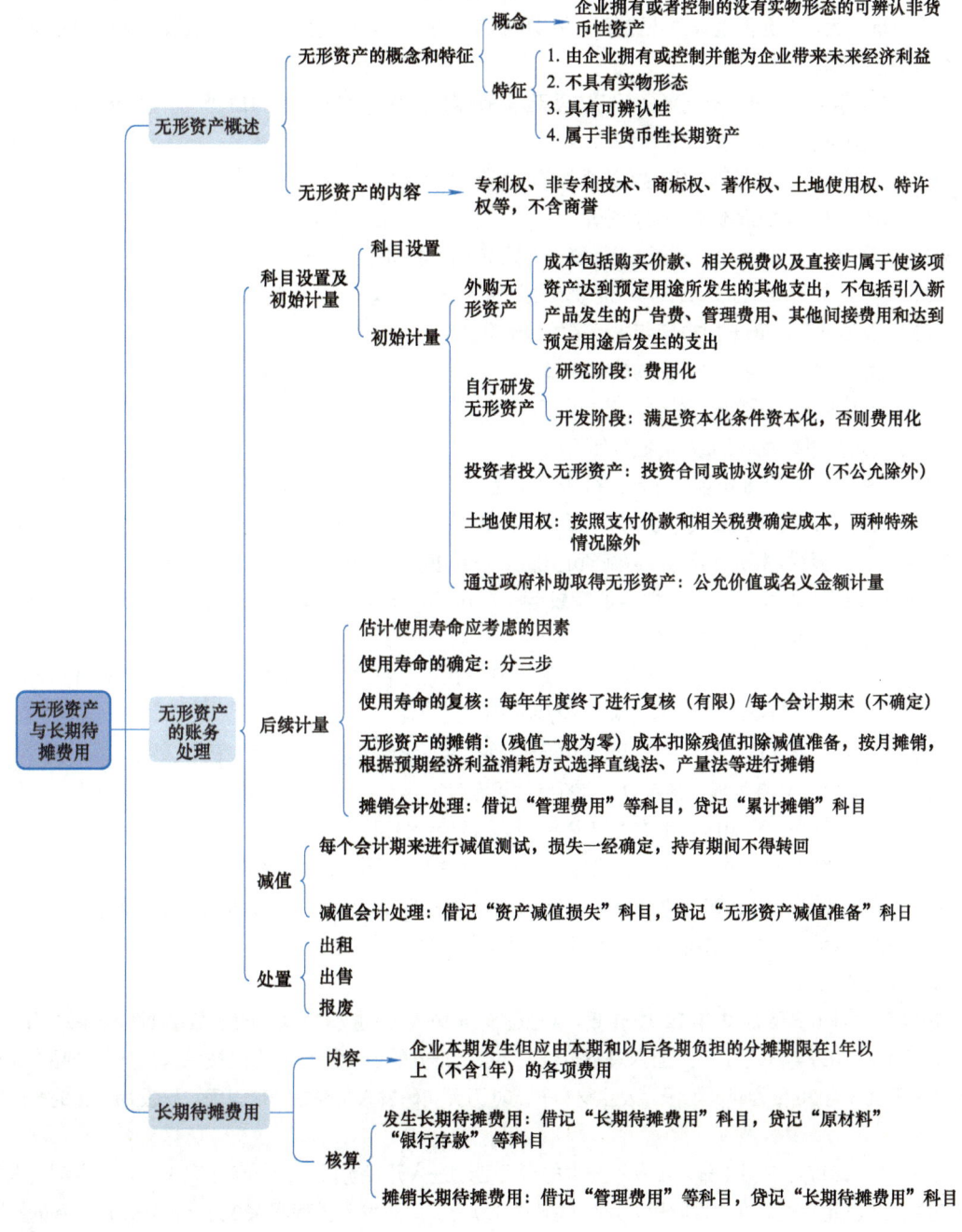

习　题

一、计算分析题

1. 玉利兴公司 2018 年至 2021 年与无形资产业务有关的资料如下：

（1）2018 年 12 月 3 日，以银行存款 540 万元购入一项无形资产用于企业管理。预计该项无形资产的使用年限为 10 年，采用直线法摊销。

（2）2020 年 12 月 31 日，玉利兴公司对该项无形资产进行减值测试，该项无形资产的预计未来现金流量现值是 345 万元，公允价值减去处置费用后的净额为 380 万元。计提减值准备后该项无形资产的使用年限及摊销方法不变。

（3）2021 年 4 月 1 日，玉利兴公司将该项无形资产对外出售，取得价款 413 万元并收存银行。

（4）假设不考虑交易产生的相关税费。

要求：完成如下业务处理（答案中的金额单位用元表示）：

（1）编制购入该项无形资产的会计分录。

（2）计算 2018 年 12 月 31 日该项无形资产的摊销金额并编制会计分录。

（3）计算 2019 年 12 月 31 日该项无形资产的账面价值。

（4）计算该项无形资产 2020 年年末计提的减值准备金额并编制会计分录。

（5）计算 2021 年无形资产计提的摊销金额。

（6）编制该项无形资产出售的会计分录。

2. 玉利兴公司有关无形资产的业务如下：

（1）玉利兴公司 2018 年年初开始自行研究开发一项管理用专利技术，在研发过程中发生材料费 300 万元、人工工资 100 万元以及其他费用 50 万元，共计 450 万元，其中，符合资本化条件的支出为 300 万元；2019 年 1 月专利技术研发成功，达到预定用途。不考虑相关税费。

对于该项专利技术，相关法律规定的有效年限为 10 年，玉利兴公司估计该项专利技术的预计使用年限为 12 年，采用直线法对其进行摊销。

（2）2020 年 12 月 31 日，由于市场发生不利变化，该项专利技术发生减值，玉利兴公司预计其可收回金额为 160 万元。该项专利技术减值后摊销年限和摊销方法不变。

（3）2021 年 4 月 5 日，玉利兴公司出售该项专利技术，收到价款 120 万元，已存入银行。

要求：完成如下业务处理（答案中的金额单位用元表示）：

（1）编制玉利兴公司 2018 年度有关研发专利技术的会计分录。

（2）编制玉利兴公司 2019 年摊销该项专利技术的相关会计分录（假定按年摊销）。

（3）计算玉利兴公司 2020 年对该项专利技术应该计提的减值金额并编制计提减值准备的会计分录。

（4）编制玉利兴公司 2021 年与该项专利技术相关的会计分录。

二、综合业务题

2017 年 1 月 1 日至 2021 年 12 月 31 日，与玉利兴公司 A 专利技术相关的交易或事项的资料如下：

资料一：2017 年 1 月 1 日，玉利兴公司经董事会批准开始自行研发 A 专利技术以生产新产品。2017 年 1 月 1 日至 6 月 30 日为研究阶段，发生材料费 500 万元，研发人员薪酬 300 万元，研发用设备的折旧费 200 万元。

资料二：2017 年 7 月 1 日，A 专利技术的研发活动进入开发阶段。2018 年 1 月 1 日，A 专利技术研发成功并达到预定用途。在开发阶段，发生材料费 800 万元，研发人员薪酬 400 万元，研发用设备的折旧费 300 万元，上述研发支出均满足资本化条件。玉利兴公司预计 A 专利技术的使用寿命为 10 年，预计残值为零，按年采用直线法摊销。

资料三：2019 年 12 月 31 日，A 专利技术出现减值迹象。经减值测试，A 专利技术的可收回金额为 1 000 万元，预计尚可使用 5 年，预计残值为零，仍按年采用直线法摊销。

资料四：2021 年 12 月 31 日，玉利兴公司以 450 万元将 A 专利技术对外出售，价款已收存银行。

不考虑增值税等相关费用及其他因素。

要求：完成如下业务处理（"研发支出"科目应写出必要的明细科目，答案中的金额单位用万元表示）：

（1）编制玉利兴公司 2017 年 1 月 1 日至 6 月 30 日研发 A 专利技术时发生相关支出的会计分录。

（2）编制玉利兴公司 2018 年 1 月 1 日 A 专利技术达到预定用途时的会计分录。

（3）计算玉利兴公司 2018 年度 A 专利技术应摊销的金额，并编制相关会计分录。

（4）计算玉利兴公司 2019 年 12 月 31 日对 A 专利技术应计提减值准备的金额，并编制相关会计分录。

（5）计算玉利兴公司 2021 年 12 月 31 日对外出售 A 专利技术应确认的损益金额，并编制相关会计分录。

第八章

流动负债

本章导读

A企业是一家玩具制造厂，在企业运营过程中会发生负债的情况。例如，因生产需要向银行借入借款，同时产生借款利息；购买材料有时需要延期付款，产生各种应付款项；赚取了利润要进行分配，产生应付股利；职工当月工资未发放，产生应付职工薪酬；发生各种应税行为时，产生应交税费。A企业的上述负债属于哪一类负债？该类负债具有什么特点？举借该类负债的目的是什么？本章将讲述企业的流动负债。

第一节 短期借款

学习导读

甲公司是一家制衣厂，由于信用良好，产品质量过硬，连续承接了几个大订单。为了扩大生产，甲公司以企业厂房为抵押向银行借入一笔期限为6个月的借款，合同约定到期一次还本付息。对于该笔借款，甲公司应如何进行会计核算？

一、短期借款的概念

短期借款是指企业向银行或其他金融机构等借入的期限在 1 年以下（含 1 年）的各种款项。短期借款一般是企业为了满足正常生产经营所需的资金或者是为了抵偿某项债务而借入的款项。

短期借款的债权人不仅可以是银行，还可以是其他非银行金融机构或其他单位和个人。

二、短期借款的核算

（一）科目设置

企业借入的短期借款，无论用于哪个方面，只要借入了这项资金，就构成一项流动负债。企业应通过"短期借款"科目核算短期借款的取得、偿还等情况。该科目的贷方登记取得借款本金的金额，借方登记偿还借款的本金金额，余额在贷方，反映企业尚未偿还的短期借款金额。"短期借款"科目可按照借款的种类、借款人和币种设置明细科目进行明细核算。

（二）账务处理

1. 借入短期借款

企业从银行或者其他金融机构取得短期借款时，应借记"银行存款"科目，贷记"短期借款"科目。具体会计分录如下：

借：银行存款
　　贷：短期借款

企业取得短期借款应向借款机构支付利息,如果短期借款利息是按超过 1 个月的期限支付的,如按季度支付利息,或利息是在借款到期时连同本金一起归还并且**数额较大**的,企业应当采用**月末计提方式**进行短期借款利息的核算。计提时借记"财务费用"科目,贷记"应付利息"科目;实际支付时借记"应付利息"科目,贷记"银行存款"科目。

具体会计分录如下:

(1) 计提时:

借:财务费用
　　贷:应付利息

(2) 支付时:

借:应付利息
　　贷:银行存款

如果企业的短期借款利息是按月支付的,或者利息在借款到期时连同本金一起归还,但是利息的**数额不大**,可以不采用月末计提方式,而在实际支付或收到银行的计息通知时,**直接计入当期损益**,借记"财务费用"科目,贷记"银行存款"科目。

具体会计分录如下:

借:财务费用
　　贷:银行存款

📢 **学习提示**:短期借款计提利息通过"应付利息"科目核算,不通过"短期借款"科目核算,计提利息不影响短期借款的账面价值。

2. 归还短期借款

借入的短期借款到期时应及时归还。如果到期只偿还本金,应借记"短期借款"科目,贷记"银行存款"科目。

具体会计分录如下:

借:短期借款
　　贷:银行存款

如果到期时利息连同本金一起偿还,除偿还本金的分录外,还应借记"应付利息"(已计提)或"财务费用"(未计提)科目,贷记"银行存款"科目。

具体会计分录如下:

借:应付利息/财务费用
　　贷:银行存款

【例 8-1】 2021 年 1 月 1 日,玉利兴公司向银行借入资金 350 万元用于生产经营,借款期限为 3 个月,年利率为 6%,根据与银行签署的借款协议,该借款到期一次还本付息,利息按月计提。

要求:编制玉利兴公司相关业务的会计分录。

【答案】

①1 月 1 日借入短期借款时,玉利兴公司应编制如下会计分录:

借:银行存款　　　　　　　　　　　　　　　　　　　　　　　　3 500 000
　　贷:短期借款　　　　　　　　　　　　　　　　　　　　　　　　3 500 000

②1 月末,计提利息时,玉利兴公司应编制如下会计分录:

借:财务费用(3 500 000×6%÷12=17 500)　　　　　　　　　　　　17 500
　　贷:应付利息　　　　　　　　　　　　　　　　　　　　　　　　17 500

③2月末，计提利息时，玉利兴公司应编制如下会计分录：
借：财务费用 17 500
　　贷：应付利息 17 500
④3月末，计提利息时，玉利兴公司应编制如下会计分录：
借：财务费用 17 500
　　贷：应付利息 17 500
⑤到期偿还本息时，玉利兴公司应编制如下会计分录：
借：短期借款 3 500 000
　　应付利息（17 500×3=52 500） 52 500
　　贷：银行存款 3 552 500

玉利兴公司也可以不进行第3个月利息的计提，而在实际支付时直接计入"财务费用"科目，会计分录如下：
借：短期借款 3 500 000
　　应付利息（17 500×2=35 000） 35 000
　　财务费用 17 500
　　贷：银行存款 3 552 500

本节导读分析：企业借入、归还1年期以下的各种款项应通过"短期借款"科目进行核算，对于向借款机构按超过1个月的期限（如按季）支付的利息或利息是同本金一起归还，并且数额较大的，应当采用月末计提的方式进行核算。反之，可以不采用计提方式，而在实际支付或收到银行计息通知时，直接计入当期损益。甲公司应将该笔借款计入"短期借款"，并按月计提利息。

第二节　应付及预收款项

/学习导读/

> 甲公司是一家制衣厂，由于信用良好，产品质量过硬，布匹供应商愿意给予甲公司一定期间的信用期限，待甲公司实现收入取得货款时，再支付购买布匹的货款。同时，甲公司的一个客户欲购买一批衣服，提前预付了部分货款。企业在经济业务往来中，经常会发生应付及预收款项的往来业务，这类往来业务在会计核算中也具有举足轻重的作用。那么，甲公司对于上述往来业务应如何进行核算？

一、应付票据

（一）应付票据的概念

应付票据是指企业购买材料、商品和接受服务等而开出、承兑的商业汇票，包括**商业承兑汇票**和**银行承兑汇票**。

我国一般商业汇票的付款期限**不超过 6 个月**，电子商业汇票的付款期限**不超过 1 年**，因此，企业应将应付票据作为**流动负债**管理和核算。

学习提示：会计实务中，企业应当设置"应付票据备查簿"，详细登记商业汇票的种类、号数、出票日期、到期日、票面金额、交易合同号、收款人姓名或单位名称以及付款日期、金额等信息。

(二)应付票据的核算

1. 科目设置

企业应设置"应付票据"科目,用来核算应付票据的发生、偿还等情况。"应付票据"是**负债类**科目,贷方登记开出、承兑票据的面值,借方登记实际支付票据的金额,期末余额在贷方,反映企业尚未到期的商业汇票的票面金额。

2. 账务处理

(1)企业赊购形成应付票据时,应当按照票面金额借记"材料采购""原材料""在途物资""库存商品""应交税费——应交增值税(进项税额)"等科目,贷记"应付票据"科目。

具体会计分录如下:

借:材料采购
　　原材料
　　在途物资
　　库存商品
　　应交税费——应交增值税(进项税额)
　　贷:应付票据

(2)企业因开出银行承兑汇票而支付银行承兑汇票的手续费时,应借记"财务费用"科目,取得增值税专用发票的,按照发票上注明的可抵扣增值税进项税额,借记"应交税费——应交增值税(进项税额)"科目,按照实际支付的金额,贷记"银行存款"科目。

具体会计分录如下:

借:财务费用
　　应交税费——应交增值税(进项税额)
　　贷:银行存款

(3)企业偿还应付票据时,应借记"应付票据"科目,贷记"银行存款"科目。

具体会计分录如下:

借:应付票据
　　贷:银行存款

(4)企业到期无力偿还款项时,如果是商业承兑汇票,应将应付票据按照账面余额转为应付账款,借记"应付票据"科目,贷记"应付账款"科目;如果是银行承兑汇票,则应由承兑银行代为支付并作为对付款企业的贷款处理,企业应将应付票据的账面余额转为短期借款,借记"应付票据"科目,贷记"短期借款"科目。

具体会计分录如下:

商业承兑汇票:

借:应付票据
　　贷:应付账款

银行承兑汇票:

借:应付票据
　　贷:短期借款

【例8-2】玉利兴公司2021年2月1日购入材料一批,增值税专用发票上注明的价款为90 000元,增值税税额为11 700元,材料已验收入库。玉利兴公司开出1张由其开户行承兑的汇票,期限为6个月,票面金额为101 700元。另以银行存款缴纳承兑手续费50.85元,其中可抵扣的增值税进项税额为2.88元。8月1日,汇票到期,玉利兴公司通知开户行以银行存款支付票据。玉利兴公司为增值税一般纳税人,原材料按照实际成本进行核算。

要求：编制玉利兴公司相关业务的会计分录。

【答案】

① 2月1日购入材料开出汇票时，玉利兴公司应编制如下会计分录：

借：原材料	90 000
应交税费——应交增值税（进项税额）	11 700
贷：应付票据	101 700

② 支付承兑手续费时，玉利兴公司应编制如下会计分录：

借：财务费用	47.97
应交税费——应交增值税（进项税额）	2.88
贷：银行存款	50.85

③ 支付票据时，玉利兴公司应编制如下会计分录：

借：应付票据	101 700
贷：银行存款	101 700

📢 **学习提示**：假设汇票到期，玉利兴公司无力支付该票据，则玉利兴公司应编制如下会计分录：

借：应付票据	101 700
贷：短期借款	101 700

二、应付账款

（一）应付账款的概念

应付账款是指企业因购买材料、商品或接受服务等经营活动而应付给供应单位的款项。

（二）应付账款的核算

1. 科目设置

企业应当设置"应付账款"科目，用来核算应付账款的发生、偿还、转销等情况。"应付账款"为负债类科目，贷方登记企业因购买材料、商品或接受服务等而发生的应付账款，借方登记已经偿还的应付账款或开出商业汇票抵付的应付账款，以及冲销无法支付的应付账款，期末余额一般在贷方，反映企业尚未支付的应付账款余额。"应付账款"科目应按照债权人设置明细科目进行明细核算。

📢 **学习提示**：应付账款与预付账款的关系如下：

（1）应付账款明细账的借方余额为"资产"性质，在资产负债表的"预付款项"项目列示。

（2）预付账款明细账的贷方余额为"负债"性质，在资产负债表的"应付账款"项目列示。

2. 账务处理

（1）企业购入材料、商品或接受服务等所产生的应付账款，应按照发票账单上的金额借记"原材料""材料采购""库存商品""生产成本""管理费用"等科目，按照可抵扣的增值税进项税额借记"应交税费——应交增值税（进项税额）"科目，按应支付金额贷记"应付账款"科目。

具体会计分录如下：

借：原材料
　　材料采购
　　库存商品
　　生产成本
　　管理费用等

　　　　应交税费——应交增值税（进项税额）
　　　　　贷：应付账款

（2）企业偿还应付账款或开出商业汇票抵付应付账款时，应按照实际支付金额借记"应付账款"科目，贷记"银行存款""应付票据"等科目。

具体会计分录如下：
　　借：应付账款
　　　贷：银行存款
　　　　　应付票据（开出商业汇票抵付应付款账时）

（3）**附有现金折扣条件**的应付账款偿还时，应按照享有现金折扣前的金额借记"应付账款"科目，按照实际支付的金额贷记"银行存款"科目，享受现金折扣的金额冲减购货成本（或财务费用），贷记"原材料"或"财务费用"科目。

具体会计分录如下：
　　借：应付账款
　　　贷：银行存款（实际偿还金额）
　　　　　原材料
　　　　　财务费用（享有的现金折扣）

【例8-3】玉利兴公司为增值税一般纳税人，2021年5月10日，玉利兴公司从甲公司购入一批电动自行车并验收入库，取得的增值税专用发票注明的价款为150 000元，增值税税额为19 500元。甲公司给出"2/10，1/20，N/30"的现金折扣（计算折扣金额时不考虑增值税）。5月29日，玉利兴公司用银行存款支付了货款。

要求：编制玉利兴公司相关业务的会计分录。

【答案】

① 5月10日，购入商品入库时，玉利兴公司应编制如下会计分录：
　　借：库存商品　　　　　　　　　　　　　　　　　　　150 000
　　　　应交税费——应交增值税（进项税额）　　　　　　 19 500
　　　　　贷：应付账款　　　　　　　　　　　　　　　　　　　　169 500

② 5月29日，支付货款时，玉利兴公司应编制如下会计分录：
　　借：应付账款　　　　　　　　　　　　　　　　　　　169 500
　　　　贷：银行存款　　　　　　　　　　　　　　　　　　　　　168 000
　　　　　　原材料［玉利兴公司享受的现金折扣=150 000×1%=1 500（元）］　 1 500

📢**学习提示**："2/10，1/20，N/30"表示10天内付款享受2%的现金折扣，20天内付款享受1%的现金折扣，20~30天内付款无折扣，30天是合同付款期，超过30天就是超过了合同付款期。

（4）实务中，企业外购电力、燃气等动力一般通过"应付账款"科目核算，即在每月支付时先作暂付款处理，借记"应付账款"科目，按照增值税专用发票上注明的可抵扣的增值税进项税额借记"应交税费——应交增值税（进项税额）"科目，贷记"银行存款"等科目。月末按照外购动力的用途进行分配时，借记"生产成本""制造费用""管理费用"等科目，贷记"应付账款"科目。

具体会计分录如下：
　　借：应付账款
　　　　应交税费——应交增值税（进项税额）

　　　　贷：银行存款等
　月末按用途分配：
　　借：生产成本
　　　　制造费用
　　　　管理费用等
　　　　贷：应付账款

【例8-4】 玉利兴公司为增值税一般纳税人，2021年5月20日，玉利兴公司收到电力部门开具的电费金额为53 400元、增值税税额为6 942元的增值税专用发票，并以银行存款支付。月末经计算，应由生产车间负担的电费为41 652元，应由行政管理部门负担的电费为11 748元。

　要求：编制玉利兴公司相关业务的会计分录。

【答案】
① 支付电费时，玉利兴公司应编制如下会计分录：
　借：应付账款　　　　　　　　　　　　　　　　　　　　　　　53 400
　　　应交税费——应交增值税（进项税额）　　　　　　　　　　 6 942
　　　贷：银行存款　　　　　　　　　　　　　　　　　　　　　60 342
② 月末分配时，玉利兴公司应编制如下会计分录：
　借：制造费用　　　　　　　　　　　　　　　　　　　　　　　41 652
　　　管理费用　　　　　　　　　　　　　　　　　　　　　　　11 748
　　　贷：应付账款　　　　　　　　　　　　　　　　　　　　　53 400
③ 由于债权单位撤销或其他原因而使应付账款无法偿清时，应按照账面金额借记"应付账款"科目，贷记"营业外收入"科目。具体会计分录如下：
　借：应付账款
　　　贷：营业外收入

【例8-5】 2021年4月30日，玉利兴公司确认有一笔5 600元的应付账款无法支付，应予以转销。

　要求：编制玉利兴公司相关业务的会计分录。

【答案】
　借：应付账款　　　　　　　　　　　　　　　　　　　　　　　5 600
　　　贷：营业外收入　　　　　　　　　　　　　　　　　　　　5 600

三、预收账款

（一）预收账款的概念

预收账款是指企业按照合同规定向购货单位预收的款项。

（二）预收账款的核算

1. 科目设置

企业应当通过"预收账款"科目核算预收账款的取得、偿付等情况。"预收账款"是负债类科目，贷方登记发生的预收账款的金额和购货单位补付账款的金额。借方登记企业向购货单位发货后冲销的预收账款金额和退回购货单位多付账款的金额，期末如为贷方余额，反映企业预收的款项，如为借方余额，反映企业尚未转销的款项。

预收账款情况不多的企业，可不设置"预收账款"科目，将预收的款项直接记入"应收账款"科目的贷方。

📢 **学习提示**：预收账款与应收账款的关系如下：
（1）预收账款明细账的借方余额为"资产"性质，在资产负债表的"应收账款"项目列示。
（2）应收账明细账的贷方余额为"负债"性质，在资产负债表的"预收款项"项目列示。

2. 账务处理

（1）企业取得预收款时，应按照实际收到的金额借记"库存现金""银行存款"科目，贷记"预收账款"科目，涉及增值税的，还应贷记"应交税费——应交增值税（销项税额）"科目。

具体会计分录如下：
借：库存现金
　　银行存款（全部预收款）
　　贷：预收账款（差额）
　　　　应交税费——应交增值税（销项税额）（按预收款计算的增值税）

（2）分期确认收入时，企业应按照实现的收入借记"预收账款"科目，贷记"主营业务收入""其他业务收入"科目。

具体会计分录如下：
借：预收账款
　　贷：主营业务收入
　　　　其他业务收入

（3）收到购货单位补付的款项时，企业应按照实际收到的金额借记"库存现金""银行存款"科目，贷记"预收账款""应交税费——应交增值税（销项税额）"科目。

具体会计分录如下：
借：库存现金/银行存款
　　贷：预收账款
　　　　应交税费——应交增值税（销项税额）

（4）企业向购货单位退回其多付的款项时，应按照退回款项的实际金额借记"预收账款"科目，贷记"库存现金""银行存款"科目。涉及增值税的，还应进行相应的会计处理。

具体会计分录如下：
借：预收账款
　　应交税费——应交增值税（销项税额）
　　贷：库存现金
　　　　银行存款

【例 8-6】 玉利兴公司为增值税一般纳税人，有形动产租赁适用的增值税税率为 13%。2021 年 9 月 1 日，玉利兴公司与 B 公司签订短期租赁（非主营业务）卡车合同，向 B 公司出租卡车 3 台，期限 3 个月，3 台卡车租金（含税）共计 67 800 元。合同约定，合同签订日预付租金（含税）45 200 元，合同到期结清全部租金。合同签订日，玉利兴公司收到租金并存入银行。开具的增值税专用发票上注明的租金为 40 000 元，增值税税额为 5 200 元。租赁期满日，玉利兴公司收到租金余款及相关的增值税税额。

要求：编制玉利兴公司相关业务的会计分录。

【答案】
①收到 B 公司预付的货款时，玉利兴公司应编制如下会计分录：

借：银行存款	45 200	
贷：预收账款——B 公司		40 000
应交税费——应交增值税（销项税额）		5 200

② 每月月末确认租金收入时，玉利兴公司应编制如下会计分录：

借：预收账款——B 公司	20 000	
贷：其他业务收入		20 000

③ 租赁期满收到租金余款及增值税税款时，玉利兴公司应编制如下会计分录：

借：银行存款	22 600	
贷：预收账款——B 公司		20 000
应交税费——应交增值税（销项税额）		2 600

四、应付利息和应付股利

（一）应付利息

应付利息是指企业按照合同约定应支付的利息，包括**短期借款**、**分期付息到期还本的长期借款**、**企业债券**等应支付的利息。

1. 科目设置

企业应设置"应付利息"科目，用来核算应付利息的发生、支付等情况。"应付利息"为**负债类科目**，贷方登记按照合同计算的应付利息金额，借方登记实际支付的利息金额，期末余额在贷方，反映企业应付未付的利息金额。

📌 学习提示：到期一次还本付息的长期借款及应付债券的利息不通过"应付利息"科目核算。

2. 账务处理

（1）企业计提利息时，应按照合同约定的利率计算的应计利息金额借记"财务费用""研发支出""在建工程"等科目，贷记"应付利息"科目。

具体会计分录如下：

借：财务费用
　　研发支出
　　在建工程等
　　贷：应付利息

（2）企业实际支付利息时，应按照实际支付的金额借记"应付利息"科目，贷记"银行存款"等科目。具体会计分录如下：

借：应付利息
　　贷：银行存款等

【例 8-7】 玉利兴公司借入 3 年期到期还本、每年付息的长期借款 5 000 000 元，合同约定的年利率为 6%。

要求：计算玉利兴公司每年应付利息的金额，并编制相关业务的会计分录。

【答案】

① 玉利兴公司每年应付利息的金额为 5 000 000 × 6% = 300 000（元）。

② 每年计提利息时，玉利兴公司应编制如下会计分录：

借：财务费用	300 000	
贷：应付利息		300 000

③ 实际支付利息时，玉利兴公司应编制如下会计分录：
借：应付利息　　　　　　　　　　　　　　　　　　　　　　　300 000
　　贷：银行存款　　　　　　　　　　　　　　　　　　　　　　　300 000

（二）应付股利

应付股利是指企业根据**股东大会或类似机构**审议批准的利润分配方案确定分配给投资者的现金股利或利润。

📢 **学习提示**：企业董事会或类似机构通过的利润分配方案中拟分配的现金股利或利润，不需要进行账务处理，但应在附注中披露。

1. 科目设置

企业应当设置"应付股利"科目，核算企业确定或宣告发放但尚未支付的现金股利或利润。"应付股利"为**负债类科目**，贷方登记应支付的现金股利或利润，借方登记实际支付的现金股利或利润。期末贷方余额反映企业应付未付的现金股利或利润。

2. 账务处理

（1）企业应根据股东大会或类似机构审议批准的利润分配方案，按应支付给投资者的现金股利或利润，借记"利润分配——应付现金股利或利润"科目，贷记"应付股利"科目。

具体会计分录如下：
借：利润分配——应付现金股利或利润
　　贷：应付股利

（2）企业实际支付现金股利或利润时，应按照实际支付金额借记"应付股利"科目，贷记"银行存款"等科目。

具体会计分录如下：
借：应付股利
　　贷：银行存款等

【例 8-8】 玉利兴公司 2021 年度实现净利润 2 000 000 元，经股东大会批准，决定分配股利 1 400 000 元，用银行存款支付。玉利兴公司有甲、乙、丙 3 个股东，分别占注册资本的 50%、30% 和 20%。

要求：计算玉利兴公司各股东应分配的股利并编制与该业务相关的会计分录。

【答案】

① 各股东应分配的股利如下：

甲股东应分配的股利为 1 400 000 × 50% = 700 000（元）。

乙股东应分配的股利为 1 400 000 × 30% = 420 000（元）。

丙股东应分配的股利为 1 400 000 × 20% = 280 000（元）。

② 决定分配股利时，玉利兴公司应编制如下会计分录：
借：利润分配——应付现金股利或利润　　　　　　　　　　　　1 400 000
　　贷：应付股利——甲股东　　　　　　　　　　　　　　　　　　700 000
　　　　　　　——乙股东　　　　　　　　　　　　　　　　　　420 000
　　　　　　　——丙股东　　　　　　　　　　　　　　　　　　280 000

③ 实际支付股利时，玉利兴公司应编制如下会计分录：
借：应付股利——甲股东　　　　　　　　　　　　　　　　　　700 000

——乙股东		420 000
——丙股东		280 000
贷：银行存款		1 400 000

📢 **学习提示**："应付利息"和"应付股利"都在资产负债表"其他应付款"项目内列示。

五、其他应付款

（一）其他应付款的概念

其他应付款是指企业除应付票据、应付账款、预收账款、应付职工薪酬、应交税费等经营活动以外的其他**各项应付**、**暂收**的款项。包括应付租入包装物租金，存入保证金，应付短期租赁固定资产、无形资产的租金以及应付的罚款、滞纳金、违约金等。

（二）其他应付款的核算

1．科目设置

企业应当设置"其他应付款"科目，用来反映其他应付款的增减变动情况。"其他应付款"科目为**负债类科目**，贷方登记发生的各种应付、暂收款项，借方登记偿还或转销的各种应付、暂收款项，期末余额在贷方，反映企业应付未付的各种应付、暂收款项。

2．账务处理

（1）企业发生相关应付、暂收款项时，应按照实际发生额借记"管理费用"等科目，贷记"其他应付款"科目。

具体会计分录如下：

借：管理费用等
　　贷：其他应付款

（2）企业支付或退回相关应付、暂收款项时，应按照实际发生额借记"其他应付款"科目，贷记"银行存款"等科目。

具体会计分录如下：

借：其他应付款
　　贷：银行存款等

【**例8-9**】 2021年3月15日，玉利兴公司因与B公司发生某项业务往来而收取B公司押金款50 000元，该押金款项于5月15日退还B公司。

要求：编制玉利兴公司相关业务的会计分录。

【**答案**】

① 3月15日收到押金时，玉利兴公司应编制如下会计分录：

借：银行存款	50 000	
贷：其他应付款——B公司		50 000

② 5月15日退还押金时，玉利兴公司应编制如下会计分录：

借：其他应付款——B公司	50 000	
贷：银行存款		50 000

✳ **本节导读分析**：甲公司的往来业务属于应付及预收款项核算的内容，应付布匹供应商的款项应通过"应付款项"科目核算，预收客户的款项应通过"预收账款"科目核算。对于预收账款不多的企业，也可以不设置"预收账款"科目，而直接通过"应收账款"科目核算。

第三节　应付职工薪酬

> **／学习导读／**
>
> 　　赵军是注册会计师，在一家公司任财务主管，月薪 3 万元，享受带薪年假，还有年终奖和各种补贴福利。这些都是赵军的薪酬。那么职工薪酬具体是怎么定义的呢？赵军所在企业应如何核算赵军等职工的薪酬？本节将讲述职工薪酬的会计处理。

一、职工薪酬的内容

（一）职工的范围

《企业会计准则第 9 号——职工薪酬》所指的职工范围非常广泛，主要包括以下三类人员：

（1）与企业订立劳动合同的所有人员，含全职、兼职和临时职工。

（2）未与企业订立劳动合同，但由企业正式任命的人员，如董事会成员、监事会成员等。

（3）在企业计划和控制下，虽未与企业订立劳动合同或未由企业正式任命，但向企业所提供的服务与职工所提供的服务类似的人员，包括通过与劳务中介公司签订用工合同而向企业提供服务的人员。

（二）职工薪酬

职工薪酬是指企业为获得职工提供的服务或与职工解除劳动关系而给予职工的各种形式的报酬或补偿，包括**短期薪酬**、**离职后福利**、**辞退福利**和**其他长期职工福利**。

1．短期薪酬

短期薪酬是指企业在职工提供相关服务的年度报告期间结束后 12 个月内需要全部予以支付的职工薪酬，因解除与职工的劳动关系而给予的补偿除外。

短期薪酬主要包括：

（1）职工工资、奖金、津贴和补贴。

（2）职工福利费。

（3）医疗保险费、工伤保险费和生育保险费等社会保险费。

（4）住房公积金。

（5）工会经费和职工教育经费。

（6）短期带薪缺勤，即职工虽然缺勤但企业仍向其支付报酬的安排，包括年假、病假、婚假、产假、丧假、探亲假等。

（7）短期利润分享计划，即因职工提供服务而与职工达成的基于利润或其他经营成果提供薪酬的协议。

（8）其他短期薪酬，即除上述薪酬以外的其他为获得职工提供的服务而给予的短期薪酬。

2．离职后福利

离职后福利是指企业为获得职工提供的服务而在职工退休或与企业解除劳动关系后，为职工提供的各种形式的报酬和福利，**短期薪酬和辞退福利除外**。企业应当将离职后福利计划分类为设定**提存计划**和设定**受益计划**。设定提存计划是指向独立的基金缴存固定费用后，企业不再承担进一步支付义务的离职后福利计划。设定受益计划是指除设定提存计划以外的离职后福利计划。

> **学习提示**：企业为职工缴纳的补充养老保险以及以商业保险形式提供给职工的各种保险待遇也属于企业提供的职工薪酬。

3．辞退福利

辞退福利是指企业在职工劳动合同到期之前解除与职工的劳动关系，或者为鼓励职工自愿接受裁减而给予职工的补偿。

4．其他长期职工福利

其他长期职工福利是指除短期薪酬、离职后福利、辞退福利之外所有的职工薪酬，包括长期带薪缺勤、长期残疾福利、长期利润分享计划等。

二、职工薪酬的科目设置

企业应当设置"应付职工薪酬"科目，用来核算应付职工薪酬的计提、结算、使用等情况。"应付职工薪酬"科目为负债类科目，贷方登记已分配计入有关成本费用的职工薪酬的金额，借方登记实际发放的职工薪酬的金额，期末余额在贷方，反映企业尚未支付的职工薪酬。"应付职工薪酬"科目应按照"工资""职工福利费""非货币性福利""社会保险费""住房公积金""工会经费""职工教育经费""带薪缺勤""利润分享计划""设定提存计划""设定受益计划""辞退福利"等职工薪酬项目设置明细科目进行明细核算。

三、短期薪酬的核算

（一）职工薪酬确认的原则

企业应当在**职工为其提供服务的会计期间**，将**实际发生**的短期薪酬确认为负债，并根据职工提供服务的**受益对象**分别计入相关资产成本或当期损益。

（二）货币性职工薪酬的核算

1．职工工资、奖金、津贴和补贴

企业应当在职工为其提供服务的会计期间，将实际发生的职工工资、奖金、津贴和补贴等，根据职工提供服务的受益对象将应确认的职工薪酬计入相关成本或费用中，同时确认应付职工薪酬。实际发放时，借记"应付职工薪酬"科目，贷记"银行存款"等科目，如需要扣除代职工支付的各种款项，则应按照代付金额贷记"其他应收款""应交税费——应交个人所得税"等科目。

具体会计分录如下：

职工服务期间，企业确认职工薪酬时：

借：生产成本（生产车间生产工人的薪酬）
　　制造费用（生产车间管理人员的薪酬）
　　管理费用（行政管理人员的薪酬）
　　销售费用（销售人员的薪酬）
　　研发支出（从事研发活动人员的薪酬）
　　在建工程（从事工程建设人员的薪酬）
　　合同履约成本等
　　贷：应付职工薪酬——工资

实际发放时：

借：应付职工薪酬
　　贷：银行存款
　　　　其他应收款
　　　　应交税费——应交个人所得税

【例 8-10】 玉利兴公司 2021 年 5 月应付职工工资总额为 312 000 元，其中生产工人工资为 151 000 元，车间管理人员工资为 70 000 元，行政管理人员工资为 80 000 元，专职销售人员工资为 11 000 元。5 月工资于 6 月 5 日实际发放，扣除代职工支付的房租 32 000 元，实发工资为 280 000 元，以银行存款支付。

要求：编制玉利兴公司相关业务的会计分录。

【答案】

① 5 月计提工资时，玉利兴公司应编制如下会计分录：

借：生产成本　　　　　　　　　　　　　　　　　　　　　　151 000
　　制造费用　　　　　　　　　　　　　　　　　　　　　　 70 000
　　管理费用　　　　　　　　　　　　　　　　　　　　　　 80 000
　　销售费用　　　　　　　　　　　　　　　　　　　　　　 11 000
　　贷：应付职工薪酬——工资　　　　　　　　　　　　　　312 000

② 6 月 5 日实际发放工资时，玉利兴公司应编制如下会计分录：

借：应付职工薪酬——工资　　　　　　　　　　　　　　　　312 000
　　贷：银行存款　　　　　　　　　　　　　　　　　　　　280 000
　　　　其他应收款　　　　　　　　　　　　　　　　　　　 32 000

2. 职工福利费

对于职工福利费，企业应当在**实际发生时**根据实际发生额借记"生产成本""制造费用""管理费用""销售费用"等科目，贷记"应付职工薪酬——职工福利费"科目。

具体会计分录如下：

借：生产成本（生产车间生产工人的福利费）
　　制造费用（生产车间管理人员的福利费）
　　管理费用（行政管理人员的福利费）
　　销售费用（销售人员的福利费）
　　研发支出（从事研发活动人员的福利费）
　　在建工程等（从事工程建设人员的福利费）
　　贷：应付职工薪酬——职工福利费

【例 8-11】 玉利兴公司以库存现金支付行政管理人员生活困难补助 2 000 元。

要求：编制玉利兴公司相关业务的会计分录。

【答案】

① 计提职工福利费时，玉利兴公司应编制如下会计分录：

借：管理费用　　　　　　　　　　　　　　　　　　　　　　2 000
　　贷：应付职工薪酬——职工福利费　　　　　　　　　　　 2 000

② 实际发放职工福利费时，玉利兴公司应编制如下会计分录：

借：应付职工薪酬——职工福利费　　　　　　　　　　　　　2 000

贷：库存现金　　　　　　　　　　　　　　　　　　　　　　　　　　2 000

3. 国家规定计提标准的职工薪酬

（1）工会经费和职工教育经费。企业应按每月全部职工工资总额的 2% 向工会拨缴经费，而职工教育经费一般由企业按照每月工资总额的 8% 计提。

期末，企业应根据规定的计提基础和比例计算确定应付工会经费、职工教育经费，借记"生产成本""制造费用""管理费用""销售费用""研发支出""在建工程"等科目，贷记"应付职工薪酬——工会经费""应付职工薪酬——职工教育经费"科目，实际上缴或发生实际开支时，借记"应付职工薪酬——工会经费""应付职工薪酬——职工教育经费"科目，贷记"银行存款"等科目。

具体会计分录如下：

1）计提时：

借：生产成本
　　制造费用
　　管理费用
　　销售费用
　　研发支出
　　在建工程
　　　贷：应付职工薪酬——工会经费
　　　　　　　　　　　　——职工教育经费

2）实际开支时：

借：应付职工薪酬——工会经费
　　　　　　　　——职工教育经费
　　　贷：银行存款等

（2）社会保险费和住房公积金。期末，对于企业应缴纳的社会保险费（不含基本养老费和失业保险费）和住房公积金，应按照国家规定的计提基础和比例，在职工提供服务期间根据受益对象计入当期损益或相关资产成本，并确认相应的应付职工薪酬金额。

具体会计分录如下：

借：生产成本
　　制造费用
　　管理费用
　　销售费用
　　研发支出
　　在建工程
　　　贷：应付职工薪酬——社会保险费
　　　　　　　　　　　——住房公积金

对于职工个人承担的社会保险费和住房公积金，由职工所在企业每月从其工资中代扣代缴。具体会计分录如下：

借：应付职工薪酬——社会保险费（医疗保险、工伤保险）
　　　　　　　　——住房公积金
　　　贷：其他应付款——社会保险费（医疗保险、工伤保险）

——住房公积金

【例 8-12】 承【例 8-10】，玉利兴公司根据有关规定，分别按照工资总额的 2% 和 8% 提取工会经费和职工教育经费。

要求：编制玉利兴公司相关业务的会计分录。

【答案】

玉利兴公司应编制如下会计分录：

借：生产成本 [151 000×（2%+8%）=15 100]	15 100
制造费用 [70 000×（2%+8%）=7 000]	7 000
管理费用 [80 000×（2%+8%）=8 000]	8 000
销售费用 [11 000×（2%+8%）=1 100]	1 100
贷：应付职工薪酬——工会经费（312 000×2%=6 240）	6 240
——职工教育经费（312 000×8%=24 960）	24 960

4．短期带薪缺勤

企业应当根据短期带薪缺勤的性质及职工享有的权利，将其分为累积带薪缺勤和非累积带薪缺勤两类。

（1）累积带薪缺勤是指带薪权利可结转下期的带薪缺勤，本期尚未用完的带薪缺勤权利可以在未来期间使用。企业应当在职工提供了服务从而增加了未来享有的带薪缺勤权利时确认与累积带薪缺勤相关的职工薪酬，并以累积未行使带薪缺勤权利而增加的预期支付金额对其进行计量。

【例 8-13】 玉利兴公司共有 1 000 名职工，2020 年 1 月 1 日起，该公司实行累积带薪缺勤制度。该制度规定，每个职工每年可享受 5 个工作日的带薪年假，未使用的年假只能向后结转一个日历年度，超过 1 年未使用的，该项权利作废，职工不能在离开公司时获得现金支付；职工休年假是以后进先出为基础，即首先从当年可享受的年假中扣除，再从上年结转的带薪年假余额中扣除；职工离开公司时，公司对职工未使用的累积带薪年假不支付现金。

2020 年 12 月 31 日，每个职工当年平均未使用的带薪年假为 2 天。根据过去的经验并预期该经验将继续适用，玉利兴公司预计 2021 年有 950 名职工将享受不超过 5 天的带薪年假，剩余 50 名职工每人将平均享受 6 天半带薪年假，假定这 50 名职工全部为总部各部门经理，该公司平均每名职工每个工作日的工资为 300 元。

要求：编制玉利兴公司相关业务的会计分录。

【答案】

玉利兴公司在 2020 年 12 月 31 日应当预计由于职工累积未使用的带薪年假权利而导致预期将支付的工资负债，即相当于 75 天（50×1.5）的年假工资 22 500（75×300）元。

玉利兴公司应编制如下会计分录：

借：管理费用	22 500
贷：应付职工薪酬——带薪缺勤（累积带薪缺勤）	22 500

（2）非累积带薪缺勤是指带薪权利不能结转下期的带薪缺勤，本期结束时，尚未用完的带薪缺勤权利将予以取消，并且职工离开企业时也无权获得现金支付。我国企业职工的婚假、产假、丧假、探亲假、病假通常属于非累积带薪缺勤。由于职工提供服务本身不能增加其能够享受的福利金额，企业在职工未缺勤时不应当计提相关费用和负债。

企业应当在职工实际发生缺勤的会计期间确认与非累积带薪缺勤相关的职工薪酬。

(三) 非货币性职工薪酬的核算

1. 发放自产产品福利

(1) 企业计提该类薪酬时，应当根据受益对象，按照该产品的含税公允价值借记"生产成本""制造费用""管理费用"等科目，贷记"应付职工薪酬——非货币性福利"科目。

具体会计分录如下：

借：生产成本
　　制造费用
　　管理费用
　　销售费用
　　研发支出
　　在建工程
　　贷：应付职工薪酬——非货币性福利

(2) 企业发放该类薪酬时，应借记"应付职工薪酬——非货币性福利"科目，贷记"主营业务收入""应交税费——应交增值税（销项税额）"科目。

具体会计分录如下：

借：应付职工薪酬——非货币性福利
　　贷：主营业务收入
　　　　应交税费——应交增值税（销项税额）

(3) 发放薪酬的同时，还应结转成本，借记"主营业务成本""存货跌价准备"科目，贷记"库存商品"科目。

具体会计分录如下：

借：主营业务成本
　　存货跌价准备（如有）
　　贷：库存商品

【例 8-14】 某纺织业企业为增值税一般纳税人，销售服装适用的增值税税率为 13%。该企业以其生产的服装作为福利发放给 100 名生产车间管理人员，每人一套，每套服装不含税售价为 350 元，成本为 280 元，不考虑其他因素。

要求：编制该纺织企业相关业务的会计分录。

【答案】

① 计提福利时，该企业应编制如下会计分录：

借：制造费用 [350×100×（1+13%）=39 550]　　　　　　　39 550
　　贷：应付职工薪酬——非货币性福利　　　　　　　　　　39 550

② 实际发放福利时，该企业应编制如下会计分录：

借：应付职工薪酬——非货币性福利　　　　　　　　　　　39 550
　　贷：主营业务收入　　　　　　　　　　　　　　　　　35 000
　　　　应交税费——应交增值税（销项税额）　　　　　　4 550

③ 结转成本时，该企业应编制如下会计分录：

借：主营业务成本（280×100=28 000）　　　　　　　　　28 000
　　贷：库存商品　　　　　　　　　　　　　　　　　　28 000

2．发放外购商品福利

（1）企业外购商品时，应当按照该商品的公允价值借记"库存商品""应交税费——应交增值税（进项税额）"科目，贷记"银行存款"等科目。

具体会计分录如下：

借：库存商品
　　应交税费——应交增值税（进项税额）
　　　贷：银行存款等

（2）企业发放福利时，应借记"应付职工薪酬——非货币性福利"科目，贷记"库存商品""应交税费——应交增值税（进项税额转出）"科目。

具体会计分录如下：

借：应付职工薪酬——非货币性福利
　　　贷：库存商品
　　　　　应交税费——应交增值税（进项税额转出）

（3）同时，应按照受益对象，借记"生产成本""制造费用""管理费用"等科目，贷记"应付职工薪酬——非货币性福利"科目。

具体会计分录如下：

借：生产成本
　　制造费用
　　管理费用
　　销售费用
　　研发支出
　　在建工程
　　　贷：应付职工薪酬——非货币性福利

3．企业将拥有的或租赁的房屋等资产无偿提供给职工使用

（1）企业计提福利时，应当根据受益对象，按照该住房每期应计提的折旧或每期应付的租金借记"生产成本""制造费用""管理费用"等科目，贷记"应付职工薪酬——非货币性福利"科目。

具体会计分录如下：

借：生产成本
　　制造费用
　　管理费用
　　销售费用
　　研发支出
　　在建工程
　　　贷：应付职工薪酬——非货币性福利

（2）企业实际计提折旧或支付租金时，应按照实际发生额借记"应付职工薪酬——非货币性福利"科目，贷记"银行存款""累计折旧"等科目。

具体会计分录如下：

借：应付职工薪酬——非货币性福利
　　　贷：银行存款/累计折旧等

【例 8-15】 玉利兴公司决定为公司的部门经理每人租赁住房一套并配备轿车一辆供其免费使用。所有轿车的月折旧为 1 万元,所有外租住房的月租金为 1.5 万元。

要求:编制玉利兴公司相关业务的会计分录。

【答案】

(1) 计提轿车折旧时,玉利兴公司应编制如下会计分录:

借:管理费用　　　　　　　　　　　　　　　　　　　　　　　　10 000
　　贷:应付职工薪酬——非货币性福利　　　　　　　　　　　　　　10 000
借:应付职工薪酬——非货币性福利　　　　　　　　　　　　　　　10 000
　　贷:累计折旧　　　　　　　　　　　　　　　　　　　　　　　　10 000

(2) 确认租金费用时,玉利兴公司应编制如下会计分录:

借:管理费用　　　　　　　　　　　　　　　　　　　　　　　　15 000
　　贷:应付职工薪酬——非货币性福利　　　　　　　　　　　　　　15 000
借:应付职工薪酬——非货币性福利　　　　　　　　　　　　　　　15 000
　　贷:银行存款　　　　　　　　　　　　　　　　　　　　　　　　15 000

四、设定提存计划的核算

对于设定提存计划,企业应当根据在资产负债表日为换取职工在会计期间提供的服务而应向单独主体缴存的提存金确认应付职工薪酬,并计入当期损益或相关资产成本。借记"生产成本""制造费用""管理费用"等科目,贷记"应付职工薪酬——设定提存计划"科目。

【例 8-16】 承【例 8-10】,玉利兴公司根据有关规定,计提当月基本养老保险费用共计 37 440 元,各部门人员应负担的费用为:生产车间人员应负担 18 120 元,车间管理人员应负担 8 400 元,行政管理部门人员应负担 9 600 元,销售部门人员应负担 1 320 元。

要求:编制玉利兴公司相关业务的会计分录。

【答案】

借:生产成本　　　　　　　　　　　　　　　　　　　　　　　　18 120
　　制造费用　　　　　　　　　　　　　　　　　　　　　　　　　8 400
　　管理费用　　　　　　　　　　　　　　　　　　　　　　　　　9 600
　　销售费用　　　　　　　　　　　　　　　　　　　　　　　　　1 320
　　贷:应付职工薪酬——设定提存计划(基本养老保险)　　　　　　37 440

❄ **本节导读分析**:职工薪酬是指企业为获得职工提供的服务或与职工解除劳动关系而给予职工的各种形式的报酬或补偿,包括短期薪酬、离职后福利、辞退福利和其他长期职工福利。赵军所在企业应当在赵军等职工为其提供服务的会计期间,将实际发生的短期薪酬确认为负债,并根据职工提供服务的受益对象,分别计入相关资产成本或当期损益。

第四节　应交税费

/学习导读/

企业在生产经营过程中会涉及很多的税费,如增值税、消费税、城市维护建设税、资源税、企业所得税、土地增值税、房产税、车船税、城镇土地使用税、教育费附加、矿产资源补偿费、印花税、耕地占用税、契税等。企业各种税费的计算和缴纳应如何进行会计处理?

一、应交税费的种类

企业根据税法规定应缴纳的各种税费包括：增值税、消费税、城市维护建设税、资源税、企业所得税、土地增值税、房产税、车船税、城镇土地使用税、教育费附加、矿产资源补偿费、印花税、耕地占用税、契税、环境保护税等。企业通常应通过"应交税费"科目核算各种税费的缴纳情况。

📢 **学习提示**：不通过"应交税费"科目核算的税费有：印花税、耕地占用税、契税、车辆购置税。

二、增值税

（一）增值税概述

增值税是以商品（含应税劳务、应税行为）在**流转过程**中实现的**增值额**作为计税依据而征收的一种**流转税**。按照我国现行增值税制度的规定，在我国境内销售货物、提供加工修理修配劳务等服务、销售无形资产和不动产以及进口货物的企业、其他单位和个人为增值税的纳税人。

根据经营规模大小及会计核算水平的健全程度，增值税纳税人分为一般纳税人和小规模纳税人。计算增值税的方法分为一般计税方法和简易计税方法。

1. 一般计税方法

一般纳税人采用购进扣税法计算当期增值税应纳税额，即先按当期销售额和适用税率计算出销项税额，然后对当期购进项目向对方支付的税款（即进项税额）进行抵扣，从而计算出当期的应纳税额。计算公式如下：

当期应纳税额 = 当期销项税额 - 当期进项税额

（1）当期销项税额是指纳税人当期销售货物、提供加工修理修配劳务等服务、销售无形资产和不动产时按照销售额和增值税税率计算并收取的增值税税额。计算公式如下：

当期销项税额 = 销售额 × 增值税税率

销售额是指纳税人销售货物、提供加工修理修配劳务等服务、销售无形资产和不动产向购买方收取的全部价款和价外费用。

（2）可以从销项税额中抵扣的进项税额通常包括：①增值税专用发票上注明的增值税税额；②海关进口增值税专用缴款书上注明的增值税税额；③购进农产品，除取得增值税专用发票或者海关进口增值税专用缴款书外，按照农产品收购发票或者销售发票注明的农产品买价和 9% 的扣除率计算的进项税额，如用于生产税率为 13% 的产品，则按照农产品收购发票或者销售发票上注明的农产品买价和 10% 的扣除率计算进项税额；④从境外单位或者个人购进服务、无形资产或者不动产，从税务机关或者扣缴义务人取得的解缴税款的完税凭证上注明的增值税税额；⑤一般纳税人支付的路、桥、闸通行费，凭取得的通行费发票上注明的收费金额按规定方法计算的可抵扣的增值税进项税额。

📢 **学习提示**：当期销项税额小于当期进项税额不足抵扣时，其不足部分可以结转下期继续抵扣。

各行业具体增值税税率见表 8-1。

表 8-1　各行业具体增值税税率

基本税率	13%	（1）销售或者进口货物（适用低税率和零税率的除外） （2）提供加工、修理修配劳务 （3）有形动产租赁服务
低税率	9%	（1）销售或者进口粮食等农产品、食用植物油、食用盐 （2）销售或者进口自来水、暖气、冷气、热水、煤气、石油液化气、天然气、二甲醚、沼气、居民用煤炭制品 （3）销售或者进口图书、报纸、杂志、音像制品、电子出版物 （4）销售或者进口饲料、化肥、农药、农机、农膜以及国务院及其有关部门规定的其他货物 （5）交通运输服务 （6）邮政服务 （7）基础电信服务 （8）建筑服务 （9）不动产租赁服务 （10）销售不动产 （11）转让土地使用权
	6%	（1）现代服务（租赁服务除外） （2）增值电信服务 （3）金融服务 （4）生活服务 （5）销售无形资产（转让土地使用权除外）
征收率	3% 或 5%	（1）增值税小规模纳税人 （2）简易计税方法
零税率	0	（1）除国务院另有规定外，纳税人出口货物，税率为零 （2）财政部和国家税务总局规定的跨境应税行为，税率为零

2．简易计税方法

增值税的简易计税方法是指按照销售额与征收率的乘积计算应纳税额的计税方法，适用简易计税方法的纳税人不得抵扣进项税额。计算公式如下：

$$应纳税额 = 销售额 \times 征收率$$

公式中的销售额不包括应纳税额。如销售额为含税的，应换算成不含税销售额进行计算。

📢 **学习提示**：增值税一般纳税人计算增值税大多采用一般计税方法，小规模纳税人一般采用简易计税方法；一般纳税人销售服务、无形资产或者不动产，符合规定的，可以采用简易计税方法。

（二）一般纳税人的账务处理

1．科目设置

增值税一般纳税人应当在"应交税费"科目下设置"应交增值税""未交增值税""预交增值税""待抵扣进项税额""待认证进项税额""待转销项税额""增值税留抵税额""简易计税""转让金融商品应交增值税""代扣代缴增值税"等明细科目。

（1）"应交税费——应交增值税"明细科目。该科目用于核算一般纳税人的进项税额、销项税额、进项税额转出、已交税金、销项税额抵减、减免税款、出口抵减内销产品应纳税额、出口退税、转出未交增值税、转出多交增值税等情况。

"应交税费——应交增值税"明细账应设置以下专栏：

"进项税额"专栏，用于记录一般纳税人购进货物、加工修理修配劳务等服务、无形资产或不动产而支付或负担的、准予从当期销项税额中抵扣的增值税税额。

"销项税额"专栏，用于记录一般纳税人销售货物、提供加工修理修配劳务等服务、销售无形资产或不动产应收取的增值税税额。

"进项税额转出"专栏，用于记录一般纳税人购进货物、加工修理修配劳务等服务、无形资产或不动产等发生非正常损失以及其他原因而不应从销项税额中抵扣的、按规定转出的进项税额。

"已交税金"专栏，用于记录一般纳税人当月已缴纳的应缴增值税税额。

"销项税额抵减"专栏，用于记录一般纳税人按照现行增值税制度规定因扣减销售额而减少的销项税额。

"减免税款"专栏，用于记录一般纳税人按现行增值税制度规定准予减免的增值税税额。

"出口抵减内销产品应纳税额"专栏，用于记录实行"免、抵、退"办法的一般纳税人按规定计算的出口货物的进项税抵减内销产品的应交增值税税额。

"出口退税"专栏，用于记录一般纳税人出口货物、加工修理修配劳务等服务、无形资产按规定退回的增值税税额。

"转出未交增值税"专栏，用于记录一般纳税人月度终了转出当月应交未交的增值税税额。

"转出多交增值税"专栏，用于记录一般纳税人月度终了转出当月多交的增值税税额。

"应交税费——应交增值税"明细账专栏总结如图 8-1 所示。

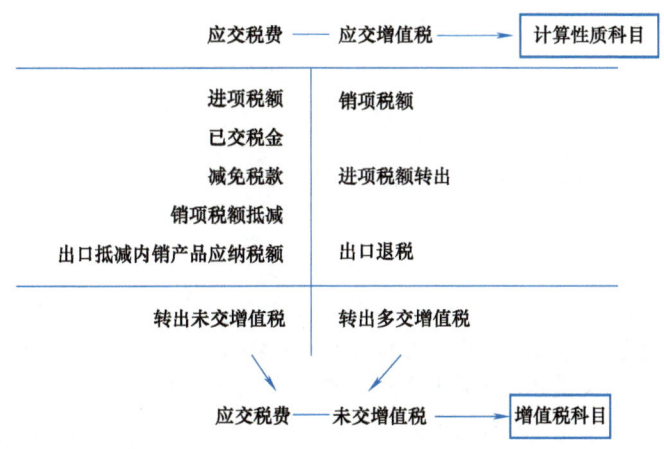

图 8-1 "应交税费——应交增值税"明细账专栏总结

（2）"应交税费——未交增值税"明细科目。该项目用于核算一般纳税人月度终了从"应交税费——应交增值税"或"应交税费——预交增值税"明细科目转入当月应缴未缴、多缴或预缴的增值税税额，以及当月缴纳以前期间未缴的增值税税额。

（3）"应交税费——预交增值税"明细科目。该科目用于核算一般纳税人转让不动产、提供不动产经营租赁服务、提供建筑服务、采用预收款方式销售自行开发的房地产项目等，以及其他按现行增值税制度规定应预缴的增值税税额。

（4）"应交税费——待抵扣进项税额"明细科目。该科目用于核算一般纳税人已取得增值税扣税凭证并经税务机关认证，按照现行增值税制度规定准予以后期间从销项税额中抵扣的进项税额。

（5）"应交税费——待认证进项税额"明细科目，该科目用于核算一般纳税人由于未经税务机关认证而不得从当期销项税额中抵扣的进项税额。

（6）"应交税费——待转销项税额"明细科目，该科目用于核算一般纳税人销售货物、提供加工修理修配劳务等服务、销售无形资产或不动产，已确认相关收入（或利得）但尚未发生增值税纳税义务而应于以后期间确认为销项税额的增值税税额。

（7）"应交税费——增值税留抵税额"明细科目，该科目用于核算纳税人的增值税进项税额大于销项税额时的差额。

（8）"应交税费——简易计税"明细科目，该科目用于核算一般纳税人采用简易计税方法发生的增值税计提、扣减、预缴、缴纳等业务。

（9）"应交税费——转让金融商品应交增值税"明细科目，该科目用于核算增值税纳税人转让金融商品发生的增值税税额。

（10）"应交税费——代扣代缴增值税"明细科目，该科目用于核算增值税纳税人购进在境内未设经营机构的境外单位或个人在境内的应税行为而代扣代缴的增值税税额。

> **学习提示**："应交税费——代扣代缴增值税"明细科目期末余额为0，仅核算为境外单位或个人代扣代缴的增值税税额。

2. 购进货物、取得资产、接受劳务或服务的账务处理

（1）一般纳税人购进货物、取得资产、接受劳务或服务的，按应计入相关成本费用或资产的金额借记"材料采购""原材料""固定资产"等科目，根据合法扣税凭证注明的增值税税额借记"应交税费——应交增值税（进项税额）"科目，按实际支付的金额贷记"银行存款"等科目。

具体会计分录如下：

借：材料采购
　　原材料
　　固定资产等
　　应交税费——应交增值税（进项税额）
　贷：银行存款等

购进货物等发生退货时，如原增值税专用发票已做认证，应根据税务机关开具的红字增值税专用发票做相反的会计分录；如原增值税专用发票未做认证，应将发票退回并做相反的会计分录。

> **学习提示**：对于当月未认证的可抵扣增值税税额，企业应通过"应交税费——待认证进项税额"科目核算。待相关发票认证后转入"应交税费——应交增值税（进项税额）"科目。

企业购进农产品的，除取得增值税专用发票或者海关进口增值税专用缴款书的外，可以按照买价和9%的扣除率计算进项税额。如果购进的是用于生产销售或委托加工13%税率货物的农产品，那么应按照买价和10%的扣除率计算进项税额，借记"应交税费——应交增值税（进项税额）"科目，按农产品买价扣除进项税额后的差额，借记"材料采购""在途物资""原材料""库存商品"等科目，按应付或实付金额，贷记"应付账款""应付票据""银行存款"等科目。

具体会计分录如下：

借：材料采购
　　在途物资
　　原材料
　　库存商品
　　应交税费——应交增值税（进项税额）

贷：应付账款
　　　　应付票据
　　　　银行存款等

📢 **学习提示**：购进农产品计算抵扣的进项税额＝农产品收购发票或销售发票上注明的买价×扣除率

【**例 8-17**】 玉利兴公司为增值税一般纳税人，原材料按照实际成本核算。2021 年 5 月发生以下交易或事项：

① 5 月 2 日，购入原材料一批，增值税专用发票上注明的价款为 500 000 元，增值税税额为 65 000 元，材料已经验收入库，货款尚未支付。

② 5 月 5 日，前述原材料的全部货款以银行存款支付。

③ 5 月 7 日，购入农产品一批，收购发票上注明的买价为 450 000 元，规定的扣除率为 9%，货物尚未到达，款项用银行存款支付。

④ 5 月 15 日，委托外单位修理机器设备一台，取得对方开具的增值税专用发票上注明的修理费为 85 000 元，增值税税额为 11 050 元，全部款项已用银行存款支付。

要求：编制玉利兴公司相关业务的会计分录。

【**答案**】

① 5 月 2 日，原材料入库时，玉利兴公司应编制如下会计分录：

借：原材料　　　　　　　　　　　　　　　　　　　　　　　500 000
　　应交税费——应交增值税（进项税额）　　　　　　　　　　65 000
　　　贷：应付账款　　　　　　　　　　　　　　　　　　　　　　　565 000

② 5 月 5 日，支付货款时，玉利兴公司应编制如下会计分录：

借：应付账款　　　　　　　　　　　　　　　　　　　　　　565 000
　　　贷：银行存款　　　　　　　　　　　　　　　　　　　　　　　565 000

③ 5 月 7 日，购入农产品时，玉利兴公司应编制如下会计分录：

借：在途物资　　　　　　　　　　　　　　　　　　　　　　409 500
　　应交税费——应交增值税（进项税额）（450 000×9%=40 500）　40 500
　　　贷：银行存款　　　　　　　　　　　　　　　　　　　　　　　450 000

④ 5 月 15 日，维修设备时，玉利兴公司应编制如下会计分录：

借：管理费用　　　　　　　　　　　　　　　　　　　　　　85 000
　　应交税费——应交增值税（进项税额）　　　　　　　　　　11 050
　　　贷：银行存款　　　　　　　　　　　　　　　　　　　　　　　96 050

（2）一般纳税人购进的货物等已到达并验收入库，但尚未收到增值税扣税凭证并未付款的，应在月末按货物清单或相关合同协议上的价格暂估入账，但不需要将增值税的进项税额暂估入账。暂估入账时，应按照暂估价值借记"原材料"等科目，贷记"应付账款"科目。月初，应用红字将暂估入账金额冲销，待取得增值税专用发票后再按照发票上的金额借记"原材料""库存商品""无形资产""固定资产""管理费用"等科目，按照发票上的税额借记"应交税费——应交增值税（进项税额）"科目，贷记"应付账款""银行存款"等科目。

具体会计分录如下：

月末暂估入账时：

借：原材料等（暂估价值）

　　　　贷：应付账款（暂估价值）

下月初，用红字冲销原暂估入账金额：

借：原材料（暂估价值）（红字）

　　　　贷：应付账款等（暂估价值）（红字）

待取得相关增值税扣税凭证并经认证后：

借：原材料

　　　库存商品

　　　无形资产

　　　固定资产

　　　管理费用等

　　　应交税费——应交增值税（进项税额）

　　　　贷：应付账款/银行存款等

【例8-18】 玉利兴公司5月25日购入原材料一批并已经验收入库，但尚未收到对方开具的增值税专用发票，玉利兴公司尚未支付货款。随货同行的单据注明的该批原材料价格为250 000元。6月5日，玉利兴公司收到对方开具的增值税专用发票，发票注明的价格为250 000元，增值税税额为32 500元，玉利兴公司用银行存款支付所有货款。

要求：编制玉利兴公司相关业务的会计分录。

【答案】

① 5月末材料暂估入账时，玉利兴公司应编制如下会计分录：

借：原材料	250 000
贷：应付账款——暂估入账	250 000

② 6月初红字冲回时，玉利兴公司应编制如下会计分录：

借：原材料	250 000
贷：应付账款——暂估入账	250 000

③ 6月5日，收到发票并付款时，玉利兴公司应编制如下会计分录：

借：原材料	250 000
应交税费——应交增值税（进项税额）	32 500
贷：银行存款	282 500

（3）企业购进的货物由于管理不善等原因造成非正常损失的，相应进项税额不得抵扣，应做转出处理，转入"应交税费——应交增值税（进项税额转出）"科目。具体会计分录为：

借：待处理财产损溢/应付职工薪酬等

　　　　贷：原材料等

　　　　　　应交税费——应交增值税（进项税额转出）

　　学习提示：非正常损失是指因管理不善造成货物被盗、丢失、霉烂变质，以及因违反法律法规造成货物或者不动产被依法没收、销毁、拆除的情形。

【例8-19】 5月25日，玉利兴公司因管理不善造成库房火灾，致使库房内原材料毁损，损失材料实际成本为30 000元，相关增值税进项税额为3 900元。

要求：编制玉利兴公司相关业务的会计分录。

【答案】

玉利兴公司应编制如下会计分录：

借：待处理财产损溢	33 900	
贷：原材料		30 000
应交税费——应交增值税（进项税额转出）		3 900

一般纳税人购进货物、加工修理修配劳务等服务、无形资产或不动产，用于**简易计税方法计税项目**、**免征增值税项目**、**集体福利**或**个人消费**等，即使取得的增值税专用发票上已注明增值税进项税额，该税额按照现行增值税制度规定也不得从销项税额中抵扣。企业应在取得增值税专用发票时按待认证的目前不可抵扣的增值税进项税额，借记"应交税费——应交增值税（待认证进项税额）"科目，贷记"银行存款""应付账款"等科目，经税务机关认证为不可抵扣的增值税进项税额后，借记"应交税费——应交增值税（进项税额）"科目，贷记"应交税费——待认证进项税额"科目；同时，将增值税进项税额转出，借记管理费用等相关成本费用或资产科目，贷记"应交税费——应交增值税（进项税额转出）"科目。具体会计分录如下：

取得时：
借：原材料等
　　应交税费——应交增值税（待认证进项税额）
　　贷：应付账款等

经税务机关认证不可抵扣时：
借：应交税费——应交增值税（进项税额）
　　贷：应交税费——待认证进项税额

同时转入不能抵扣的进项税额：
借：管理费用等
　　贷：应交税费——应交增值税（进项税额转出）

【例8-20】5月26日，玉利兴公司外购一批柴油，取得增值税专用发票注明的价款为500 000元，增值税税额为65 000元，当月尚未进行认证，款项用银行存款支付，外购柴油用于公司专用通勤大客车。6月5日，玉利兴公司对该增值税专用发票进行认证，税务机关认证不可抵扣。

要求：编制玉利兴公司相关业务的会计分录。

【答案】
① 5月26日，购入柴油时，玉利兴公司应编制如下会计分录：

借：原材料	500 000	
应交税费——待认证进项税额	65 000	
贷：银行存款		565 000

② 6月5日，经税务机关认证不可抵扣时，玉利兴公司应编制如下会计分录：

借：应交税费——应交增值税（进项税额）	65 000	
贷：应交税费——待认证进项税额		65 000

同时：

借：原材料	65 000	
贷：应交税费——应交增值税（进项税额转出）		65 000

③ 实际使用柴油时，玉利兴公司应编制如下会计分录：

借：应付职工薪酬——非货币性福利	565 000	
贷：原材料		565 000

3. 销售等业务的账务处理

（1）企业销售货物、提供加工修理修配劳务等服务、销售无形资产或不动产的，应当按应收或已收的金额借记"应收账款""应收票据""银行存款"等科目，按照取得的收益金额贷记"主营业务收入""其他业务收入""固定资产清理"等科目，按照计算的销项税额贷记"应交税费——应交增值税（销项税额）"科目或"应交税费——简易计税"科目。

具体会计分录如下：
借：应收账款/应收票据/银行存款等
　　贷：主营业务收入
　　　　其他业务收入
　　　　固定资产清理等
　　　　应交税费——应交增值税（销项税额）
　　　　　　　　——简易计税

按照纳税义务发生时间的不同，账务处理有以下不同：

按照国家统一的会计制度确认收入或利得确认时点早于按照现行增值税制度确认的增值税纳税义务发生时点的，应将相关销项税额记入"应交税费——待转销项税额"科目，待实际发生纳税义务时再转入"应交税费——应交增值税（销项税额）"或"应交税费——简易计税"科目。

按照增值税制度确认的增值税纳税义务发生时点早于按照国家统一的会计制度确认收入或利得的时点的，应按应纳增值税税额，借记"应收账款"科目，贷记"应交税费——应交增值税（销项税额）"或"应交税费——简易计税"科目，按照国家统一的会计制度确认收入或利得时，再按扣除增值税销项税额后的金额确认收入。

📌 **学习提示**：企业发生销售退回的，应根据按规定开具的红字增值税专用发票做相反的会计分录。

【例8-21】 2021年4月19日，玉利兴公司销售产品一批，开具的增值税专用发票上注明的价款为700 000元，增值税税额为91 000元。款项已经通过银行存款收取。

要求：编制玉利兴公司相关业务的会计分录。

【答案】

玉利兴公司应编制如下会计分录：
借：银行存款　　　　　　　　　　　　　　　　　　　　　　　　791 000
　　贷：主营业务收入　　　　　　　　　　　　　　　　　　　　700 000
　　　　应交税费——应交增值税（销项税额）　　　　　　　　　 91 000

（2）**企业将自产或委托加工的货物用于集体福利或个人消费，将自产、委托加工或购买的货物以投资等方式提供给其他单位或个体工商户、分配给股东或投资者、对外捐赠等**，税法上**视同销售**行为，应计算确认增值税销项税额。

用于集体福利的，应按售价及相关增值税制度计算的增值税销项税额借记"应付职工薪酬"科目，按取得的收益金额贷记"主营业务收入"等科目，按照计算的销项税额贷记"应交税费——应交增值税（销项税额）"科目。

具体会计分录如下：
借：应付职工薪酬
　　贷：主营业务收入等
　　　　应交税费——应交增值税（销项税额）

同时结转销售成本：
借：主营业务成本等
　　贷：库存商品
用于对外投资的，应按照售价及相关增值税制度计算的增值税销项税额借记"长期股权投资"等科目，按取得的收益金额贷记"主营业务收入"等科目，按照计算的销项税额贷记"应交税费——应交增值税（销项税额）"科目。

具体会计分录如下：
借：长期股权投资等
　　贷：主营业务收入等
　　　　应交税费——应交增值税（销项税额）
同时结转销售成本：
借：主营业务成本等
　　贷：库存商品

用于（以实物）支付（分配）股利的，应按照售价及相关增值税制度计算的增值税销项税额借记"应付股利"等科目，按取得的收益金额贷记"主营业务收入"等科目，按照计算的销项税额贷记"应交税费——应交增值税（销项税额）"科目。

具体会计分录如下：
借：应付股利
　　贷：主营业务收入等
　　　　应交税费——应交增值税（销项税额）
同时结转销售成本：
借：主营业务成本等
　　贷：库存商品

用于对外捐赠的，应按照商品成本价和按商品公允价值（计税价）计算的增值税销项税额之和借记"营业外支出"科目，按照成本价贷记"库存商品"科目，按照公允价值计算的增值税销项税额贷记"应交税费——应交增值税（销项税额）"科目。

具体会计分录如下：
借：营业外支出
　　贷：库存商品（成本价）
　　　　应交税费——应交增值税（销项税额）（公允价值×增值税税率）
采用简易计税方法计算的应纳增值税额，应记入"应交税费——简易计税"科目。

> **学习提示**：如果企业销售货物或者提供应税劳务采用销售额和销项税额合并定价方式的，应先按公式"不含税销售额＝含税销售额÷（1+增值税税率）"还原为不含税销售额，再按不含税销售额计算销项税额。

【例 8-22】 玉利兴公司于 5 月 29 日将一批成本为 300 000 元的库存商品对外投资，该库存商品市场价值为 450 000 元，玉利兴公司开具的增值税专用发票注明的税款为 58 500 元。玉利兴公司将取得的投资作为长期股权投资核算。

要求：编制玉利兴公司相关业务的会计分录。

【答案】
玉利兴公司应编制如下会计分录：

借：长期股权投资 508 500
　　贷：主营业务收入 450 000
　　　　应交税费——应交增值税（销项税额） 58 500
借：主营业务成本 300 000
　　贷：库存商品 300 000

4．缴纳增值税的账务处理

企业缴纳当月应缴的增值税时，应借记"应交税费——应交增值税（已交税金）"科目，贷记"银行存款"科目。

具体会计分录如下：

借：应交税费——应交增值税（已交税金）
　　贷：银行存款

企业缴纳以前期间未缴的增值税时，应借记"应交税费——未交增值税"科目，贷记"银行存款"科目。具体会计分录如下：

借：应交税费——未交增值税
　　贷：银行存款

【例 8-23】 玉利兴公司 5 月发生增值税销项税额合计为 149 500 元，进项税额合计为 121 050 元，进项税额转出合计为 3 900 元。假设玉利兴公司当月实际缴纳增值税 30 000 元。

要求：编制玉利兴公司相关业务的会计分录。

【答案】

借：应交税费——应交增值税（已交税金） 30 000
　　贷：银行存款 30 000

5．月末转出多缴增值税和未缴增值税的账务处理

月度终了，企业应当将当月应缴未缴或多缴的增值税自"应交增值税"明细科目转入"未交增值税"明细科目。

对于当月应缴未缴的增值税，应借记"应交税费——应交增值税（转出未交增值税）"科目，贷记"应交税费——未交增值税"科目；对于当月多缴的增值税，应借记"应交税费——未交增值税"科目，贷记"应交税费——应交增值税（转出多交增值税）"科目。

【例 8-24】 承【例 8-23】，2021 年 5 月 31 日，玉利兴公司将尚未缴纳的 2 350 元（149 500 元 – 121 050 元 + 3 900 元 – 30 000 元）增值税进行转出。2021 年 6 月，玉利兴公司实际缴纳上述增值税。

要求：编制玉利兴公司相关业务的会计分录。

【答案】

5 月结转未缴增值税时，玉利兴公司应编制如下会计分录：

借：应交税费——应交增值税（转出未交增值税） 2 350
　　贷：应交税费——未交增值税 2 350

6 月实际缴纳时，玉利兴公司应编制如下会计分录：

借：应交税费——未交增值税 2 350
　　贷：银行存款 2 350

（三）小规模纳税人的账务处理

小规模纳税人进行增值税的账务处理时，应当设置"应交税费——应交增值税"明细科目进行核算,该明细科目下不再设置增值税专栏。"应交税费——应交增值税"明细科目贷方登记应缴纳的增值税,借方登记已经缴纳的增值税。期末贷方余额反映企业尚未缴纳的增值税,期末借方余额反映企业多缴纳的增值税。

小规模纳税人的增值税实行简易办法征收,按照销售价款(不含税)的3%(或5%)征收。

小规模纳税人从一般纳税人处购买货物不得抵扣进项税额,一般纳税人取得小规模纳税人销售的货物原则上也不得抵扣进项税额(取得税务机关代开的增值税专用发票的除外)。小规模纳税人销售货物(提供服务)时,应按照应收或实收的金额借记"银行存款"等科目,按照取得的收益金额贷记"主营业务收入"等科目,按应缴纳的增值税税额贷记"应交税费——应交增值税"科目。实际缴纳税款时,借记"应交税费——应交增值税"科目,贷记"银行存款"科目。

具体会计分录如下:

销售货物(提供服务)时:

借:银行存款等
  贷:主营业务收入
    应交税费——应交增值税

实际缴纳增值税时:

借:应交税费——应交增值税
  贷:银行存款

【例8-25】 某公司为增值税小规模纳税人,适用的增值税征收率为3%。2021年4月,该公司购入一批原材料,取得增值税专用发票上注明的价款为1 500 000元,增值税税额为195 000元;另付运费10 000元,增值税税额为900元。销售产品一批,开具的增值税普通发票注明的金额(含税)为41 200元,货款尚未收到。该公司以银行存款缴纳增值税1 200元。要求:编制该公司相关业务的会计分录。

【答案】

① 购入原材料时,该公司应编制如下会计分录:

借:原材料   1 705 900
  贷:银行存款   1 705 900

② 销售产品时,该公司应编制如下会计分录:

借:应收账款   41 200
  贷:主营业务收入   40 000
    应交税费——应交增值税(41 200÷(1+3%)×3%=1 200) 1 200

③ 缴纳增值税时,该公司应编制如下会计分录:

借:应交税费——应交增值税   1 200
  贷:银行存款   1 200

(四)差额征税的账务处理

对于企业发生的某些无法通过抵扣机制避免重复征税的业务,应采用差额征税方式计算缴纳的增值税。

1. 相关成本费用允许扣减销售额的账务处理

按现行增值税制度规定,企业发生相关成本费用允许扣减销售额的,应在发生费用支出时,按照应付或实付金额借记"主营业务成本"等科目,贷记"银行存款"等科目。

具体会计分录如下：

借：主营业务成本等
　　贷：银行存款等

根据增值税扣税凭证抵减销项税额时，应按照允许抵扣的税额借记"应交税费——应交增值税（销项税额抵减）"（或"应交税费——简易计税"科目，若纳税义务人为小规模纳税人，应借记"应交税费——应交增值税"科目），贷记"主营业务成本"等科目。具体会计分录如下：

借：应交税费——应交增值税（销项税额抵减）　　　　　　　（一般纳税人）
　　　　　　——简易计税　　　　　　　　　　　　　　　　　（简易计税）
　　　　　　——应交增值税　　　　　　　　　　　　　　　（小规模纳税人）
　　贷：主营业务成本等

【例 8-26】 某旅行社为增值税一般纳税人，增值税采用差额征税方式核算。2021 年 4 月，该旅行社为甲公司提供职工境内旅游服务，向甲公司收取团费 212 000 元，其中包括增值税 12 000 元，全部款项已收妥入账。该旅行社以银行存款支付其他接团旅游公司旅行费用和其他单位相关费用合计 159 000 元。其中，根据税法规定可以扣减销售额而减少的销项税额为 9 000 元。

要求：编制该旅行社相关业务的会计分录。

【答案】

① 支付住宿费等旅行费用时，该旅行社应编制如下会计分录：

借：主营业务成本　　　　　　　　　　　　　　　　　　　159 000
　　贷：银行存款　　　　　　　　　　　　　　　　　　　　　　159 000

② 根据增值税相关规定可以抵减销项税额时，该旅行社应编制如下会计分录：

借：应交税费——应交增值税（销项税额抵减）　　　　　　　9 000
　　贷：主营业务成本　　　　　　　　　　　　　　　　　　　　9 000

③ 确认旅行服务收入时，该旅行社应编制如下会计分录：

借：银行存款　　　　　　　　　　　　　　　　　　　　　212 000
　　贷：主营业务收入　　　　　　　　　　　　　　　　　　　200 000
　　　　应交税费——应交增值税（销项税额）　　　　　　　　12 000

2. 转让金融商品按规定以盈亏相抵后的余额作为销售额的账务处理

企业实际转让金融商品时，按照增值税制度应做以下处理：

月末如产生转让收益，则按应纳税额借记"投资收益"等科目，贷记"应交税费——转让金融商品应交增值税"科目；月末如产生转让损失，则按可结转下月抵扣，借记"应交税费——转让金融商品应交增值税"科目，贷记"投资收益"等科目。

缴纳增值税时，应借记"应交税费——转让金融商品应交增值税"科目，贷记"银行存款"科目。

年末，"应交税费——转让金融商品应交增值税"科目如有借方余额，则借记"投资收益"等科目，贷记"应交税费——转让金融商品应交增值税"科目。

（五）增值税税控系统专用设备和技术维护费用抵减增值税税额的账务处理

按现行增值税制度的规定，企业初次购买增值税税控系统专用设备支付的费用以及缴纳的技术维护费允许在增值税应纳税额中全额抵减。

增值税一般纳税人初次购入增值税税控系统专用设备时，应按照实际支付的金额借记"固定资产"科目，贷记"银行存款"等科目。每年支付技术维护费时应按照实际支付的金额借记"管理费用"科目，贷记"银行存款"等科目。按规定抵减增值税应纳税额时，借记"应交税费——应交增值税（减免税款）"科目，贷记"管理费用"科目。小规模纳税人则借记"应交税费——应交增值税"科目，贷记"管理费用"科目。

具体会计分录如下：

（1）购入时：

借：固定资产（税控系统）
　　管理费用（技术维护费）
　　　贷：银行存款等

（2）按规定抵减的增值税应纳税额：

借：应交税费——应交增值税（减免税款）　　　　　　　　　　　　（一般纳税人）
　　　　　　——应交增值税　　　　　　　　　　　　　　　　　　（小规模纳税人）
　　贷：管理费用

📢 **学习提示**：为支持小微企业发展，小规模纳税人发生的增值税应税销售行为，合计月销售额未超过10万元的，或以一个季度为一个纳税期，季度销售额未超过30万元的，免征增值税。

小微企业在取得销售收入时，应当按照现行增值税制度的规定计算应缴纳的增值税，并确认为"应交税费"，在达到增值税制度规定的免征增值税条件时，将有关应缴纳的增值税转入当期损益。

三、消费税

（一）消费税的概念

消费税是指在我国境内生产、委托加工和进口应税消费品的单位和个人按其流转额缴纳的一种税。消费税的征收方法包括从价定率、从量定额以及从价定率和从量定额复合计税。计算公式如下：

从价定率方法下的消费税＝销售额×比例税率

从量定额方法下的消费税＝销售数量×定额税率

复合计税方法下的消费税＝销售额×比例税率＋销售数量×定额税率

消费税包含于商品价格之内，称为"价内税"，价内税的特点是会影响企业当期的损益，如图8-2所示。

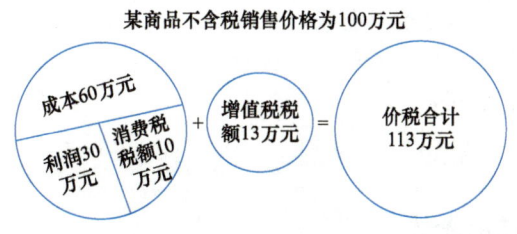

图8-2　价内税的特点

（二）应交消费税的账务处理

企业应当设置"应交税费——应交消费税"科目，用来核算消费税的发生、缴纳情况。该科目贷方登记应缴纳的消费税，借方登记已缴纳的消费税；期末贷方余额反映企业尚未缴纳的消费税，借方余额反映企业多缴纳的消费税。

1．销售应税消费品的账务处理

企业应税消费品直接对外销售的，按照应缴纳的消费税，借记"税金及附加"科目，贷记"应交税费——应交消费税"科目。具体会计分录如下：

借：税金及附加
　　贷：应交税费——应交消费税

【例 8-27】 某公司为高档化妆品生产企业，2021 年 5 月销售本公司生产的高档化妆品，开具的增值税专用发票上注明的价款为 500 000 元，增值税税额为 65 000 元。适用的消费税税率为 15%。款项尚未收到。

要求：编制该公司相关业务的会计分录。

【答案】

① 实现销售时，该公司应编制如下会计分录：

借：应收账款　　　　　　　　　　　　　　　　　　　　565 000
　　贷：主营业务收入　　　　　　　　　　　　　　　　　500 000
　　　　应交税费——应交增值税（销项税额）　　　　　　 65 000

② 缴纳消费税时，该公司应编制如下会计分录：

借：税金及附加　　　　　　　　　　　　　　　　　　　 75 000
　　贷：应交税费——应交消费税（500 000×15%=75 000）　 75 000

2．自产自用应税消费品的账务处理

企业将生产的应税消费品用于在建工程等非生产机构（自产自用）时，按规定应缴纳消费税，应借记"在建工程"等科目，贷记"应交税费——应交消费税"科目；将自产应税消费品用于对外投资、分配给职工等，应借记"税金及附加"科目，贷记"应交税费——应交消费税"科目。

具体会计分录如下：

借：在建工程（用于在建工程）
　　税金及附加（用于投资、分配等）
　　贷：应交税费——应交消费税

【例 8-28】 某公司在建工程领用自产柴油 30 000 元，应纳消费税税额为 4 500 元。不考虑其他相关税费。

要求：编制该公司相关业务的会计分录。

【答案】

该公司应编制如下会计分录：

借：在建工程　　　　　　　　　　　　　　　　　　　　 34 500
　　贷：库存商品　　　　　　　　　　　　　　　　　　　30 000
　　　　应交税费——应交消费税　　　　　　　　　　　　 4 500

3．委托加工应税消费品的账务处理

企业如有应缴纳消费税的委托加工物资，应于委托方提货时由受托方代收代缴税款。受托方按应扣税款金额，借记"应收账款""银行存款"等科目，贷记"应交税费——应交消费税"科目。

委托加工物资收回后**直接用于销售的**，委托方应将受托方代收代缴的消费税计入委托加工物资的成本；委托加工物资收回后**用于连续生产应税消费品**，按规定准予抵扣的，委托方应按已由受托方代收代缴的消费税，借记"应交税费——应交消费税"科目，贷记"应付账款""银行存款"等科目，待用委托加工的应税消费品生产出应纳消费税产品销售时，再缴纳消费税。委托加工应税消费品的账务处理如图 8-3 所示。

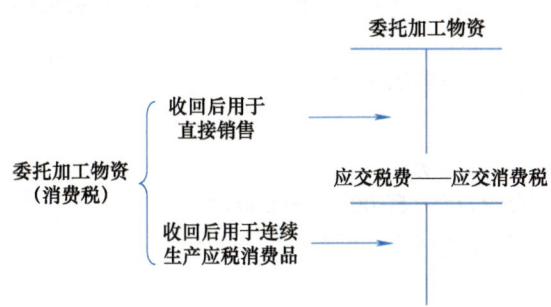

图 8-3 委托加工应税消费品的账务处理

具体会计分录如下：
（1）收回后用于直接销售的：
借：委托加工物资
　　贷：应付账款
　　　　银行存款等
（2）收回后用于连续生产应税消费品的：
借：应交税费——应交消费税
　　贷：应付账款
　　　　银行存款等

【例 8-29】 玉利兴公司为增值税一般纳税人，委托 M 公司加工应缴纳消费税的 B 材料一批（非金银首饰），发出材料价款为 20 000 元，支付加工费 10 000 元，取得的增值税专用发票上注明的增值税税额为 1 300 元，由受托方代收代缴的消费税税额为 1 000 元，材料已加工完成，委托方收回 B 材料用于继续生产应税消费品。全部款项已用银行存款支付。

要求：编制玉利兴公司相关业务的会计分录。

【答案】
玉利兴公司应编制如下会计分录：

借：委托加工物资	20 000
贷：原材料	20 000
借：委托加工物资	10 000
应交税费——应交增值税（进项税额）	1 300
贷：银行存款	11 300
借：应交税费——应交消费税	1 000
贷：银行存款	1 000

4．进口应税消费品的账务处理

企业进口应税消费品缴纳的消费税由海关在货物进口时代征。应缴纳的消费税按照组成计税价格和规定的税率计算，计入进口消费品成本中，借记"在途物资""材料采购""原材料""库存商品"科目，贷记"银行存款"等科目。

【例 8-30】 玉利兴公司从国外进口一批需要缴纳消费税的商品，已知该商品关税完税价格为 450 000 元，按规定应缴纳关税 90 000 元，货物报关后，取得"海关进口消费税专用缴款书"注明的消费税税额为 60 000 元、"海关进口增值税专用缴款书"注明的增值税税额为 78 000 元。进口商品已验收入库，全部货款和税款已用银行存款支付。（假定进口的商品的消费税税率为 10%、增值税税率为 13%）

要求：编制玉利兴公司相关业务的会计分录：

【答案】

玉利兴公司应编制如下会计分录：

借：库存商品（450 000+90 000+60 000=600 000）　　　　　　　600 000
　　应交税费——应交增值税（进项税额）　　　　　　　　　　78 000
　　贷：银行存款　　　　　　　　　　　　　　　　　　　　678 000

本例中，应缴纳的消费税 = [(450 000 +90 000)÷(1−10%)]×10%= 60 000（元）；应缴纳的增值税 = (450 000 +90 000 +60 000)×13% = 78 000（元）。

四、其他税费

其他税费是指除上述应交税费以外的其他各种应缴纳的税费，包括资源税、城市维护建设税、土地增值税等，企业应当在"应交税费"科目下设置明细科目进行核算。

（一）资源税

资源税是对在我国境内开采矿产品或者生产盐的单位和个人征收的税。企业在发生资源税应税行为时应按照计算的资源税借记相关科目，对外销售应税产品应缴纳的资源税借记"税金及附加"科目；自产自用的应税产品应缴纳的资源税借记"生产成本""制造费用"等科目，同时贷记"应交税费——应交资源税"科目。

具体会计分录如下：

借：税金及附加
　　生产成本
　　制造费用等
　　贷：应交税费——应交资源税

【例 8-31】 某公司对外销售资源税应税矿产品 8 000 t，将自产资源税应税矿产品 1 200 t 用于其产品的生产，按规定，每吨矿产品应缴纳的资源税为 5 元。

要求：编制该公司相关业务的会计分录。

【答案】

① 对外销售矿产品时，该公司应编制如下会计分录：

借：税金及附加（8 000×5=40 000）　　　　　　　　　　　　40 000
　　贷：应交税费——应交资源税　　　　　　　　　　　　　40 000

② 自用矿产品时，该公司应编制如下会计分录：

借：生产成本（1 200×5=6 000）　　　　　　　　　　　　　　6 000
　　贷：应交税费——应交资源税　　　　　　　　　　　　　6 000

③ 缴纳资源税时，该公司应编制如下会计分录：

借：应交税费——应交资源税　　　　　　　　　　　　　　　　　　　　　46 000
　　　贷：银行存款　　　　　　　　　　　　　　　　　　　　　　　　　　　　46 000

（二）城市维护建设税

城市维护建设税是以增值税和消费税为计税依据征收的一种税。城市维护建设税的纳税人为缴纳增值税和消费税的单位和个人，税率因纳税人所在地不同从 1%～7% 不等。计算公式如下：

应纳城市维护建设税税额 =（实际缴纳增值税 + 实际缴纳消费税）× 适用税率

城市维护建设税在计提时，应按照计算的应纳税额借记"税金及附加"等科目，贷记"应交税费——应交城市维护建设税"科目。实际缴纳时，借记"应交税费——应交城市维护建设税"科目，贷记"银行存款"科目。

具体会计分录如下：

计提时：

借：税金及附加等
　　贷：应交税费——应交城市维护建设税

缴纳时：

借：应交税费——应交城市维护建设税
　　贷：银行存款

（三）教育费附加

教育费附加是指为了加快发展地方教育事业，扩大地方教育经费资金来源而向企业征收的附加费用。计算公式如下：

教育费附加征收额 =（实际缴纳增值税 + 实际缴纳消费税）× 征收率

教育费附加在计提时，应按照计算的应纳税额借记"税金及附加"等科目，贷记"应交税费——应交教育费附加"科目。实际缴纳时，借记"应交税费——应交教育费附加"科目，贷记"银行存款"科目。

具体会计分录如下：

计提时：

借：税金及附加等
　　贷：应交税费——应交教育费附加

缴纳时：

借：应交税费——应交教育费附加
　　贷：银行存款

【例 8-32】 2021 年 4 月，玉利兴公司实际缴纳的增值税为 562 000 元，消费税为 220 000 元，适用的城市维护建设税税率为 7%，教育费附加征收率为 3%，地方教育费附加征收率为 2%。

要求：编制玉利兴公司相关业务的会计分录。

【答案】

① 计提时，玉利兴公司应编制如下会计分录：

借：税金及附加 [(562 000 +220 000)×(7% +3% +2%)=93 840]　　　　93 840
　　贷：应交税费——应交城市维护建设税 [(562 000 +220 000)× 7%=54 740]　　54 740
　　　　　　　　——应交教育费附加 [(562 000 +220 000)× 3%=23 460]　　23 460
　　　　　　　　——应交地方教育费附加 [(1 562 000 +220 000)× 2%=15 640] 15 640

② 缴纳时，玉利兴公司应编制如下会计分录：
借：应交税费——应交城市维护建设税　　　　　　　　　　　54 740
　　　　　　——应交教育费附加　　　　　　　　　　　　　23 460
　　　　　　——应交地方教育费附加　　　　　　　　　　　15 640
　　贷：银行存款　　　　　　　　　　　　　　　　　　　　　　　93 840

（四）土地增值税

土地增值税是对转让国有土地使用权、转让地上的建筑物及其附着物（以下简称转让房地产）并取得增值性收入的单位和个人所征收的一种税。

土地增值税按照转让房地产等所取得的增值额和规定的税率计算征收，通过"应交税费——应交土地增值税"科目核算。

转让房地产等的增值额是指转让收入减去税法规定扣除项目金额后的余额，其中，转让收入包括货币收入、实物收入和其他收入；扣除项目主要包括取得土地使用权所支付的金额、开发土地的成本及费用、新建房屋及配套设施的成本及费用、与转让房地产有关的税金、旧房屋及建筑物的评估价格、财政部确定的其他扣除项目等。土地增值税采用4级超率累进税率，其中最低税率为30%，最高税率为60%。

企业转让的土地使用权连同地上建筑物及其附着物一并在"固定资产"科目核算的，转让时应缴纳的土地增值税借记"固定资产清理"科目，贷记"应交税费——应交土地增值税"科目；土地使用权在"无形资产"科目核算的，应按实际收到的金额借记"银行存款""累计摊销""无形资产减值准备"等科目，按应缴纳的土地增值税贷记"应交税费——应交土地增值税"科目，同时冲销土地使用权的账面价值，贷记"无形资产"科目，将其差额记入"资产处置损益"科目。房地产开发经营企业销售房地产应缴纳的土地增值税借记"税金及附加"科目，贷记"应交税费——应交土地增值税"科目，缴纳时借记"应交税费——应交土地增值税"科目，贷记"银行存款"科目。具体会计分录如下：

1. 非房地产开发企业

（1）转让建筑物（含土地使用权）：
借：固定资产清理
　　贷：应交税费——应交土地增值税

（2）转让土地使用权（无形资产）：
借：银行存款（转让价款）
　　累计摊销
　　无形资产减值准备
　　贷：无形资产
　　　　应交税费——应交土地增值税
　　　　　　　　——应交增值税（销项税额）
　　　　资产处置损益（差额，也可能在借方）

2. 房地产开发企业

借：税金及附加
　　贷：应交税费——应交土地增值税
借：应交税费——应交土地增值税

     贷：银行存款

【例 8-33】 某公司（非房地产开发企业）对外转让一栋办公楼，按照税法规定应缴纳的土地增值税税额为 30 000 元。

要求：编制该公司相关业务的会计分录。

【答案】

该公司应编制如下会计分录：

借：固定资产清理　　　　　　　　　　　　　　　　　　　　　　　30 000
　　贷：应交税费——应交土地增值税　　　　　　　　　　　　　　　　　30 000
借：应交税费——应交土地增值税　　　　　　　　　　　　　　　　　30 000
　　贷：银行存款　　　　　　　　　　　　　　　　　　　　　　　　　30 000

（五）房产税、城镇土地使用税、车船税

1．房产税

房产税是国家对在城市、县城、建制镇和工矿区征收的由产权所有人缴纳的一种税。房产税依照房产原值一次减除 10%～30% 后的余额计算缴纳。没有房产原值作为依据的，由房产所在地税务机关参考同类房产核定；房产出租的，以房产租金收入为房产税的计税依据。企业缴纳房产税时，应按照实际缴纳的金额借记"税金及附加"科目，贷记"应交税费——应交房产税"科目。

具体会计分录如下：

借：税金及附加
　　贷：应交税费——应交房产税

2．城镇土地使用税

城镇土地使用税是以城市、县城、建制镇、工矿区范围内使用土地的单位和个人为纳税人，以其实际占用的土地面积和规定税额计算征收的一种税。企业缴纳城镇土地使用税时，应按照实际缴纳的金额借记"税金及附加"科目，贷记"应交税费——应交城镇土地使用税"科目。

具体会计分录如下：

借：税金及附加
　　贷：应交税费——应交城镇土地使用税

3．车船税

车船税是以车辆、船舶（简称车船）为课征对象，向车船的所有人或者管理人征收的一种税。企业缴纳车船税时，应按照实际缴纳的金额借记"税金及附加"科目，贷记"应交税费——应交车船税"科目。

具体会计分录如下：

借：税金及附加
　　贷：应交税费——应交车船税

（六）个人所得税

企业按规定计算的代扣代缴的职工个人所得税，应按照应缴金额借记"应付职工薪酬"科目，贷记"应交税费——应交个人所得税"科目。实际缴纳时，借记"应交税费——应交个人所得税"科目，贷记"银行存款"科目。

具体会计分录如下：

代扣个人所得税时：

借：应付职工薪酬——工资、奖金、补贴、津贴等
    贷：应交税费——应交个人所得税

实际缴纳个人所得税时：

借：应交税费——应交个人所得税
    贷：银行存款

【例 8-34】 玉利兴公司本月代扣代缴职工个人所得税的金额为 6 900 元。

要求：编制玉利兴公司相关业务的会计分录。

【答案】

①代扣个人所得税时，玉利兴公司应编制如下会计分录：

借：应付职工薪酬——工资、奖金、津贴和补贴　　　　　　6 900
    贷：应交税费——应交个人所得税　　　　　　　　　　　　　　6 900

②缴纳个人所得税时，玉利兴公司应编制如下会计分录：

借：应交税费——应交个人所得税　　　　　　　　　　　　6 900
    贷：银行存款　　　　　　　　　　　　　　　　　　　　　　　　6 900

❋ **本节导读分析**：根据税法规定，目前我国企业缴纳的税种绝大部分需要通过"应交税费"科目核算；不通过"应交税费"科目核算的税种屈指可数，包括印花税、耕地占用税、契税和车辆购置税等。

本章导读分析

通过本章的学习，我们已经对流动负债有了一定的了解。一个企业产生流动负债的原因有很多，如借贷形成的流动负债、结算过程中产生的流动负债、经营过程中产生的流动负债等。导读中 A 企业向银行借款属于借贷形成的流动负债，购买原材料延期付款属于结算过程中产生的流动负债，应付职工薪酬和应交税费属于经营过程中产生的流动负债。流动负债具有偿还期短、负债数额较小的特点，举借的目的是满足经营周转资金的需要，主要包括短期借款、应付票据、应付及预收款项等。

实务案例

A 企业为了少缴企业所得税，在某年 12 月以车间修理为名虚拟了一个提供劳务的单位，将自己编制的虚假劳务费用 8 万元作为应付账款进行账务处理，并相应计提了制造费用，使 12 月的产品成本虚增。当月产品全部销售，虚增销售成本 8 万元，进而导致当月利润虚减 8 万元，少缴企业所得税 2 万元（8 万元 ×25%）。违法行为被税务局发现后，A 企业不但被追缴税款，还被罚款。

应付账款是指企业因购买材料、商品或接受服务供应等经营活动而应付给供应单位的款项，它的确认必须建立在真实的经济业务之上。A 企业为了少缴所得税，虚构经济业务，虚增费用，最终受到了应有的惩罚。实务中，虚构的应付账款由于无法偿还只能长期挂账，从而又会为企业埋下另外一个隐患。

第八章 流动负债

思维导图

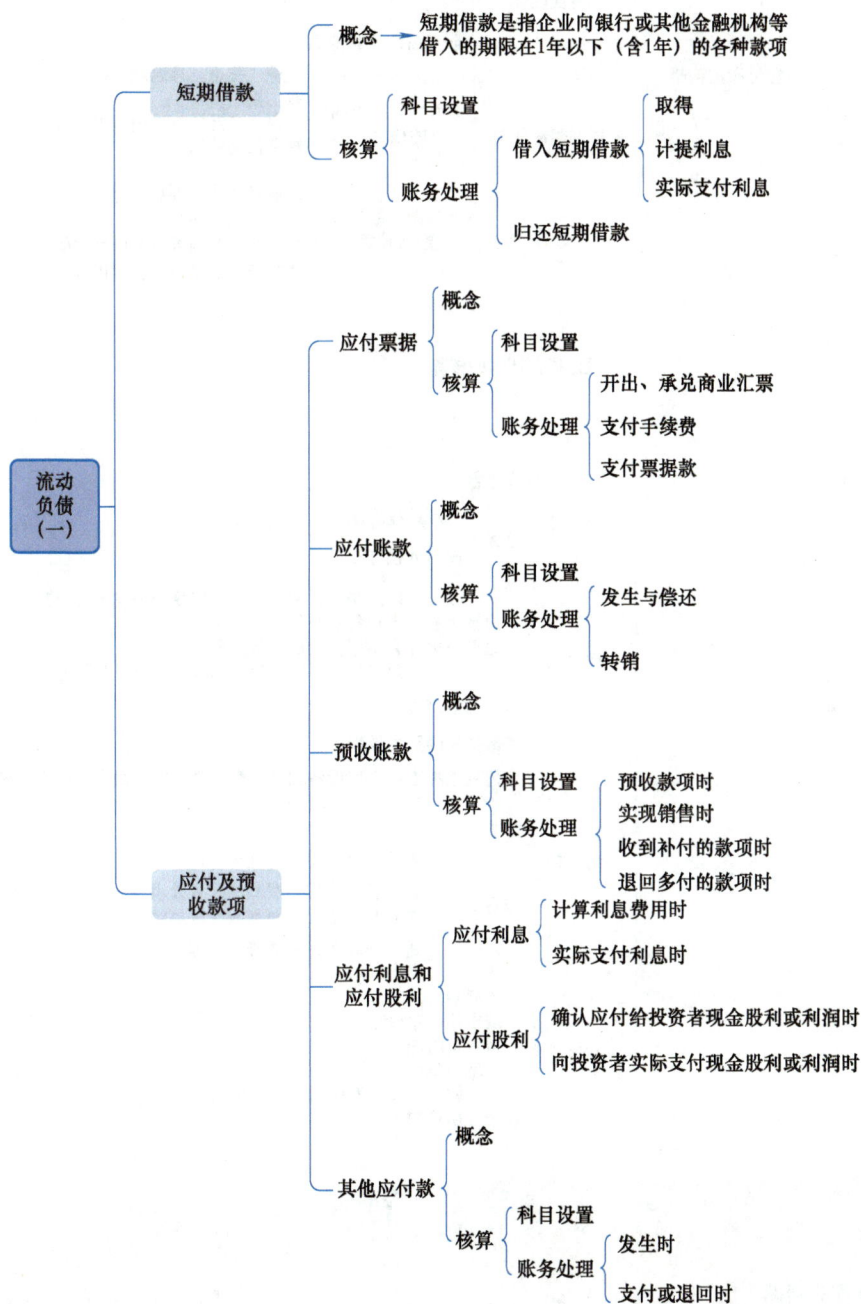

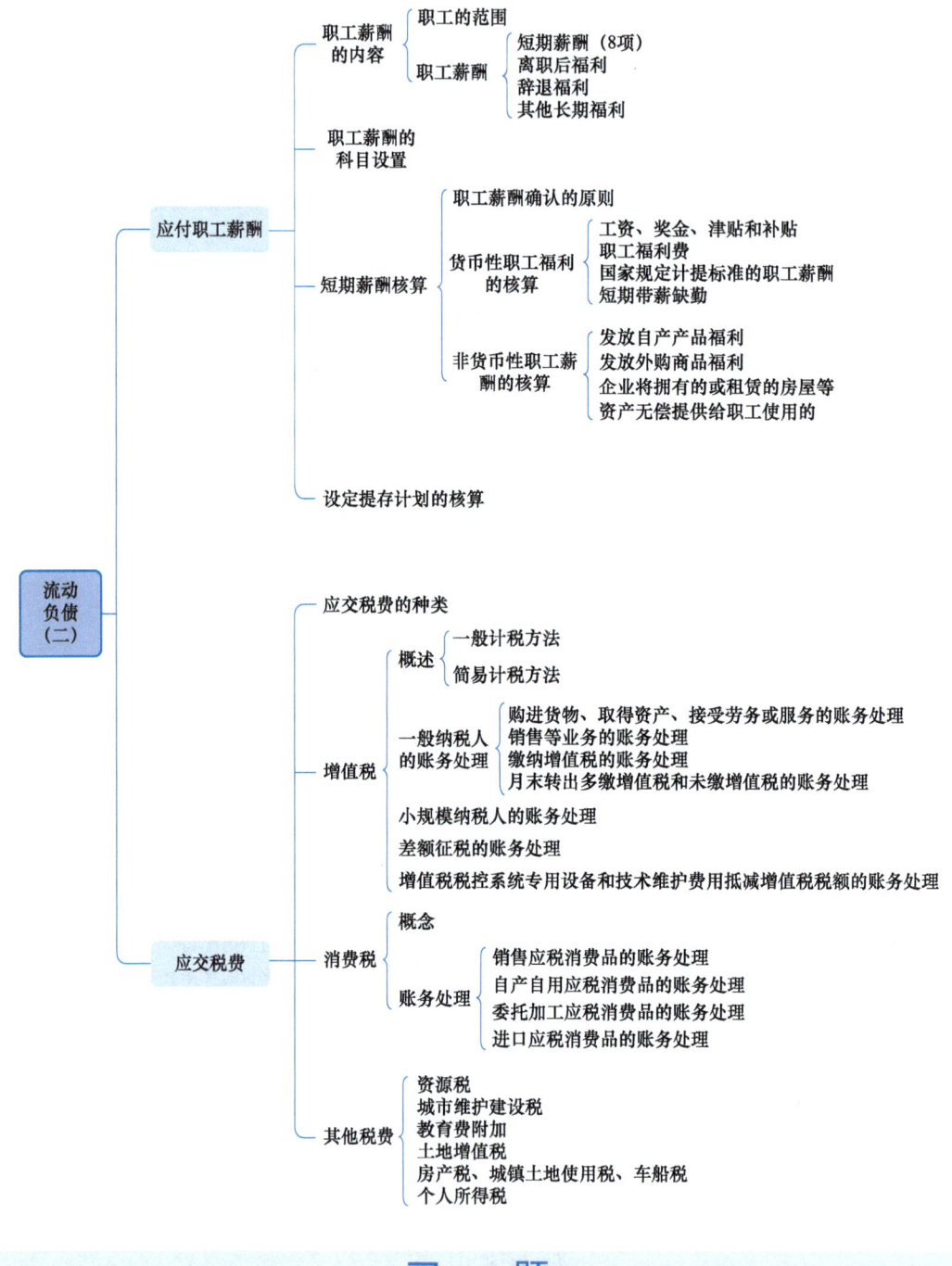

习　题

一、计算分析题

1. 玉利兴公司为增值税一般纳税人，销售货物适用的增值税税率为13%。2021年1月4日，玉利兴公司从乙公司购入一批生产用材料，取得的货物增值税专用发票上注明的价款为100万元，增值税税额为13万元。根据购买合同约定，玉利兴公司可以享受的现金折扣条件为"2/10，1/20，N/30"。

要求：

（1）说明计算现金折扣时是否考虑增值税。

（2）若玉利兴公司于 2021 年 1 月 5 日支付货款，计算玉利兴公司享受的现金折扣金额及实际支付的货款金额。

（3）若玉利兴公司于 2021 年 1 月 18 日支付货款，计算玉利兴公司享受的现金折扣金额及实际支付的货款金额。

（4）若玉利兴公司于 2021 年 1 月 30 日支付货款，计算玉利兴公司享受的现金折扣金额及实际支付的货款金额。

2．某企业为销售家具的增值税一般纳税人，2021 年 12 月，该企业专设销售机构发生的与职工薪酬有关的业务如下：

（1）12 月 1 日，以银行存款支付当月职工宿舍房租 3 万元，该宿舍免费提供给销售机构人员居住。

（2）12 月 5 日，以银行存款发放上月销售机构人员职工薪酬 30 万元。

（3）12 月 31 日，计提 12 月销售机构人员工资 40 万元。按国家规定计提标准应缴纳的基本养老保险为 6.4 万元，基本医疗保险、工伤保险共计 3.7 万元，计提工会经费和职工教育经费共计 4 万元。

（4）该企业员工每年可享受 5 天带薪年假，未使用的年假不允许结转，本年度销售机构李某休年假 3 天。

要求：

（1）根据（1）～（3）计算该企业 2021 年 12 月销售费用增加的金额。

（2）计算该企业 12 月应计入"设定提存计划"的金额。

（3）分析该企业应如何对李某的带薪年假进行处理。

二、综合业务题

玉利兴公司为增值税一般纳税人。2021 年 2 月 1 日，玉利兴公司向银行借入资金 200 万元用于生产经营，借款期限为 6 个月，年利率为 6%，根据与银行的借款协议，该借款利息按月计提，按季度支付。3 月 1 日，玉利兴公司从 A 公司购入一批材料，取得的增值税专用发票上注明的价款为 50 万元，增值税税额为 6.5 万元，玉利兴公司开出一张由其开户行承兑的汇票，期限为 3 个月，票面金额为 56.5 万元，材料尚在运输途中。3 月 18 日，玉利兴公司与 B 公司签订一项销售合同，向 B 公司销售 500 件产品，每件产品售价为 1 500 元，B 公司于合同签订日支付定金 15 万元。4 月 5 日，玉利兴公司与 C 公司发生往来业务，收取 C 公司押金 2 万元，该笔押金款于 5 月 5 日退还给 C 公司。

要求：

（1）编制玉利兴公司取得借款时的会计分录。

（2）说明该借款的付息日期。

（3）编制玉利兴公司与该借款利息相关的会计分录。

（4）编制玉利兴公司 3 月 1 日购入材料的会计分录。

（5）若玉利兴公司到期按时支付应付 A 公司的货款，应如何进行账务处理。

（6）若玉利兴公司到期无力支付应付 A 公司的货款，应如何进行账务处理。

（7）编制玉利兴公司收取 B 公司定金的会计分录。

（8）说明玉利兴公司与 C 公司的押金业务应如何进行账务处理。

第九章

非流动负债

本章导读

A公司是某市一家知名的家具生产企业，因注重产品质量和成本管理，产品一直供不应求，现有生产能力已无法满足市场需求，为此，A公司股东会决定更换现有生产线。A公司针对生产线的更新决策进行了财务预算分析，结果显示需要进行外部融资1 500万元。A公司融资所需资金该如何取得呢？本章将重点介绍长期借款、应付债券和长期应付款等非流动负债的会计核算。

第一节　长期借款

/学习导读/

家具生产企业A公司准备对现有生产线进行更新换代，需要资金1 500万元，建设期为2年。因为没有足够资金建设生产线，若A公司管理层决定选择以厂房为抵押向银行贷款1 500万元的方案来筹集资金，则A公司将产生按合同支付利息和到期还本的财务压力。那么，A公司的长期借款借入时、持有期间产生利息时以及到期归还时应如何进行会计核算？

一、长期借款的概念

长期借款是指企业**从银行或其他金融机构**借入的期限在**1年以上（不含1年）**的借款，主要用于固定资产的购建、改扩建、大修理工程以及生产经营的其他正常需要。长期借款按付息的方式与本金的偿还方式分为定期偿还（到期一次还本付息）的长期借款和分期偿还（按规定分期还息，到期还本或分期还本付息）的长期借款。

学习提示：企业借入的长期借款一般有两种使用方式：一是将借款存入银行，由银行监督随时提取；二是由银行核定一个借款限额，在限额内随用随借。

二、长期借款的核算

企业借入各种长期借款时应按实际收到的款项，借记"银行存款"科目，按借款本金，贷记"**长期借款——本金**"科目；按其差额，借记"**长期借款——利息调整**"科目。

具体会计分录如下：

借：银行存款
　　长期借款——利息调整（差额）
　　贷：长期借款——本金

在资产负债表日，企业应按长期借款的摊余成本和实际利率计算确定的长期借款的利息费用，借记"在建工程""财务费用""制造费用"等科目，按借款本金和合同利率计算确定的应付未付利息，贷记"**应付利息**"科目（**对于到期一次还本付息的**长期借款，应贷记"**长期借款——应计利息**"科目），按其差额，贷记"长期借款——利息调整"科目。

具体会计分录如下：
借：在建工程
　　财务费用
　　制造费用等
　　　贷：应付利息（分次付息，到期还本）
　　　　　长期借款——应计利息（到期一次还本付息）
　　　　　　　　　——利息调整（差额）

企业归还长期借款时应按归还的长期借款本金，借记"长期借款——本金"科目，按转销的利息调整金额，贷记"长期借款——利息调整"科目，按实际归还的款项贷记"银行存款"科目，按其差额，借记"在建工程""财务费用""制造费用"等科目。

具体会计分录如下：
借：长期借款——本金
　　在建工程
　　财务费用
　　制造费用等
　　　贷：长期借款——利息调整
　　　　　银行存款

【例 9-1】 玉利兴公司为建造一座厂房，于 2019 年 1 月 1 日借入期限为 2 年的长期专门借款 150 万元，借款利率按市场利率确定为 9%，每年付息一次，期满后一次还清本金，款项已存入银行。2019 年年初，玉利兴公司以银行存款支付工程价款共计 90 万元，2020 年年初，又以银行存款支付工程费用 60 万元。该厂房于 2020 年 8 月 31 日完工，达到预定可使用状态。假定不考虑闲置的专门借款资金存款的利息收入。

要求：编制玉利兴公司相关业务的会计分录。

【答案】

① 2019 年 1 月 1 日取得借款时，玉利兴公司应编制如下会计分录：
借：银行存款　　　　　　　　　　　　　　　　　　　　　　1 500 000
　　贷：长期借款——某银行（本金）　　　　　　　　　　　　　　　1 500 000

② 2019 年年初，支付工程款时，玉利兴公司应编制如下会计分录：
借：在建工程——某厂房　　　　　　　　　　　　　　　　　　900 000
　　贷：银行存款　　　　　　　　　　　　　　　　　　　　　　　900 000

③ 2019 年 12 月 31 日，确认 2019 年应计入工程成本的利息费用时，玉利兴公司应编制如下会计分录：
借：在建工程——某厂房（1 500 000×9%=135 000）　　　　　　　135 000
　　贷：应付利息——某银行　　　　　　　　　　　　　　　　　　135 000

④ 2019 年 12 月 31 日，支付借款利息时，玉利兴公司应编制如下会计分录：
借：应付利息——某银行　　　　　　　　　　　　　　　　　　135 000
　　贷：银行存款　　　　　　　　　　　　　　　　　　　　　　　135 000

⑤ 2020年年初，支付工程款时，玉利兴公司应编制如下会计分录：
借：在建工程——某厂房　　　　　　　　　　　　　　600 000
　　贷：银行存款　　　　　　　　　　　　　　　　　　　600 000
⑥ 2020年8月31日，工程达到预定可使用状态时，玉利兴公司应编制如下会计分录：
借：在建工程——某厂房 [(1 500 000×9%÷12)×8＝90 000]　　90 000
　　贷：应付利息——某银行　　　　　　　　　　　　　　　90 000
同时：
借：固定资产——某厂房　　　　　　　　　　　　　1 725 000
　　贷：在建工程——某厂房　　　　　　　　　　　　　　1 725 000
⑦ 2020年12月31日，计算2020年9月—12月的利息费用时，玉利兴公司应编制如下会计分录：
借：财务费用——某借款 [(1 500 000×9%÷12)×4＝45 000]　　45 000
　　贷：应付利息——某银行　　　　　　　　　　　　　　　45 000
⑧ 2020年12月31日，支付利息时，玉利兴公司应编制如下会计分录：
借：应付利息——某银行　　　　　　　　　　　　　　135 000
　　贷：银行存款　　　　　　　　　　　　　　　　　　　135 000
⑨ 2021年1月1日，到期还本时，玉利兴公司应编制如下会计分录：
借：长期借款——某银行（本金）　　　　　　　　　1 500 000
　　贷：银行存款　　　　　　　　　　　　　　　　　　　1 500 000

❋ **本节导读分析**：长期借款是指企业从银行或其他金融机构借入的期限在1年以上（不含1年）的借款。长期借款主要用于固定资产的构建、改扩建、大修理工程以及生产经营的其他正常需要。A公司借入的长期借款，应按实际收到的款项借记"银行存款"科目，按借款本金贷记"长期借款——本金"科目，如有差额，借记"长期借款——利息调整"科目。持有借款期间产生的利息应记入"在建设工程"科目（完工前）、"财务费用"科目（完工后）或"制造费用"科目，归还时借记"长期借款——本金"科目，贷记"银行存款""长期借款——利息调整"科目，差额借记"在建工程""财务费用""制造费用"等科目。

第二节　应付债券

/学习导读/

家具生产企业A公司股东会经过综合分析后决定放弃银行借款这条筹资渠道，原因是借款以后还本付息的财务压力比较大。此外，虽然银行借款的筹资成本相对较低，但是限制条款多，筹资数额也有限。在这种情况下，财务经理建议发行债券解决筹资问题，发行普通债券可以解决筹资数额有限的问题，但同样要还本付息，如果是发行可转换公司债券，则一旦持有者选择转换成股票，就减轻了企业还本的压力。那么，如果选择发行债券，A公司应如何进行会计核算？

一、应付债券的概念和分类

（一）应付债券的概念

应付债券是指企业**举借长期债务**而发行的一种书面凭证，是企业依照法定程序对外发行、约定在一定**期限**内还本付息的**有价证券**。发行债券是企业筹集长期资金的重要方式之一。

（二）应付债券的分类

应付债券可按以下标准加以分类：

（1）按是否记名分为记名债券和不记名债券。

（2）按有无担保物分为抵押债券和信用债券。

（3）按可否转换为发行企业的股票分为可转换公司债券和不可转换公司债券（一般公司债务）。

（4）按偿还本金的方式分为一次还本债券和分期还本债券。

（5）按支付利息的方式分为到期一次付息债券和分期付息债券。

企业发行的偿还期超过 1 年的债券，构成一项非流动负债。企业发行的 1 年期或 1 年期以下的债券，则应作为流动负债，通过"交易性金融负债"科目核算。

二、一般公司债券的核算

（一）一般公司债券的发行

一般公司债券的发行方式有三种，即**面值发行、溢价发行、折价发行**。假设不考虑其他条件，债券的票面利率高于市场利率时，可按超过债券票面价值的价格发行，称为溢价发行，溢价是企业为以后各期多付利息而事先得到的补偿；如果债券的票面利率低于市场利率，可按低于债券票面价值的价格发行，称为折价发行，折价是企业为以后各期少付利息而预先给投资者的补偿；如果债券的票面利率与市场利率相同，可按等于票面价值的价格发行，称为面值发行。溢价或折价实质上是发行债券的企业在债券存续期内对利息费用的一种调整。不同债券发行方式的关系如图 9-1 所示。

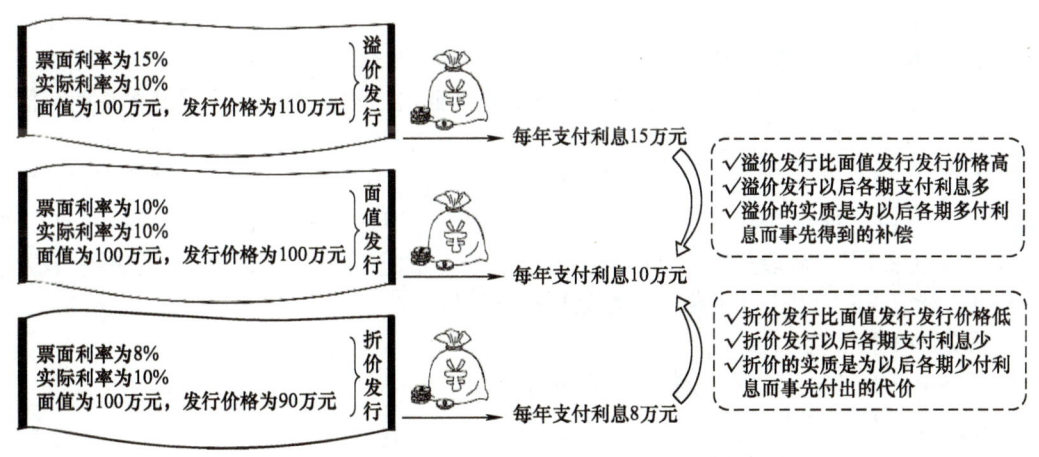

图 9-1　不同债券发行方式的关系

无论是按面值发行还是溢价发行或折价发行，企业发行债券时，均应按实际收到的款项，借记"银行存款"等科目，按债券票面价值，贷记"应付债券——面值"科目，按实际收到的款项与票面价值之间的差额，贷记或借记"应付债券——利息调整"科目。

具体会计分录如下：

借：银行存款等
　　贷：应付债券——面值

——利息调整（差额，也可能在借方）

（二）一般公司债券利息费用的确认

企业发行的一般公司债券通常分为到期**一次还本付息和分期付息一次还本**两种。

对于分期付息、一次还本的债券，企业应于资产负债表日按摊余成本和实际利率计算确定的债券利息费用，借记"在建工程""制造费用""财务费用""研发支出"等科目，按票面利率计算确定的应付未付利息，贷记"**应付利息**"科目，按其差额，借记或贷记"应付债券——利息调整"科目。

对于一次还本付息的债券，企业应于资产负债表日按摊余成本和实际利率计算确定的债券利息费用，借记"在建工程""制造费用""财务费用""研发支出"等科目，按票面利率计算确定的应付未付利息，贷记"应付债券——应计利息"科目，按其差额，借记或贷记"应付债券——利息调整"科目。

具体会计分录如下：

借：在建工程
　　制造费用
　　财务费用
　　研发支出等
　　　贷：应付利息（分期付息）
　　　　　应付债券——应计利息（一次还本付息）
　　　　　　　——利息调整（差额，也可能在借方）

实际利率与票面利率差异较小的，也可以采用票面利率计算确定利息费用。

📌 **学习提示**：实际利率法中的实际利率是指使某项资产或负债的未来现金流量现值等于当前公允价值的折现率。

（三）一般公司债券的偿还

采用一次还本付息方式发行一般公司债券的，企业应于债券到期支付债券本息时，借记"应付债券——面值""应付债券——应计利息"科目，贷记"银行存款"科目。采用分期付息、一次还本方式发行一般公司债券的，企业应在每期支付利息时，借记"应付利息"科目，贷记"银行存款"科目；债券到期偿还本金并支付最后一期利息时，借记"应付债券——面值""在建工程""财务费用""制造费用""研发支出"等科目，贷记"银行存款"科目，按借贷双方之间的差额，借记或贷记"应付债券——利息调整"科目。

具体会计分录如下：

（1）采用一次还本付息方式发行一般公司债券的：

借：应付债券——面值
　　　　　——应计利息
　　　贷：银行存款

（2）采用分期付息一次还本方式发行一般公司债券的：

每期支付利息时：

借：应付利息
　　　贷：银行存款

债券到期偿还本金并支付最后一期利息时：

借：应付债券——面值

在建工程
财务费用
制造费用
研发支出等
    贷：银行存款
        应付债券——利息调整（差额，也可能在借方）

【例9-2】 玉利兴公司于2017年1月1日折价发行了5年期面值为1 250万元的公司债券，发行价格为1 000万元，票面利率为4.72%，按年付息，到期一次还本（交易费用略）。假定玉利兴公司发行债券募集的资金专门用于建造一条生产线，生产线从2017年1月1日开始建设并发生相关支出，于2019年年底完工，达到预定可使用状态。

要求：编制玉利兴公司相关业务的会计分录（计算结果保留整数）。

【答案】

1）2017年1月1日发行债券时，玉利兴公司应编制如下会计分录：

借：银行存款   10 000 000
    应付债券——利息调整   2 500 000（折价发行，利息调整为折价金额）
    贷：应付债券——面值   12 500 000

2）计算利息费用：玉利兴公司每年应支付的利息 = 1 250×4.72% = 59（万元）。假设该公司债券实际利率为 R，由于 $1\,000 = 59\times(1+R)^{-1}+59\times(1+R)^{-2}+59\times(1+R)^{-3}+59\times(1+R)^{-4}+(59+1\,250)\times(1+R)^{-5}$，由此计算得出 $R \approx 10\%$（利率保留整数），则该债券每年折价摊销情况见表9-1。

表 9-1 债券每年折价摊销情况

单位：万元

年 份	期初公司债券余额（A）	实际利息费用（B） （按10%计算）	每年支付现金（C）	期末公司债券摊余成本 （D = A+B−C）
2017	1 000	100	59	1 041
2018	1 041	104	59	1 086
2019	1 086	109	59	1 136
2020	1 136	114	59	1 191
2021	1 191	118*	1 250+ 59	0

* 尾数调整 =1 250+59−1 191=118（万元）。

① 2017年12月31日确认利息费用时，玉利兴公司应编制如下会计分录：

借：在建工程   1 000 000
    贷：应付利息   590 000
        应付债券——利息调整   410 000

② 2018年12月31日确认利息费用时，玉利兴公司应编制如下会计分录：

借：在建工程   1 040 000
    贷：应付利息   590 000
        应付债券——利息调整   450 000

③ 2019年12月31日确认利息费用时，玉利兴公司应编制如下会计分录：

借：在建工程   1 090 000

　　　　贷：应付利息　　　　　　　　　　　　　　　　　　　　　　590 000
　　　　　　应付债券——利息调整　　　　　　　　　　　　　　　500 000

④2020年12月31日确认利息费用时，玉利兴公司应编制如下会计分录：
　　借：财务费用　　　　　　　　　　　　　　　　　　　　　　1 140 000
　　　　贷：应付利息　　　　　　　　　　　　　　　　　　　　　　590 000
　　　　　　应付债券——利息调整　　　　　　　　　　　　　　　550 000

⑤2021年12月31日确认利息费用时，玉利兴公司应编制如下会计分录：
　　借：财务费用　　　　　　　　　　　　　　　　　　　　　　1 180 000
　　　　贷：应付利息　　　　　　　　　　　　　　　　　　　　　　590 000
　　　　　　应付债券——利息调整　　　　　　　　　　　　　　　590 000

3）2021年12月31日到期偿还本金时，玉利兴公司应编制如下会计分录：
　　借：应付债券——面值　　　　　　　　　　　　　　　　　　12 500 000
　　　　贷：银行存款　　　　　　　　　　　　　　　　　　　　12 500 000

学习提示：每年年末支付利息费用的会计分录如下：
　　借：应付利息　　　　　　　　　　　　　　　　　　　　　　590 000
　　　　贷：银行存款　　　　　　　　　　　　　　　　　　　　　　590 000

三、可转换公司债券的核算

可转换公司债券是指债券持有人可按照发行时约定的价格和转换比例将债权转换成发行债券公司的普通股股票的债券。

学习提示：转换比例是指一定面额的可转换公司债券可转换成普通股股票的股数，用公式表示为

$$转化比例 = \frac{可转换公司债券面值}{转换价格}$$

我国发行可转换公司债券采取记名式无纸化的发行方式，债券最短期限为1年，最长期限为6年，自发行结束之日起6个月后方可转换为公司股票。企业发行的可转换公司债券属于复合金融工具，对于发行方而言，**既含有负债成分又含有权益成分**，应根据《企业会计准则第37号——金融工具列报》的规定，在初始确认时将负债成分和权益成分进行分拆，分别进行处理。

学习提示：如果可转换公司债券的持有人不转换，则可以继续持有债券，直到偿还期满时收取本金和利息，或者在流通市场出售变现。

企业在进行可转换公司债券的分拆时，应当先确定负债成分的公允价值并以此作为其初始确认金额，确认为**应付债券**；再按照该可转换公司债券整体的发行价格扣除负债成分初始确认金额后的金额确定权益成分的初始确认金额，确认为**其他权益工具**。负债成分的公允价值是合同规定的未来现金流量按一定利率折现的现值。其中，利率根据市场上具有可比信用等级并在相同条件下提供几乎相同的现金流量但不具有转换权的金融工具的适用利率确定。发行该可转换公司债券发生的交易费用，应当在负债成分和权益成分之间按照其初始确认金额的相对比例进行分摊。具体有关账务处理如下：

企业发行的可转换公司债券在"应付债券"科目下设置"可转换公司债券"明细科目核算。企业应按实际收到的款项，借记"银行存款"等科目，按可转换公司债券包含的负债成分

的面值，贷记"应付债券——可转换公司债券（面值）"科目，按权益成分的公允价值（发行收入与负债成分公允价值的差额），贷记"其他权益工具"科目，按其差额，借记或贷记"应付债券——可转换公司债券——利息调整"科目。

具体会计分录如下：

借：银行存款等

  贷：应付债券——可转换公司债券（面值）

    其他权益工具

    应付债券——可转换公司债券（利息调整）（差额，也可能在借方）

对于可转换公司债券的负债成分，在转换为股份前，会计处理与一般公司债券相同，即按照实际利率和摊余成本确认利息费用，按照面值和票面利率确认应付债券或应付利息，差额作为利息调整。

可转换公司债券持有人行使转换权利，将其持有的债券转换为股票的，应按可转换公司债券的余额，借记"应付债券——可转换公司债券（面值）"科目，借记或贷记"应付债券——可转换公司债券（利息调整）"科目，按其权益成分的金额，借记"其他权益工具"科目，按股票面值和转换的股数计算的股票面值总额，贷记"股本"科目，按其差额，贷记"资本公积——股本溢价"科目。如用现金或银行存款支付不可转换为股票的部分，还应贷记"库存现金""银行存款"等科目。

具体会计分录如下：

借：应付债券——可转换公司债券（面值）

    ——可转换公司债券（利息调整）（也可能在贷方）

  其他权益工具

  贷：股本

    资本公积——股本溢价（差额）

    库存现金

    银行存款等

📢 **学习提示**：把可转换公司债券负债成分未来可实现的现金流量折现到现在，即未来现金流量现值，也就是可转换公司债券负债成分的公允价值。

【例 9-3】 玉利兴公司经批准于 2020 年 1 月 1 日按每份面值 100 元发行了 1 000 000 份 5 年期分期付息、一次还本的可转换公司债券，共计 100 000 000 元，款项已收存银行，债券票面年利率为 6%。债券发行 1 年后可转换为玉利兴公司普通股股票，转股时每份债券可转 10 股，股票面值为每股 1 元。假定 2021 年 1 月 1 日债券持有人将持有的可转换公司债券全部转换为玉利兴公司普通股股票。玉利兴公司发行可转换公司债券时二级市场上与之类似的没有附带转换权的债券市场利率为 9%。该可转换公司债券发生的利息费用不符合资本化条件，计算所需的相关系数如下：$(P/F, 9\%, 5) = 0.649\ 9$，$(P/A, 9\%, 5) = 3.889\ 7$。

要求：编制玉利兴公司相关业务的会计分录。

【答案】

① 2020 年 1 月 1 日，发行可转换公司债券时：

确定可转换公司债券负债成分的公允价值：

负债成分的公允价值 $=100\ 000\ 000 \times (P/F, 9\%, 5) + 100\ 000\ 000 \times 6\% \times (P/A, 9\%, 5)$

         $= 100\ 000\ 000 \times 0.649\ 9 + 100\ 000\ 000 \times 6\% \times 3.889\ 7 = 88\ 328\ 200$（元）

权益成分的公允价值 =100 000 000−88 328 200 = 11 671 800（元）

玉利兴公司应编制如下会计分录：

借：银行存款　　　　　　　　　　　　　　　　　　　　　100 000 000
　　应付债券——可转换公司债券（利息调整）　　　　　　 11 671 800
　　贷：应付债券——可转换公司债券（面值）　　　　　　100 000 000
　　　　其他权益工具——可转换公司债券　　　　　　　　 11 671 800

② 2020 年 12 月 31 日，确认利息费用时：

应计入财务费用的利息 = 88 328 200 × 9% = 7 949 538（元）

当期应付未付的利息费用 = 100 000 000 × 6% = 6 000 000（元）

玉利兴公司应编制如下会计分录：

借：财务费用　　　　　　　　　　　　　　　7 949 538（实际利息）
　　贷：应付利息　　　　　　　　　　　　　6 000 000（票面利息）
　　　　应付债券——可转换公司债券（利息调整）　1 949 538（差额计入利息调整）

③ 2021 年 1 月 1 日，债券持有人行使转换权时：

转换的股份数 = 1 000 000 × 10 = 10 000 000（股）

玉利兴公司应编制如下会计分录：

借：应付债券——可转换公司债券（面值）　　　　　　　　100 000 000
　　其他权益工具——可转换公司债券　　　　　　　　　　 11 671 800
　　贷：股本　　　　　　　　　　　　　　　　　　　　　 10 000 000
　　　　应付债券——可转换公司债券（利息调整）　　　　　9 722 262
　　　　资本公积——股本溢价　　　　　　　　　　　　　 91 949 538

✿ **本节导读分析**：发行债券是企业筹集长期资金的重要方式，公司债券的发行方式有面值发行、溢价发行、折价发行三种。A 公司在发行债券时，应按实际收到的款项借记"银行存款"科目，按面值贷记"应付债券——面值"科目，差额借记或贷记"应付债券——利息调整"科目，并在资产负债表日按摊余成本和实际利率计算债券的利息费用，按票面利率计算应付未付利息，对于一般公司债券到期应支付本息，对于可转换公司债券在发行时应对负债成分和权益成分进行分拆，转换为股份后无须偿还本金。

⚙ **知识小结**：可转换公司债券的账务处理总结如图 9-2 所示。

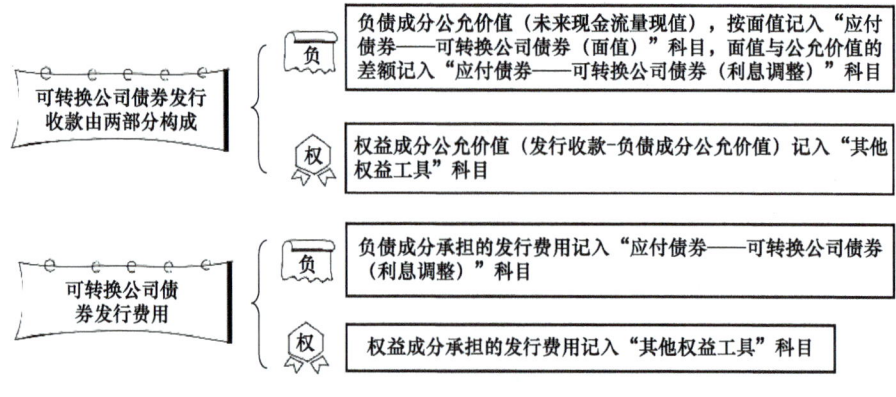

图 9-2　可转换公司债券的账务处理总结

第三节 长期应付款

> **/学习导读/**
>
> 经过讨论，A公司的股东会认为发行债券的弊大于利，选择放弃，原因是发行债券虽然可以筹集足够多的资金，资金的使用限制条件也比较少，但是发行资格要求高，手续复杂，且成本相比借款要高，可转换公司债券虽然能够减轻财务压力，但是也能稀释股权，还存在持有者不进行转换的可能。针对上述情况，财务经理进一步提议，向生产线厂家延期付款购买资产，这种筹资方式虽然付出的利息多一点，但是筹资的速度快，企业能够尽快取得生产线进行生产，分期付款的财务压力也比较小，股东会最终同意了这种方案。那么，A公司对于延期付款业务又应如何进行会计核算？

一、长期应付款的内容

长期应付款是指企业**除**长期借款和应付债券**以外的**其他各种长期应付款项，包括延期付款购买资产发生的应付款项等。

为了核算企业的各种长期应付款，应设置"**长期应付款**"科目，并按种类和债权人进行明细核算。"长期应付款"科目期末余额在贷方，反映企业应付未付的长期应付款项。

二、长期应付款的核算

企业购入有关资产超过正常信用条件延期支付价款，实质上具有融资性质的，应按购买价款的现值，借记"固定资产""在建工程""无形资产""研发支出"等科目，按应支付的金额，贷记"长期应付款"科目，按其差额，借记"未确认融资费用"科目。

具体会计分录如下：

借：固定资产/在建工程/无形资产/研发支出等
　　未确认融资费用
　　　贷：长期应付款

企业按期支付价款时，应借记"长期应付款"科目，贷记"银行存款"科目。同时，企业应当采用实际利率法计算确定当期的利息费用，借记"财务费用""在建工程""研发支出"等科目，贷记"未确认融资费用"科目。

具体会计分录如下：

（1）按期支付价款时：

借：长期应付款
　　　贷：银行存款

（2）计算确定当期的利息费用时：

借：财务费用/在建工程/研发支出等
　　　贷：未确认融资费用

【例9-4】玉利兴公司2019年1月1日以分期付款方式购入一台设备，总价款为150万元，购货合同约定购买之日首付60万元，以后每年年末支付30万元，分3年于2021年12月31日全部付清，假设银行同期贷款利率为10%，已知（P/A，10%，3）= 2.486 9。

要求：编制玉利兴公司相关业务的会计分录。

【答案】

1）2019 年 1 月 1 日购入时：

分期付款的应付本金 = 每期付款 300 000 元的年金现值

$= 300\,000 \times (P/A, 10\%, 3) = 300\,000 \times 2.486\,9 = 746\,070$（元）

总价款的现值 = 600 000 + 746 070 = 1 346 070（元）

未确认融资费用 = 1 500 000 − 1 346 070 = 153 930（元）

玉利兴公司应编制如下会计分录：

借：固定资产　　　　　　　　　　　　　　　　1 346 070
　　未确认融资费用　　　　　　　　　　　　　　153 930
　　贷：长期应付款　　　　　　　　　　　　　　　　　900 000
　　　　银行存款　　　　　　　　　　　　　　　　　　600 000

2）按期支付价款、分摊未确认融资费用时：

合同付款期内实际利率法下未确认融资费用的分摊见表 9-2。

表 9-2　实际利率法下未确认融资费用的分摊

单位：元

日期	每期付款金额（A）	确认的融资费用（B= 期初 D×10%）	应付本金减少额（C=A−B）	应付本金余额（期末 D= 期初 D−C）
				746 070
2019 年 12 月 31 日	300 000	74 607	225 393	520 677
2020 年 12 月 31 日	300 000	52 067.70	247 932.30	272 744.70
2021 年 12 月 31 日	300 000	27 255.30*	272 744.70	0
合计	900 000	153 930	746 070	

*尾数调整 = 300 000 − 272 744.70 = 27 255.30（元）。

① 2019 年 12 月 31 日，支付第一期应付款时，玉利兴公司应编制如下会计分录：

借：长期应付款　　　　　　　　　　　　　　　　300 000
　　贷：银行存款　　　　　　　　　　　　　　　　　　300 000
借：财务费用　　　　　　　　　　　　　　　　　74 607
　　贷：未确认融资费用　　　　　　　　　　　　　　　74 607

② 2020 年 12 月 31 日，支付第二期应付款时，玉利兴公司应编制如下会计分录：

借：长期应付款　　　　　　　　　　　　　　　　300 000
　　贷：银行存款　　　　　　　　　　　　　　　　　　300 000
借：财务费用　　　　　　　　　　　　　　　　　52 067.70
　　贷：未确认融资费用　　　　　　　　　　　　　　　52 067.70

③ 2021 年 12 月 31 日，支付第三期应付款时，玉利兴公司应编制如下会计分录：

借：长期应付款　　　　　　　　　　　　　　　　300 000
　　贷：银行存款　　　　　　　　　　　　　　　　　　300 000
借：财务费用　　　　　　　　　　　　　　　　　27 255.30
　　贷：未确认融资费用　　　　　　　　　　　　　　　27 255.30

❋ **本节导读分析**：A 公司购入生产线超过正常信用条件延期支付，实际上具有融资性质，应按购买价款的现值入账，应支付的金额与入账价值的差额确认为未确认融资费用，按期支付价款的同时采用实际利率法计算当期的利息费用。

第四节　预计负债

> /学习导读/
>
> A公司对生产线进行更新后，产量直线上升。为了树立信誉，提高市场竞争力和拓展国外市场，A公司对售出的家具实行"三包"，即提供包退、包换和包修服务。A公司提供的"三包"这一产品质量保证可以确认为一项预计负债。什么是预计负债？为何产品质量保证可以确认为预计负债？

一、预计负债的内容

（一）预计负债的定义

预计负债是指根据《企业会计准则第 13 号——或有事项》等相关准则确认的各项预计负债，包括对外提供担保、未决诉讼、产品质量保证、重组义务以及固定资产和矿区权益弃置义务等产生的预计负债。

📢 **学习提示**：或有事项是指过去的交易或者事项形成的，结果须由某些未来事项的发生或不发生才能决定的不确定事项。

（二）预计负债的确认

根据《企业会计准则第 13 号——或有事项》的规定，与或有事项相关的义务同时满足下列三个条件的，应当确认为预计负债：

1. 该义务是企业承担的现时义务

这一条件是指与或有事项相关的义务是在企业当前条件下已承担的义务，而非企业的潜在义务。企业没有其他现实的选择，只能履行该义务，如法律要求企业履行、有关各方合理预期企业应当履行等。

📢 **学习提示**：预计负债的定义完全满足负债的两个基本条件，是真正意义上的负债。尽管预计负债在金额上不确定，但可以合理估计。因此，预计负债需要在财务报表上加以反映。

2. 履行该义务很可能导致经济利益流出企业

这一条件是指履行与或有事项相关的现时义务时，导致经济利益流出企业的可能性超过 50%。

3. 该义务的金额能够可靠地计量

这一条件是指与或有事项相关的现时义务的金额能够合理地估计。企业通常应当考虑下列情况计量预计负债的金额：

（1）充分考虑与或有事项有关的风险和不确定性，在此基础上按照最佳估计数确定预计负债的金额。

（2）预计负债的金额通常等于未来应支付的金额，但未来应支付金额与其现值相差较大的，应当按照未来应支付金额的现值确定，如油井或核电站的弃置费用等。

（3）有确凿证据表明相关未来事项将会发生的，如未来技术进步、相关法规出台等，确定预计负债金额时应考虑相关未来事项的影响。

（4）确定预计负债的金额时不应考虑预期处置相关资产形成的利得。

📢 **学习提示**：在实务中，企业应当注意以下两点：

（1）不应当就未来经营亏损确认预计负债。

（2）不应当确认或有负债和或有资产。

或有负债是指过去的交易或者事项形成的潜在义务，其存在须通过未来不确定事项的发生或不发生予以证实；或过去的交易或者事项形成的现时义务，履行该义务不是很可能导致经济利益流出企业或该义务的金额不能可靠地计量。或有负债不符合负债的确认条件，因而不予确认；但是除非极小可能导致经济利益流出企业，否则或有负债应当在附注中披露。

或有资产是指过去的交易或者事项形成的潜在资产，其存在须通过未来不确定事项的发生或不发生予以证实。

二、预计负债的核算

（一）预计负债的计量

预计负债的计量包括初始计量和后续计量。

1. 预计负债的初始计量

预计负债应当按照履行相关现时义务所需支出的最佳估计数进行初始计量。最佳估计数的确定分以下两种情况考虑：

（1）如果所需支出存在一个连续范围（或区间，下同），且该范围内各种结果发生的可能性是相同的，最佳估计数应当按照该范围内的<u>中间值</u>确定，即最佳估计数等于该范围的上、下限金额的平均数。

【例9-5】 2021年12月1日，玉利兴公司因合同违约而被乙公司起诉。2021年12月31日尚未接到人民法院的判决。玉利兴公司预计最终的法院判决很可能对公司不利。假定玉利兴公司预计将要支付的赔偿金额为1 000 000～1 600 000元的某一金额，而且这个区间内每个金额的可能性都大致相同。

要求：计算玉利兴公司应确认的预计负债的金额并编制相关业务的会计分录。

【答案】

在这种情况下，玉利兴公司应在2021年12月31日的资产负债表中确认一项预计负债。

$$预计负债的金额 = \frac{1\,000\,000 + 1\,600\,000}{2} = 1\,300\,000（元）$$

玉利兴公司应编制如下会计分录：

借：营业外支出——赔偿支出（乙公司）   1 300 000
  贷：预计负债——未决诉讼（乙公司）   1 300 000

（2）在情况（1）以外的其他情况下，最佳估计数应按涉及的项目多少分别确定：

1）或有事项涉及<u>单个项目</u>的，最佳估计数应按照<u>最可能发生的金额</u>确定。

【例9-6】 2021年10月2日，玉利兴公司涉及一起诉讼案，2021年12月31日尚未接到人民法院的判决。在咨询了公司的法律顾问后，玉利兴公司认为：胜诉的可能性为40%，败诉的可能性为60%；如果败诉，需要赔偿1 000 000元。

要求：计算玉利兴公司应确认的预计负债的金额并编制相关业务的会计分录。

【答案】

在这种情况下，玉利兴公司在2021年12月31日的资产负债表中确认的预计负债的金额应为最可能发生的金额，即1 000 000元。

玉利兴公司应编制如下会计分录：
借：营业外支出——赔偿支出　　　　　　　　　　　　　　1 000 000
　　贷：预计负债——未决诉讼　　　　　　　　　　　　　　　　1 000 000

2）或有事项涉及**多个项目**的，最佳估计数应按照**各种可能结果及相关概率**加权计算确定。

【例 9-7】　玉利兴公司是生产并销售 A 产品的企业，2021 年第一季度共销售 A 产品 30 000 件，销售收入为 180 000 000 元。根据公司的产品质量保证条款，该产品售出后一年内如发生正常质量问题，公司将负责免费维修。根据以前年度的维修记录，如果发生较小的质量问题，发生的维修费用为销售收入的 1%；如果发生较大的质量问题，发生的维修费用为销售收入的 2%。根据公司质量部门的预测，本季度销售的产品中 80% 不会发生质量问题，15% 可能发生较小质量问题，5% 可能发生较大质量问题。

要求：计算玉利兴公司应确认的预计负债的金额并编制相关业务的会计分录。

【答案】
2021 年第一季度末玉利兴公司应确认的预计负债金额 =180 000 000×（0×80%+1%×15%+2%×5%）= 450 000（元）

玉利兴公司应编制如下会计分录：
借：销售费用——产品质量保证（A 产品）　　　　　　　　　450 000
　　贷：预计负债——产品质量保证（A 产品）　　　　　　　　　450 000

当企业清偿预计负债所需的支出全部或部分预期由第三方补偿的，补偿金额只有在基本确定能够收到时才能作为资产单独确认，而且确认的补偿金额不应当超过预计负债的账面价值，并且不能作为预计负债的扣减进行处理。例如，发生交通事故等情况时，企业可以从保险公司获得合理的补偿；在某些索赔诉讼中，企业可以通过反诉的方式对索赔人或第三方另行提出赔偿要求；在债务担保业务中，企业履行担保义务的同时，通常可以向被担保企业提出追偿要求。

2. 预计负债的后续计量

企业应当在资产负债表日对预计负债的账面价值进行复核。有确凿证据表明该账面价值不能真实反映当前最佳估计数的，应当按照当前最佳估计数对该账面价值进行调整，调整金额计入当期损益。但属于会计差错造成的，应当根据《企业会计准则第 28 号——会计政策、会计估计变更和差错更正》的规定进行处理。

企业对已经确认的预计负债在发生实际支出时，应当仅限于最初确定的该项预计负债的支出。也就是说，只有发生与该项预计负债有关的支出才能冲减预计负债的金额，否则将会混淆不同预计负债确认事项的影响。

（二）预计负债的账务处理

企业应设置"预计负债"科目对预计负债进行核算，该科目借方反映实际发生的费用以及预计负债的冲销金额，如支付的产品维修费用、因败诉而支付的赔偿款等；贷方反映确认的预计负债金额；期末贷方余额反映企业已确认但尚未支付的预计负债。

1. 产品质量保证

产品质量保证是企业为了树立信誉、扩大销售、提高市场竞争能力所采取的对于出售的产品附有的各种各样的质量保证，如对售出产品实行"三包"，即提供包退、包换和包修等服务。由于产品的质量问题通常在所难免，所以伴随企业对售出产品的质量保证而发生的费用，如修理费用等发生的可能性是很大的，发生的金额往往也可以根据以往经验合理预计，所以产品质量保证通常可以确认为一项预计负债。企业通常可以在产品售出后，根据产品质量保证条款的规定、产品的销售额以及预计质量保证费用的最佳估计数确认产品质量保证这一预计负债的金额。在确认时，应借记"销售费用——产品质量保证"科目，贷记"预计负债——产品质量保证"科目；实际发生产品质量保证费用时，应借记"预计负债——产品质量保证"科目，贷记"银行存款"等科目。

具体会计分录如下：

（1）确认时：

借：销售费用——产品质量保证
　　贷：预计负债——产品质量保证

（2）实际发生产品质量保证费用时：

借：预计负债——产品质量保证
　　贷：银行存款等

【例 9-8】 华宝公司是生产和销售空调器的企业。本年第一季度销售 A 型空调器 5 000 台，每台售价 8 000 元。华宝公司 A 型空调器的质量保证条款规定：产品在售出后两年内如出现非意外事件造成的故障和质量问题，公司免费负责保修。根据以往经验，发生的保修费一般为销售额的 1%～3%，而且这个区间内每个金额发生的可能性都大致相同。

要求：编制华宝公司相关业务的会计分录。

【答案】

根据上述业务，华宝公司在第一季度应确认的产品质量保证这一预计负债的金额为

$$(5\,000 \times 8\,000) \times \frac{1\% + 3\%}{2} = 800\,000（元）$$

华宝公司应编制如下会计分录：

借：销售费用——产品质量保证　　　　　　　　　　　　　　　　800 000
　　贷：预计负债——产品质量保证　　　　　　　　　　　　　　　800 000

若华宝公司在第一季度实际以银行存款支出的 A 型空调器维修费为 50 000 元，则应编制如下会计分录：

借：预计负债——产品质量保证　　　　　　　　　　　　　　　　50 000
　　贷：银行存款　　　　　　　　　　　　　　　　　　　　　　　50 000

学习提示：产品质量保证这一预计负债核算时，如果发现保证费用的实际发生额与预计数相差较大，应及时对预计比例进行调整；企业针对特定批次产品计提产品质量保证的，在保修期结束时，应将相应的"预计负债——产品质量保证"余额冲销，不留余额；已确认预计负债的产品，如企业不再生产，则应在产品质量保证期满后，将相应的"预计负债——产品质量保证"余额冲销，不留余额。

2. 未决诉讼

企业在经营活动中经常会涉及经济诉讼、仲裁等事项，但这些审理中的诉讼、仲裁事项会对企业的财务状况和经营成果产生多大影响，企业因此要承担多大风险，都具有不确定性。如果这些未决事项引起的相关义务符合预计负债确认条件，预计败诉的可能性属于"很可能"，要发生的诉讼等费用金额也能可靠预计，则企业应将预计要发生的支出确认为预计负债，借记"营业外支出""管理费用"等科目，贷记"预计负债——未决诉讼"科目；因败诉实际支付诉讼费等费用时，应借记"预计负债——未决诉讼"科目，贷记"银行存款"等科目。

具体会计分录如下：
（1）确认时：
借：营业外支出/管理费用等
  贷：预计负债——未决诉讼
（2）因败诉实际支付诉讼费等费用时：
借：预计负债——未决诉讼
  贷：银行存款等

【例9-9】 2020年11月20日，玉利兴公司从A银行取得一笔信用贷款5 000万元，贷款期限为1年，年利率为7.2%。2021年11月20日，玉利兴公司的贷款（本金和利息）到期。玉利兴公司具有还款能力，但因与A银行之间存在其他经济纠纷而未按时归还A银行的贷款。A银行遂与玉利兴公司协商，但未达成协议。A银行于2021年12月20日向法院提起诉讼。截至2021年12月31日，法院尚未对A银行提起的诉讼进行审理。2021年12月31日，玉利兴公司对此诉讼案件进行分析，认为如无特殊情况，本公司很可能败诉，为此不仅要偿还贷款本息，还需要支付罚息和承担诉讼费等费用。假设玉利兴公司预计将要支付的罚息、诉讼费等费用估计为50万～60万元，而且这个区间内的每个金额发生的可能性都大致相同，其中包括对方支付的诉讼费5万元。

要求：编制玉利兴公司相关业务的会计分录。

【答案】
  玉利兴公司在2021年12月31日应确认的预计负债 = (50 +60)÷ 2=55（万元）
玉利兴公司应编制如下会计分录：
借：管理费用——诉讼费   50 000
  营业外支出——罚息支出   500 000
  贷：预计负债——未决诉讼   550 000

3. 债务担保

债务担保在企业中是较为普遍的现象，企业作为提供担保的一方，在被担保方无法履行合同的情况下常常需要承担连带责任。为了保护投资者、债权人的利益，客观、充分地反映企业因担保义务而承担的潜在风险是十分必要的。

企业对外提供债务担保常常会涉及未决诉讼，这时可以分以下情况进行处理：

（1）企业已被判决败诉，并决定不再上诉的，应当按照人民法院判决的应承担的损失金额确认预计负债，并计入当期营业外支出。

（2）企业已被判决败诉但正在上诉，经上一级人民法院裁定暂缓执行，或者由上一级人民法院发回重审等的，应当在资产负债表日根据已有判决结果合理估计可能产生的损失金额，将其确认为预计负债并计入当期营业外支出。

（3）人民法院尚未判决的，企业应向其律师或法律顾问等咨询，估计败诉的可能性，以及败诉后可能发生的损失金额，并取得有关书面意见。如果败诉的可能性大于胜诉的可能性，并且损失金额能够合理估计的，应当在资产负债表日将预计担保损失金额确认为预计负债，并计入当期营业外支出。

具体会计分录如下：
借：营业外支出
  贷：预计负债

【例 9-10】 乙公司从银行贷入 2 年期银行贷款 30 000 000 元人民币；丙公司从银行贷入 1 年期银行贷款 1 000 000 美元，玉利兴公司为乙公司的贷款提供全额担保，为丙公司的贷款提供 50% 的担保。

截至 2021 年 12 月 31 日，各贷款单位的情况如下：乙公司贷款逾期未还，银行已起诉乙公司和玉利兴公司，玉利兴公司因连带责任需赔偿的金额尚无法确定；丙公司由于受政策影响和内部管理不善等原因，经营效益不如以往，可能不能偿还到期美元债务。

要求：分析玉利兴公司的连带责任承担情况。

【答案】

本例中，就乙公司而言，玉利兴公司很可能需承担连带责任，但损失金额是多少目前还难以预计；就丙公司而言，玉利兴公司可能需承担连带责任。这两项债务担保形成玉利兴公司的或有负债，但不符合预计负债的确认条件，玉利兴公司应在 2021 年 12 月 31 日的财务报表附注中披露相关债务担保的被担保单位、担保金额以及财务影响等。

4．亏损合同

亏损合同是指履行合同义务**不可避免会发生的**成本超过**预期经济利益**的合同。亏损合同产生的义务满足预计负债的确认条件，应当确认为预计负债。预计负债的计量应当反映退出该合同的最低净成本，即履行该合同的成本与未能履行该合同而发生的补偿或处罚两者之中的较低者。企业与其他企业签订的商品销售合同、劳务合同、租赁合同等，均可能变为亏损合同。

企业对亏损合同进行会计处理时应遵循以下原则：

（1）如果与亏损合同相关的义务不需要支付任何补偿即可撤销，企业通常就不存在现时义务，不应确认预计负债；如果与亏损合同相关的义务不可撤销，企业就存在了现时义务，同时满足该义务很可能导致经济利益流出企业且该义务金额能够可靠地计量的，就应当确认为预计负债。

（2）待执行合同变为亏损合同时，亏损合同存在标的资产的，应当对标的资产进行减值测试并按规定确认减值损失，在这种情况下，企业通常不需要确认预计负债，如果预计亏损超过该减值损失，应将超过部分确认为预计负债；合同不存在标的资产的，亏损合同相关义务满足预计负债确认条件时，应当确认预计负债。

> **学习提示**：标的资产是指合同中规定的涉及交易范围的资产或是司法案件中涉及纠纷的需要明确的财产。

【例 9-11】 玉利兴公司 2020 年 12 月 10 日与丙公司签订不可撤销合同，约定在 2021 年 3 月 1 日以每件 200 元的价格向丙公司提供 A 产品 1 000 件，若不能按期交货，玉利兴公司将支付总价款 20% 的违约金。签订合同时 A 产品尚未开始生产，玉利兴公司准备采购原材料生产 A 产品时，原材料价格突然上涨，预计生产 A 产品的单位成本将超过合同单价。不考虑相关税费。

要求：若生产 A 产品的单位成本为 210 元或 270 元，编制玉利兴公司相关业务的会计分录。

【答案】

① 若生产 A 产品的单位成本为 210 元：

履行合同发生的损失 = 1 000×（210−200）= 10 000（元）

不履行合同支付的违约金 = 1 000× 200× 20%= 40 000（元）

本例中，玉利兴公司与丙公司签订了不可撤销合同，但是执行合同不可避免发生的费用超过了预期获得的经济利益，属于亏损合同。由于该合同变为亏损合同时不存在标的资产，玉利兴公司应当按照履行合同造成的损失与违约金两者中的较低者确认一项预计负债，即应确认预计负债 10 000 元。玉利兴公司应编制如下会计分录：

借：营业外支出——亏损合同损失（A 产品）　　　　　　　　　　　10 000
　　贷：预计负债——亏损合同损失（A 产品）　　　　　　　　　　　10 000

待产品完工后，玉利兴公司将已确认的预计负债冲减产品成本，并编制如下会计分录：

借：预计负债——亏损合同损失（A 产品）　　　　　　　　　　　　10 000
　　贷：库存商品——A 产品　　　　　　　　　　　　　　　　　　10 000

② 若生产 A 产品的单位成本为 270 元：

　　　　　履行合同发生的损失 = 1 000×（270 − 200）= 70 000（元）
　　　　　不履行合同支付的违约金 = 1 000 × 200 × 20% = 40 000（元）

玉利兴公司应确认预计负债 40 000 元，并编制如下会计分录：

借：营业外支出——亏损合同损失（A 产品）　　　　　　　　　　　40 000
　　贷：预计负债——亏损合同损失（A 产品）　　　　　　　　　　　40 000

支付违约金时，玉利兴公司应编制如下会计分录：

借：预计负债——亏损合同损失（A 产品）　　　　　　　　　　　　40 000
　　贷：银行存款　　　　　　　　　　　　　　　　　　　　　　　40 000

5．重组事项

重组事项是指企业制定和控制的，将显著改变企业组织形式、经营范围或经营方式的计划实施行为。其主要包括：

（1）出售或终止企业的部分业务。

（2）对企业的组织结构进行较大调整。

（3）关闭企业的部分营业场所，或将营业活动由一个国家或地区迁移到另一个国家或地区。

重组不同于企业合并和债务重组，它通常是企业内部资源的调整和组合，旨在谋求现有资产效能的最大化。企业合并是在不同企业之间的资本重组和规模扩张；债务重组是在不改变交易对手的情况下，经债权人和债务人协定或法院裁定，就清偿债务的时间、金额或方式等重新达成协议的交易。

企业应当按照与重组有关的直接支出确定预计负债的金额并计入当期损益，即借记"营业外支出"科目，贷记"预计负债"科目。上述**直接支出不包括留用职工岗前培训支出、市场推广支出、新系统和营销网络投入支出等**。具体会计分录如下：

借：营业外支出
　　贷：预计负债

❄ **本节导读分析**：预计负债是指根据《企业会计准则第 13 号——或有事项》等相关准则确认的各项预计负债，包括对外提供担保、未决诉讼、产品质量保证等。由于产品的质量问题通常在所难免且发生的可能性很大，发生的金额往往也可以根据以往经验合理预计，所以产品质量保证通常可以确认为一项预计负债。企业应当按照履行相关现时义务所需支出的最佳估计数对预计负债进行初始计量。

❄ **知识小结**：与重组有关的支出的判断见表 9-3。

表 9-3　与重组有关的支出的判断

支出项目	包括在重组支出内	不包括在重组支出内	不包括的原因
自愿遣散支出	√		
强制遣散（如果自愿遣散目标未满足）支出	√		
将不再使用的厂房的租赁撤销产生的费用	√		
将职工和设备从拟关闭的工厂转移到继续使用的工厂的费用		√	支出与继续进行的活动相关（应于实际发生时进行账务处理）
剩余职工的再培训成本		√	
新经理的招募成本		√	
推广公司新形象的营销成本		√	
对新营销网络的投资成本		√	
重组的未来可辨认经营损失（最新预计值）		√	
特定不动产和设备等的减值损失		√	减值准备应当按照《企业会计准则第 8 号——资产减值》进行评估，并作为资产的抵减项

本章导读分析

公司可以在资本市场上向潜在的投资人直接筹资，也可通过金融机构间接融资。通过本章学习可知，对于企业固定资产的购建、改建、大修理费用以及正常生产经营所需费用，均可以通过银行或其他金融机构借入长期借款，也可以直接发行债券或股票，还可以通过延期付款购买资产等借贷方式实现融资，企业应通过科学决策选择适合自身生产经营特点的融资方式。

实务案例

W 公司是以房地产为核心业务的上市公司，公司选择在深圳、上海、北京、沈阳、成都等经济发达、人口众多的大城市进行住宅开发。W 公司上市以来，净资产收益率一直保持在 10% 以上，良好的业绩、企业活力以及盈利增长潜力都受到市场高度认可。虽然发展势头一直很好，但是 2021 年中期，公司的现金流已经出现负值，甚至达到 –7.25 亿元。为了弥补资金缺口，W 公司董事会于 2021 年 7 月通过决议发行可转换公司债券。

发行可转换公司债券前 W 公司的股份结构如下：截至 2021 年 12 月 31 日，公司总股份为 630 971 941 股，其中非流通股 110 504 928 股，占总股份的 17.51%，流通股 520 467 013 股，占总股份的 82.49%。

W 公司的可转换公司债券于 2022 年起正式发行，发行采取网上定价的方式，发行总额为 15 亿元，发行价格为每张 100 元，为期 5 年，从 2022 年 6 月 13 日开始计息，转股期自发行首日后 6 个月起至债券到期日止，即 2022 年 12 月 13 日至 2027 年 6 月 12 日。

对于 W 公司来说，本次可转换公司债券的发行规模为 15 亿元，充分考虑了公司现有的偿债能力、可转换公司债券发行后对公司财务指标的影响、全部转股后股本扩张对公司业绩摊薄的压力等综合因素，兼顾了各方利益。因此，发行可转换公司债券后，W 公司在筹集巨额资金的同时，一方面保持了足够的偿债能力，另一方面将使公司充分利用财务杠杆而提高收益水平。

本章所学的长期借款、应付债券和长期应付款等非流动负债都是融资的途径。发行可转换公司债券，为上市公司融资提供了另一条途径。从单纯的股权融资来说，可转换公司债券筹资成本相对低一些，同时，债券必须还本付息，有利于约束上市公司的行为，使其慎重对待每一次融资和每个投资项目，对原有的股东权利也可以有一个很好的保障。同时，企业筹资者应该充分认识到可转换公司债券的优缺点，利用可转换公司债券的优点进行筹资决策，同时对缺点想好应对之策。

思维导图

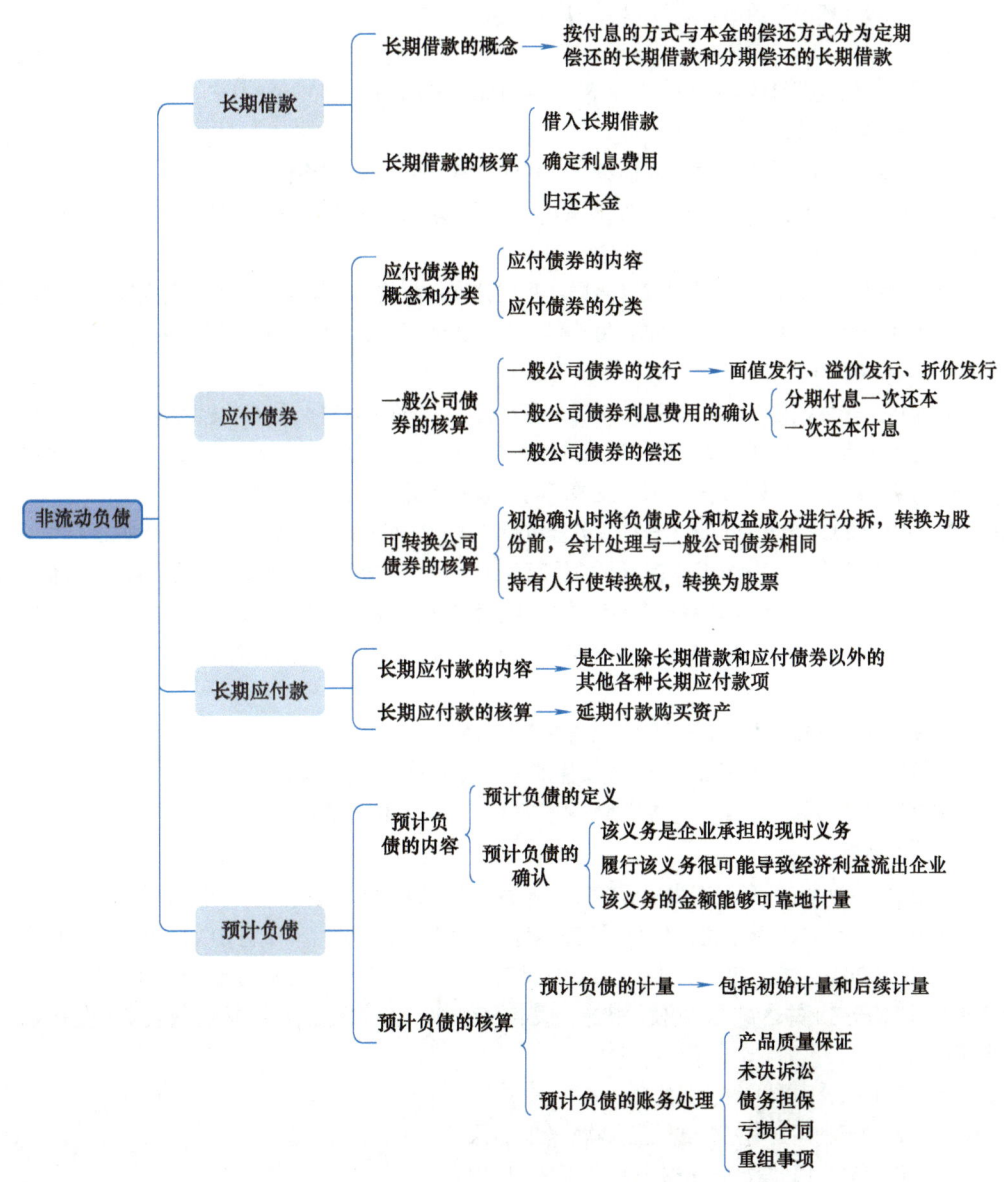

习　题

一、计算分析题

1. 玉利兴公司是一家上市公司，2021年3月1日，玉利兴公司公开发行债券，具体条款如下：
(1) 债券面值总额为1亿元。
(2) 债券期限为5年，到期日为2026年3月1日。
(3) 债的票面利率为4.5%，每年4月1日支付。
(4) 债券发行日的市场利率为4%，不考虑发行费用。
(5) 玉利兴公司的资产负债表日为12月31日。

要求：
(1) 计算债券的发行价格。$(P/A，4\%，5)=4.4518$；$(P/F，4\%，5)=0.8219$。
(2) 编制债券发行日的会计分录。
(3) 计算2021年12月31日"应付债券——利息调整"科目的摊销额。

2. N公司为生产电冰箱的增值税一般纳税人，适用的增值税税率为13%。2021年，N公司发生以下交易或事项：

(1) 2021年1月1日，与A公司签订合同，采用分期付款的方式购买一台不需要安装的大型机器设备，设备总价为6 000万元，分3年付清，每年年末支付2 000万元，假设银行同期贷款利率为6%，已知$(P/A，6\%，3)=2.6730$。

(2) 本年第一季度销售Ⅰ型电冰箱2 000台，每台售价5 000元，N公司Ⅰ型电冰箱的质量保证条款规定：产品在出售1年内如出现非意外事件造成的故障和质量问题，公司负责免费维修。根据以往经验，发生的保修费一般为销售额的1.5%～2.5%，且该区间内每个金额发生的可能性大致相同。

(3) N公司于2021年9月制订了一项业务重组计划并已对外公布，主要内容有：于2022年1月1日关闭X型电冰箱生产线，从事X电冰箱生产的员工共计500人，除部门管理人员和技术骨干等80人留用外，其余420人全部辞退，N公司将一次性给予被辞退生产人员遣散费700万元，因撤销原厂房租赁合同将支付违约金100万元，留用员工转岗的再培训费为40万元，特定设备的减值损失为30万元。

要求：
(1) 计算N公司2021年1月1日购买设备的入账价值。
(2) 根据事项（2），计算N公司产品质量保证应确认预计负债的金额。
(3) 根据事项（3），计算N公司该债务重组应确认的预计负债金额。

二、综合业务题

1. 玉利兴公司为建造一条生产线，于2021年1月1日从银行借入为期3年的专门借款5 000万元，借款年利率为8%，每年年末计提利息，到期一次还本付息，到期日为2023年12月31日。该笔借款已存入银行。玉利兴公司从2021年起，每年1月1日分别支付工程款2 000万元、1 800万元、1 200万元，该生产线于2023年9月30日完工并达到预定可使用状态。假定不考虑专门借款资金存款的利息收入或者投资收益。

要求：
(1) 编制玉利兴公司取得借款日的会计分录。
(2) 分别编制玉利兴公司三次支付工程款的会计分录。
(3) 说明玉利兴公司借款利息资本化和费用化的时段。
(4) 编制玉利兴公司每年计提借款利息的会计分录。

（5）编制玉利兴公司生产线完工并达到预定可使用状态的会计分录。

（6）编制玉利兴公司到期归还借款本金的会计分录。

2．玉利兴公司于 2021 年 7 月 1 日发行面值为 10 000 000 元的公司债券，期限 3 年，到期日为 2024 年 6 月 30 日，票面利率为 5%，每年 12 月 31 日付息，发行日市场利率为 6%，不考虑发行费用。已知（P/A，6%，3）=2.673 0，（P/F，6%，3）=0.839 6，（P/A，5%，3）=2.723 2，（P/F，5%，3）=0.863 8。

要求：

（1）计算玉利兴公司债券的发行价格。

（2）编制玉利兴公司与该债券相关的会计分录（计算结果保留整数）。

第十章 所有者权益

本章导读

陈东、刘升和周军酷爱汉服，三人响应国家"大众创业、万众创新"的号召，每人出资100万元创立了汉唐有限责任公司（以下简称汉唐公司），专门生产销售汉服。三人都是汉唐公司的股东，汉唐公司成立时三人投入的300万元便是汉唐公司的所有者权益。汉唐公司不断发展壮大，赚取的利润按照规定上缴税费和提取相关盈余公积后，剩下的利润也都是汉唐公司的所有者权益，归公司股东所有。那么，汉唐公司的所有者权益应如何进行会计核算？

第一节 所有者权益概述

学习导读

汉唐公司在三人的合法经营下，由于讲诚信且产品质量过硬，生产的产品很快打开销路，公司蒸蒸日上。公司的资产由最初的300万元增长为1 000万元，而负债也从无到有增长为300万元，所以，汉唐公司的净资产为700万元，这700万元也是汉唐公司的所有者享有的剩余权益。那么，企业的所有者权益是由什么决定的？具体包括哪些内容呢？

一、所有者权益的概念

所有者权益是指企业资产扣除负债后由所有者享有的剩余权益。股份有限公司的所有者权益又称为股东权益。

所有者权益具有以下特征：

（1）除非发生减资、清算或分派现金股利，企业不需要偿还所有者权益。

（2）企业清算时，只有在清偿所有的负债后，所有者权益才能返还给所有者。

（3）所有者凭借所有者权益能够参与企业的利润分配。

学习提示：所有者权益是由资产和负债决定的，公式如下：

资产 – 负债 = 所有者权益

二、所有者权益的分类

所有者权益的来源包括所有者投入的资本、其他综合收益、留存收益等。

所有者权益通常由实收资本（或股本）、其他权益工具、资本公积、专项储备、其他综合收益和留存收益等构成。

本节导读分析：企业的所有者权益是由资产和负债决定的，即资产 – 负债后的余额为所有者权益。所有者权益通常由实收资本（或股本）、其他权益工具、资本公积、其他综合收益和留存收益等构成。

第二节 实收资本（或股本）与权益工具

/学习导读/

汉唐公司在公司初创时，陈东、刘升、周军三人共投资 300 万元，公司注册资本为 300 万元，三名股东各占 1/3 的股份，这 300 万元就是汉唐公司的实收资本。那么，企业的实收资本与权益工具应如何进行会计核算？

一、实收资本（或股本）

（一）实收资本（或股本）概述

实收资本（或股本）是指企业按照**章程规定**或**合同、协议约定**而接受投资者投入的资本。

实收资本（或股本）的构成比例或股东的股份比例，通常是确定所有者在企业所有者权益中所占的份额和所有者参与生产经营决策的基础，也是企业进行利润或股利分配的主要依据，同时还是企业清算时向所有者分配剩余净资产的依据。

《中华人民共和国公司法》规定，股东可以用货币出资，也可以用实物、知识产权、土地使用权等可以用货币估价并可以依法转让的非货币性财产作价出资；但是，法律、行政法规规定不得作为出资的财产除外。企业应当对作为出资的非货币性财产评估作价，核实财产，不得高估或者低估作价。法律、行政法规对评估作价有规定的，从其规定。

股东应当按期足额缴纳公司章程中规定的各自所认缴的出资额。股东以货币出资的，应当将货币出资足额存入有限责任公司在银行开设的账户中；以非货币性财产出资的，应当依法办理财产权的转移手续。股东不按照上述规定缴纳出资的，除应当向公司足额缴纳外，还应当向已按期足额缴纳出资的其他股东承担违约责任。

股份有限公司应设置"股本"科目，其他各类企业应设置"实收资本"科目，反映和监督企业实际收到的投资者投入资本的情况。"实收资本（或股本）"科目贷方登记企业收到投资者符合注册资本条件的出资额；借方登记企业按照法定程序报经批准减少的注册资本额；期末余额在贷方，反映企业实有的资本额。"实收资本（或股本）"科目应按照投资者设置的明细账进行明细核算。"实收资本（或股本）"账户的结构如图 10-1 所示。

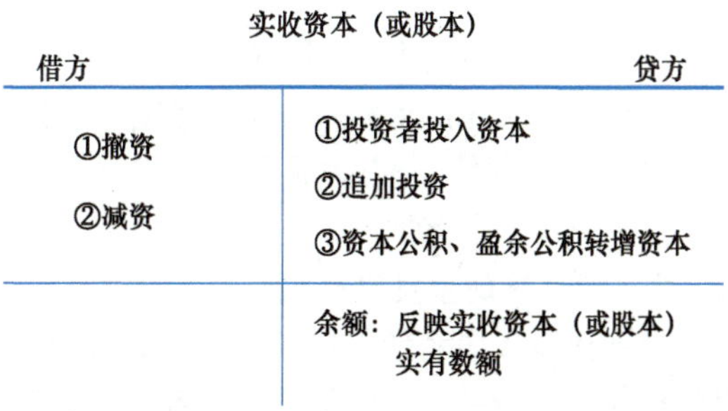

实收资本（或股本）	
借方	贷方
①撤资	①投资者投入资本
②减资	②追加投资
	③资本公积、盈余公积转增资本
余额：反映实收资本（或股本）实有数额	

图 10-1 "实收资本（或股本）"账户的结构

（二）实收资本（或股本）的账务处理

1. 接受现金资产投资

（1）非股份有限公司接受现金资产投资，应根据实际收到的金额或存入企业开户银行的金额，借记"银行存款"等科目，按投资合同或协议约定的投资者在企业注册资本中所占份额的部分，贷记"实收资本"科目，按实际收到或存入开户银行的金额超过企业投资者在企业注册资本中所占份额的部分，贷记"资本公积——资本溢价"科目。

具体会计分录如下：

借：银行存款
　　贷：实收资本
　　　　资本公积——资本溢价

（2）股份有限公司接受现金资产投资，为了反映和监督股本情况，应设置"股本"科目。该科目贷方登记已发行的股票面值；借方登记经批准核销的股票面值；期末贷方余额反映发行在外的股票面值。"股本"科目应当按照股票的类别设置明细账进行明细核算。

股份有限公司发行股票时，可以按面值发行，也可以溢价发行，我国目前**不允许**公司折价发行股票。股份有限公司在核定的股本总额及核定的股份总额的范围内发行股票时，应在实际收到现金资产时进行会计处理；在实际收到现金资产时，借记"银行存款"等科目，按每股股票面值和发行股份总数的乘积计算的金额，贷记"股本"科目，实际收到的金额与企业投资者在企业股本中所占份额的差额，贷记"资本公积——股本溢价"科目。

具体会计分录如下：
借：银行存款
　　贷：股本
　　　　资本公积——股本溢价

股份有限公司发行股票产生的手续费、佣金等交易费用，应从溢价中抵扣，**冲减**资本公积（股本溢价）。

【例10-1】 玉利兴公司（为股份有限公司）委托乙证券公司发行普通股股票，股票面值总额为4 000 000元，发行总额为16 000 000元，发行费按发行总额的2%计算（不考虑其他因素），股票发行净收入已全部收到。

要求：根据上述资料，计算玉利兴公司资本公积的入账金额，并编制相关的会计分录。

【答案】
　　资本公积的入账金额 = 16 000 000 − 4 000 000 − 16 000 000 × 2% = 11 680 000（元）
收到发行收入时，玉利兴公司应编制如下会计分录：
借：银行存款　　　　　　　　　　　　　　　　　　　　　　16 000 000
　　贷：股本　　　　　　　　　　　　　　　　　　　　　　　4 000 000
　　　　资本公积——股本溢价　　　　　　　　　　　　　　　12 000 000
支付发行费时，玉利兴公司应编制如下会计分录：
借：资本公积——股本溢价　　　　　　　　　　　　　　　　　320 000
　　贷：银行存款　　　　　　　　　　　　　　　　　　　　　　320 000

2．接受非现金资产投资

企业接受投资者作价投入的房屋、建筑物、机器设备等固定资产，材料物资等存货，无形资产等非现金资产，应按投资合同或协议约定价值确定资产入账价值（但投资合同或协议约定价值不公允的除外），按投资合同或协议约定的投资者在企业注册资本中所占有的份额部分作为实收资本（或股本）入账。如果投入的资产价值超过投资者在企业注册资本中所占份额的部分，应当计入资本公积（资本溢价或股本溢价）。

具体会计分录如下：
借：固定资产（接受固定资产投资）
　　原材料（接受材料物资投资）
　　无形资产（接受无形资产投资）

　　　　应交税费——应交增值税（进项税额）
　　　贷：实收资本（或股本）
　　　　　资本公积——资本溢价（或股本溢价）

【例 10-2】 甲公司（为有限责任公司）收到 B 企业的投资，B 企业以机器设备出资，该设备的原价为 1 000 000 元，已计提折旧 600 000 元，未计提减值准备，投资合同约定该设备价值为 500 000 元（与公允价值相同且不考虑增值税），投资后 B 企业在甲公司注册资本中享有份额 400 000 元。

要求：假定不考虑其他因素，编制甲公司相关业务的会计分录。

【答案】
甲公司应编制如下会计分录：
借：固定资产　　　　　　　　　　　　　　　　　　　　　　　500 000
　　贷：实收资本　　　　　　　　　　　　　　　　　　　　　　400 000
　　　　资本公积——资本溢价　　　　　　　　　　　　　　　　100 000

【例 10-3】 玉利兴公司、乙公司均为增值税一般纳税人，材料购销业务适用的增值税税率为 13%。玉利兴公司接受乙公司投资转入的原材料一批，该批材料账面价值为 100 000 元，投资协议约定的价值为 120 000 元，假定投资协议约定的价值与公允价值相符，该项材料投资没有产生资本溢价。

要求：假定不考虑其他因素，编制玉利兴公司相关业务的会计分录。

【答案】
玉利兴公司应编制如下会计分录：
借：原材料　　　　　　　　　　　　　　　　　　　　　　　　120 000
　　应交税费——应交增值税（进项税额）　　　　　　　　　　　 15 600
　　贷：实收资本　　　　　　　　　　　　　　　　　　　　　　135 600

3. 实收资本（或股本）的增减变动

根据《中华人民共和国企业法人登记管理条例施行细则》，除国家另有规定外，企业的注册资金应当与实有资金一致。企业法人实有资金比原注册资金数额增减超过 20% 时，应持资金信用证明或验资证明，向原登记主管机关申请变更登记。如擅自改变注册资金或抽逃资金，会受到工商行政管理部门的处罚。

（1）实收资本（或股本）的增加。企业增加实收资本（或股本）的途径一般有三个：

1）接受投资者追加投资，会计处理与初次投入时相同。

2）将资本公积转为实收资本（或股本），会计处理为：借记"资本公积——资本溢价（或股本溢价）"科目，贷记"实收资本"或"股本"科目。

3）将盈余公积转为实收资本（或股本），会计处理为：借记"盈余公积"科目，贷记"实收资本"或"股本"科目。

需要注意的是，资本公积和盈余公积均属于所有者权益，用其转增实收资本或股本时，如为独资企业则核算比较简单，直接结转即可；如为股份有限公司或有限责任公司，应按原投资者所持股份比例增加各股东的股份份额。实收资本（或股本）增加的账务处理流程如图 10-2 所示。

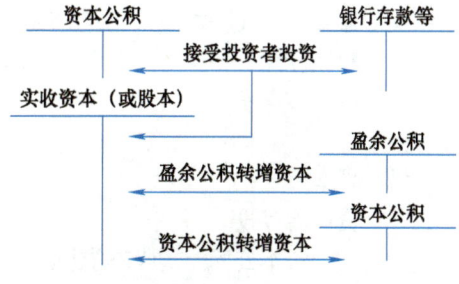

图 10-2　实收资本（或股本）增加的账务处理流程

> **学习提示**：资本公积、盈余公积转增资本，企业的所有者权益总额不会发生变化。

【例 10-4】 A 公司由甲、乙投资者分别出资 1 000 000 元设立，为扩大经营规模，该公司将注册资本由 2 000 000 元增加到 2 500 000 元，并接受丙企业的货币资金投资 1 000 000 元。投资后，丙企业享有 A 公司 20% 的注册资本，投资款已收讫。

要求：假定不考虑其他因素，编制 A 公司相关业务的会计分录。

【答案】

A 公司应编制如下会计分录：

借：银行存款　　　　　　　　　　　　　　　　　　　　1 000 000
　　贷：实收资本　　　　　　　　　　　　　　　　　　　　500 000
　　　　资本公积——资本溢价　　　　　　　　　　　　　　500 000

（2）实收资本（或股本）的减少。企业实收资本（或股本）减少的原因，一是资本过剩，企业经营规模下降，资金利用不起来，使资金成本的上升造成资金的浪费；二是企业发生重大亏损而需要减少实收资本。

企业因资本过剩而减资，一般要返还投资款。企业按照法定程序报请批准减少注册资本的，应按返还投资款的数额，借记"实收资本"或"股本"科目，贷记"银行存款""库存现金"等科目。

具体会计分录如下：

借：实收资本 / 股本
　　贷：银行存款 / 库存现金

股份有限公司通过股票回购方式减资的，应通过"**库存股**"科目核算所回购的股票的金额，借记"库存股"科目，贷记"银行存款"等科目。注销时，按股票面值和注销股数计算的股票面值总额，借记"股本"科目，按注销库存股的账面余额，贷记"库存股"科目，按其差额，借记"资本公积——股本溢价"科目。股本溢价部分不足冲减的，应**依次**冲减盈余公积和未分配利润，借记"盈余公积""利润分配——未分配利润"科目。如果回购股票支付的价款低于面值总额的，应按照所对应的股票面值总额，借记"股本"科目，按注销的库存股的账面余额，贷记"库存股"科目，按其差额，贷记"资本公积——股本溢价"科目。

具体会计分录如下：

回购本公司股票时：

借：库存股
　　贷：银行存款

注销本公司股票时：

借：股本
　　资本公积——股本溢价
　　盈余公积（股本溢价不足冲减）
　　利润分配——未分配利润（股本溢价不足冲减）
　　　　贷：库存股

或

借：股本
　　贷：库存股
　　　　资本公积——股本溢价

> **学习提示**：库存股属于所有者权益的备抵项，回购时，所有者权益减少；注销时，所有者权益总额不会发生变动。

【例 10-5】 玉利兴公司（为股份有限公司，下同）的股本为 10 000 000 元（每股面值为 1 元），资本公积（股本溢价）为 1 500 000 元，盈余公积为 1 000 000 元。现经股东大会批准以每股 3 元的价格回购本公司股票 1 000 000 股并予以注销。

要求：假定不考虑其他因素，编制玉利兴公司相关业务的会计分录。

【答案】

库存股的成本 =1 000 000×3=3 000 000（元）

回购本公司股票时，玉利兴公司应编制如下会计分录：

借：库存股	3 000 000
贷：银行存款	3 000 000

注销本公司股票时，玉利兴公司应编制如下会计分录：

借：股本	1 000 000
资本公积——股本溢价	1 500 000
盈余公积	500 000
贷：库存股	3 000 000

【例 10-6】 承【例 10-5】，其他条件不变，玉利兴公司股东大会批准以每股 2 元的价格回购本公司股票。要求：假定不考虑其他因素，编制玉利兴公司相关业务的会计分录。

【答案】

库存股的成本 =1 000 000×2=2 000 000（元）

回购本公司股票时，玉利兴公司应编制如下会计分录：

借：库存股	2 000 000
贷：银行存款	2 000 000

注销本公司股票时，玉利兴公司应编制如下会计分录：

借：股本	1 000 000
资本公积——股本溢价	1 000 000
贷：库存股	2 000 000

二、权益工具

（一）权益工具概述

金融工具是指形成一个企业的金融资产，并形成其他企业的金融负债或权益工具的合同。具体内容包括金融资产、金融负债和**权益工具**。权益工具是指能证明拥有某个企业在**扣除所有负债后的资产中的剩余权益的合同**。

1. 金融负债和权益工具区分的基本原则

（1）是否存在**无条件地避免**交付现金或其他金融资产的合同义务。如果企业不能无条件地避免以交付现金或其他金融资产来履行一项合同义务，则该合同义务符合金融负债的定义。

（2）是否通过交付**固定数量**的自身权益工具结算。如果一项金融工具须用或可用企业自身权益工具进行结算，需要考虑用于结算该工具的企业自身权益工具是作为现金或其他金融资产的替代品，还是为了使该工具持有方享有在发行方扣除所有负债后的资产中的剩余权益。如果是前者，该工具是发行方的金融负债；如果是后者，该工具是发行方的权益工具。例如非衍生工具不包括交付非固定数量的发行方自身权益工具进行结算的合同义务，属于权益工具。衍生工具只能通过交付固定数量的发行方自身权益工具换取固定金额的现金或其他金融资产进行结算，属于权益工具。

2. 企业发行的金融工具，应在初始确认时确定是否将其分类为权益工具

对发行方应当设置如下会计科目：

（1）对于分类为金融负债的金融工具在"应付债券"科目核算，并按照"面值""利息调整""应计利息"设置明细账，进行明细核算处理。

（2）在所有者权益类科目中设置"其他权益工具"科目，用以核算企业发行的可归类为权益工具的各项金融工具。该科目应按照所发行金融工具的种类进行明细核算处理。

（二）权益工具的账务处理

（1）企业发行的金融工具分类为权益工具的，应按照实际收到的金额，借记"银行存款"等科目，贷记"其他权益工具"科目。

该工具在存续期间分派股利或利息的，应做利润分配处理，按应分配的股利或利息金额，借记"利润分配"科目，贷记"应付股利"科目。

（2）企业发行的金融工具分类为复合金融工具的，应按照实际收到的金额，借记"银行存款"等科目；按金融工具的面值，贷记"应付债券——面值"科目；按负债成分的公允价值与金融工具面值之间的差额，借记或贷记"应付债券——利息调整"科目；按实际收到的金额扣除负债成分的公允价值后的金额，贷记"其他权益工具"科目。发行复合金融工具产生的交易费用，应在负债成分和权益成分之间按照各自所占总发行价款的比例进行分摊。

📢 **学习提示**：负债成分承担的发行费用记入"应付债券——利息调整"科目，权益成分承担的发行费用记入"其他权益工具"科目。

（3）原归类为权益工具的金融工具重分类为金融负债的，重分类日，应按该工具的账面价值，借记"其他权益工具"科目；按该工具的面值，贷记"应付债券——面值"等科目；按二者差额，贷记或借记"资本公积——资本溢价（或股本溢价）"科目，如资本公积不足冲减，应依次冲减盈余公积和未分配利润。原归类为金融负债的金融工具重分类为权益工具的，重分类日，应按该金融负债的账面价值，借记"应付债券"等科目，贷记"其他权益工具"科目。

（4）企业按合同约定赎回分类为权益工具的金融工具，应按照赎回价格，借记"库存股——其他权益工具"科目，贷记"银行存款"等科目；注销时，按照该工具对应的其他权益工具的账面价值，借记"其他权益工具"科目，按照赎回价格，贷记"库存股——其他权益工具"科目，按其差额，借记或贷记"资本公积——资本溢价（或股本溢价）"科目，资本公积不足冲减的，应依次冲减盈余公积和未分配利润。

（5）企业按合同约定将其他权益工具转换为普通股的，应按该工具的账面价值，借记"其他权益工具"科目，按普通股的面值，贷记"实收资本（或股本）"科目，按其差额，贷记"资本公积——资本溢价（或股本溢价）"科目。如转换时不足转为1股普通股而以现金或其他金融资产支付的，还需按支付的现金或其他金融资产的金额，贷记"银行存款"等科目。

✳ **本节导读分析**：非股份有限公司应设置"实收资本"科目对实收资本进行核算，并按具体投资者设置明细科目，如汉唐公司可设置"实收资本——周军"科目。而股份有限公司通过"股本"科目核算收到的投资。企业发行的金融工具分类为权益工具的，应通过"其他权益工具"科目核算。

第三节　资本公积与其他综合收益

> **/学习导读/**
>
> 汉唐公司一直合法、诚信经营，前景一片光明，吸引了资本所有者赵珍的关注。同时，汉唐公司拓展业务也需要更多资金。于是，汉唐公司将注册资本增加到400万元，赵珍以150万元入股，取得汉唐公司25%的股份。赵珍名下汉唐公司100万元的股份计入"实收资本——赵珍"，超过的50万元作为汉唐公司的资本公积，归全体股东所有。那么，企业的资本公积和其他综合收益应如何进行会计核算？

一、资本公积

（一）资本公积概述

资本公积包括企业收到的投资者出资额**超出**其在注册资本（或股本）中所占份额的部分，即资本溢价（或股本溢价），以及其他资本公积等。

资本公积与实收资本（或股本）的区别如下：

（1）实收资本（或股本）是指投资者实际投入并依法进行注册的资本；而资本公积是投资者的出资中超出其在注册资本中所占份额的部分，以及其他资本公积。

（2）实收资本（或股本）表明了投资者依法享有的资本金额，是投资者参与企业财务经营决策或进行利润分配、股利分配以及在企业清算时确定对企业净资产的要求权的依据；而资本公积的主要用途是转增资本，不能代表投资者所享有的在所有者权益中的份额。

（二）资本公积的账务处理

为了核算和监督企业资本公积的增减变动情况，企业应设置"资本公积"科目。该科目贷方登记资本公积的增加额；借方登记资本公积的减少额；期末贷方余额反映企业资本公积的结余额。该科目的明细科目应按资本公积的类别设置。"资本公积"账户的结构如图10-3所示。

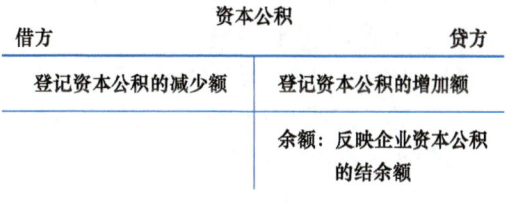

图10-3　"资本公积"账户的结构

1. 资本溢价（或股本溢价）

（1）资本溢价。非股份有限公司在收到投资者投入的资金时，应按照实际收到的金额或已确定的价值，借记"银行存款""固定资产""无形资产""原材料"等科目；按其在注册资本中所占的份额，贷记"实收资本"科目；按其差额，贷记"**资本公积——资本溢价**"科目。

具体会计分录如下：

借：银行存款
　　　固定资产
　　　无形资产
　　　原材料等
　　贷：实收资本
　　　　资本公积——资本溢价

（2）股本溢价。股份有限公司在按面值发行股票的情况下，企业发行股票取得的收入应全部作为股本处理；在溢价发行股票的情况下，企业发行股票取得的收入等于股票面值的部分作为股本处理超出股票面值的溢价收入应作为股本溢价处理。

股份有限公司发行股票相关的手续费、佣金等交易费用，如果是溢价发行股票的，应从溢价中抵扣冲减资本公积（股本溢价）；无溢价或不足抵扣的部分，应**依次**冲减盈余公积和未分配利润。

具体会计分录如下：

1）发行股票时：

借：银行存款
　　贷：股本
　　　　资本公积——股本溢价

2）发行股票相关的手续费、佣金等交易费用：

借：资本公积——股本溢价
　　盈余公积（股本溢价不足冲减）
　　利润分配——未分配利润（股本溢价不足冲减）
　　贷：银行存款

2．其他资本公积

其他资本公积是指除资本溢价（或股本溢价）项目以外的资本公积。例如采用权益法核算的长期股权投资。

投资方对被投资方的长期股权投资采用权益法核算的，在持股比例不变的情况下，对因被投资方除净损益、其他综合收益和利润分配以外所有者权益的其他变动，投资方按应享有或分担份额而增加或减少其他资本公积，并以此调整长期股权投资的账面价值。

具体会计分录如下：

增加时：

借：长期股权投资——其他权益变动
　　贷：资本公积——其他资本公积

减少时做相反会计分录：

借：资本公积——其他资本公积
　　贷：长期股权投资——其他权益变动

处置相关股权投资时，应转销**相对应的**其他资本公积，要将原记入"资本公积——其他资本公积"科目的金额结转至"投资收益"科目中。

具体会计分录如下：

借：资本公积——其他资本公积
　　贷：投资收益

或做相反会计分录。

【例10-7】2020年1月1日，玉利兴公司向乙公司投资10 000 000元，持有乙公司30%的股份，能够对乙公司施加重大影响。故玉利兴公司对其持有乙公司的股权投资采用权益法进行核算。年末，乙公司除净损益、其他综合收益和利润分配以外的所有者权益增加了1 500 000元，除此之外，乙公司的所有者权益无其他变化。

要求：不考虑其他因素，计算玉利兴公司对乙公司投资增加的资本公积金额，并编制相应的会计分录。

【答案】

玉利兴公司对乙公司投资增加的资本公积金额 = 1 500 000 × 30% = 450 000（元）

玉利兴公司应编制如下会计分录：

借：长期股权投资——其他权益变动　　　　　　　　　　　　　　　450 000
　　贷：资本公积——其他资本公积　　　　　　　　　　　　　　　　　450 000

【例 10-8】 承【例 10-7】，玉利兴公司于 2021 年 1 月 10 日决定出售对乙公司的全部股权投资，出售时玉利兴公司对乙公司股权投资的账面价值构成为：投资成本 10 000 000 元，其他权益变动 450 000 元。出售价款为 10 500 000 元，款项已收到并存入银行。

要求：计算玉利兴公司出售股权投资应计入投资收益的金额，并编制相应的会计分录。

【答案】

应计入投资收益的金额 = 10 500 000 −（10 000 000 + 450 000）+ 450 000 = 500 000（元）

玉利兴公司应编制如下会计分录：

借：银行存款　　　　　　　　　　　　　　　　　　　　　　　　10 500 000
　　贷：长期股权投资——投资成本　　　　　　　　　　　　　　　10 000 000
　　　　　　　　　　——其他权益变动　　　　　　　　　　　　　　　450 000
　　　　投资收益　　　　　　　　　　　　　　　　　　　　　　　　　50 000
借：资本公积——其他资本公积　　　　　　　　　　　　　　　　　　450 000
　　贷：投资收益　　　　　　　　　　　　　　　　　　　　　　　　　450 000

二、其他综合收益

（一）其他综合收益概述

其他综合收益是指企业根据相关会计准则规定未在当期损益中确认的各项**利得和损失**。资本公积和其他综合收益都会引起企业所有者权益发生增减变动，资本公积中资本溢价（或股本溢价）不会影响企业的损益，而部分其他综合收益项目则在满足相关会计准则规定的条件时，可以重分类进损益，从而成为企业利润的一部分。

📢 **学习提示**："其他综合收益"科目属于所有者权益类科目（贷方表示增加，借方表示减少），它在利润表、资产负债表、所有者权益变动表上均有所体现，反映的主要是非日常经营活动形成的利得和损失，这些利得和损失最终都会影响所有者权益。

（二）其他综合收益的分类及账务处理

1. 以后会计期间不能重分类进损益的其他综合收益该类项目

该类项目主要包括：

（1）重新计量设定受益计划净负债或净资产变动导致的权益变动。

（2）按照权益法核算因被投资方重新计量设定受益计划净负债或净资产变动导致的权益变动时，投资方按持股比例计算确认的该部分其他综合收益项目。

（3）在初始确认时，企业可以将非交易性权益工具指定为以公允价值计量且其变动计入其他综合收益的金融资产公允价值变动及外汇利得和损失。

2. 以后会计期间满足规定条件时将重分类进损益的其他综合收益项目

该类项目主要包括：

（1）符合《企业会计准则第 22 号——金融工具确认和计量》的规定，同时符合以下两个条件的金融资产（分类为以公允价值计量且其变动计入其他综合收益的金融资产）：

1）企业管理该金融资产的业务模式既以收取合同现金流量为目标，又以出售该金融资产产生整体回报为目标。

2）该金融资产的合同条款规定，在特定日期产生的现金流量，仅为对本金和以未偿付本金金额为基础的利息的支付。当该类金融资产终止确认时，之前计入其他综合收益的累计利得或损失应当从其他综合收益中转出，计入当期损益。

（2）按照《企业会计准则第22号——金融工具确认和计量》的规定，对金融资产重分类时按规定可以将原计入其他综合收益的利得或损失转入当期损益的部分。

（3）采用权益法核算的长期股权投资。采用权益法核算的长期股权投资，应按照被投资方实现的其他综合收益以及持股比例计算应享有或分担的金额，调整长期股权投资的账面价值，同时增加或减少其他综合收益。

具体会计分录如下：

增加时：

　　借：长期股权投资——其他综合收益
　　　　　贷：其他综合收益

减少时做相反会计分录：

　　借：其他综合收益
　　　　　贷：长期股权投资——其他综合收益

处置相关股权投资时，应将原计入其他综合收益（可转损益部分）的金额转入当期损益。具体会计分录如下：

　　借：其他综合收益
　　　　　贷：投资收益

或做相反会计分录。

> **学习提示**：如处置后对相关股权投资终止采用权益法的，原计入其他综合收益（不能结转损益的除外）或资本公积（其他资本公积）中的金额应全部结转。

（4）存货或自用房地产转换为公允价值模式计量的投资性房地产。企业将作为存货的房地产转换为采用公允价值模式计量的投资性房地产时，应当按该项房地产在转换日的公允价值，借记"投资性房地产——成本"科目，原已计提跌价准备的，借记"存货跌价准备"科目，按其账面余额，贷记"开发产品"等科目；同时，转换日的公允价值**小于**账面价值的，按其差额，借记"公允价值变动损益"科目，转换日的公允价值**大于**账面价值的，按其差额，贷记"其他综合收益"科目。

具体会计分录如下：

　　借：投资性房地产成本——成本
　　　　存货跌价准备
　　　　公允价值变动损益（公允价值小于账面价值，借方差额）
　　　　　贷：开发产品
　　　　　　　其他综合收益（公允价值大于账面价值，贷方差额）

企业将自用房地产转换为采用公允价值模式计量的投资性房地产时，应当按该项房地产在转换日的公允价值，借记"投资性房地产——成本"科目，原已计提减值准备的，还应借记"固定资产减值准备"科目，按已计提的累计折旧等，借记"累计折旧"等科目，按其账面余额，贷记"固定资产"等科目；同时，转换日的公允价值**小于**账面价值的，按其差额，借记"公允价值变动损益"科目，转换日的公允价值**大于**账面价值的，按其差额，贷记"其他综合收益"科目。

具体会计分录如下：

　　借：投资性房地产成本——成本
　　　　累计折旧

固定资产减值准备
公允价值变动损益（公允价值小于账面价值，借方差额）
　　贷：固定资产
　　　　其他综合收益（公允价值大于账面价值，贷方差额）

待该项投资性房地产处置时，已转换计入其他综合收益的部分应转入当期损益。具体会计分录如下：

借：其他综合收益
　　贷：其他业务成本

（5）现金流量套期工具产生的利得或损失中属于有效套期的部分。

📢 **学习提示**：无效套期的部分计入当期损益（公允价值变动损益）。

（6）外币财务报表折算差额。按照外币折算的要求，企业在处置境外经营的当期，应将已列入合并财务报表所有者权益的外币报表折算差额中与该境外经营相关的部分自其他综合收益项目转入处置当期损益。如果是部分处置境外经营，应当按处置的比例计算处置部分的外币报表折算差额，转入处置当期损益。

✳ **本节导读分析**：资本公积是企业收到投资者出资额超过其在注册资本（或股本）中所占份额的部分以及其他资本公积等。资本公积包括资本溢价（或股本溢价）和其他资本公积。企业在收到投资者投入的资金时，应按实际收到的金额或已确定的价值入账，实际收到的金额与按照其在注册资本中所占的份额的差额计入"资本公积——资本溢价（或股本溢价）"。企业的其他综合收益是指企业根据相关会计准则规定未在当期损益中确认的各项利得和损失，部分其他综合收益项目满足相关规定时可以重分类进损益。

第四节　留存收益

📁 /学习导读/

　　经过几位投资者的努力经营，汉唐公司的业绩稳步增长。年末，汉唐公司按照规定的10%的比例提取了法定盈余公积用于公司扩大生产。股东会决议不提取任意盈余公积。因公司正处在发展时期，股东会决定暂时不分红利，将资金继续用来扩大再生产。盈余公积和这部分未分配的利润，共同构成了汉唐公司的留存收益。那么，什么是留存收益？留存收益包括哪些内容？具有什么特点？

一、留存收益概述

　　留存收益是指企业从历年实现的利润中提取或形成的留存于企业**内部积累**，包括盈余公积和未分配利润两类。其中，盈余公积是指企业按照有关规定从净利润中提取的积累资金。未分配利润是指企业实现的净利润经过弥补亏损、提取盈余公积和向投资者分配利润后留存在企业的、历年结存的利润。

　　公司制企业的盈余公积包括**法定**盈余公积和**任意**盈余公积两类。其中，法定盈余公积是指企业按照规定的比例从净利润中提取的盈余公积；任意盈余公积是指企业按照股东会等权力机构决议提取的盈余公积。

　　企业提取的盈余公积经批准可用于弥补亏损、转增资本或发放现金股利或利润等。相对于所有者权益的其他部分来说，企业对于未分配利润的使用有较大的自主权。从数量上来说，未分配利润是期初未分配利润加上本期实现的净利润并减去提取的盈余公积和分配的股利或利润后的余额。

二、留存收益的账务处理

（一）利润分配

利润分配是指企业根据国家有关规定和企业章程、投资者协议等，对企业当年**可供分配**的利润所进行的分配。

可供分配的利润＝当年实现的净利润（或净亏损）＋
年初未分配利润（－年初未弥补亏损）＋其他转入

利润分配的顺序依次是：

（1）提取法定盈余公积。
（2）提取任意盈余公积。
（3）向投资者分配利润。

为核算未分配利润，企业应在"**利润分配**"科目下设置"提取法定盈余公积""提取任意盈余公积""应付现金股利或利润""转作股本的股利""盈余公积补亏""未分配利润"等明细科目。

1. 期末结转本年利润

年度终了，企业应将本年实现的净利润或发生的净亏损，从"本年利润"科目转入"利润分配——未分配利润"科目，并将"利润分配"科目下所属其他明细科目的余额，转入"未分配利润"明细科目。结转后，"利润分配——未分配利润"明细科目如为贷方余额，表示累积未分配的利润金额；如为借方余额，则表示累积未弥补的亏损金额。

2. 向股东或投资者分配股利或利润

企业向股东或者投资者分配现金股利或利润，应借记"利润分配——应付现金股利或利润"科目，贷记"应付股利"科目。企业向股东分配股票股利，应借记"利润分配——转作股本的股利"科目，贷记"股本"科目。

3. 弥补亏损的情况

对于未弥补亏损可以用以后年度实现的税前利润进行弥补，但弥补期限不得超过**五年**。企业用当年实现利润弥补以前年度亏损的，不需要单独进行账务处理。

【例10-9】 玉利兴公司本年实现净利润 4 000 000 元，年初"利润分配——未分配利润"明细科目余额为 0，按照规定提取法定盈余公积 400 000 元，任意盈余公积 100 000 元，宣告发放现金股利 1 500 000 元。

要求：假定不考虑其他因素，编制玉利兴公司相关业务的会计分录。

【答案】

① 结转本年实现的净利润时，玉利兴公司应编制如下会计分录：

借：本年利润　　　　　　　　　　　　　　　　　　　　　　4 000 000
　　贷：利润分配——未分配利润　　　　　　　　　　　　　　　4 000 000

② 提取法定盈余公积、任意盈余公积、宣告发放现金股利时，玉利兴公司应编制如下会计分录：

借：利润分配——提取法定盈余公积　　　　　　　　　　　　　400 000
　　　　　——提取任意盈余公积　　　　　　　　　　　　　　　100 000

　　　　——应付现金股利　　　　　　　　　　　　　　　　　1 500 000
　　　贷：盈余公积——法定盈余公积　　　　　　　　　　　　　400 000
　　　　　　　　——任意盈余公积　　　　　　　　　　　　　　100 000
　　　　　应付股利　　　　　　　　　　　　　　　　　　　　1 500 000

③ 将"利润分配"科目下所属其他明细科目的余额转入"未分配利润"明细科目时，玉利兴公司应编制如下会计分录：

　　借：利润分配——未分配利润　　　　　　　　　　　　　2 000 000
　　　贷：利润分配——提取法定盈余公积　　　　　　　　　　400 000
　　　　　　　　——提取任意盈余公积　　　　　　　　　　　100 000
　　　　　　　　——应付现金股利　　　　　　　　　　　　1 500 000

（二）盈余公积

1．盈余公积的种类

盈余公积是从企业税后利润中提取的，分为法定盈余公积和任意盈余公积两种。公司制企业的法定盈余公积按照公司税后利润的 10% 提取（非公司制企业也可以按照超过 10% 的比例提取），当法定盈余公积累计额已达注册资本的 50% 时可以不再提取。公司制企业的任意盈余公积可以根据股东大会或类似权力机构的决议提取，非公司制企业也可以根据需要提取任意盈余公积。

如果以前年度未分配利润有盈余（即年初未分配利润余额为正数），在计算提取法定盈余公积的基数时，不应包括年初未分配利润；如果以前年度有亏损（即年初未分配利润余额为负数），应先弥补以前年度亏损再提取盈余公积。

2．盈余公积的用途

盈余公积具有如下用途：
（1）弥补企业的亏损。
（2）转增企业资本。
（3）发放现金股利或利润。
（4）扩大企业生产经营。

法定盈余公积转为资本时，所留存的该项盈余公积不得少于转增前企业注册资本的 25%。

3．盈余公积的账务处理

为了核算和监督盈余公积的形成和使用情况，企业应设置"盈余公积"科目。该科目贷方登记按规定提取的盈余公积数额；借方登记用盈余公积弥补亏损和转增资本的实际数额；贷方余额反映企业的盈余公积的余额。"盈余公积"科目应按照盈余公积形成的来源分设"法定盈余公积"和"任意盈余公积"两个明细科目。"盈余公积"账户的结构如图 10-4 所示。

盈余公积	
借方	贷方
登记用盈余公积弥补亏损和转增资本的实际数额	登记按规定提取的盈余公积数额
	余额：反映企业的盈余公积的余额

图 10-4　"盈余公积"账户的结构

（1）企业按规定提取盈余公积时，应借记"利润分配——提取法定盈余公积"或"利润分配——提取任意盈余公积"科目，贷记"盈余公积"科目。

（2）经股东大会或类似权力机构决议用盈余公积弥补亏损或转增资本时，应借记"盈余公积"科目，贷记"利润分配——盈余公积补亏""实收资本（或股本）"科目。

（3）经股东大会或类似权力机构决议用盈余公积派送新股时，应按派送新股计算的金额，借记"盈余公积"科目，按股票面值和派送新股总数计算的股票面值总额，贷记"股本"科目。

（4）用盈余公积发放现金股利或利润的，发放现金股利时，应借记"利润分配——应付现金股利或利润""盈余公积"科目；贷记"应付股利"科目。支付股利时，应借记"应付股利"科目；贷记"银行存款"科目。

【例 10-10】 玉利兴公司（为股份有限公司）的股本为 7 000 000 元，每股面值 1 元。年初未分配利润为 0，本年实现净利润 3 000 000 元，按净利润的 10% 提取法定盈余公积 300 000 元，按净利润的 5% 提取任意盈余公积 150 000 元。

要求：假定不考虑其他因素，编制玉利兴公司相关业务的会计分录。

【答案】

玉利兴公司应编制如下会计分录：

借：利润分配——提取法定盈余公积	300 000
——提取任意盈余公积	150 000
贷：盈余公积——法定盈余公积	300 000
——任意盈余公积	150 000

【例 10-11】 A 公司（为股份有限公司）当年净亏损 400 000 元，经股东大会决议用以前年度提取的盈余公积弥补。

要求：假定不考虑其他因素，编制 A 公司相关业务的会计分录。

【答案】

A 公司应编制如下会计分录：

借：盈余公积	400 000
贷：利润分配——盈余公积补亏	400 000

【例 10-12】 承【例 10-10】，玉利兴公司为扩大生产经营，经股东大会决议，将盈余公积 350 000 元转增资本。

要求：假定不考虑其他因素，编制玉利兴公司相关业务的会计分录。

【答案】

玉利兴公司应编制如下会计分录：

借：盈余公积	350 000
贷：股本	350 000

【例 10-13】 承【例 10-10】，玉利兴公司可供投资者分配的利润为 2 550 000 元，盈余公积为 450 000 元，经股东大会决议，按照每股 0.4 元发放现金股利，需要分派的现金股利为 2 800 000 元，款项以银行存款支付。

要求：假定不考虑其他因素，编制玉利兴公司相关业务的会计分录。

【答案】

① 发放现金股利时，玉利兴公司应编制如下会计分录：

借：利润分配——应付现金股利	2 550 000
盈余公积	250 000

贷：应付股利　　　　　　　　　　　　　　　　　　　　　　　　2 800 000
② 支付股利时，玉利兴公司应编制如下会计分录：
　借：应付股利　　　　　　　　　　　　　　　　　　　　　　　　2 800 000
　　贷：银行存款　　　　　　　　　　　　　　　　　　　　　　　　2 800 000

❋ **本节导读分析**：留存收益是指企业从历年实现的利润中提取或形成的留存于企业的内部积累，包括盈余公积和未分配利润两类。法定盈余公积是指企业按照规定的比例从净利润中提取的盈余公积，当法定公积金累计额已达注册资本的50%时可以不再提取。任意盈余公积是指企业按照股东大会或类似权力机构决议提取的盈余公积。盈余公积可用于补亏、扩大再生产、转增资本、分配股利等。企业对于未分配利润的使用有较大的自主权。从数量上来说，"未分配利润＝期初未分配利润＋本期实现的净利润－提取的盈余公积和分配的股利或利润"。

本章导读分析

　　所有者权益是指企业资产扣除负债后由所有者享有的剩余权益，股份有限公司的所有者权益也称为股东权益。所有者权益的来源包括所有者投入的资本、直接计入所有者权益的利得和损失、留存收益等。汉唐公司的所有者权益中，三位股东的出资应作为所有者投入的资本核算，实现的利润应按规定提取盈余公积并进行分配。

实务案例

　　Y集团起步于现任董事长D创办的一家民营研究所，早期服务于H省各地方政府等有关机构的信息系统工程。之后几年，Y集团发展成为以IT、能源、资源、新材料等为主要业务领域的集团公司。
　　Y集团旗下上市公司Y信通于2000年上市，Y集团持有其32.89%股权，持股总数为2.07亿股，实控人仍为D。根据D所持Y信通股权计算，在2015年，Y信通股价在最高点时，D身价约为67.46亿元，而以2019年Y信通每股3.21元的价格计算，D身价缩水了10倍，仅有6.64亿元。
　　2019年，A股上市公司Y信通发布公告称，公司收到控股股东Y集团股份有限公司的通知，集团所在地中级人民法院已于2019年3月21日裁定受理Y集团的重整申请，并于2019年3月22日在全国企业破产重整案件信息网发布了指定管理人及债权申报的公告。
　　据2018年8月召开的债权人会议披露，Y集团总负债在160亿元±10%上下，上百家金融机构牵涉其中。其中，某银行和某资管公司是最大的债权人，对Y集团的风险敞口分别为27亿元和13亿元。
　　另Y信通发布的2018年业绩报告显示，公司面临巨额财务压力，预计亏损14.03亿元～14.43亿元。Y信通2018年半年报显示，公司总资产为27.96亿元，净资产为3.27亿元，总负债为24.69亿元，其中预计负债为18.94亿元；累计亏损3.81亿元。
　　所有者权益是指企业资产扣除负债后由所有者享有的剩余权益。股份有限公司的所有者权益又称为股东权益、净资产。Y信通2018年半年报披露的净资产远小于负债，资不抵债，偿债能力堪忧。实控人D由于股票价格波动导致身价缩水10倍，Y信通净资产自然也缩水10倍。若股票价格再回到2015年巅峰时刻，那么Y信通的净资产也会上涨10倍，公司马上就由资不抵债变成净资产大于负债8亿元多。由此可见，企业的净资产有时并不能很好地反映企业资产的价值。

思维导图

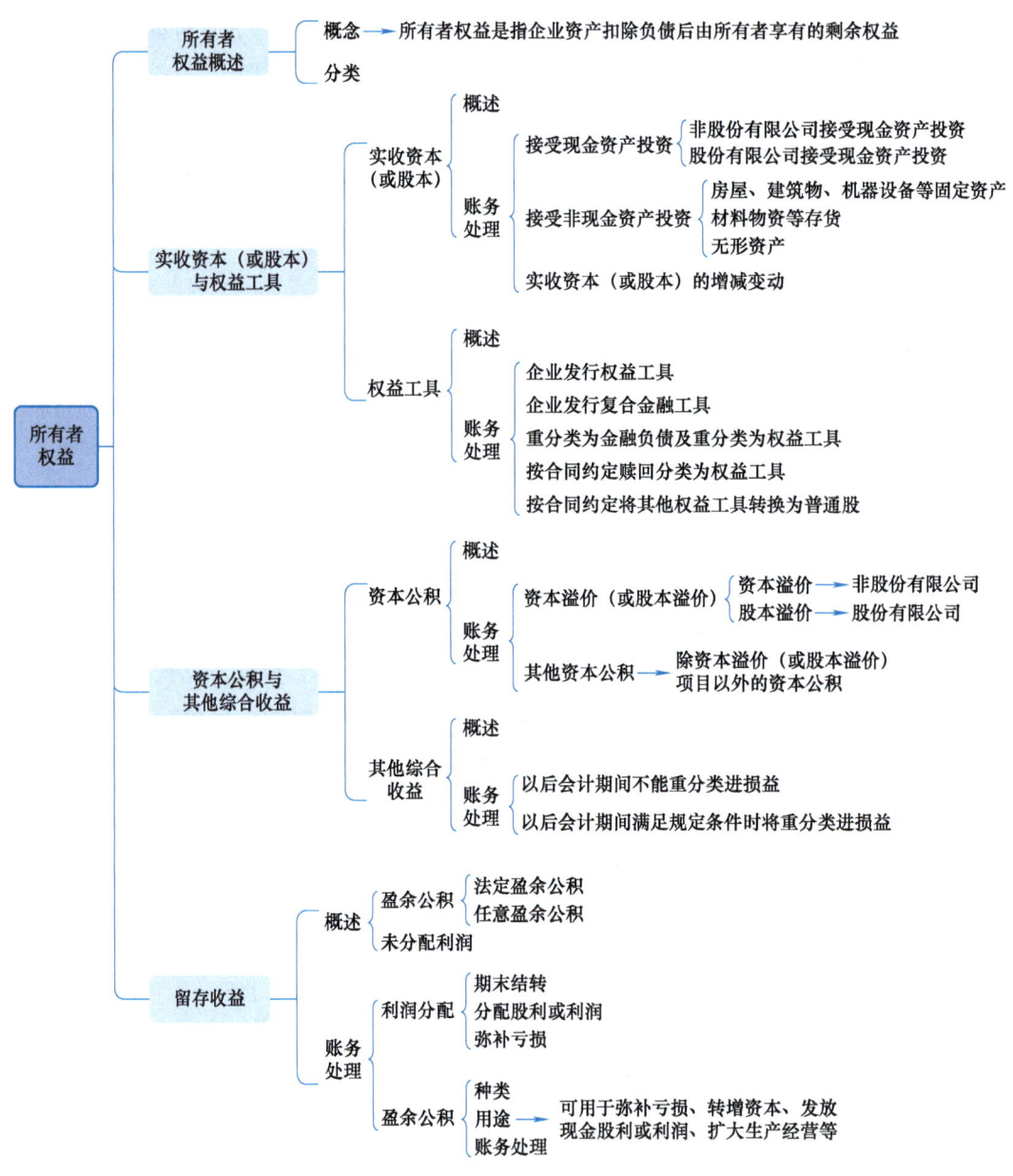

习 题

一、计算分析题

2020年初，玉利兴公司的股东权益总计为20 000万元，其中股本为12 000万元，资本公积为3 000万元，盈余公积为1 000万元，未分配利润为4 000万元。2020年度玉利兴公司发生有关股东权益的业务如下：

（1）经批准，增发普通股股票 200 万股，每股面值 1 元，发行价格为 4 元，支付发行费用 20 万元，股票已全部发行完毕，所收股款存入开户银行。

（2）当期资本公积转增股本 1 000 万元。

（3）当年实现净利润 5 000 万元，公司法定盈余共计计提比例为 10%，任意盈余公积计提比例为 5%。

（4）经股东大会批准，将盈余公积 500 万元转增股本。

要求：

（1）编制玉利兴公司业务（1）相关的会计分录。

（2）计算 2020 年 12 月 31 日玉利兴公司的股本、资本公积、盈余公积和未分配利润。

（3）计算 2020 年 12 月 31 日玉利兴公司的股东权益总额。

（4）编制玉利兴公司业务（3）计提盈余公积的会计分录。

二、综合业务题

K 有限责任公司（以下简称 K 公司）于 2020 年 12 月成立，属于增值税一般纳税人，由甲、乙两位投资者投资成立，相关业务如下：

（1）成立之初，公司注册资本为 1 500 万元，其中甲投资者以现金 1 000 万元出资，占公司注册资本的 2/3；乙投资者以一批材料出资，材料账面价值为 450 万元，投资协议约定的价值为 500 万元且与公允价值相符，占公司注册资本的 1/3。

（2）2021 年 1 月，K 公司吸收投资者丙加入，将公司实收资本扩大到 2 000 万元，丙以一台设备投资，合同约定价值为 650 万元，与公允价值相符，接受投资后，甲、乙、丙分别占注册资本的 50%、25%、25%。

（3）2021 年 K 公司实现净利润 800 万元，宣告发放现金股利 50 万元。

要求：

（1）编制 K 公司接受甲投资者投资的会计分录。

（2）编制 K 公司接受乙投资者投资的会计分录。

（3）编制 K 公司接受丙投资者投资的会计分录。

（4）编制 K 公司宣告发放现金股利的会计分录。

第十一章

收入、费用和利润

> **本章导读**
>
> 甲企业是某市一家生产、销售男士羽绒服的企业，由于讲诚信、重质量，甲企业生产的某系列男士羽绒服每逢上市就被抢购一空。2020年，甲企业创造营业收入800万元，全部收入均来自该系列羽绒服；发生费用支出500万元，实现盈利300万元。如何理解甲企业实现的盈利？让我们开始本章的学习吧。

第一节 收 入

> **学习导读**
>
> 甲企业销售生产的男士羽绒服，取得的收益是它的主营业务收入；有时，甲企业也会把多余的羽绒和布料进行销售，取得的收益也是它的日常业务收入，称为"其他业务收入"；有时，甲企业也会把多余的设备出租给别的单位使用，取得的收益也属于"其他业务收入"；偶尔，甲企业还会把旧的生产设备变卖掉，这属于甲企业的非日常业务，取得的收益应计入"资产处置损益"。那么，什么是企业的收入？收入应如何进行确认？

一、收入的概念

收入是指企业在**日常活动**中形成的、会**导致所有者权益增加**的、**与所有者投入资本无关**的经济利益的**总流入**。其中，日常活动是指企业为完成其经营目标所从事的经常性活动以及与之相关的其他活动。例如，工业企业制造并销售产品、商品流通企业销售商品、咨询企业提供咨询服务、软件企业为客户开发软件、安装企业提供安装服务、建筑企业提供建造服务等，均属于企业的日常活动，从中形成的经济利益的流入均应当确认为收入。

学习提示：利得是指企业在非日常活动中形成的、会导致所有者权益增加的、与所有者投入资本无关的经济利益净流入。

企业代其他单位及个人收取的款项，如增值税销项税款、代收利息等，应当作为负债处理，不应当确认为收入[11]，具体会计分录如下：

借：银行存款

> **知识拓展**
>
> [11] 企业代其他单位及个人收取的款项，应作为负债处理而不确认收入，原因是相关款项是要转付给第三方的，最终不会导致经济利益流入企业，也不会增加企业资产，不符合收入的定义。

贷：应交税费——应交增值税（**销项税额**）
　　　其他应付款等

本章主要介绍企业以存货换取客户的存货、固定资产、无形资产以及长期股权投资等业务以及处置固定资产、无形资产等，在确定处置时点以及计量处置损益时的会计处理。不涉及企业对外出租资产收取的租金、进行债权投资收取的利息、进行股权投资取得的现金股利、通过保险合同取得的保费收入等。

二、收入的确认和计量

收入的确认[12]是一个非常重要的问题，它不仅关系到流转税纳税时间的确定，还会影响成本、费用的正确结转，以至于影响利润和应纳税所得额及应纳所得税额计算的正确性。在收入的确认中，还应区分会计核算上的收入确认与税法上作为纳税依据的收入确认，二者不能混为一谈。

企业确认收入的方式应当反映其向客户转让商品或提供服务的模式。收入的金额应当反映企业因转让相关商品或提供相关服务而预期有权收取的对价金额。企业应当在履行了合同中的履约义务，例如在客户**取得相关商品控制权时**确认收入。

收入确认和计量大致分为五步：第一步，识别与客户订立的合同；第二步，识别合同中的单项履约义务；第三步，确定交易价格；第四步，将交易价格分摊至各单项履约义务；第五步，履行各单项履约义务时确认收入。其中，第一步、第二步和第五步主要与收入的确认有关，第三步和第四步主要与收入的计量有关。

（一）科目设置

为了核算企业与客户之间的合同产生的收入及相关的成本费用，企业一般需要设置"**主营业务收入**""**其他业务收入**""**主营业务成本**""**其他业务成本**""**合同取得成本**""**合同履约成本**""**合同资产**""**合同负债**"等科目。

此外，企业发生减值的，还应当设置"**合同履约成本减值准备**""**合同取得成本减值准备**""**合同资产减值准备**"等科目进行核算。

其中：

（1）"**主营业务收入**"科目核算企业确认的销售商品、提供服务等主营业务的收入。

（2）"**其他业务收入**"科目核算企业确认的**除主营业务活动以外的**其他经营活动实现的收入，包括出租固定资产、出租无形资产、出租包装物和商品、销售材料等实现的收入。

（3）"**主营业务成本**"科目核算企业确认销售商品、提供服务等主营业务收入时应结转的成本。

（4）"**其他业务成本**"科目核算企业确认的**除主营业务活动以外的**其他经营活动所形成的成本，包括出租固定资产的折旧额、出租无形资产的摊销额、出租包装物的成本或摊销额、销售

> **知识拓展**
>
> [12] 为规范企业对收入的会计处理，提高会计信息质量，保持与国际财务报告准则的持续趋同，财政部于2017年7月修订发布了《企业会计准则第14号——收入》，对收入的确认方法采用统一的模型，以控制权转移替代风险报酬转移作为收入确认时点的判断标准，对包含多重交易安排合同的会计处理提供更明确的指引，对某些特定交易(或事项)的收入确认和计量给出了明确规定，从而为企业的收入核算带来深远的影响。

材料的成本等。

（5）"**合同取得成本**"科目核算企业**取得合同发生的、预计能够收回的**增量成本。该科目借方登记发生的合同取得成本，贷方登记摊销的合同取得成本，期末借方余额反映企业尚未结转的合同取得成本。该科目可以按合同进行明细核算。

（6）"**合同履约成本**"科目核算企业**为履行当前或预期取得的合同所发生的、不属于其他**具体准则规范范围且按照《企业会计准则第 14 号——收入》应当确认为一项资产的成本。该科目可按合同分设"**服务成本**""**工程施工**"等明细科目进行明细核算。

（7）"**合同资产**"科目核算企业已向客户转让商品而有权收取对价的权利，且该权利取决于时间流逝之外的其他因素（如履行合同中的其他履行义务）。该科目借方登记因已转让商品或已提供服务而有权收取的对价金额，贷方登记取得无条件收款权的金额，期末借方余额反映企业已向客户转让商品或提供服务而有权收取的对价金额。该科目可按合同进行明细核算。

（8）"**合同负债**"科目核算企业已收或应收客户对价而应向客户转让商品的义务。该科目贷方登记企业在向客户转让商品或提供服务之前，已经收到或已经取得无条件收取合同对价权利的金额；借方登记企业向客户转让商品或提供服务时冲销的金额；期末贷方余额反映企业在向客户转让商品或提供服务之前，已经收到的合同对价或已经取得的无条件收取合同对价权利的金额。该科目按合同进行明细核算。

（二）收入的确认

1. 识别与客户订立的合同

取得相关商品控制权是指能够主导相关商品的使用并从中获得几乎全部的经济利益。

客户是指与企业订立合同以向该企业购买其日常活动产出的商品或服务（以下简称"商品"）并支付对价的一方。如果合同对方与企业订立合同的目的是共同参与一项活动（如合作开发一项资产），合同对方和企业一起分担或分享该活动产生的风险或收益，而不是获取企业日常活动产出的商品，则该合同对方不是企业的客户。

合同是指双方或多方之间订立的有法律约束力的权利义务的协议。合同包括书面形式、口头形式以及其他可验证的形式（如隐含于商业惯例或企业以往的习惯做法中等）。

履约义务是指合同中企业向客户转让可明确区分商品的承诺。履约义务既包括合同中明确的承诺，也包括由于企业已公开宣布的政策、特定声明或以往的习惯做法等导致合同订立时客户合理预期企业将履行的承诺。

企业为履行合同而应开展的初始活动，**通常不构成履约义务**，除非该活动向客户转让了承诺的商品，如某俱乐部为注册会员建立档案。

（1）收入确认的条件。当企业与客户之间的合同**同时满足**下列条件时，企业应当在客户取得相关商品控制权时确认收入：

1）合同各方已批准该合同并承诺将履行各自义务。

2）该合同明确了合同各方与所转让商品或提供服务（以下简称"转让商品"）相关的权利和义务。

3）该合同有明确的与所转让商品相关的支付条款。

4）该合同具有商业实质。即履行该合同将改变企业未来现金流量的风险、时间分布或金额。

5）企业因向客户转让商品而有权取得的对价很可能收回。

企业与客户之间的合同，在合同开始日即满足上述五项条件的，企业在后续期间无须对其进行重新评估，除非有迹象表明相关事实和情况发生重大变化；在合同开始日不符合上述五项条件的，企业应当在后续期间对其进行持续评估，以判断其能否满足上述五项条件。企业在此之前已经向客户转移了部分商品的，当该合同在后续期间满足上述五项条件时，企业应当将在此之前已经转移商品所分摊的交易价格确认为收入。合同开始日是指合同开始赋予合同各方具有法律约束力的权利和义务的日期，通常是指合同生效日。

对于不符合上述条件的合同，企业只有在不再负有向客户转让商品的剩余义务，且已向客户收取的对价无须退回时，才能将已收取的对价确认为收入；否则，应当将已收取的对价作为负债进行会计处理。其中，企业向客户收取无须退回的对价的，应当在已经将该部分对价所对应的商品的控制权转移给客户，并已经停止向客户转让额外的商品，且也不再负有此类义务时，将该部分对价确认为收入；或者在相关合同已经终止时，将该部分对价确认为收入。

【例 11-1】 玉利兴公司与 B 公司签订合同，将一项专利技术授权给 B 公司使用，并按其使用情况收取特许权使用费。玉利兴公司评估认为，该合同在合同开始日满足上述收入确认的五项条件。该专利技术在合同开始日即授权给 B 公司使用。在合同开始日后的第一年内，B 公司每季度向玉利兴公司提供该专利技术的使用情况报告，并在约定的期间内支付特许权使用费。在合同开始日后的第二年内，B 公司继续使用该专利技术，但是，B 公司的财务状况下滑，融资能力下降，可用资金不足，因此，B 公司仅按合同支付了当年第一季度的特许权使用费，而后三个季度仅象征性地支付了部分金额。在合同开始日后的第三年内，B 公司继续使用玉利兴公司的专利技术。但是，玉利兴公司得知，B 公司已经完全丧失了融资能力，且流失了大部分客户，因此，B 公司的付款能力进一步恶化，信用风险显著升高。

要求：分析上述情况玉利兴公司应如何处理。

【答案】

该合同在合同开始日满足上述收入确认的五项条件，因此，玉利兴公司应在 B 公司使用该专利技术的行为发生时，按照约定的特许权使用费确认收入。合同开始后的第二年，由于 B 公司的信用风险升高，玉利兴公司在确认收入的同时，应对 B 公司的应收款项进行减值测试。合同开始日后的第三年，由于 B 公司的财务状况恶化，信用风险显著升高，玉利兴公司应对该合同进行重新评估，如果评估认为不再满足"企业因向客户转让商品而有权取得的对价很可能收回"这一条件，则玉利兴公司不应再确认特许权使用费收入，同时，应按照金融工具的相关规定对现有应收款项是否发生减值继续进行评估。

（2）合同合并与变更。企业与同一客户（或该客户的关联方）同时订立或在相近时间内先后订立的两份或多份合同，在满足下列条件之一时，应当合并为一份合同进行会计处理：

1) 该两份或多份合同基于同一商业目的而订立并构成"一揽子交易"。
2) 该两份或多份合同中的一份合同的对价金额取决于其他合同的定价或履行情况。
3) 该两份或多份合同中所承诺的商品（或每份合同中所承诺的部分商品）构成单项履约义务。

合同变更是指经合同各方批准对原合同范围或价格做出的变更。企业应当区分下列三种情形，对合同变更分别进行会计处理：

1) 合同变更增加了可明确区分的商品及合同价款，且新增合同价款反映了新增商品单独售价的，应当将该合同变更部分作为一份单独的合同进行会计处理。此类合同变更不影响原合同的会计处理。

【例 11-2】 玉利兴公司承诺向乙公司销售 240 件 A 产品，每件 A 产品售价 100 元。该批 A 产品彼此之间可明确区分，且将于未来 6 个月内陆续转让给该客户。玉利兴公司将其中的 120

件A产品转让给乙公司后，双方对合同进行了变更，玉利兴公司承诺向乙公司额外销售60件相同的A产品，这60件A产品与原合同中的A产品可明确区分，售价为每件95元（假定该价格反映了合同变更时A产品的单独售价）。上述价格均不包含增值税。

要求：分析上述业务玉利兴公司应如何处理。

【答案】

由于新增的60件A产品是可明确区分的，且新增的合同价款反映了新增产品的单独售价，因此，该合同变更实际上构成了一份单独的、在未来销售60件产品的新合同，该新合同并不影响对原合同的会计处理。玉利兴公司应当对原合同中的240件A产品按每件100元确认收入，对新合同中的60件A产品按每件95元确认收入。

2）合同变更不属于1）中规定的情形，且在合同变更日已转让的商品或已提供的服务与未转让的商品或未提供的服务之间可明确区分的，应当视为原合同终止，同时，将原合同未履约部分与合同变更部分合并为新合同进行会计处理。

【例11-3】 承【例11-2】，假设玉利兴公司新增销售的60件A产品售价为每件80元（假定该价格不能反映合同变更时A产品的单独售价）。同时，由于乙公司发现玉利兴公司已转让的120件A产品存在瑕疵，要求玉利兴公司对已转让的A产品提供每件15元的销售折让以弥补损失。经协商，双方同意将销售折让在销售新增的60件产品的合同价款中进行抵减，金额为1 800元。上述价格均不包含增值税。

要求：计算每件A产品应确认的收入是多少。

【答案】

由于1 800元的折让金额与已经转让的120件A产品有关，因此应当将其作为已销售的120件A产品的销售价格的抵减，在该折让发生时冲减当期销售收入。对于合同变更新增的60件A产品，由于该部分产品售价不能反映A产品在合同变更时的单独售价，因此，该合同变更不能作为单独合同进行会计处理。由于尚未转让给乙公司的A产品（包括原合同中尚未交付的120件A产品以及新增的60件A产品）与已转让的A产品是可明确区分的，因此，玉利兴公司应当将该合同变更作为原合同终止，同时，将原合同的未履约部分与合同变更合并为新合同进行会计处理。该新合同中，剩余产品为180件，对价为16 800元，即原合同下尚未确认收入的客户已承诺对价12 000元（100×120）与合同变更部分的对价4 800元（80×60）之和，新合同中的180件A产品每件产品应确认的收入为93.33元（16 800÷180）。

3）合同变更不属于1）中规定的情形，且在合同变更日已转让的商品与未转让的商品之间不可明确区分的，应当将该合同变更部分作为原合同的组成部分，在合同变更日重新计算履约进度，并调整当期收入和相应成本等。

【例11-4】 2020年1月15日，丙建筑公司（以下简称丙公司）和客户签订了一项总金额为2 000万元的固定造价合同，合同约定在客户自有土地上建造一栋办公楼，预计合同总成本为1 400万元。假定该建造服务属于在某一时段内履行的履约义务，并根据累计发生的合同成本占合同预计总成本的比例确定履约进度。

截至2020年年末，丙公司累计已发生成本840万元，履约进度为60%（840÷1 400×100%）。因此，丙公司在2020年确认收入1 200万元（2 000×60%）。2021年年初，合同双方同意更改该办公楼屋顶的设计，合同价格和预计总成本分别增加400万元和240万元。

要求：计算丙公司由于合同变更应确认的收入。

【答案】
由于合同变更后拟提供的剩余服务与在合同变更日或之前已提供的服务不可明确区分（即该合同仍为单项履约义务），因此，丙公司应当将合同变更作为原合同的组成部分进行会计处理。合同变更后的交易价格为2 400万元（2 000+400），丙公司重新估计的履约进度为51.22%[840÷(1 400+240)×100%]，丙公司在合同变更日应额外确认收入29.28万元（51.22%×2 400-1 200）。

如果在合同变更日未转让的商品或未提供的服务为上述第2)种和第3)种情形的组合，企业应当分别按照上述第2)种或第3)种情形的方式对合同变更后尚未转让（或部分未转让）的商品或尚未提供（或部分未提供）的服务进行会计处理。

2. 识别合同中的单项履约义务

合同开始日，企业应当对合同进行评估，识别该合同所包含的各单项履约义务。单项履约义务的两种情形如图11-1所示。

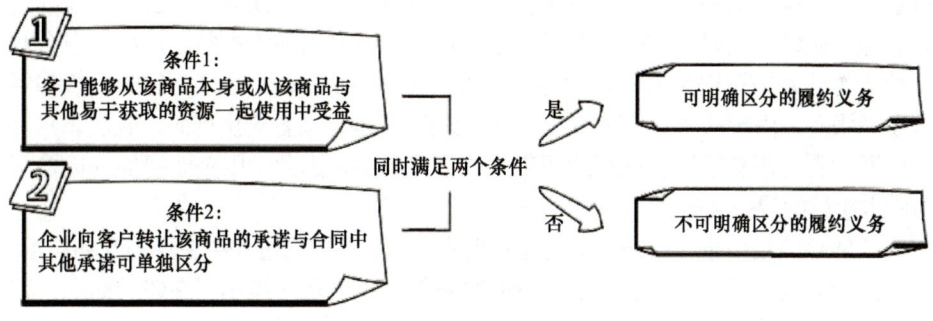

图11-1 单项履约义务的两种情形

表明企业向客户转让该商品的承诺与合同中的其他承诺不可明确区分的情形包括：

1) 企业需要提供重大的服务以将该商品与合同中承诺的其他商品进行整合，形成合同约定的某个或某些组合产出转让给客户。

2) 该商品将对合同中承诺的其他商品予以重大修改或定制。

3) 该商品与合同中承诺的其他商品具有高度关联性。

【例11-5】 玉利兴公司与乙公司签订合同，向乙公司出售一台自行生产的设备并提供安装服务。该设备可以不经任何定制或改装而直接使用，不需要复杂安装，除玉利兴公司外，市场上还有其他供应商也能提供此项安装服务。

乙公司可以使用该设备或将其以高于残值的价格转售，能够从该设备与市场上其他供应商提供的此项安装服务一起使用中获益，也可从安装服务与乙公司已经获得的其他资源（例如设备）一起使用中获益，上述情况表明该设备和安装服务能够明确区分。

要求：识别玉利兴公司在该合同中的履约义务。

【答案】
在该合同中，玉利兴公司对乙公司的承诺是交付设备之后再提供安装服务，而非两者的组合产出，该设备不需要复杂安装即可使用，玉利兴公司并未对设备和安装提供重大整合服务，安装服务没有对该设备做出重大修改或定制，虽然乙公司只有获得设备的控制权之后才能从安装服务中获益，但是玉利兴公司履行向乙公司转让设备的承诺能够独立于提供安装服务的承诺，因此安装服务并不会对设备产生重大影响。该设备与安装服务彼此之间不会产生重大影响，也不具有高度关联性，两者在合同中彼此之间可明确区分。

因此，该项合同包含两项履约义务，即销售设备和提供安装服务。

3. 收入确认的时间

企业应当在履行了合同中的履约义务，例如客户取得相关商品控制权时确认收入。判断企业是否已将商品的控制权转移给客户，首先应判断履约义务是否满足在**某一时段内履行**的条件，如不满足，则该履约义务属于在**某一时点履行**的履约义务。对于在某一时段内履行的履约义务，企业应当选取恰当的方法来确定履约进度；对于在某一时点履行的履约义务，企业应当综合分析控制权转移的迹象，判断其转移时点。

满足下列条件之一的，属于在某一时段内履行的履约义务：

（1）客户在企业履约的同时即取得并**消耗**企业履约所带来的经济利益。企业在履约过程中是持续地向客户转移企业履约所带的经济利益的，该履约义务属于在**某一时段内履行**的履约义务。企业在进行判断时，可以假定在企业履约的过程中更换为其他企业继续履行剩余履约义务，如果继续履行剩余履约义务的其他企业实质上无须重新执行企业累计至今已经完成的工作，则表明客户在企业履约的同时即取得并消耗了企业履约所带来的经济利益。例如，甲企业承诺将客户的一批货物从 A 市运送到 B 市，假定该批货物在途经 C 市时，由乙运输公司接替甲企业继续提供该运输服务，由于从 A 市到 C 市之间的运输服务是无须重新执行的，表明客户在甲企业履约的同时即取得并消耗了甲企业履约所带来的经济利益，因此，甲企业提供的运输服务属于在某一时段内履行的履约义务。

（2）客户能够控制企业履约过程中在建的商品。企业在履约过程中在建的商品包括在产品、在建工程、尚未完成的研发项目、正在进行的服务等。由于客户控制了在建的商品，客户在企业提供商品的过程获得其利益，因此，该履约义务属于在某一时段内履行的履约义务，企业应当在该履约义务履行的期间内确认收入。

（3）企业履约过程中所产出的商品具有**不可替代用途**[13]，且该企业在整个合同期间内有权就累计至今已完成的履约部分收取款项。

【例 11-6】 甲公司是一家造船企业，与乙公司签订了一份船舶建造合同，按照乙公司的具体要求设计和建造船舶。甲公司在自己的厂区内完成该船舶的建造，乙公司无法控制在建过程中的船舶。甲公司如果想把该船舶出售给其他客户，需要发生重大的改造成本。双方约定，如果乙公司单方面解约，乙公司需向甲公司支付相当于合同总价 30% 的违约金，且建造中的船舶归甲公司所有。假定该合同仅包含一项履约义务，即设计和建造船舶。

要求：分析甲公司应在何时履行履约义务。

【答案】

船舶是按照乙公司的具体要求进行设计和建造的，甲公司需要发生重大的改造成本将该船

知识拓展

[13] 具有不可替代用途，是指由于合同限制或实际可行性限制，企业不能轻易地将商品用于其他用途。企业在判断商品是否具有不可替代用途时，需要注意下列四点：一是判断时点是合同开始日；二是当合同中存在实质性的限制条款，导致企业不能将合同约定的商品用于其他用途时，该商品满足具有不可替代用途的条件；三是虽然合同中没有限制条款，但是当企业将合同约定的商品用作其他用途，将导致企业遭受重大的经济损失时，企业将该商品用作其他用途的能力实际上受到了限制，该商品满足具有不可替代用途的条件；四是基于最终转移给客户的商品的特征判断。

舶改造之后才能将其出售给其他客户，因此，该船舶具有不可替代用途。然而，如果乙公司单方面解约，仅需向甲公司支付相当于合同总价 30% 的违约金，表明甲公司无法在整个合同期间内都有权就累计至今已完成的履约部分收取能够补偿已发生成本和合理利润的款项。因此，甲公司为乙公司设计和建造船舶不属于在某一时段内履行的履约义务。

（三）收入的计量

企业应当按照分摊至各单项履约义务的**交易价格**计量收入。

1. 确定交易价格

交易价格是指企业因向客户转让商品而**预期有权收取**的对价金额。企业代其他单位和个人收取的款项（如增值税销项税额）以及企业预期将退还给客户的款项（如质量保证金），应当作为负债进行会计处理，**不计入交易价格**。

合同标价并不一定代表交易的价格，企业应当根据合同条款，并结合以往的习惯做法确定交易价格。在确定交易价格时，企业应当考虑可变对价、合同中存在的重大融资成分、非现金对价、应付客户对价等因素的影响。

（1）可变对价。企业与客户的合同中约定的对价金额可能是固定的，也可能会因折扣、价格折让、返利、退款、奖励积分、激励措施、业绩奖金、索赔、未来事项等因素而变化。此外，若企业有权收取的对价金额，将根据一项或多项或有事项的发生有不同的情况的，也属于可变对价的情形。例如，企业售出商品但允许客户退货时，由于企业有权收取的对价金额将取决于客户是否退货，因此该合同的交易价格是可变的。

1）企业应当按照**期望值**或**最可能发生金额**确定可变对价的最佳估计数。期望值是按照各种可能发生的对价金额及相关概率计算确定的金额。当企业拥有大量具有类似特征的合同，并据此估计合同可能产生多个结果时，按照期望值估计可变对价金额通常是恰当的。

【例 11-7】 玉利兴公司生产和销售洗衣机。2021 年 3 月，玉利兴公司向零售商乙公司销售 1 000 台洗衣机，每台价格为 3 000 元，合同价款合计为 3 000 000 元。同时，玉利兴公司承诺，在未来 6 个月内，如果同类洗衣机售价下降，则按照合同价格与最低售价之间的差额向乙公司支付差价。玉利兴公司根据以往执行类似合同的经验，预计未来 6 个月内不降价的概率为 50%；每台降价 200 元的概率为 40%；每台降价 500 元的概率为 10%。假定上述价格均不包含增值税。

要求：计算玉利兴公司估计的交易价格。

【答案】

上述情况下，玉利兴公司宜用期望值预测其有权获取的对价金额。假定不考虑下述有关"计入交易价格的可变对价金额的限制"要求，玉利兴公司估计的交易价格为每台 2 870 元（3 000×50%+2 800×40%+2 500×10%）。

最可能发生金额是一系列可能发生的对价金额中最可能发生的单一金额，即合同最可能产生的单一结果。当合同仅有两个可能结果（例如，企业能够达到或不能达到某业绩奖金目标）时，按照最可能发生金额估计可变对价金额通常是恰当的。

2）企业按照期望值或最可能发生金额确定可变对价金额之后，计入交易价格的可变对价金额还应该满足限制条件，即包含可变对价的交易价格，应当不超过在相关不确定性消除时，累计已确认的收入极可能不会发生重大转回的金额。企业在对此进行评估时，应当同时考虑收入转回的可能性及转回金额的比例。其中，"极可能"发生的概率应远高于"很可能"（即可能性超过 50%）。但不要求达到"基本确定"（即可能性超过 95%）；在评估收入转回金额的比例时，应同时考虑合同中包含的固定对价和可变对价。企业应当将满足上述限制条件的可变对价的金额计入交易价格。

每一资产负债表日,企业应当重新估计可变对价的金额(包括重新评估对可变对价的估计是否受到限制),以如实反映报告期末存在的情况以及报告期内发生的情况变化。

【例11-8】 2021年1月1日,玉利兴公司与乙公司签订合同向其销售A产品。合同约定,当乙公司在2021年的采购量不超过3 000件时,每件A产品的价格为80元;当乙公司在2021年的采购量超过3 000件时,每件A产品的价格为70元。乙公司在第一季度的采购量为200件,玉利兴公司预计乙公司全年的采购量不会超过3 000件。2021年4月,乙公司因完成产能升级而增加了采购量,第二季度共向玉利兴公司采购A产品1 500件,玉利兴公司预计乙公司全年的采购量将超过3 000件,因此,全年采购量适用的产品单价均将调整为70元。

要求:计算玉利兴公司第二季度应确认的收入。

【答案】

2021年第一季度,玉利兴公司根据以往经验估计乙公司全年的采购量将不会超过3 000件,玉利兴公司按照80元的单价确认收入,满足在不确定性消除之后(即乙公司全年的采购量确定之后),累计已确认的收入将极可能不会发生重大转回的要求,因此,玉利兴公司在第一季度确认的收入金额为16 000元(80×200)。2021年第二季度,玉利兴公司对交易价格进行重新估计,由于预计乙公司全年的采购量将超过3 000件,因此按照70元的单价确认收入,才满足极可能不会导致累计已确认的收入发生重大转回的要求。因此,玉利兴公司在第二季度应确认收入103 000元[70×(1 500+200)-16000]。

(2)重大融资成分。当合同各方以在合同中明确(或者以隐含的方式)约定的付款时间为客户或企业就该交易提供了重大融资利益时,合同中即包含了重大融资成分。

合同中存在重大融资成分的,企业应当按照假定客户在取得商品控制权时即以现金支付的应付金额(即现销价格)确定交易价格。该交易价格与合同对价之间的差额,应当在合同期间内采用实际利率法摊销。

在评估合同中是否存在融资成分以及该融资成分对于该合同而言是否重大时,企业应当考虑所有相关的事实和情况,包括:

1)已承诺的对价金额与已承诺商品的现销价格之间的差额。

2)下列两项的共同影响:一是企业将承诺的商品转让给客户与客户支付相关款项之间的预计时间间隔;二是相关市场的现行利率。

(3)非现金对价。当企业因转让商品而有权向客户收取的对价是**非现金形式**时,例如实物资产、无形资产、股权、客户提供的广告服务等。企业通常应当按照非现金对价在合同开始日的公允价值确定交易价格。非现金对价公允价值不能合理估计的,企业应当参照承诺向客户转让商品的单独售价,间接确定交易价格。

非现金对价的公允价值可能会因对价的形式而发生变动(例如,企业有权向客户收取的对价是股票,而股票本身的价格会发生变动);也可能会因为对价形式以外的原因而发生变动(例如,企业有权收取非现金对价的公允价值因企业的履约情况而发生变动)。合同开始日后,非现金对价的公允价值因对价形式以外的原因而发生变动的,应当作为可变对价,按照与计入交易价格的可变对价金额的限制条件相关的规定进行处理;合同开始日后,非现金对价的公允价值因对价形式而发生变动的,该变动金额不应计入交易价格。

(4)应付客户对价。企业应付客户(或向客户购买本企业商品的第三方,本部分下同)对价的,应当将该应付对价冲减交易价格,并在确认相关收入与支付(或承诺支付)客户对价**二者中较晚的时点**冲减当期收入,但应付客户对价是为了向客户取得其他可明确区分商品的除外。

企业应付客户对价是为了向客户取得其他可明确区分商品的,应当采用与本企业其他采购**相一致的方式**确认所购买的商品。企业应付客户对价超过向客户取得可明确区分商品公允价值的,超过金额应当作为应付客户对价冲减交易价格。向客户取得的可明确区分商品公允价值不能合理估计的,企业应当将应付客户对价全额冲减交易价格。常见的应付客户对价的会计处理见表 11-1。

表 11-1 常见的应付客户对价的会计处理

项 目	内 容	处理方式
价格保护	在特定期间内,企业同意为客户补偿一部分市价下跌导致的损失	抵减收入
优惠和折扣	企业给予客户的价格折扣或价款返还	抵减收入
向客户支付的预付款	企业在合同开始前向客户预付款项,以达成交易	抵减收入
单独的供销安排	某软件业企业向客户销售软件,但同时从该客户处购买办公用品	作为采购处理,但需分析支付的采购价款是否与向客户购买的商品或服务的公允价值相当,超出部分需要抵减收入

【例 11-9】 玉利兴公司签订一项合同,向大型连锁零售店乙公司销售商品,合同期限为一年,乙公司承诺,在合同期限内以约定价格购买至少价值 1 500 万元的产品。合同约定,玉利兴公司需在合同开始时向乙公司支付 150 万元的不可退回款项,用于乙公司更改货架以使其适合放置玉利兴公司的产品。

要求:分析玉利兴公司应如何确认收入。

【答案】

玉利兴公司支付乙公司的款项并非为获取单独可区分商品,因为玉利兴公司不享有改造货架的任何控制权,因此,玉利兴公司支付的款项应作为后续商品销售收入的抵减项。

根据合同约定,乙公司承诺购货总价为 1 500 万元,因此,玉利兴公司支付的 150 万元相当于给予了每项商品 10% 的折扣。玉利兴公司在确认商品销售收入时,可按 10% 的折扣计量收入的金额。

2. 将交易价格分摊至单项履约义务

合同中包含两项或多项履约义务的,企业应当在合同开始日,按照各单项履约义务所承诺商品的单独售价的相对比例,将交易价格分摊至各单项履约义务。企业不得因合同开始日之后单独售价的变动而重新分摊交易价格。

(1)分摊方法。企业在类似环境下向类似客户单独销售商品的价格,应作为确定该商品单独售价的最佳证据。单独售价无法直接观察的,企业应当综合考虑其能够合理取得的全部相关信息。采用市场调整法、成本加成法、余值法等方法合理估计单独售价。在估计单独售价时,企业应当最大限度地采用可观察的输入值,并对类似的情况采用一致的估计方法。

1)市场调整法,即企业根据某商品或类似商品的市场售价,考虑本企业的成本和毛利等进行适当调整后的金额,确定其单独售价的方法。

2)成本加成法,即企业根据某商品的预计成本加上其合理毛利后的价格,确定其单独售价的方法。

3）余值法，即企业根据合同交易价格减去合同中其他商品可观察的单独售价后的余值确定某商品单独售价的方法。企业在商品近期售价波动幅度巨大，或者因未定价且未曾单独销售而使售价无法可靠确定时，可采用余值法估计商品的单独售价。

【例 11-10】 2021 年 3 月 1 日，玉利兴公司与客户签订合同向其销售 A、B 两项商品，A 商品的单独售价为 6 000 元，B 商品的单独售价为 24 000 元，合同总价款为 25 000 元。合同约定，A 商品于合同开始日交付，B 商品在一个月之后交付，只有当两项商品全部交付之后，玉利兴公司才有权收取 25 000 元的合同对价。假定 A 商品和 B 商品分别构成单项履约义务，商品的控制权在交付时转移给客户。上述价格均不包含增值税，且假定不考虑相关税费影响。

要求：编制玉利兴公司相关业务的会计分录。

【答案】

分摊至 A 商品的合同价款为 5 000 元 [6 000÷(6 000+24 000)×25 000]，分摊至 B 商品的合同价款为 20 000 元 [24 000÷(6 000+24 000)×25 000]。

① 交付 A 商品时，玉利兴公司应编制如下会计分录：

借：合同资产　　　　　　　　　　　　　　　　　　　　　　　5 000
　　贷：主营业务收入　　　　　　　　　　　　　　　　　　　　　　5 000

② 交付 B 商品时，玉利兴公司应编制如下会计分录：

借：应收账款　　　　　　　　　　　　　　　　　　　　　　　25 000
　　贷：合同资产　　　　　　　　　　　　　　　　　　　　　　　5 000
　　　　主营业务收入　　　　　　　　　　　　　　　　　　　　　20 000

合同资产是指企业已向客户转让商品而有权收取对价的权利，且该权利取决于时间流逝之外的其他因素。应收款项是企业无条件收取合同对价的权利，是在合同对价到期支付之前仅仅随着时间的流逝即可收款的权利。

合同负债是指企业已收或应收客户对价而应向客户转让商品的义务。企业在向客户转让商品之前，如果客户已经支付了合同对价或企业已经取得了无条件收取合同对价的权利，则企业应当在客户实际支付款项与到期应支付款项两者中较早的时点，将该已收或应收的款项确认并列示为合同负债。

（2）合同折扣的分摊。合同折扣是指合同中各单项履约义务所承诺商品的单独售价之和高于合同交易价格的金额。

对于合同折扣，企业应当在各单项履约义务之间按比例分摊。

有确凿证据表明合同折扣仅与合同中一项或多项（而非全部）履约义务相关的，企业应当将该合同折扣分摊至相关一项或多项履约义务。

有确凿证据表明，合同折扣仅与合同中一项或多项（而非全部）履约义务相关，且企业采用余值法估计单独售价的，应当首先按照上述规定在该一项或多项（而非全部）履约义务之间分摊合同折扣，然后采用余值法估计单独售价。

【例 11-11】 玉利兴公司与客户签订一项合同以出售 A、B、C 三种产品，给予折扣后的交易总价为 100 万元。A、B、C 三种产品的单独售价分别为 40 万元、55 万元、45 万元，合计为 140 万元。

要求：计算 A、B、C 产品应分配的交易价格。

【答案】

A 产品分配的交易价格 = $\frac{40}{140} \times 100 = 28.57$（万元）

B 产品分配的交易价格 = $\frac{55}{140} \times 100 = 39.29$（万元）

C 产品分配的交易价格 = $100 - 28.57 - 39.29 = 32.14$（万元）

假设该企业经常将 B 产品及 C 产品合并按 60 万元的价格出售，经常将 A 产品按 40 万元的价格出售，则合同中 40 万元的折扣应全部分摊给 B 产品及 C 产品：

B 产品分配的交易价格 = $\frac{55}{100} \times 60 = 33$（万元）

C 产品分配的交易价格 = $\frac{45}{100} \times 60 = 27$（万元）

A 产品的交易价格 = 40（万元）

📖 **学习提示**：**商业折扣**是指企业为促进商品销售而给予的价格扣除，企业应当按照扣除商业折扣后的金额确定商品销售价格和销售商品收入金额；**现金折扣**是指债权人为鼓励债务人在规定的期限内付款而向债务人提供的债务扣除，企业在确认销售商品收入时不能扣除现金折扣金额，现金折扣直接计入当期财务费用；**销售退回**是指企业因售出商品在质量、规格等方面不符合销售合同规定条款的要求，客户要求企业予以退货。企业销售商品发生退货，表明企业履约义务的减少和客户商品控制权及其相关经济利益的丧失。已确认收入的售出商品发生销售退回的，除属于资产负债表日后事项的外，企业收到退回的商品时，应退回货款或冲减应收账款，并冲减主营业务收入和增值税销项税额。

三、特殊交易的收入确认和计量

（一）附有销售退回条款的销售

企业将商品控制权转让给客户之后，可能会因为各种原因（例如，客户对所购商品的款式不满意等）允许客户依照有关合同、法律要求、声明或承诺、以往的习惯做法等选择退货，这类销售为附有销售退回条款的销售。

对于附有销售退回条款的销售，企业应当在客户取得相关商品控制权时，按照因向客户转让商品而预期有权收取的对价金额（不包含预期因销售退回将退还的金额）确认收入，按照预期因销售退回将退还的金额确认负债；同时，按照预期将退回商品转让时的账面价值，扣除收回该商品预计发生的成本（包括退回商品的价值减损等）后的余额，确认为一项资产，即应收退货成本，期末应当根据"应收退货成本"科目是否在一年或一个正常营业周期内出售来确定是在"其他流动资产"还是"其他非流动资产"项目中填列。按照所转让商品转让时的账面价值，扣除上述资产成本的净额结转成本。

每一个资产负债表日，企业应当重新估计未来销售退回情况并对上述资产和负债进行重新计量。如有变化，应当作为会计估计变更进行会计处理。

【例 11-12】 某零售商以每件 200 元的价格销售 50 件甲产品，收到 10 000 元的货款。按照销售合同，客户可以在 30 天内退回没有任何损坏的产品，并得到现金退款。每件甲产品的成本为 150 元。该零售商预计会有 3 件甲产品（即退货率为 6%）被退回，而且即使估算发生后续变化，也不会导致大量收入的转回。该零售商预计收回产品的成本不会太大，并认为再次出售产品时还能获得利润。假设不考虑相关税费。

要求：编制该零售商相关业务的会计分录。

【答案】

将产品的控制权转移给客户时，该零售商应编制如下会计分录：

借：银行存款　　　　　　　　　　　　　　　　　　　　　　　　　10 000
　　贷：主营业务收入 [(50-3)×200=9 400]　　　　　　　　　　　　　9 400
　　　　预计负债——应付退货款　　　　　　　　　　　　　　　　　　600
借：主营业务成本　　　　　　　　　　　　　　　　　　　　　　　　7 050
　　应收退货成本　　　　　　　　　　　　　　　　　　　　　　　　　450
　　贷：库存商品　　　　　　　　　　　　　　　　　　　　　　　　7 500

如果实际退回 2 件产品，则编制如下会计分录：

借：库存商品　　　　　　　　　　　　　　　　　　　　　　　　　　　300
　　贷：应收退货成本　　　　　　　　　　　　　　　　　　　　　　　300

对未退回的 1 件产品编制如下会计分录：

借：主营业务成本　　　　　　　　　　　　　　　　　　　　　　　　　150
　　贷：应收退货成本　　　　　　　　　　　　　　　　　　　　　　　150

同时冲减预计负债，编制如下会计分录：

借：预计负债——应付退货款　　　　　　　　　　　　　　　　　　　　600
　　贷：主营业务收入　　　　　　　　　　　　　　　　　　　　　　　200
　　　　银行存款　　　　　　　　　　　　　　　　　　　　　　　　　400

企业按合同发出商品，合同约定客户只有在商品售出取得价款后才支付货款的，企业向客户转让商品的对价<u>未达到"很可能收回"</u>收入确认条件，不能确认收入，应按发出的商品成本，借记"发出商品"科目，贷记"库存商品"科目，如果商品被客户退回，应编制相反会计分录。当收到货款或取得收款权利时再确认收入、结转成本。

以支付手续费方式的委托代销商品为例，委托方发出商品时，不应确认收入，应借记"发出商品"科目，贷记"库存商品"科目，在收到受托方开出的代销清单时，再确认销售商品收入，借记"应收账款"科目，贷记"主营业务收入""应交税费——应交增值税（销项税额）"科目，结转销售成本时，借记"主营业务成本"科目，贷记"发出商品"科目，收到受托方支付的货款时，借记"银行存款""销售费用""应交税费——应交增值税（进项税额）"科目，贷记"应收账款"科目；受托方应于代销商品销售后，按合同或协议约定的方法计算确定代销手续费并确认收入。

委托方的具体会计分录如下：

发出代销商品时：

借：发出商品（成本价）
　　贷：库存商品（成本价）

收到受托方开出的代销清单（同时满足增值税纳税义务）时：

借：应收账款（已卖出的部分）
　　贷：主营业务收入
　　　　应交税费——应交增值税（销项税额）
借：主营业务成本
　　贷：发出商品（成本价，已卖出的部分）

收到受托方支付的货款时：

借：银行存款（收入＋税－含税手续费）
　　销售费用（受托方收取的手续费）
　　应交税费——应交增值税（进项税额）
　贷：应收账款

（二）附有质量保证条款的销售

企业在向客户销售商品时，根据合同约定、法律规定或本企业以往的习惯做法等，可能会为所销售的商品提供质量保证。对于客户能够选择单独购买质量保证的，表明该质量保证构成单项履约义务；对于客户虽然不能选择单独购买质量保证，但是，如果该质量保证在向客户保证所销售的商品符合既定标准之外提供了一项单独服务的，也应当将该质量保证作为单项履约义务。作为单项履约义务的质量保证应当按本章所介绍的方法进行会计处理，并将部分交易价格分摊至该项履约义务。不作为单项履约义务的质量保证责任应当按照《企业会计准则第13号——或有事项》的规定进行会计处理。

企业在评估一项质量保证是否在向客户保证所销售的商品符合既定标准之外提供了一项单独的服务时，应当考虑如下因素：

1. 该质量保证是否为法定要求

当法律要求企业提供质量保证时，该法律规定通常表明企业承诺提供的质量保证不是单项履约义务。

2. 该质量保证的期限

企业提供质量保证的期限越长，越有可能表明企业向客户提供了保证商品符合既定标准之外的服务，该质量保证越有可能构成单项履约义务。

3. 企业承诺履行义务的性质

如果企业必须履行某些特定的义务以保证所销售的商品符合既定标准（例如，企业负责运输被客户退回的瑕疵商品），则这些特定的义务可能不构成单项履约义务。

【例 11-13】 玉利兴公司与客户签订合同销售一部手机。该手机自售出起一年内如果发生质量问题，玉利兴公司负责提供质量保证服务。此外，在此期间内，由于客户使用不当（例如手机进水）等原因造成的商品故障，玉利兴公司也免费提供维修服务。该维修服务不能单独购买。

要求：识别玉利兴公司在该项合同中的履约义务，并说明如何进行会计处理。

【答案】

玉利兴公司针对商品的质量问题提供的质量保证服务是为了向客户保证所销售商品符合既定标准，因此不构成单项履约义务；玉利兴公司对由于客户使用不当而导致的商品故障提供的免费维修服务，属于在向客户保证所销售商品符合既定标准之外提供的单独服务，尽管该项服务没有单独销售，但它与手机这一商品可明确区分，应该作为单项履约义务。因此，在该合同下，玉利兴公司的履约义务有两项：销售手机和提供维修服务，玉利兴公司应当按照其各自单独售价的相对比例，将交易价格分摊至这两项履约义务，并在各项履约义务履行时分别确认收入。玉利兴公司提供的质量保证服务，应当按照或有事项的规定进行会计处理。

企业提供的质量保证同时包含作为单项履约义务的质量保证和不能作为单项履约义务的质量保证的，应当分别对其进行会计处理；无法合理区分的，应当将这两类质量保证一起作为单项履约义务进行会计处理。

（三）主要责任人和代理人

当企业向客户销售商品涉及其他方参与其中时，企业应当判断自身在该交易中的身份是**主**

要责任人还是**代理人**。在判断时，企业应当首先识别向客户提供的特定商品，然后，企业应当评估该特定商品在转让给客户之前，是否由本企业所控制。企业在将特定商品转让给客户之前控制该商品的，企业为主要责任人；相反，企业在特定商品转让给客户之前不控制该商品的，企业为代理人。这里的特定商品是指向客户提供的可明确区分的单项商品或可明确区分的"一揽子"商品。

> **学习提示**：如果企业仅仅是在特定商品的法定所有权转移给客户之前，暂时性地获得该特定商品的法定所有权，这并不意味着企业一定控制了该商品。

1. 企业作为主要责任人的情况

（1）企业自第三方取得商品或其他资产的控制权后，再转让给客户的，企业为主要责任人。这里的商品或其他资产也包括企业向客户转让的未来享有由第三方提供服务的权利，企业应当评估该权利在转让给客户前是否由本企业所控制。

【例 11-14】 甲旅行社与东方航空公司协商以折扣价格购买一定数量的机票，并且无论甲旅行社能否转售，都必须对这些机票进行支付。甲旅行社自主决定售出机票的旅客对象，并自主决定向相应旅客出售机票时的价格，也可自主决定自行使用机票（如用于提供员工福利）。此外，甲旅行社协助旅客解决针对东方航空公司所提供服务的投诉。但是，东方航空公司将自行负责履行与票务相关的义务，包括对客户不满意服务的补救措施。

要求：分析案例中甲旅行社是主要责任人还是代理人。

【答案】

本例中甲旅行社是主要责任人而不是代理人，原因如下：

① 甲旅行社向东方航空公司购买了机票后，即取得了乘坐特定航班的权利，然后才向客户销售该项权利。

② 甲旅行社可以自主决定以何价格、向哪个旅客出售机票，或者自行使用。

③ 甲旅行社承担了所购机票带来的存货风险。

（2）企业能够主导第三方代表本企业向客户提供服务。当企业承诺向客户提供服务，并委托第三方（例如分包商、其他服务供应商等）代表企业向客户提供服务时，如果企业能够主导该第三方代表本企业向客户提供服务，则表明企业在相关服务提供给客户之前能够控制该相关服务。

【例 11-15】 玉利兴公司与 Y 公司签订合同为其写字楼提供保洁服务，并商定了服务范围及价格。玉利兴公司每月按照约定的价格向 Y 公司开具发票，Y 公司按照约定的日期向玉利兴公司付款。双方签订合同后，玉利兴公司委托服务供应商 Z 公司代表其为 Y 公司提供该保洁服务，并与 Z 公司签订了合同。玉利兴公司和 Z 公司商定了服务价格，双方签订的合同付款条款大致上与玉利兴公司和 Y 公司约定的付款条款一致。当 Z 公司按照与玉利兴公司的合同约定提供了服务时，无论 Y 公司是否向玉利兴公司付款，玉利兴公司都必须向 Z 公司付款。Y 公司无权主导 Z 公司提供未经玉利兴公司同意的服务。

要求：分析玉利兴公司在该交易中是主要责任人还是代理人。

【答案】

本例中，玉利兴公司向 Y 公司提供的特定服务是写字楼的保洁服务，根据玉利兴公司与 Z 公司签订的合同，玉利兴公司能够主导 Z 公司所提供的服务，包括要求 Z 公司代表玉利兴公司向 Y 公司提供保洁服务，相当于玉利兴公司利用自身资源履行了该合同。Y 公司无权主导 Z 公司提供未经玉利兴公司同意的服务。因此，玉利兴公司在 Z 公司向 Y 公司提供保洁服务之前控制了该服务，玉利兴公司在该交易中的身份为主要责任人。

（3）企业自第三方取得商品控制权后，通过提供重大的服务将该商品与其他商品整合成合同约定的某组合产出转让给客户的，此时，企业承诺提供的特定商品就是合同约定的组合产出。企业只有获得为生产该特定商品所需要的投入（包括从第三方取得的商品）的控制权，才能够将这些投入加工整合为合同约定的组合产出。

【例 11-16】 玉利兴公司与乙公司签订合同向其销售一台特种机器，并商定了该机器的具体规格和销售价格，玉利兴公司负责按照约定的规格设计该机器，并按双方商定的销售价格向乙公司开具发票。该特种机器的设计和制造高度相关。为履行该合同，玉利兴公司与供应商丙公司签订合同，委托丙公司按照其设计方案制造该机器，并安排丙公司直接向乙公司交付机器。丙公司将机器交付给乙公司后，玉利兴公司按与丙公司约定的价格向丙公司支付制造机器的对价；丙公司负责机器的质量问题，玉利兴公司负责机器由于设计原因引致的问题。

要求：分析玉利兴公司在该交易中是主要责任人还是代理人。

【答案】

本例中，玉利兴公司向乙公司提供的特定商品是其设计的专用机器。虽然玉利兴公司将机器的制造工作分包给丙公司进行，但是，玉利兴公司认为该机器的设计和制造高度相关，不能明确区分，应当作为同一项履约义务。玉利兴公司负责该合同的整体管理，如果在机器制造过程中发现需要对机器规格做出任何调整，玉利兴公司需要负责制定相关的修订方案，通知丙公司进行相关调整，并确保任何调整均符合修订后的规格要求。玉利兴公司主导了丙公司的制造服务，并通过必需的重大整合服务，将其整合作为向乙公司转让的组合产出（专用机器）的一部分，在该专用机器向客户转让前控制了该专用机器，因此，玉利兴公司在该交易中的身份为主要责任人。

企业无论是主要责任人还是代理人，均应当在履约义务履行时确认收入。企业为主要责任人的，应当按照其自行向客户提供商品而有权收取的对价总额确认收入；企业为代理人的，按照既定的佣金金额或比例计算的金额确认收入，或者按已收或应收对价总额扣除应支付给提供该特定商品的第三方的价款后的净额确认收入。

2. 需要考虑的相关事实和情况

实务中，企业在判断其在向客户转让特定商品之前是否已经拥有对该商品的控制权时，不应仅局限于合同的法律形式，而应当综合考虑所有相关事实和情况进行判断。这些相关事实和情况包括但不仅限于：

（1）转让商品的主要责任是企业还是第三方。该主要责任包括就特定商品的可接受性承担责任等。

（2）该商品的存货风险在商品转让前后由企业还是第三方承担。

（3）所交易商品的价格由企业还是第三方决定。需要考虑这类情况是因为代理人有时可能在一定程度上也拥有定价权。

（四）附有客户额外购买选择权的销售

企业在销售商品的同时，有时会向客户**授予选择权**，允许客户据此免费或者以折扣价格购买额外的商品，这类销售称为附有客户额外购买选择权的销售。企业向客户授予的额外购买选择权的形式包括销售激励、客户奖励积分、未来购买商品的折扣券以及合同续约选择权等。

对于附有客户额外购买选择权的销售，企业应当评估该选择权是否向客户提供了一项重大权利。如果客户只有在订立了一项合同的前提下才取得了额外购买选择权，并且客户行使该选择权购买额外商品时，能够享受到超过该地区或该市场中其他同类客户所能够享有的折扣，则通常认为该选择权向客户提供了一项重大权利，应当将其与原购买的商品单独区分，作为单项履约义务。企业应按照各单项履约义务的单独售价的相对比例，将交易价格分摊至各单项履约义务。其中，分摊至重大选择权的交易价格与未来的商品相关，企业应当在客户未来行使该选择权取得相关商品的控制权时，或者在该选择权失效时确认为收入。

在考虑授予客户的该项选择权是否重大时，应根据该项选择权的金额和性质综合判断。例如，企业实施一项奖励积分计划，客户每消费 10 元便可获得 1 个积分，每个积分的单独售价为 0.1 元，该积分可累积使用，用于换取企业销售的产品。在这种情况下，虽然客户每笔消费所获取的积分的价值相对于消费金额而言并不重大，但是由于该积分可以累积使用，且基于企业的历史数据，客户通常能够累积足够的积分来免费换取产品，这可能表明该积分向客户提供了重大权利。

当企业向客户提供了额外购买选择权，但客户在行使该选择权购买商品的价格反映了该商品的单独售价时，即使客户只能通过与企业订立特定合同才能获得该选择权，该选择权也不应被视为企业向该客户提供了一项重大权利。企业无须分摊交易价格，只有在客户行使选择权购买额外的商品时才需要进行相应的会计处理。

【例 11-17】 2021 年 1 月 1 日，某商场推行一项奖励积分计划。根据该计划，客户在该商场每消费 10 元即可获得 1 个积分，每个积分从次月开始在购物时可以抵减 1 元。截至 2021 年 1 月 31 日，客户共消费 100 000 元，可获得 10 000 个积分，根据历史经验，商场估计该积分的兑换率为 95%。不考虑增值税等相关税费的影响。

要求：判断该商场授予客户的积分是否构成单项单项履约义务，如果构成单项履约义务，计算其收入确认金额，并编制相关会计分录。

【答案】

该商场授予客户的积分为客户提供了一项重大权利，应当作为单项履约义务。客户购买商品的单独售价合计为 100 000 元，考虑积分的兑换率，估计积分的单独售价为 9 500 元，商场应按单独售价相对比例对交易价格进行分摊：

$$商品分摊的交易价格 = \frac{100\ 000}{100\ 000 + 9\ 500} \times 100\ 000 = 91\ 324（元）$$

$$积分分摊的交易价格 = \frac{9\ 500}{100\ 000 + 9\ 500} \times 100\ 000 = 8\ 676（元）$$

该商场应编制如下会计分录：

借：银行存款　　　　　　　　　　　　　　　　　　　　　100 000
　　贷：主营业务收入　　　　　　　　　　　　　　　　　　91 324
　　　　合同负债　　　　　　　　　　　　　　　　　　　　8 676

如果 2021 年 12 月 31 日客户共兑换了 6 000 个积分，商场对积分的兑换率进行了重新估计，预计客户总共将会兑换 9 800 个积分。则商场该积分当年应确认的收入为 5 312 元（6 000÷9 800×8 676），剩余未兑换的积分 3 364 元（8 676−5 312）仍作为合同负债。

该商场应编制如下会计分录：

借：合同负债　　　　　　　　　　　　　　　　　　　　　5 312
　　贷：主营业务收入　　　　　　　　　　　　　　　　　　5 312

（五）授予知识产权许可

授予知识产权许可是指企业授予客户对企业拥有的知识产权享有相应权利。常见的知识产权包括软件和技术、影视和音乐等的版权、特许经营权以及专利权、商标权和其他版权等。

1. 授予知识产权许可是否构成单项履约义务

企业向客户授予知识产权许可时，可能也会同时销售商品，企业应当评估该知识产权许可是否构成一项履约义务，不构成单项履约义务的，企业应当将该知识产权许可和所售商品一起作为一项履约义务进行会计处理。知识产权许可与所售商品不可明确区分的情形包括：一是该知识产权许可构成有形商品的组成部分并且对于该商品的正常使用不可或缺，例如，企业向客户销售设备和相关软件，该软件内嵌于设备之中，设备必须安装了该软件之后才能正常使用；二是客户只有将该知识产权许可和相关服务一起使用才能够从中获益。例如，客户取得授权许可，但是只有通过企业提供的在线服务才能访问相关内容。

2. 授予知识产权许可属于在某一时段履行的履约义务

授予客户的知识产权许可构成单项履约义务的，企业应当根据该履约义务的性质，进一步确定其是在某一时段内履行还是在某一时点履行。企业向客户授予的知识产权许可，同时满足下列三项条件的，应当作为在某一时段内履行的履约义务确认相关收入；否则，应当作为在某一时点履行的履约义务确认相关收入。

（1）合同要求或客户能够合理预期企业将从事对该项知识产权有重大影响的活动。企业向客户授予知识产权许可之后，还可能会从事市场推广、继续开发等后续活动。这些活动存在下列情况之一的，将会对该项知识产权有重大影响：一是这些活动预期将显著改变该项知识产权的形式（如知识产权的设计、内容）或者功能（如执行某任务的能力）；二是客户从该项知识产权中获益的能力在很大程度上来源于或者取决于这些活动。如果该项知识产权具有重大的独立功能，且该项知识产权绝大部分的经济利益来源于该项功能，则客户从该项知识产权中获益的能力通常不会受到企业从事的相关活动的重大影响，除非这些活动显著改变了该项知识产权的形式或者功能。具有重大独立功能的知识产权主要包括软件、生物合成物或药物配方以及已完成的媒体内容（例如电影、电视节目以及音乐录音）版权等。

（2）该活动对客户将产生有利或不利影响。

（3）该活动不会导致向客户转让某项商品。

3. 授予知识产权许可属于在某一时点履行的履约义务

授予知识产权许可不属于在某一时段内履行的履约义务的，应当作为在某一时点履行的履约义务，在履行该履约义务时确认收入。在客户能够使用某项知识产权许可并开始从中获利之前，企业不能对此类知识产权许可确认收入。例如，企业授权客户在一定期间内使用软件，但是，在企业向客户提供该软件的密钥之前，客户都无法使用该软件，因此，企业在向客户提供该密钥之前虽然客户已经得到授权，但也不应确认收入。

4. 基于销售或使用情况的特许权使用费

企业向客户授予知识产权许可，并约定按客户**实际销售或使用情况**（如按照客户的销售额）收取特许权使用费的，应当在客户后续销售或使用行为实际发生与企业履行相关履约义务**两者中较晚的时点**确认收入。这是估计可变对价的一个例外规定，该例外规定只有在下列两种情形下才能使用：一是特许权使用费仅与知识产权许可相关；二是特许权使用费可能与合同中的知识产权许可和其他商品都相关，但是与知识产权许可相关的部分占主导地位。当企业能够合理预期客户认为知识产权许可的价值远高于合同中与之相关的其他商品时，该知识产权许可通常占主导地位。对于不适用该例外规定的特许权使用费，应当按照估计可变对价的一般原则进行处理。

（六）售后回购

售后回购是指企业销售商品的同时承诺或有权选择日后再将该商品（包括相同或几乎相同的商品，或以该商品作为组成部分的商品）购回的销售方式。

对于售后回购交易，企业应当区分下列两种情形分别进行会计处理：

（1）企业因存在与客户的远期安排而负有回购义务或企业享有回购权利的，表明客户在销售时点并未取得相关商品控制权，企业应当作为租赁交易或融资交易进行相应的会计处理。其中，回购价格低于原售价的，应当视为租赁交易。按照《企业会计准则第21号——租赁》的相关规定进行会计处理；回购价格不低于原售价的，应当视为融资交易，在收到客户款项时确认金融负债，并将该款项和回购价格的差额在回购期间内确认为利息费用等。企业到期未行使回购权利的，应当在该回购权利到期时终止确认金融负债，同时确认收入。第（1）种情形下的账务处理如图11-2所示。

（2）企业负有应客户要求回购商品义务的，应当在合同开始日评估客户是否具有行使该要求权的重大经济动因。客户具有行使该要求权的重大经济动因的，企业应当将售后回购作为租赁交易或融资交易，按照上述第（1）种情形的要求进行会计处理，否则，企业应当将其作为附有销售退回条款的销售交易进行会计处理。

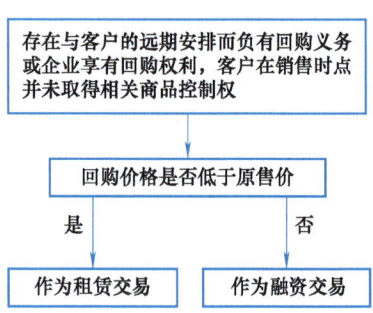

图11-2　第（1）种情形下的账务处理

在判断客户是否具有行使该要求权的重大经济动因时，企业应当综合考虑各种相关因素，包括回购价格与预计回购时市场价格之间的比较，以及权利的到期日等。当回购价格明显高于该商品回购时的市场价值时，通常表明客户有行使该要求权的重大经济动因。第（2）种情形下的账务处理如图11-3所示。

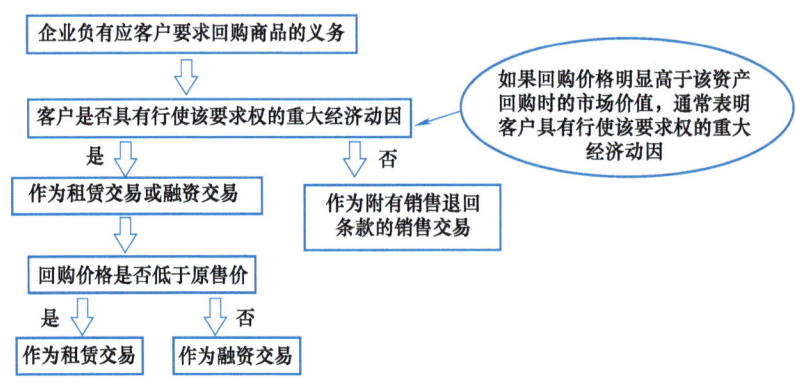

图11-3　第（2）种情形下的账务处理

【例11-18】玉利兴公司向乙公司销售其生产的一台设备，销售价格为2 000万元，双方约定，乙公司在5年后有权要求玉利兴公司以1 500万元的价格回购该设备。玉利兴公司预计该设备在回购时的市场价值将远低于1 500万元。

要求：分析玉利兴公司对该交易应做如何处理。

【答案】

本例中，假定不考虑时间价值的影响，玉利兴公司的回购价格1 500万元低于原售价2 000万元,但远高于该设备在回购时的市场价值,玉利兴公司判断乙公司有重大的经济动因行使权利要求玉利兴公司回购该设备。因此,玉利兴公司应当将该交易作为租赁交易进行会计处理。

(七)客户未行使的权利

企业因销售商品向客户收取的预收款,赋予了客户一项在未来从企业取得该商品的权利,并使企业承担了向客户转让该商品的义务,因此,企业应当将预收的款项确认为合同负债,待未来履行了相关履约义务,即向客户转让相关商品时,再将该负债转为收入。

某些情况下,企业收取的预收款无须退回,但是客户可能会放弃其全部或部分合同权利。例如,放弃储值卡的使用等。企业预期将有权获得与客户所放弃的合同权利相关的金额的,应当按照客户行使合同权利的模式按比例将上述金额确认为收入;否则,企业只有在客户要求其履行剩余履约义务的可能性极低时,才能将相关负债余额转为收入。

企业在确定是否预期将有权获得与客户所放弃的合同权利相关的金额时,应当考虑将估计的可变对价计入交易价格的限制要求。

如果有相关法律规定,企业所收取的与客户未行使权利相关的款项须转交给其他方的(例如,法律规定无人认领的财产须上交政府),企业不应将其确认为收入。

(八)无须退回的初始费

企业在合同开始(或临近合同开始)日向客户收取的无须退回的初始费,通常包括入会费、初装费等。企业收取该初始费时,应当评估该初始费是否与向客户转让已承诺的商品相关。该初始费与向客户转让已承诺的商品相关,且该商品构成单项履约义务的,企业应当在转让该商品时,按照分摊至该商品的交易价格确认收入;该初始费与向客户转让已承诺的商品相关,但该商品不构成单项履约义务的,企业应当在包含该商品的单项履约义务履行时,按照分摊至该单项履约义务的交易价格确认收入;该初始费与向客户转让已承诺的商品不相关的,该初始费应当作为未来将转让商品的预收款,在未来转让商品时确认为收入。当企业向客户授予了续约选择权,且该选择权向客户提供了重大权利时,这部分收入确认的期间将可能长于初始合同期限。

在合同开始(或临近合同开始)日,企业通常必须开展一些初始活动,为履行合同进行准备,如一些行政管理性质的准备工作。这些活动虽然与履行合同有关,但并没有向客户转让已承诺的商品,因此,不构成单项履约义务,即使企业向客户收取的无须退还的初始费与这些初始活动有关(例如,企业为了补偿开展这些活动所发生的成本而向客户收取初始费),也不应在这些活动完成时将该初始费确认为收入,而是应当将该初始费作为未来将转让商品的预收款,在未来转让商品时确认为收入。

企业为履行合同开展初始活动,但这些活动本身并没有向客户转让已承诺的商品的,企业为开展这些活动所发生的支出,应当按照有关合同履约成本的相关规定确认为一项资产或计入当期损益,并且企业在确定履约进度时,也不应当考虑这些成本,这是因为这些成本并不反映企业向客户转让商品的进度。

四、合同成本

(一)合同履约成本

企业为履行合同可能会发生各种成本,企业在确认收入的同时应当对这些成本进行分析,不属于其他范围且同时满足下列条件的,应当作为合同履约成本确认为一项资产:

(1)该成本与一份当前或预期取得的合同直接相关。其中,预期取得的合同应当是企业能够明确识别的合同，例如，现有合同续约后的合同、尚未获得批准的特定合同等。与合同直接相关的成本包括直接人工（例如支付给直接为客户提供所承诺服务的人员的工资、奖金等）、直接材料（例如为履行合同耗用的原材料、辅助材料、零部件、半成品的成本和周转材料的摊销及租赁费用等）、制造费用（或类似费用，例如组织和管理相关生产、施工、服务等活动发生的费用，包括管理人员的职工薪酬、劳动保护费、固定资产折旧费及修理费、物料消耗、取暖费、水电费、办公费、差旅费、财产保险费、工程保修费、排污费、临时设施摊销费等）、明确由客户承担的成本以及仅因该合同而发生的其他成本（例如支付给分包商的成本、机械使用费、设计和技术援助费、施工现场二次搬运费、生产工具使用费、检验试验费、工程定位复测费、工程点交费、场地清理费等）。

（2）该成本增加了企业未来用于履行（包括持续履行）履约义务的资源。

（3）该成本预期能够收回。

企业应当在下列支出发生时，将其计入当期损益，而不应确认为合同履约成本：

（1）管理费用，但这些费用明确由客户承担的除外。

（2）非正常消耗的直接材料、直接人工和制造费用（或类似费用），这些支出为履行合同发生，但未反映在合同价格中。

（3）与履约义务中已履行（包括已全部履行或部分履行）部分相关的支出，即该支出与企业过去的履约活动相关。

（4）无法在尚未履行的与已履行（或已部分履行）的履约义务之间区分的相关支出。

满足上述条件确认为资产的合同履约成本，初始确认时摊销期限不超过一年或一个正常营业周期的，在资产负债表中列示为存货；初始确认时摊销期限在一年或一个正常营业周期以上的，在资产负债表中列示为其他非流动资产。

具体会计分录如下：

发生合同履约成本时：

借：合同履约成本

　　贷：银行存款/原材料等

（二）合同取得成本

企业为取得合同发生的**增量成本**预期能够收回的，应当作为合同取得成本确认为一项资产。增量成本是指企业不取得合同就不会发生的成本，例如销售佣金等。为简化实务操作，该资产摊销期限不超过一年的，可以在发生时计入当期损益。企业采用这一简化处理方法的，应当对所有类似合同一致采用。

企业为取得合同发生的、除预期能够收回的增量成本之外的其他支出，例如，无论是否取得合同均会发生的差旅费、投标费、为准备投标资料发生的相关费用等，应当在发生时计入当期损益，但这些支出明确由客户承担的除外。

具体会计分录如下：

发生合同取得成本时：

借：合同取得成本

　　贷：银行存款/其他应付款等

【例 11-19】 甲公司是一家咨询公司，通过竞标赢得了一个新客户。为取得和该客户的合同，甲公司聘请外部律师进行尽职调查并支付相关费用 30 000 元，为投标而发生的差旅费为 20 000 元，支付销售人员佣金 10 000 元。甲公司预期这些支出未来均能够收回。此外，甲公司根据年度销售目标、整体盈利情况及个人业绩等,向销售部门经理支付年度奖金 20 000 元。

要求:对甲公司的上述业务进行分析,应如何处理。

【答案】

本例中,甲公司为签订与该客户的合同而向销售人员支付的佣金属于为取得合同发生的增量成本,应当将其作为合同取得成本确认为一项资产。甲公司聘请外部律师进行尽职调查发生的支出、为投标发生的差旅费,无论是否取得合同都会发生,不属于增量成本,因此,应当于发生时直接计入当期损益。甲公司向销售部门经理支付的年度奖金也不是为取得合同发生的增量成本,这是因为该奖金发放与否以及发放金额还取决于其他因素(包括公司的盈利情况和个人业绩),而并不能直接归属于可识别的合同。

企业因现有合同续约或发生合同变更需要支付的额外佣金,也属于为取得合同发生的增量成本。实务中,当涉及合同取得成本的安排比较复杂时,例如,合同续约或合同变更时需要支付额外的佣金、企业支付的佣金金额取决于客户未来的履约情况或者取决于累计取得的合同数量或金额等的,企业需要进行判断,对发生的合同取得成本进行恰当的会计处理。

满足上述条件确认为资产的合同取得成本,初始确认时摊销期限不超过一年或一个正常营业周期的,在资产负债表中列示为其他流动资产;初始确认时摊销期限在一年或一个正常营业周期以上的,在资产负债表中列示为其他非流动资产。

(三)合同履约成本和合同取得成本的摊销和减值

1. 摊销

确认为企业资产的合同履约成本和合同取得成本(以下称"与合同成本有关的资产"),应当采用与该资产相关的商品收入确认相同的基础(即在履约义务履行的时点或按照履约义务的履约进度)进行摊销,计入当期损益。

具体会计分录如下:

(1)合同履约成本进行摊销时:

借:主营业务成本/其他业务成本等
　　贷:合同履约成本

(2)合同取得成本进行摊销时:

借:销售费用等
　　贷:合同取得成本

2. 减值

与合同成本有关的资产,账面价值高于下列第①项减去第②项的差额的,超出部分应当计提减值准备,并确认为资产减值损失:①企业因转让与该资产相关的商品预期能够取得的剩余对价;②为转让该相关商品估计将要发生的成本。以前期间减值的因素之后发生变化,使得第①项减去第②项的差额高于该资产账面价值的,应当转回原已计提的资产减值准备,并计入当期损益,但转回后的资产账面价值不应超过假定不计提减值准备情况下该资产在转回日的账面价值。在确定上述资产的减值损失时,企业应当首先对相关的其他资产确定减值损失,然后再按上述要求确定上述资产的减值损失。

企业按照有关规定测试相关资产组的减值情况时,应当将按照上述要求确定的与合同成本有关的资产减值后的新账面价值计入相关资产组的账面价值。

❄ 本节导读分析: 收入是指企业在日常活动中形成的、会导致所有者权益增加的、与所有者投入资本无关的经济利益的总流入。收入包括主营业务收入和其他业务收入,不包括营业外收入，因营业外收入是在非日常活动中产生的，属于利得。收入应在客户取得相关商品控制权时分五步进行确认：第一步，识别与客户订立的合同；第二步，识别合同中的单项履约义务；第三步，确定交易价格；第四步，将交易价格分摊至各单项履约义务；第五步，履行各单项履约义务时确认收入。

第二节 费 用

/学习导读/

> 生产、销售男士羽绒服的甲企业，发生的与产品有关的对象化支出称为成本费用，发生的与产品成本无关的期间化支出称为期间费用；无论是成本费用还是期间费用，都构成企业的费用。那么，企业的费用应如何进行会计核算？

费用是指企业在**日常活动中发生的、会导致所有者权益减少的、与向所有者分配利润无关的**经济利益的**总流出**。费用应按照权责发生制和配比原则确认，凡应属于本期发生的费用，不论款项是否支付，均确认为本期费用；反之，不属于本期发生的费用，即使款项已在本期支付，也不确认为本期费用。

费用的特征及具体解释见表 11-2。

表 11-2 费用的特征及具体解释

特 征	具 体 解 释
费用是企业在日常活动中发生的	将费用界定为"日常活动"发生的经济利益的总流出，是为了将其与损失相区分。企业非日常活动中所形成的经济利益的流出不能确认为费用，而应当计入损失。例如，甲企业进行产品广告宣传，花费 2 万元，这 2 万元广告费应该确认为企业的费用。但是甲企业固定资产报废毁损发生净损失 1 万元，这 1 万元净损失与甲企业日常经营活动无关，具有偶发性，所以不能作为甲企业的费用，只能作为损失确认为营业外支出
费用会导致经济利益的流出，但与向所有者分配利润无关	企业向所有者分配利润也会导致经济利益流出企业，而该经济利益的流出属于所有者权益的抵减项目，不应确认为费用
费用最终会导致所有者权益减少	与费用相关的经济利益的流出应当导致所有者权益的减少，不会导致所有者权益减少的经济利益的流出不符合费用的定义，不应确认为费用。例如，甲企业以银行存款偿还一项负债，只是一项资产和负债的等额减少，对所有者权益没有影响，因此不构成甲企业的费用

费用的确认除了应当符合定义外，至少应当符合以下条件：
（1）与费用相关的经济利益应当很可能流出企业。
（2）经济利益流出企业的结果会导致资产的减少或者负债的增加。
（3）经济利益的流出额能够可靠计量。

在确认费用时，首先应当划分生产费用与非生产费用的界限。生产费用是指与企业日常生产经营活动有关的费用，如生产产品所发生的原材料费用、人工费用等；非生产费用是指不属于生产费用的费用，如用于购建固定资产所发生的费用，不属于生产费用。

其次，应当分清生产费用与产品成本的界限。生产费用与一定的期间相联系，而与生产的产品无关；产品成本与一定品种和数量的产品相联系，而与发生的期间无关。

最后，应当分清生产费用与期间费用的界限。生产费用应当计入产品成本；而期间费用直接计入当期损益。费用的分类如图 11-4 所示。

📢 **学习提示**：针对有关对象的费用支出构成产品成本，如 A 产品成本、B 产品成本；期间化的费用支出属于期间费用，不构成产品成本，如 2 月的销售费用，3 月的财务费用。

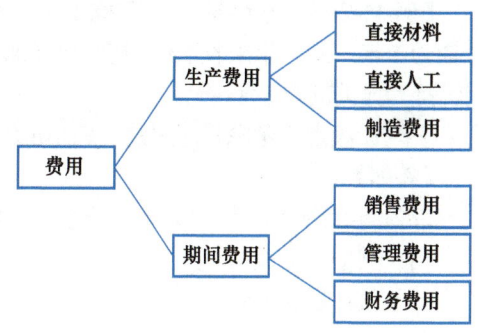

图 11-4　费用的分类

一、营业成本

营业成本是指企业为生产产品、提供服务等发生的可归属于产品成本、服务成本等的费用，企业应当在确认销售商品收入、提供服务收入时，将已销售商品、已提供服务的成本等计入当期损益。营业成本包括主营业务成本和其他业务成本。营业成本的界定如图 11-5 所示。

（一）主营业务成本

主营业务成本是指企业销售商品、提供服务等经常性活动所发生的成本。企业应在确认销售商品、提供服务等主营业务的收入时，或在月末时将已销售商品、已提供服务的成本转入主营业务成本。企业结转已销售商品或提供服务的成本时，应借记"主营业务成本"科目，贷记"库存商品""合同履约成本"等科目。期末，企业应将"主营业务成本"科目的余额转入"本年利润"科目。

发生主营业务成本时的具体会计分录如下：

借：主营业务成本
　　贷：库存商品
　　　　合同履约成本等

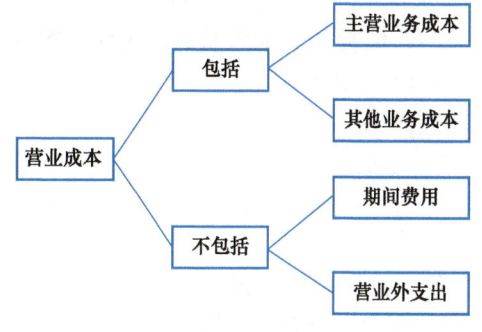

图 11-5　营业成本的界定

📢 **学习提示**：企业将自产产品发放给职工（视同销售）的，产品成本也应计入主营业务成本；企业结转存货销售成本时，对于已计提存货跌价准备的，应当一并结转，同时调整销售成本，借记"存货跌价准备"科目，贷记"主营业务成本""其他业务成本"等科目。

（二）其他业务成本

其他业务成本是指企业确认的除主营业务活动以外的其他经营活动所发生的支出，包括销售材料的成本、出租固定资产的折旧额、出租无形资产的摊销额、出租包装物的成本或摊销额等。企业发生的其他业务成本，应借记"其他业务成本"科目，贷记"原材料""周转材料""累计折旧""累计摊销""应付职工薪酬""银行存款"等科目。期末，应将"其他业务成本"科目的余额转入"本年利润"科目。

发生其他业务成本时的具体会计分录如下：

借：其他业务成本
　　贷：原材料
　　　　累计折旧（累计摊销）等

【例 11-20】 玉利兴公司于 2021 年 1 月 1 日向丙公司转让某专利权的使用权。协议约定转让期为 5 年,每年年末收取使用费 100 000 元。2021 年该专利权计提的摊销额为 60 000 元,每月计提的摊销额为 5 000 元。

要求:假定不考虑其他因素,编制玉利兴公司 2021 年每月计提专利权摊销额的会计分录。

【答案】

2021 年每月计提专利权摊销额时,玉利兴公司应编制如下会计分录:

借:其他业务成本　　　　　　　　　　　　　　　　　　　5 000
　　贷:累计摊销　　　　　　　　　　　　　　　　　　　　　　　5 000

二、税金及附加

税金及附加是指企业经营活动应负担的相关税费,**包括消费税、城市维护建设税、教育费附加、资源税、土地增值税、房产税、城镇土地使用税、车船税、印花税等**。

企业应通过"税金及附加"科目核算企业经营活动发生的上述相关税费,于相关税费发生时借记"税金及附加"科目,贷记"应交税费"科目。期末,应将"税金及附加"科目余额转入"本年利润"科目。企业缴纳的印花税不通过"应交税费"科目核算,于购买印花税票时,直接借记"税金及附加"科目,贷记"银行存款"等科目。具体会计处理如下:

1. 消费税、城市维护建设税、教育费附加和资源税等

(1) 计算确认时:

借:税金及附加
　　贷:应交税费

(2) 实际缴纳时:

借:应交税费
　　贷:银行存款

(3) 期末结转到本年利润时:

借:本年利润
　　贷:税金及附加

2. 印花税(不通过"应交税费"科目核算)

借:税金及附加
　　贷:银行存款等

三、期间费用

期间费用是指企业日常活动发生的不能计入特定核算对象的成本,而应计入发生当期损益的费用。期间费用包含以下两种情况:一是企业发生的支出不产生经济利益,或者虽然产生经济利益但不符合或者不再符合资产确认条件的,应当在发生时确认为费用,计入当期损益;二是企业发生的交易或者事项导致其承担了一项负债,而同时又不确认为一项资产的,应当在发生时确认为费用计入当期损益。

期间费用是企业日常活动中所发生的经济利益的流出,之所以不计入特定的成本核算对象,主要是因为期间费用是企业为组织和管理整个经营活动而发生的费用,与可以确定一定成本核算对象的材料采购、产品生产等支出没有直接关系,因而期间费用不计入有关核算对象的成本,而是直接计入当期损益。**期间费用包括销售费用、管理费用和财务费用。**

（一）销售费用

销售费用是指企业在销售商品和材料、提供服务的过程中发生的各种费用，包括企业在销售商品过程中发生的保险费、包装费、展览费、广告费、商品维修费、装卸费等以及为销售本企业商品而专设的销售机构（含销售网点、售后服务网点等）的职工薪酬、业务费、折旧费、固定资产修理费等费用。

销售费用是与企业销售商品活动有关的费用，但不包括销售商品或提供服务本身的成本，这两类成本属于主营业务成本。企业应通过"销售费用"科目核算销售费用的发生和结转情况。该科目借方登记企业所发生的各项销售费用，贷方登记期末转入"本年利润"科目的销售费用，结转后该科目应无余额。该科目应按销售费用的费用项目进行明细核算。

具体会计分录如下：

（1）企业在销售商品过程中发生包装费、保险费、展览费、广告费和装卸费等费用时：

借：销售费用
　　贷：库存现金
　　　　银行存款等

（2）企业发生为销售本企业产品而专设的销售机构的职工薪酬、业务费、折旧费等经营费用时：

借：销售费用
　　贷：应付职工薪酬
　　　　银行存款
　　　　累计折旧等

【例 11-21】 玉利兴公司销售部 2021 年 8 月共发生费用 300 000 元，其中：销售人员薪酬为 160 000 元，销售部专用办公设备折旧费为 60 000 元，业务费为 80 000 元（用银行存款支付）。

要求：编制玉利兴公司相关业务的会计分录。

【答案】

玉利兴公司应编制如下会计分录：

借：销售费用　　　　　　　　　　　　　　　　　　　　300 000
　　贷：应付职工薪酬　　　　　　　　　　　　　　　　　160 000
　　　　累计折旧　　　　　　　　　　　　　　　　　　　 60 000
　　　　银行存款　　　　　　　　　　　　　　　　　　　 80 000

（二）管理费用

管理费用是指企业为组织和管理生产经营所发生的各种费用，包括企业在筹建期间内发生的开办费、董事会和行政管理部门在企业的经营管理中发生的应由企业统一负担的公司经费（包括行政管理部门职工工资及福利费、物料消耗、低值易耗品摊销费、办公费和差旅费等）、工会经费、董事会费（包括董事会成员津贴、会议费和差旅费等）、聘请中介机构费、咨询费（含顾问费）、诉讼费、业务招待费、技术转让费、矿产资源补偿费、研究费、排污费以及企业车间管理部门和行政管理部门等发生的固定资产修理费等。

企业应通过"管理费用"科目核算管理费用的发生和结转情况。该科目借方登记企业发生的各项管理费用，贷方登记期末转入"本年利润"科目的管理费用，结转后，该科目应无余额。该科目按管理费用的费用项目进行明细核算。

📢 **学习提示**：商品流通企业管理费用不多的，可不设"管理费用"科目，相关核算内容可并入"销售费用"科目核算。

具体会计分录如下：

（1）企业在筹建期间内的开办费，包括人员工资、办公费、培训费、差旅费、印刷费、注册登记费以及不符合资本化条件的借款费用等在实际发生时：

借：管理费用
　　贷：银行存款等

（2）计提行政管理部门人员的职工薪酬时：

借：管理费用
　　贷：应付职工薪酬

（3）计提行政管理部门的固定资产折旧时：

借：管理费用
　　贷：累计折旧

（4）发生办公费、业务招待费、聘请中介机构费、咨询费、诉讼费、技术转让费、研究费等时：

借：管理费用
　　贷：银行存款
　　　　研发支出等

【例11-22】 玉利兴公司行政部2021年7月22日为接待集团管理层视察发生业务招待费40 000元，用银行存款支付。

要求：编制玉利兴公司相关业务的会计分录。

【答案】

玉利兴公司应编制如下会计分录：

借：管理费用——业务招待费　　　　　　　　　　　　　　　40 000
　　贷：银行存款　　　　　　　　　　　　　　　　　　　　　　　　40 000

（三）财务费用

财务费用是指企业为筹集生产经营所需资金等而发生的筹资费用，包括利息收支、汇兑损益以及相关的手续费、发生的现金折扣或收到的现金折扣等。

企业应通过"财务费用"科目核算财务费用的发生和结转情况。该科目借方登记企业发生的各项财务费用，贷方登记利息收入等冲减以及期末转入"本年利润"科目的财务费用。结转后该科目应无余额。该科目应按财务费用的费用项目进行明细核算。

📌 **学习提示**：为购建或生产满足资本化条件的资产发生的应予资本化的借款费用，在"在建工程""制造费用"等科目核算，不在"财务费用"科目核算。

具体会计分录如下：

（1）企业发生财务费用时：

借：财务费用
　　贷：银行存款
　　　　未确认融资费用等

（2）企业发生应冲减财务费用的利息收入、汇兑差额、现金折扣等时：

借：银行存款
　　应付账款等
　　贷：财务费用

【例11-23】 玉利兴公司于2021年1月1日向银行借入生产经营用短期借款360 000元，

借款期限为 6 个月，年利率为 5%，该借款本金到期后一次归还，利息分月预提，按季支付。

要求：编制玉利兴公司有关每日计提利息的会计分录。

【答案】

玉利兴公司应编制如下会计分录：

借：财务费用——利息支出（360 000×5%÷12=1 500） 1 500
  贷：应付利息 1 500

✳ **本节导读分析**：对于可归属于产品成本、服务成本等的费用，企业应当在确认收入时或月末将已销售商品、提供服务的成本等计入当期损益，通过"主营业务成本""其他业务成本"核算，在报表中以营业成本项目列示。对于不能计入特定核算对象的成本，应确认为发生当期的期间费用。期间费用包括销售费用、管理费用和财务费用。各费用科目的余额期末都将转入"本年利润"科目，结转后各费用科目无余额。

第三节 利 润

📂 /学习导读/

> 甲乙两家餐厅均销售煮鸡蛋，且同样受欢迎，价格也一样，但甲餐厅赚的钱却比乙餐厅多，旁人大惑不解。成本控制专家对甲餐厅和乙餐厅煮鸡蛋的过程进行比较，终于找到了答案：原来，两家餐厅煮鸡蛋的方式不一样。甲餐厅用一个长宽高各 4cm 的特制容器（约能盛水 50mL），放进鸡蛋，加水，盖上盖子，打火，1min 左右水开，过 3min 关火，利用余热再煮 3min。乙餐厅是先打开液化器，放上锅，添进一瓢凉水（大约 250mL），放进鸡蛋，盖锅盖，3min 左右水开，再煮大约 10min 后关火。从会计的角度分析一下这个小故事，你会得到什么启发？

一、利润的构成

企业作为独立的经济实体，应当以自己的经营收入抵补成本费用，并且实现盈利。企业的盈利情况在很大程度上反映企业生产经营的经济效益，反映企业在每一会计期间的最终经营成果。通常情况下，如果企业实现了利润，表明企业的所有者权益将增加，业绩得到了提升；反之，如果企业发生了亏损（即利润为负数），表明企业的所有者权益将减少，业绩下降。利润是评价企业管理层业绩的指标之一，也是投资者等财务会计报告使用者进行决策时的重要参考依据。

利润是指企业在一定会计期间内的经营成果。利润包括收入减去费用后的净额、直接计入当期利润的利得和损失等。

其中，收入减去费用后的净额反映的是企业日常活动的经营业绩，直接计入当期利润的利得和损失反映的是企业非日常活动的经营业绩。直接计入当期利润的利得和损失，是指应当计入当期损益、最终会引起所有者权益发生增减变动的、与所有者投入资本或者向所有者分配利润无关的利得或者损失。企业应当严格区分收入和利得、费用和损失之间的区别，以更加全面地反映企业的经营业绩。

📌 **学习提示**：未记入当期利润的利得和损失扣除所得税影响后的净额计入其他综合收益项目。净利润与其他综合收益的合计金额为综合收益总额。

（一）营业利润

营业利润＝营业收入－营业成本－税金及附加－销售费用－管理费用－研发费用－
    财务费用＋其他收益＋投资收益（－投资损失）＋净敞口套期收益
    （－净敞口套期损失）＋公允价值变动收益（－公允价值变动损失）－

信用减值损失 - 资产减值损失 + 资产处置收益（- 资产处置损失）

营业利润中各主要项目的具体内容见表 11-3。

表 11-3 营业利润中各主要项目的具体内容

项　　目	具　体　内　容
营业收入	是指企业经营业务所确认的收入总额，包括主营业务收入和其他业务收入
营业成本	是指企业经营业务所发生的实际成本总额，包括主营业务成本和其他业务成本
研发费用	是指企业进行研究与开发过程中发生的费用化支出，以及计入管理费用的自行开发无形资产的摊销额
税金及附加	是指企业经营活动应负担的相关税费
其他收益	是指与企业日常活动相关，除冲减相关成本费用以外的政府补助
信用减值损失	是指企业计提各项金融工具信用减值准备所确认的信用损失
资产减值损失	是指企业计提除金融资产外的各项资产减值准备所形成的损失
投资收益（或损失）	是指企业以各种方式对外投资所取得的收益（或发生的损失）
公允价值变动收益（或损失）	是指企业交易性金融资产等公允价值变动形成的应计入当期损益的利得（或损失）
资产处置收益（损失）	反映企业出售划分为持有待售的非流动资产（金融工具、长期股权投资和投资性房地产除外）或处置组（子公司和业务除外）时确认的处置利得或损失，以及处置未划分为持有待售的固定资产、在建工程、生产性生物资产及无形资产而产生的处置利得或损失，还包括非货币性资产交换中换出非流动资产产生的利得或损失

【例 11-24】 玉利兴公司本月主营业务收入为 1 000 000 元，其他业务收入为 80 000 元，营业外收入为 90 000 元，主营业务成本为 760 000 元，其他业务成本为 50 000 元，税金及附加为 30 000 元，营业外支出为 75 000 元，管理费用为 40 000 元，销售费用为 30 000 元，财务费用为 15 000 元，所得税费用为 75 000 元，制造费用为 1 000 元。

要求：计算玉利兴公司本月的营业利润。

【答案】

玉利兴公司本月对营业利润的影响项目仅包括营业收入、营业成本、税金及附加及三项期间费用。

玉利兴公司本月的营业利润 = 营业收入 - 营业成本 - 税金及附加 - 管理费用 - 销售费用 - 财务费用 =(1 000 000+80 000) - (760 000+50 000)-30 000- 40 000-30 000-15 000=155 000(元)

（二）利润总额

利润总额 = 营业利润 + 营业外收入 - 营业外支出

其中：营业外收入是指企业发生的与日常活动无直接关系的各项利得；营业外支出是指企业发生的与日常活动无直接关系的各项损失。

（三）净利润

净利润 = 利润总额 - 所得税费用

其中，所得税费用是指企业确认的应从当期利润总额中扣除的所得税费用。

二、营业外收支

营业外收支即企业发生的与日常活动无直接关系的各项收支。营业外收支虽然与企业生产经营活动没有直接的关系，但从企业主体来考虑，营业外收支同样带来企业的经济利益流入或流出，也是增加或减少利润的因素，也可能对企业的利润总额及净利润产生较大的影响。

（一）营业外收入

1. 核算内容

营业外收入核算企业发生的营业利润以外的收益。营业外收入并不是由企业经营资金耗费所产生的，不需要企业付出代价，实际上是一种纯收入，不可能也不需要与有关费用进行配比。因此，在会计处理上，应当严格区分营业外收入与营业收入的界限。

营业外收入主要包括非流动资产毁损报废利得、与企业日常活动无关的政府补助、盘盈利得、捐赠利得等。

企业应设置"营业外收入"科目核算营业外收入的取得及结转情况，并在"营业外收入"科目中按具体项目进行明细核算。期末企业应将"营业外收入"科目余额转入"本年利润"科目，结转后"营业外收入"科目应无余额。

> 📢 **学习提示**：非流动资产报废收益是指因自然灾害等发生毁损，已丧失使用功能而报废非流动资产所产生的清理收益。

2. 账务处理

企业确认处置非流动资产报废、毁损收益时，应借记"固定资产清理""银行存款""待处理财产损溢"等科目，贷记"营业外收入"科目；企业确认政府补助盘盈利得、捐赠利得等时，应借记"库存现金""待处理财产损溢"等科目，贷记"营业外收入"科目；企业确实无法支付的款项报请批准后进行处理时，应借记"应付账款"科目，贷记"营业外收入"科目；期末结转时，应借记"营业外收入"科目，贷记"本年利润"科目。

具体会计分录如下：

（1）企业确认报废、毁损非流动资产利得时：

借：固定资产清理
　　银行存款
　　待处理财产损溢等
　　贷：营业外收入

【例 11-25】 玉利兴公司将固定资产报废清理的净收益 10 000 元转作营业外收入。

要求：编制玉利兴公司相关业务的会计分录。

【答案】

玉利兴公司应编制如下会计分录：

借：固定资产清理　　　　　　　　　　　　　　　　　　　　　10 000
　　贷：营业外收入　　　　　　　　　　　　　　　　　　　　　　　10 000

（2）企业确认盘盈利得、捐赠利得时：

借：待处理财产损溢
　　库存现金等
　　贷：营业外收入

（3）期末，企业应将"营业外收入"科目余额转入"本年利润"科目时：

借：营业外收入
　　贷：本年利润

（二）营业外支出

1. 核算内容

营业外支出核算企业发生的与日常活动无直接关系的各项损失，主要包括非流动资产毁损报废损失、公益捐赠支出、非常损失、盘亏损失等。

企业应设置"营业外支出"科目核算营业外支出的发生及结转情况,并在"营业外支出"科目中按具体支出项目进行明细核算。期末,企业应将"营业外支出"科目的余额转入"本年利润"科目,结转后应无余额。

📢 **学习提示**:营业外收入和营业外支出应当分别核算。在具体核算时,不得将营业外收支互相抵减后合并反映。

2. 账务处理

企业确认处置非流动资产毁损报废损失时,应借记"营业外支出"科目,贷记"固定资产清理""无形资产"等科目;确认盘亏、罚款支出时,应借记"营业外支出"科目,贷记"待处理财产损溢""库存现金"等科目;期末结转营业外支出时,应借记"本年利润"科目,贷记"营业外支出"科目。

具体会计分录如下:

(1)企业确认报废、毁损非流动资产损失时:

借:营业外支出
　　贷:固定资产清理
　　　　无形资产等

(2)确认盘亏、罚款支出时:

借:营业外支出
　　贷:待处理财产损溢
　　　　库存现金等

(3)期末,将"营业外支出"科目的余额转入"本年利润"科目时:

借:本年利润
　　贷:营业外支出

三、所得税费用

企业核算所得税,主要是为确定当期应缴纳的所得税以及利润表中的所得税费用,从而确定各期实现的净利润。企业确认递延所得税资产和递延所得税负债,最终目的也是解决不同会计期间所得税费用的分配问题。在资产负债表债务法下,利润表中的所得税费用由两部分组成:当期所得税和递延所得税[14]。

$$所得税费用 = 当期所得税 + 递延所得税$$

(一)当期所得税

当期所得税是指企业按照税法规定计算确定的针对当期发生的交易和事项,应缴纳给税务机关的所得税金额,即当期应交所得税。当期所得税应当以适用的税收法规为基础计算确定。

企业在确定当期所得税时,对于当期发生的交易或事项,会计处理与税收规定不同的,应在会计利润的基础上,按照适用税收法规的要求进行调整(即纳税调整),计算出当期应纳税所

📖 知识拓展

[14] 递延所得税是由于资产、负债等按照《企业会计准则》确定的账面价值和按照税法规定确定的计税基础不同而产生的差异造成的。相关差异可分为应纳税暂时性差异与可抵扣暂时性差异,企业应对这两类差异分别确认相关的递延所得税负债与递延所得税资产,并在此基础上确定每一会计期间利润表中的所得税费用。

得额，按照应纳税所得额与适用所得税税率计算确定当期应交所得税。一般情况下，应纳税所得额可在会计利润的基础上，考虑会计处理与税收规定之间的差异，按照以下公式确定：

应纳税所得额＝税前会计利润＋纳税调整增加额－纳税调整减少额

当期所得税＝当期应交所得税＝应纳税所得额×适用所得税税率

📢 **学习提示：** 以上公式中的"税前"是指缴纳"所得税"前。

纳税调整增加额主要包括税收法规规定的允许扣除项目中，企业已计入当期费用但超过税收法规规定扣除标准的金额，以及企业已计入当期损失但税收法规规定不允许扣除项目的金额。纳税调整减少额主要包括按税收法规规定允许弥补的亏损和准予免税的项目。主要纳税调整项目及核算内容见表11-4。

表11-4 主要纳税调整项目及核算内容

项 目	核算内容
纳税调整增加额	1. 职工福利费支出，不超过工资、薪金总额14%的部分准予扣除，超过部分不得扣除
	2. 职工工会经费，不超过工资、薪金总额2%的部分准予扣除，超过部分不得扣除
	3. 职工教育经费支出，不超过工资、薪金总额8%的部分准予扣除，超过部分准予结转以后纳税年度扣除
	4. 业务招待费支出，按照发生额的60%扣除，但最高不得超过当年销售（营业）收入的5‰，超过部分不得扣除
	5. 广告费和业务宣传费支出，不超过当年销售（营业）收入15%的部分准予扣除，超过部分准予结转以后纳税年度扣除
	6. 公益性捐赠支出，不超过年度利润总额12%的部分准予扣除，超过部分准予以后3年内扣除
	7. 税收滞纳金、罚金罚款等支出不得扣除
纳税调整减少额（重点掌握两个）	1. 国债利息收入免税
	2. 前5年内未弥补亏损等准予扣除

（二）递延所得税

递延所得税是指按照《企业会计准则第18号——所得税》规定当期应予确认的递延所得税资产和递延所得税负债，即递延所得税资产及递延所得税负债当期发生额的综合结果，但不包括计入所有者权益的交易或事项的所得税影响。其中，递延所得税资产是指以未来期间很可能取得用来抵扣可抵扣暂时性差异的应纳税所得额为限确认的一项资产；递延所得税负债是指根据应纳税暂时性差异计算的未来期间应付所得税的金额。递延所得税资产、递延所得税负债的发生额对应的所得税费用属于递延所得税费用。递延所得税的计算公式如下：

递延所得税＝（递延所得税负债期末余额－递延所得税负债期初余额）－
（递延所得税资产期末余额－递延所得税资产期初余额）

📢 **学习提示：** 如果某项交易或事项按照《企业会计准则》的规定应计入所有者权益，由该交易或事项产生的递延所得税资产或递延所得税负债及其变化也应计入所有者权益，不构成利润表中的递延所得税费用（或收益）。

（三）所得税费用的账务处理

企业应设置"所得税费用"科目核算企业所得税费用的确认及结转情况。当期确认所得税费用时，应借记"所得税费用"科目，贷记"应交税费——应交所得税"科目，贷记或借记"递延所得税资产""递延所得税负债"科目；期末，应将"所得税费用"科目的余额转入"本年利润"科目，借记"本年利润"科目，贷记"所得税费用"科目。结转后"所得税费用"科目无余额。具体会计分录如下：

借：所得税费用
　　递延所得税资产（也可能在贷方）
　　贷：应交税费——应交所得税
　　　　递延所得税负债（也可能在借方）

【例 11-26】 玉利兴公司当期应缴纳的所得税为 4 000 000 元，递延所得税负债年初余额为 400 000 元，年末余额为 500 000 元，递延所得税资产年初余额为 200 000 元，年末余额为 220 000 元。

要求：计算玉利兴公司当期所得税费用并编制相应会计分录。

【答案】

玉利兴公司递延所得税 =（递延所得税负债年末余额 – 递延所得税负债年初余额）–
　　　　　　　　　　　（递延所得税资产年末余额 – 递延所得税资产年初余额）
　　　　　　　　　　 =（500 000 – 400 000）–（220 000 – 200 000）= 80 000（元）

玉利兴公司当期所得税费用 = 当期所得税 + 递延所得税 = 400 000 + 80 000 = 480 000（元）

玉利兴公司应编制如下会计分录：

借：所得税费用　　　　　　　　　　　　　　　　　　　　　　　480 000
　　递延所得税资产　　　　　　　　　　　　　　　　　　　　　 20 000
　　贷：应交税费——应交所得税　　　　　　　　　　　　　　　 400 000
　　　　递延所得税负债　　　　　　　　　　　　　　　　　　　 100 000

四、本年利润

企业应设置"本年利润"科目，核算企业当期实现的净利润(或发生的净亏损)。

（一）结转本年利润的方法

会计期末结转本年利润的方法有**表结法和账结法**两种。

1. 表结法

表结法下，各损益类科目每月月末只需结计出本月发生额和月末累计余额，不结转到"本年利润"科目，只有在年末时才将全年累计余额结转入"本年利润"科目。表结法减少了转账环节和工作量，同时并不影响利润表的编制及有关损益指标的利用。

2. 账结法

账结法下，每月月末均需编制转账凭证，将在账上结计出的各损益类科目的余额结转入"本年利润"科目。结转后"本年利润"科目的本月余额反映当月实现的利润或发生的亏损。"本年利润"科目的本年余额反映本年累计实现的利润或发生的亏损。账结法在各月均可通过"本年利润"科目提供当月及本年累计的利润（或亏损）额，但增加了转账环节和工作量。

（二）结转本年利润的会计处理

企业会计期末结转利润时，应将各损益类科目的余额转入"本年利润"科目，结平各损益类科目。具体地说，期末，企业应将"主营业务收入""其他业务收入""营业外收入""公允价值变动损益""投资收益""资产处置损益""其他收益"等各项收入及利得科目的期末贷方余额转入"本年利润"科目的贷方；将"主营业务成本""税金及附加""其他业务成本""销售费用""管理费用""财务费用""资产减值损失""营业外支出""所得税费用"等各项费用及损失科目的期末借方余额转入"本年利润"科目的借方。

结转以后，"本年利润"科目余额如在贷方，则反映企业当期累计实现的净利润；余额如在借方，则表示企业当期累计发生的净亏损。

年度终了，应将本年累计实现的净利润转入"利润分配"科目的贷方，借记"本年利润"科目，贷记"利润分配——未分配利润"科目；或将本年累计发生的净亏损转入"利润分配"科目的借方，借记"利润分配——未分配利润"科目，贷记"本年利润"科目，**结转后"本年利润"科目应无余额**。

具体会计分录如下：

1．结转各项收入及利得

借：主营业务收入
　　其他业务收入
　　营业外收入
　　公允价值变动损益（如为损失则从贷方转出）
　　投资收益（如为损失则从贷方转出）
　　资产处置损益（如为损失则从贷方转出）
　　其他收益等（如为损失则从贷方转出）
　贷：本年利润

2．结转各项费用及损失

借：本年利润
　贷：主营业务成本
　　　税金及附加
　　　其他业务成本
　　　销售费用
　　　管理费用
　　　财务费用
　　　资产减值损失
　　　营业外支出
　　　所得税费用等

【例 11-27】 假设某企业 2021 年 12 月末未结账前损益类科目的余额见表 11-5。

表 11-5　某企业 2021 年 12 月末未结账前损益类科目的余额

单位：元

收入及利得科目（贷方余额）：		费用及损失科目（借方余额）：	
主营业务收入	30 000	主营业务成本	22 000
其他业务收入	5 000	其他业务成本	2 000
投资收益	3 000	税金及附加	2 000
营业外收入	2 000	销售费用	1 000
		管理费用	380
		财务费用	200
		营业外支出	800

要求：编制该企业年终结账的会计分录。

【答案】

（1）将收入及利得科目余额转入"本年利润"科目时，该企业应编制如下会计分录：

借：主营业务收入	30 000
其他业务收入	5 000
投资收益	3 000
营业外收入	2 000
贷：本年利润	40 000

（2）将费用及损失科目余额转入"本年利润"科目时，该企业应编制如下会计分录：

借：本年利润	28 380
贷：主营业务成本	22 000
其他业务成本	2 000
税金及附加	2 000
销售费用	1 000
管理费用	380
财务费用	200
营业外支出	800

经过以上结转后，该企业2021年12月"本年利润"科目增加贷方余额11 620元（40 000-28 380），即该企业2021年12月实现的利润总额为11 620元。

本节导读分析：从这个故事中可以看出，甲餐厅的做法不仅节约了水等资源，还节约了时间，大大降低了成本。企业的利润包括收入减去费用后的净额、直接计入当期利润的利得和损失等。收入确定了，成本的降低是利润增加的主要原因。利润增加，说明企业的管理业绩指标完成得很好，投资者也会放心投资于该企业。

知识小结：损益类科目结转流程如图11-6所示。

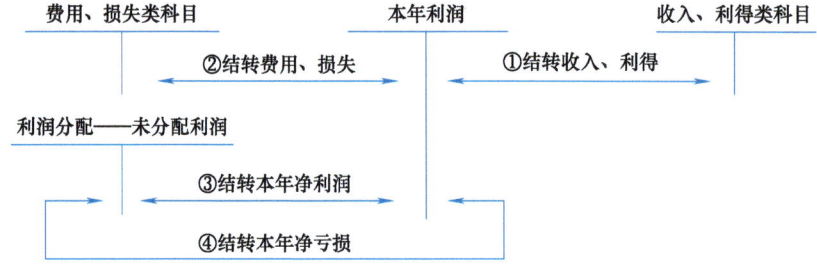

图11-6　损益类科目结转流程

本章导读分析

甲企业应在客户取得相关商品控制权时确认收入，其中，主营业务创造的800万元营业收入为主营业务收入，支出的500万元费用包括生产费用和期间费用，收入减去费用后的净额反映的是企业日常活动的经营业绩，以此计算出的300万元盈利应属于甲企业的营业利润。

实务案例

2020年10月，S石油机械股份有限公司（简称S公司）公告三季度盈利800余万元并预计全年盈利。2021年2月又修正称，预计2016年全年亏损4.8亿元至6.3亿元，业绩"变脸"引发市场质疑。调查发现，2019 年以来，S 公司通过虚增售价、少计成本等手段连续两年将季报、半年报"扭亏为盈"，虚增收入最高达 1 亿元，虚增利润最高达 2.2 亿元。在业绩"变脸"的内幕信息发布前，公司实际控制人、董事长及其子（总经理）以大宗交易方式抛售股票，避损 3 824 万元，可谓"吃相"难看。2021 年 9 月，证监会依法对 S 公司及其董事长父子的内幕交易行为做出行政处罚。

本案例中，S 公司实际控制人频繁滥用信息优势和控股地位，通过虚假陈述、内幕交易等虚构收入、虚减费用，从而虚增利润，达到粉饰财务报表的违法目标。S 公司的行为欺骗了会计信息使用者和潜在投资者，最终不但没有达到不可告人的目的，反而受到证监会行政处罚，让会计信息使用者和投资者失去信心。作为未来的会计工作者，我们要坚守职业道德，不做假账，不违法对财务报表进行粉饰。

思维导图

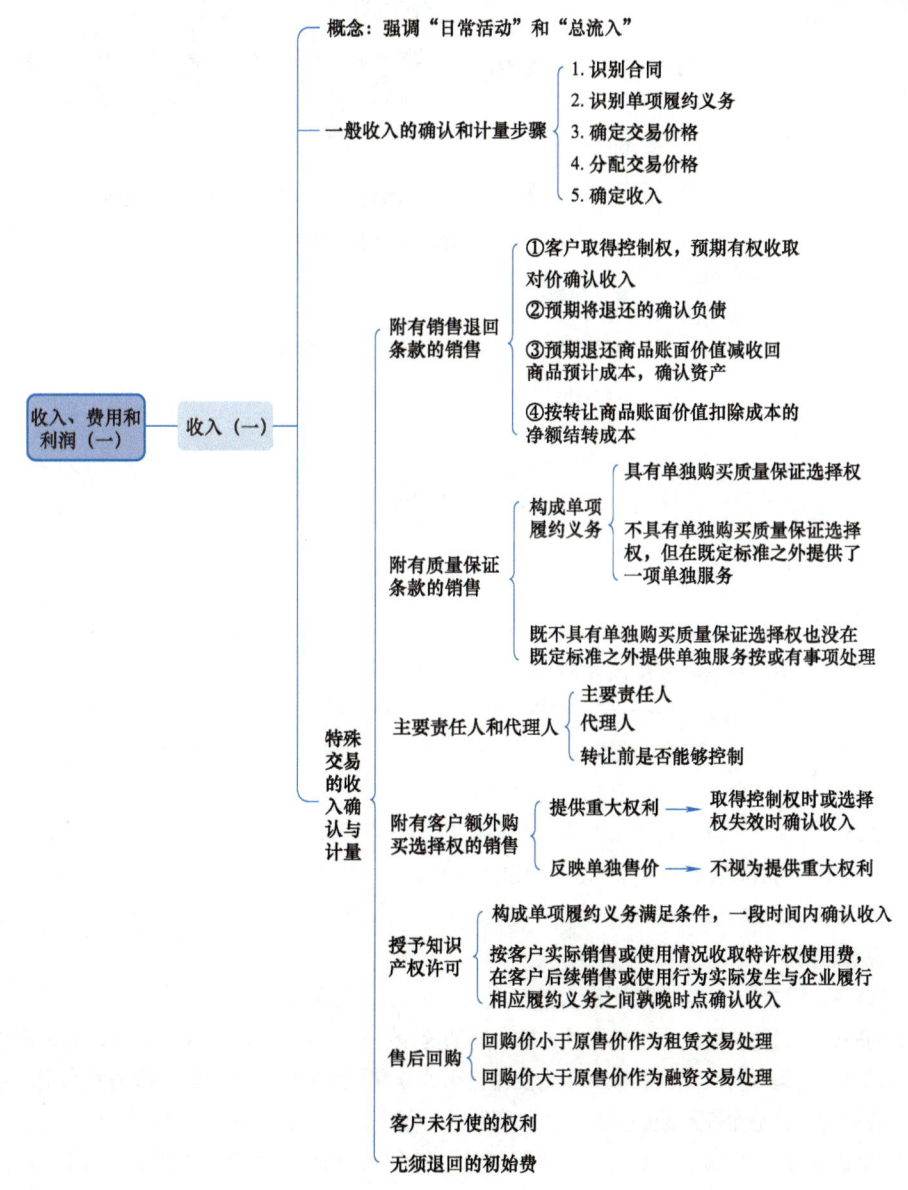

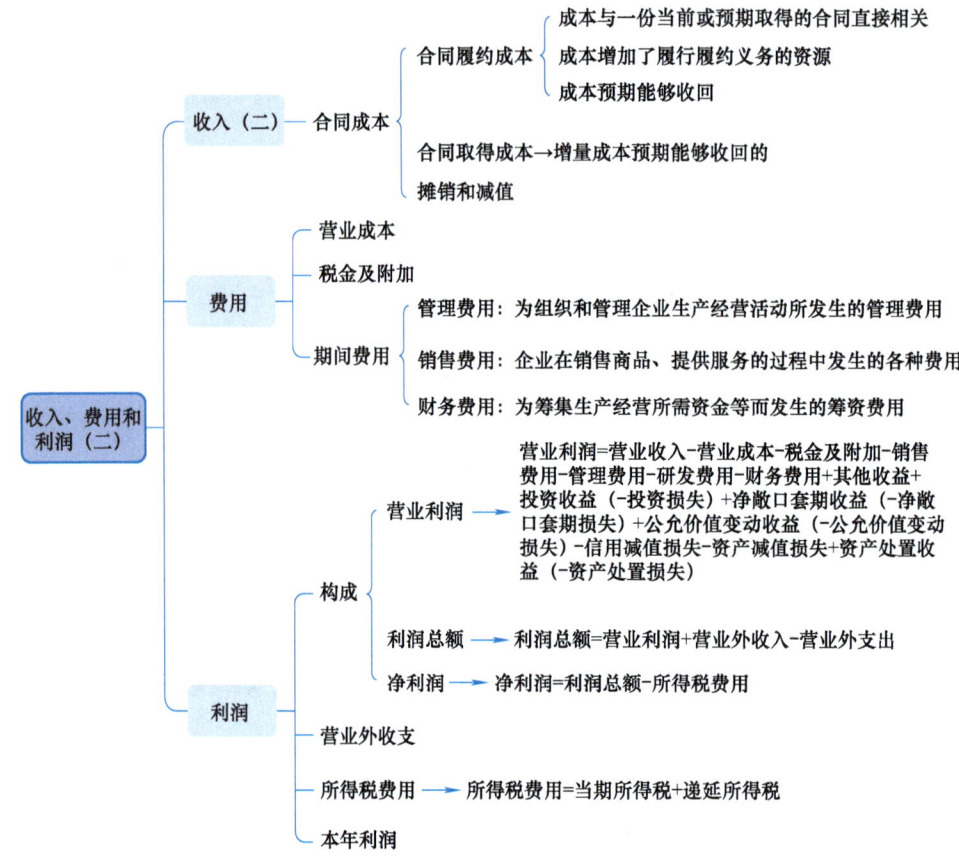

习 题

一、计算分析题

1. 玉利兴公司是一家上市公司,拥有从事各种不同业务的子公司。玉利兴公司的子公司之一甲公司是一家建筑承包商,专门从事办公楼设计和建造业务。2021年2月1日,甲公司与丙公司签订办公楼建造合同,按照丙公司的特定要求在丙公司指定的土地上建造一栋办公楼。根据合同约定,建造该办公楼的价格为12 000万元,甲公司分三次收取款项,分别于合同签订日、完工进度达到50%之日、竣工验收日收取合同造价的20%、30%、50%。工程于2021年2月开工,预计于2023年年底完工。甲公司预计建造上述办公楼的总成本为7 500万元,截至2021年12月31日,甲公司累计实际发生的成本为4 500万元。甲公司按照累计实际发生的成本占预计总成本的比例确定履约进度。不考虑税费及其他因素。要求:

(1) 判断甲公司的建造办公楼业务是属于在某一时段内履行的履约义务还是属于在某一时点履行的履约义务,并说明理由。

(2) 计算甲公司2021年度的合同履约进度,以及应确定的收入和成本。

2. 玉利兴公司的子公司之一乙公司是一家生产通信设备的公司。2021年1月1日,乙公司与丁公司签订专利技术许可合同,许可丁公司在5年内使用自己的专利技术生产D产品。根据合同约定,乙公司每年向丁公司收取由两部分金额组成的专利技术许可费,一是固定金额500万元,于每年年末收取;二是按照丁公司D产品销售额的3%计算的提成,于第二年年初收取。根据以往年度的经验,乙公司可合理预期不会实施对该专利技术产生重大影响的活动。

2021年12月31日，乙公司收到丁公司支付的固定金额专利技术许可费500万元。2021年度，丁公司销售D产品的销售额为50 000万元。不考虑税费及其他因素。要求：

（1）判断乙公司授予的知识产权许可属于在某一时段内履行的履约义务还是属于在某一时点履行的履约义务，并说明理由。

（2）说明乙公司按照丁公司D产品销售额的3%收取的提成应于何时确认收入。

（3）编制乙公司2021年度与收入确认相关的会计分录。

3．玉利兴公司2021年有关损益科目的发生额如下：主营业务收入15 000万元，其他业务收入3 000万元，主营业务成本8 000万元，其他业务成本1 200万元，销售费用300万元，管理费用600万元，财务费用200万元，投资收益500万元，资产减值损失600万元（损失），公允价值变动损益300万元（收益），营业外收入450万元，营业外支出200万元。不考虑税费及其他因素。要求：

根据上述资料，计算玉利兴公司2021年度的利润总额。

二、综合业务题

玉利兴公司为上市公司，2021年相关经济业务及会计处理如下：

（1）2021年10月1日，与戊公司签订合同建造一项设备，合同总价款为500万元，支付条款如下：①在合同签订之初支付10%的合同价款；②50%的合同价款在整个建造期间逐步收取；至2021年12月31日，已收取合同价款150万元，发生成本100万元；③剩余40%的合同价款在建造完成并且设备通过测试后支付；④除非玉利兴公司违约，否则已支付的合同价款不可退回；⑤如果戊公司终止合同，玉利兴公司只能获得戊公司按照相应进度已支付的价款；⑥玉利兴公司没有向戊公司要求获取合同规定以外的进一步补偿的权利。

玉利兴公司在2021年财务报表中确认收入150万元并结转已售商品成本100万元。

（2）2021年12月1日，与己公司签订销售合同，将成本为800万元的一批产品以1 200万元的价格销售给己公司，同时约定于2022年4月1日以1 400万元的价格回购。玉利兴公司于当日将该批产品交付己公司，己公司验收合格并入库。

玉利兴公司在2021年财务报表中确认收入1 200万元并结转已售商品成本800万元。

（3）2021年12月31日，与庚公司签订了一份销售合同，约定玉利兴公司采用分期收款方式向庚公司销售设备1套，价款为5 000万元，分4次于以后的4年内等额收取（每年年末收款一次）。该设备的生产成本为3 000万元，在现销方式下，该设备的销售价格为4 400万元。2021年12月31日，玉利兴公司将该设备运抵庚公司，庚公司验收合格。

玉利兴公司在2021年财务报表中确认收入5 000万元并结转已售商品成本3 000万元。不考虑税费及其他因素。要求：

根据资料（1）至（3），逐项判断玉利兴公司的会计处理是否正确，并说明理由。如果会计处理不正确，编制更正玉利兴公司2021年度财务报表的会计分录（无须通过"以前年度损益调整"科目）。

第十二章

财务报表

本章导读

汉唐公司自初创以来诚信经营,很快进入快速成长期。为了提高企业的核心竞争力,汉唐公司需要更多的资源和资金以扩大规模。年末,汉唐公司的财务报表数据显示财务状况、经营成果良好,为吸引投资打下了基础。经过股东努力争取,汉唐公司引入了"风险资本投资"。那么,什么是财务报表?财务报表的作用是什么?

第一节　财务报表概述

学习导读

有财务基础知识的管理者可以从财务报表中了解企业的财务状况和经营成果,甚至不需要专业财务人员的协助。汉唐公司的股东之一赵珍曾在大学选修过会计学相关课程,有一定的财务基础知识,在看到汉唐公司的财务报表后,赵珍义无反顾地投资入股汉唐公司。那么什么是财务报表呢?

一、财务报表的概念

财务报表[15]是对企业财务状况、经营成果和现金流量的结构性表述。本章根据《关于修订印发2019年度一般企业财务报表格式的通知》(财会〔2019〕6号)的规定对财务报表进行介绍。

（一）财务报表的构成

财务报表由资产负债表、利润表、现金流量表、所有者权益变动表、报表附注等构成。

（二）财务报表的分类

（1）按编报期间分类,财务报表可分为中期财务报表和年度财务报表(年报)。中期财务报表是指以中期为基础编制的财务报表,其中,中期是指短于一个完整的会计年度的报表期间,如半年度、季度和月度。中期财务报表可进一步分为月度财务报表(月报)、季度财务报表(季报)、半年度财务报表(半年报)。月报要求简明扼要,及时反映;年报要求揭示完整,全面反映;季报和半年报在会计信息的详细程度方面介于两者之间。

知识拓展

[15] 财务报告包括财务报表和其他应当在财务报告中披露的相关信息和资料。财务报表是财务报告的核心内容。

（2）按编报主体分类，财务报表可分为个别财务报表和合并财务报表

个别财务报表是由企业在自身会计核算基础上对账簿记录进行加工而编制的财务报表，它主要用于反映企业自身的财务状况、经营成果和现金流量情况。合并财务报表⑯是以母公司和子公司组成的**企业集团**为会计主体，根据母公司和所属子公司的财务报表，由母公司编制的**综合**反映企业集团财务状况、经营成果及现金流量的财务报表。

二、财务报表列报的基本要求

（一）以《企业会计准则》为依据

企业应当根据实际发生的交易和事项，遵循《企业会计准则》的规定进行确认和计量，并在此基础上编制财务报表。

（二）以持续经营为列报基础

持续经营是会计的基本前提，也是会计确认、计量及编制财务报表的基础。

（三）主要按照权责发生制编制

除现金流量表按照收付实现制编制外，企业应当按照**权责发生**制编制其他财务报表。

（四）列报体现一致性

可比性是会计信息的一项重要质量要求，目的是使同一企业不同期间和同一期间不同企业的财务报表相互可比。财务报表项目的列报应当在各个会计期间保持一致，不得随意变更。

（五）列报遵守重要性原则

财务报表项目的重要性是指在合理预期下，财务报表某项目的省略或错报会影响使用者据此做出经济决策。

企业在进行重要性判断时，应当根据企业所处的具体环境，从项目的**性质**和**金额**两方面加以判断，对各项目重要性的判断标准一经确定，**不得**随意变更。判断项目性质的重要性，应当考虑该项目在性质上是否属于企业日常活动，是否显著影响企业的财务状况、经营成果和现金流量等因素；判断项目金额大小的重要性，应当考虑该项目金额占资产总额、负债总额、所有者权益总额、营业收入总额、营业成本总额、净利润、综合收益总额等直接相关项目金额的**比重**或所属报表单列项目金额的比重。

具体而言涉及项目重要性的有以下情况：

（1）性质或功能**不同**的项目，一般应当在财务报表中**单独**列报，例如存货和固定资产在性质上和功能上都有本质差别，必须分别在资产负债表上单独列报。但是不具有重要性的项目可以合并列报。

（2）性质或功能**类似**的项目，一般可以**合并**列报，例如原材料、在产品等项目在性质上类似，均通过生产过程形成企业的产品存货，因此可以合并列报，合并之后的类别统称为"存货"在资产负债表上列报。但项目所属类别具有重要性的，应当按其类别在财务报表中单独列报。

（3）项目单独列报的原则不仅适用于报表，还适用于附注。例如，某些项目的重要性程度不足以在资产负债表、利润表、现金流量表或所有者权益变动表中单独列示，但作为附注信息具有重要性的，则应当在附注中单独披露。

> **知识拓展**
>
> ⑯ 合并财务报表发源于美国，第一份比较完善的合并财务报表由美国钢铁公司于1901年编制，其后，编制合并财务报表逐渐成为各国会计准则的强制性要求。

（4）《企业会计准则第 30 号——财务报表列报》规定在财务报表中单独列报的项目，应当单独列报。其他具体会计准则规定单独列报的项目，应当增加单独列报项目。

（六）各项目之间的金额不得相互抵销

财务报表项目应当以**总额**列报，资产项目和负债项目的金额、收入项目和费用项目的金额、直接计入当期利润的利得项目和损失项目的金额**不能相互抵销**，即不得以净额列报。例如，企业欠客户的应付款不得与其他客户欠本企业的应收款相互抵销，如果相互抵销就掩盖了交易的实质。但其他具体会计准则另有规定的除外。

需要注意的是，一组类似交易形成的利得和损失以净额列示的，不属于抵销。资产或负债项目按扣除备抵项目后的净额列示，不属于抵销。非日常活动产生的利得和损失，以同一交易形成的收益扣减相关费用后的净额列示更能反映交易实质的，不属于抵销。

（七）至少应当提供所有列报项目的上一个可比会计期间的比较数据

当期财务报表的列报，至少应当提供所有列报项目上一个可比会计期间的比较数据，以及与理解当期财务报表相关的说明，但其他具体会计准则另有规定的除外。

财务报表的列报项目发生变更的，应当至少对可比期间的数据按照当期的列报要求进行调整，并在附注中披露调整的原因和性质，以及调整的各项目金额。对可比数据进行调整不切实可行的，应当在附注中披露不能调整的原因。

（八）应当在财务报表的显著位置披露编报企业的名称等重要信息

企业应当在财务报表的显著位置（如表首）至少披露下列各项信息：
（1）编报企业的名称。
（2）资产负债表日或财务报表涵盖的会计期间。
（3）人民币金额单位。
（4）财务报表是合并财务报表的，应当予以标明。

（九）至少应当按年编制财务报表

企业**至少**应当按年编制财务报表。根据《中华人民共和国会计法》的规定：会计年度自公历 1 月 1 日起至 12 月 31 日止。因此，在编制年度财务报表时，可能存在年度财务报表涵盖的会计期间短于一年的情况。例如企业在 3 月 1 日设立，在这种情况下，企业应当披露年度财务报表的实际涵盖期间、短于一年的原因以及报表数据不具可比性的事实。

❉ **本节导读分析**：财务报表是对企业财务状况、经营成果和现金流量的结构性表述，包括资产负债表、利润表、现金流量表、所有者权益变动表和附注等。企业编制财务报表的前提是持续经营，除现金流量表采用收付实现制外，其他报表应采用权责发生制编制。企业至少应按年编制财务报表，在年度财务报表之外还编制中期财务报表的，应按半年度、季度、月度编报。

第二节　资产负债表

> /学习导读/
>
> 汉唐公司自从引入风险资本，公司的人力、财力和物力都得以增加、壮大，财务部也招聘了很多新人。为了财务部新人能够更好地工作，让股东能够通过报表数据更好地了解企业的经营情况，财务部组织了一次有关财务报表编报说明的培训，培训首先介绍了资产负债表。那么，什么是资产负债表？资产负债表应如何编制？

一、资产负债表的概念、作用及内容

(一) 资产负债表的概念

资产负债表是反映企业在某一**特定日期**的**财务状况**的会计报表,是企业经营活动的静态反映。

📢 **学习提示**:资产负债表是时点报表,是静态报表,所提供的数据具体到某一天。利润表、现金流量表和所有者权益变动表是时期报表,是动态报表,所提供的通常是一个月、一季度或一年的数据。

(二) 资产负债表的作用

(1) 通过资产负债表,可以反映企业在某一特定日期所拥有或控制的经济资源、所承担的现时义务和所有者对净资产的要求权。

(2) 通过资产负债表,能够使财务报表使用者全面了解企业的财务状况、分析企业的偿债能力等情况,从而为财务报表使用者做出经济决策提供依据。

(三) 资产负债表的内容

资产负债表主要反映资产、负债和所有者权益三方面的内容,并满足"**资产 = 负债 + 所有者权益**"这一平衡关系。

1. 资产

资产反映由过去的交易或事项形成并由企业在某一特定日期所拥有或控制的,预期会给企业带来经济利益的资源。资产应当按照**流动资产**和**非流动资产**两大类别在资产负债表中列示,并在流动资产和非流动资产类别下进一步按性质分项列示。

流动资产是指预计在一个正常营业周期中变现、出售或耗用,或者主要为交易目的而持有的资产,例如预计在资产负债表日起**一年内**(含一年)变现的资产,或者自资产负债表日起一年内交换其他资产或清偿负债的能力不受限制的现金或现金等价物。

资产负债表中列示的流动资产项目通常包括货币资金、交易性金融资产、应收票据、应收账款、应收款项融资、预付款项、其他应收款、存货、**合同资产、持有待售资产、一年内到期的非流动资产**和其他流动资产等。

非流动资产是指流动资产以外的资产。资产负债表中列示的非流动资产项目通常包括:**债权投资、其他债权投资**、长期应收款、长期股权投资、**其他权益工具投资**、其他非流动金融资产、投资性房地产、固定资产、在建工程、生产性生物资产、油气资产、使用权资产、无形资产、开发支出、商誉、长期待摊费用、递延所得税资产以及其他非流动资产等。

📢 **学习提示**:长期待摊费用、制造费用都不是真正意义上的"费用"。"长期待摊费用"是资产类科目;"制造费用"是成本类科目,若有借方余额(季节性生产企业为下一年开工生产做准备),在资产负债表的"存货"项目反映。

2. 负债

负债反映在某一特定日期企业所承担的、预期会导致经济利益流出企业的**现时义务**。负债应当按照流动负债和非流动负债在资产负债表中进行列示,在流动负债和非流动负债类别下再进一步按性质分项列示。

流动负债是指预计在一个正常营业周期中清偿,或者主要为交易目的而持有,或者自资产负债表日起**一年内**(含一年)到期应予以清偿,且企业**无权自主**地将清偿推迟至资产负债表日后一年以上的负债。

资产负债表中列示的流动负债项目通常包括：短期借款、交易性金融负债、应付票据、应付账款、预收款项、合同负债、应付职工薪酬、应交税费、其他应付款、持有待售负债、一年内到期的非流动负债和其他流动负债等。

非流动负债是指流动负债以外的负债。资产负债表中列示的非流动负债项目通常包括：长期借款、应付债券、租赁负债、长期应付款、预计负债、递延收益、递延所得税负债和其他非流动负债等。

3. 所有者权益

所有者权益是企业资产扣除负债后的剩余权益，反映在某一特定日期企业股东（投资者）拥有的净资产的总额，一般按照实收资本（或股本）、其他权益工具、资本公积、其他综合收益、盈余公积和未分配利润分项列示。

二、资产负债表的格式与填列方法

（一）资产负债表的格式

资产负债表的表体格式一般有两种：报告式和账户式。报告式资产负债表是上下结构，上半部分列示资产各项目，下半部分列示负债和所有者权益各项目。

我国企业的资产负债表采用账户式结构，分为左右两方，左方列示资产项目，大体按资产的流动性大小排列，流动性大的资产如"货币资金""交易性金融资产"等排在前面，流动性小的资产如"长期股权投资""固定资产"等排在后面。右方列示负债和所有者权益项目，一般按要求清偿时间的先后顺序排列，"短期借款""应付票据""应付账款"等需要在一年以内或者超过一年的一个正常营业周期内偿还的流动负债排在前面，"长期借款"等在一年以上才需要偿还的非流动负债排在中间，在企业清算之前不需要偿还的所有者权益项目排在后面。

如有下列情况，企业应当在资产负债表中调整或增设相关项目：

（1）高危行业企业如有按国家规定提取的安全生产费的，应当在资产负债表所有者权益项下的"其他综合收益"项目和"盈余公积"项目之间增设"专项储备"项目，反映企业提取安全生产费的期末余额。

（2）企业衍生金融工具业务具有重要性的，应当在资产负债表资产列下"交易性金融资产"项目和"应收票据"项目之间增设"衍生金融资产"项目，在资产负债表负债列下"交易性金融负债"项目和"应付票据"项目之间增设"衍生金融负债"项目，分别反映企业衍生工具形成资产和负债的期末余额。

我国一般企业的资产负债表见表12-1。

表 12-1 资产负债表（一）

会企 01 表

编制单位： 年 月 日 单位：元

资产	期末余额	上年年末余额	负债和所有者权益（或股东权益）	期末余额	上年年末余额
流动资产：			流动负债：		
货币资金			短期借款		
交易性金融资产			交易性金融负债		
应收票据			应付票据		

（续）

资产	期末余额	上年年末余额	负债和所有者权益（或股东权益）	期末余额	上年年末余额
应收账款			应付账款		
应收款项融资			预收款项		
预付款项			合同负债		
其他应收款			应付职工薪酬		
存货			应交税费		
合同资产			其他应付款		
持有待售资产			持有待售负债		
一年内到期的非流动资产			一年内到期的非流动负债		
其他流动资产			其他流动负债		
流动资产合计			流动负债合计		
非流动资产：			非流动负债：		
债权投资			长期借款		
其他债权投资			应付债券		
长期应收款			其中：优先股		
长期股权投资			永续债		
其他权益工具投资			租赁负债		
其他非流动金融资产			长期应付款		
投资性房地产			预计负债		
固定资产			递延收益		
在建工程			递延所得税负债		
生产性生物资产			其他非流动负债		
油气资产			非流动负债合计		
使用权资产			负债合计		
无形资产			所有者权益（或股东权益）：		
开发支出			实收资本（或股本）		
商誉			其他权益工具		
长期待摊费用			其中：优先股		
递延所得税资产			永续债		
其他非流动资产			资本公积		
非流动资产合计			减：库存股		

（续）

资　产	期末余额	上年年末余额	负债和所有者权益（或股东权益）	期末余额	上年年末余额
			其他综合收益		
			盈余公积		
			未分配利润		
			所有者权益（或股东权益）合计		
资产总计			负债和所有者权益（或股东权益）总计		

（二）资产负债表项目的填列方法

资产负债表各项目均需填列"期末余额"和"上年年末余额"两栏。"期末余额"栏内各项数字的填列方法如下：

1. 根据总账科目余额填列

（1）资产负债表中的有些项目，可<u>直接</u>根据有关总账科目的期末余额填列，如"短期借款""资本公积"等项目。

（2）资产负债表中也有一些项目需要根据<u>几个</u>总账科目的期末余额<u>计算</u>填列，如"货币资金"项目，需要根据"库存现金""银行存款""其他货币资金"三个总账科目的期末余额合计数填列。

> 📣 **学习提示**：根据总账科目余额填列的项目基本有对应的总账科目，而且没有减值准备等备抵科目。

2. 根据明细科目余额计算填列

（1）"应付账款"项目，需要根据"应付账款"和"预付账款"两个科目所属的相关明细账科目的期末贷方余额计算填列。

（2）"应收账款"项目，需要根据"应收账款"和"预收账款"两个科目所属的相关明细科目的期末借方余额和应收账款有关的坏账准备贷方余额计算填列。

（3）"预付款项"项目，需要根据"预付账款"科目借方余额和"应付账款"科目借方余额减去与"预付账款"有关的坏账准备贷方余额计算填列。

（4）"预收款项"项目，需要根据"应收账款"科目贷方余额和"预收账款"科目贷方余额计算填列。

（5）"开发支出"项目，需要根据"研发支出"科目中所属的"资本化支出"明细科目期末余额计算填列。

（6）"应付职工薪酬"项目，需要根据"应付职工薪酬"科目的各明细科目期末余额计算填列。

（7）"一年内到期的非流动资产""一年内到期的非流动负债"项目，需要根据有关非流动资产或非流动负债项目的明细科目余额计算填列。

3. 根据总账科目和明细科目余额分析计算填列

如"长期借款"项目，需要根据"长期借款"总账科目余额扣除"长期借款"科目所属的明细科目中将在资产负债表日起一年内到期且企业不能自主地将清偿义务展期的长期借款后的金额计算填列；"其他非流动资产"项目，应根据有关科目的期末余额减去将于一年内（含一年收回的部分后的金额计算填列；"其他非流动负债"项目，应根据有关科目的期末余额减去将于一年内（含一年）到期偿还的部分后的金额计算填列。

4. 根据有关科目余额减去其备抵科目余额后的净额填列

（1）如"应收票据""应收账款""长期股权投资""在建工程"等项目，应当根据"应收票据""应收账款""长期股权投资""在建工程"等科目的期末余额减去"坏账准备""长期股权投资减值准备""在建工程减值准备"等备抵科目期末余额后的净额填列。

（2）"投资性房地产"（采用成本模式计量）项目及"固定资产"项目，应当根据"投资性房地产""固定资产"科目的期末余额，减去"投资性房地产累计折旧""投资性房地产减值准备""累计折旧""固定资产减值准备"等备抵科目的期末余额，以及"固定资产清理"科目期末余额后的净额填列。

（3）"无形资产"项目，应当根据"无形资产"科目的期末余额，减去"累计摊销""无形资产减值准备"等备抵科目期末余额后的净额填列。

5. 综合运用上述填列方法分析填列

如资产负债表中的"存货"项目，需要根据"原材料""库存商品""委托加工物资""周转材料""材料采购""在途物资""发出商品""材料成本差异"等总账科目期末余额的分析汇总数，再减去"存货跌价准备"科目期末余额后的净额填列。

（三）资产负债表项目的填列说明

资产负债表中资产、负债和所有者权益主要项目的填列说明如下：

1. 主要资产项目的填列说明

（1）"货币资金"项目，反映企业库存现金、银行结算户存款、外埠存款、银行汇票存款、银行本票存款、信用卡存款、信用证保证金存款等的合计数。该项目应根据"库存现金""银行存款""其他货币资金"科目期末余额的合计数填列。

【例 12-1】 玉利兴公司 2021 年 12 月 31 日"库存现金"科目期末余额为 5 000 元，"银行存款"科目余额为 1 056 700 元。

要求：计算玉利兴公司资产负债表中"货币资金"项目的期末填列金额。

【答案】

"货币资金"项目的期末填列金额 =5 000+1 056 700=1 061 700（元）

（2）"交易性金融资产"项目，反映企业资产负债表日分类为以公允价值计量且其变动计入当期损益的金融资产，以及企业持有的直接指定为以公允价值计量且其变动计入当期损益的金融资产的期末账面价值。该项目应根据"交易性金融资产"科目的相关明细科目期末余额分析填列。自资产负债表日起超过一年到期且预期持有超过一年的以公允价值计量且其变动计入当期损益的非流动金融资产的期末账面价值，在"其他非流动金融资产"项目反映。

（3）"应收票据"项目，反映资产负债表日以摊余成本计量的，企业因销售商品、提供服务等收到的商业汇票，包括银行承兑汇票和商业承兑汇票。该项目应根据"应收票据"科目的期末余额，减去"坏账准备"科目中相关坏账准备期末余额后的金额分析填列。

（4）"应收账款"项目，反映资产负债表日以摊余成本计量的，企业因销售商品、提供服务等经营活动应收取的款项。该项目应根据"应收账款"科目的期末余额，减去"坏账准备"科目中相关坏账准备期末余额后的金额分析填列。

【例 12-2】 玉利兴公司 2021 年 12 月 31 日"应收账款"科目借方余额为 924 300 元，"坏账准备"科目贷方余额为 6 300 元。

要求：计算玉利兴公司资产负债表中"应收账款"项目的期末填列金额。

【答案】

"应收账款"项目的期末填列金额 =924 300−6 300=918 000（元）

（5）"应收款项融资"项目，反映资产负债表日以公允价值计量且其变动计入其他综合收益的应收票据和应收账款等。该项目应根据相关科目的期末余额填列。

（6）"预付款项"项目，反映资产负债表日企业按照购货合同规定预付给供应单位的款项等。该项目应根据"预付账款"和"应付账款"科目所属各明细科目的期末借方余额合计数，减去"坏账准备"科目中有关预付账款计提的坏账准备期末余额后的净额填列。如"预付账款"科目所属明细科目期末有贷方余额的，应在资产负债表"应付账款"项目内填列。

（7）"其他应收款"项目，反映企业除应收票据、应收账款、预付账款等经营活动以外的其他各种应收、暂付的款项。该项目应根据"应收利息""应收股利""其他应收款"科目的期末余额合计数，减去"坏账准备"科目中相关坏账准备期末余额后的金额填列。其中的"应收利息"仅反映相关金融工具已到期可收取但于资产负债表日尚未收到的利息。基于实际利率法计提的金融工具的利息应包含在相应金融工具的账面余额中。

（8）"存货"项目，反映企业期末在库、在途和在加工中的各种存货的可变现净值或成本（可变现净值与成本孰低计量）。该项目应根据"材料采购""原材料""低值易耗品""库存商品""周转材料""委托加工物资""发出商品""生产成本""受托代销商品"等科目的期末余额合计数，减去"受托代销商品款""存货跌价准备"科目期末余额后的净额填列。材料采用计划成本核算，以及库存商品采用计划成本核算或售价核算的企业，还应按调整材料成本差异、商品进销差价后的金额填列。

【例 12-3】 玉利兴公司 2021 年 12 月 31 日"原材料"科目余额为 513 000 元，"库存商品"科目余额为 897 000 元，"周转材料"科目余额为 231 000 元，无其他存货相关科目。

要求：计算玉利兴公司资产负债表中"存货"项目的期末填列金额。

【答案】

"存货项目的"期末填列金额 =513 000+897 000+231 000=1 641 000（元）

（9）"合同资产"项目，反映企业按照《企业会计准则第 14 号——收入》（2017）的相关规定，根据本企业履行履约义务与客户付款之间的关系在资产负债表中列示合同资产。该项目应根据"合同资产"科目的相关明细科目期末余额分析填列。同一合同下的合同资产和合同负债应当以净额列示，净额为借方余额的，应当根据其流动性在"合同资产"或"其他非流动资产"项目中填列，已计提减值准备的，还应减去"合同资产减值准备"科目中相关的期末余额；净额为贷方余额的，应当根据其流动性在"合同负债"或"其他非流动负债"项目中填列。

📌 学习提示：合同资产是指企业已向客户转让商品而有权收取对价的权利，且该权利取决于时间流逝之外的其他因素；企业拥有的无条件（即仅取决于时间流逝因素）向客户收取对价的权利应当作为应收账款单独列示。

（10）"持有待售资产"项目，反映资产负债表日划分为持有待售类别的非流动资产及划分为持有待售类别的处置组中的流动资产和非流动资产的期末账面价值。该项目应根据"持有待售资产"科目的期末余额，减去"持有待售资产减值准备"科目的期末余额后的金额填列。

📌 学习提示：持有待售资产和负债不应当相互抵销，"持有待售资产"和"持有待售负债"应当分别作为流动资产和流动负债列示。

（11）"一年内到期的非流动资产"项目，反映企业预计自资产负债表日起一年内变现的非流动资产。该项目应根据有关科目的期末余额分析填列。

（12）"债权投资"项目，反映资产负债表日企业以**摊余成本**计量的长期债权投资的期末账面价值。该项目应根据"债权投资"科目的相关明细科目期末余额，减去"债权投资减值准备"科目中相关减值准备的期末余额后的金额分析填列。自资产负债表日起一年内到期的长期债权投资的期末账面价值，在"一年内到期的非流动资产"项目反映。企业购入的以摊余成本计量的一年内到期的债权投资的期末账面价值，在"其他流动资产"项目反映。

📢 学习提示：

摊余成本＝初始确认金额－已偿还的本金 ± 累计摊销额－累计信用减值损失

（13）"其他债权投资"项目，反映资产负债表日企业分类为以公允价值计量且其变动计入其他综合收益的长期债权投资的**期末账面价值**。该项目应根据"其他债权投资"科目的相关明细科目期末余额分析填列。自资产负债表日起**一年内**到期的长期债权投资的期末账面价值，在"一年内到期的非流动资产"项目反映。企业购入的以公允价值计量且其变动计入其他综合收益的一年内到期的债权投资的期末账面价值，在"其他流动资产"项目反映。

（14）"长期应收款"项目，反映企业租赁产生的应收款项和采用**递延方式**分期收款、实质上具有融资性质的销售商品和提供服务等经营活动产生的应收款项。该项目应根据"长期应收款"科目的期末余额，减去相应的"未实现融资收益"科目期末余额，以及"坏账准备"科目所属相关明细科目期末余额后的金额填列。

（15）"长期股权投资"项目，反映投资方对被投资方实施控制、重大影响的权益性投资，以及对其合营企业的权益性投资。该项目应根据"长期股权投资"科目的期末余额，减去"长期股权投资减值准备"科目的期末余额后的净额填列。

（16）"其他权益工具投资"项目，反映资产负债表日企业指定为以公允价值计量且其变动计入其他综合收益的非交易性权益工具投资的期末账面价值。该项目应根据"其他权益工具投资"科目的期末余额填列。

（17）"固定资产"项目，反映资产负债表日企业固定资产的期末账面价值和企业尚未清理完毕的固定资产清理净损益。该项目应根据"固定资产"科目的期末余额，减去"累计折旧"和"固定资产减值准备"科目的期末余额后的金额，以及"固定资产清理"科目的期末余额填列。

【例 12-4】玉利兴公司 2021 年 12 月 31 日 "固定资产"科目借方余额为 8 387 250 元，"累计折旧"科目贷方余额为 1 648 500 万元，未计提固定资产减值准备。

要求：计算玉利兴公司年末"固定资产"项目的填列金额。

【答案】

"固定资产"项目的填列金额＝8 387 250－1 648 500＝6 738 750（元）

（18）"在建工程"项目，反映资产负债表日企业尚未达到预定可使用状态的在建工程的期末账面价值和企业为在建工程准备的各种物资的期末账面价值。该项目应根据"在建工程"科目的期末余额，减去"在建工程减值准备"科目的期末余额后的金额，加上"工程物资"科目的期末余额，减去"工程物资减值准备"科目的期末余额后的金额填列。

（19）"使用权资产"项目，反映资产负债表日承租人企业持有的使用权资产的期末账面价值。该项目应根据"使用权资产"科目的期末余额，减去"使用权资产累计折旧"和"使用权资产减值准备"科目的期末余额后的金额填列。

（20）"无形资产"项目，反映企业持有的专利权、非专利技术、商标权、著作权、土地使用权等无形资产的成本减去累计摊销和减值准备后的净值。该项目应根据"无形资产"科目的期末余额,减去"累计摊销"和"无形资产减值准备"科目期末余额后的金额填列。

📢 **学习提示**:商誉不在无形资产中反映,它在资产负债表中单独列示。

(21)"开发支出"项目,反映企业开发无形资产过程中能够资本化形成无形资产成本的支出部分。该项目应当根据"研发支出"科目中所属的"资本化支出"明细科目期末余额填列。

(22)"长期待摊费用"项目,反映企业已经发生但应由本期和以后各期负担的分摊期限在一年以上的各项费用。该项目应根据"长期待摊费用"科目的期末余额,减去将于一年内(含一年)摊销的部分后的金额分析填列。但长期待摊费用的摊销年限只剩一年或不足一年的,或预计在一年内(含一年)进行摊销的部分,不得归类为流动资产,不转入"一年内到期的非流动资产"项目,仍在非流动资产项目中填列。

(23)"递延所得税资产"项目,反映企业根据《企业会计准则第18号——所得税》确认的可抵扣暂时性差异产生的所得税资产。该项目应根据"递延所得税资产"科目的期末余额填列。

(24)"其他非流动资产"项目,反映企业除上述非流动资产以外的其他非流动资产。该项目应根据有关科目的期末余额填列。

2. 主要负债项目的填列说明

(1)"短期借款"项目,反映企业向银行或其他金融机构等借入的期限在一年以下(含一年)的各种借款。该项目应根据"短期借款"科目的期末余额填列。

(2)"交易性金融负债"项目,反映企业资产负债表日承担的交易性金融负债,以及企业持有的直接指定为以公允价值计量且其变动计入当期损益的金融负债的期末账面价值。该项目应根据"交易性金融负债"科目的相关明细科目期末余额填列。

(3)"应付票据"项目,反映资产负债表日以摊余成本计量的,企业因购买材料、商品和接受服务等开出、承兑的商业汇票,包括银行承兑汇票和商业承兑汇票。该项目应根据"应付票据"科目的期末余额填列。

(4)"应付账款"项目,反映资产负债表日以摊余成本计量的,企业因购买材料、商品和接受服务等经营活动应支付的款项。该项目应根据"应付账款"和"预付账款"科目所属的相关明细科目的期末贷方余额合计数填列。

(5)"预收款项"项目,反映企业按照销货合同规定预收客户的款项。该项目应根据"预收账款"和"应收账款"科目所属各明细科目的期末**贷方余额合计数**填列。如"预收账款"科目所属明细科目期末有**借方余额**的,应在资产负债表"应收账款"项目内填列。

(6)"合同负债"项目,反映企业根据本企业履行履约义务与客户付款之间的关系在资产负债表中列示的合同负债。该项目应根据"合同负债"的相关明细科目期末余额分析填列。

📢 **学习提示**:合同负债是指企业已收或应收客户对价而应向客户转让商品的义务。如企业在转让承诺的商品之前已收取的款项。此项目是《企业会计准则第14号——收入》做了重大修订后新增的报表项目。

(7)"应付职工薪酬"项目,反映企业为获得职工提供的服务或与职工解除劳动关系而给予职工的各种形式的报酬或补偿。该项目应根据"应付职工薪酬"科目所属各明细科目的期末贷方余额分析填列。外商投资企业按规定从净利润中提取的职工奖励及福利基金,也在该项目列示。

(8)"应交税费"项目,反映企业按照税法规定计算应缴纳的各种税费,包括增值税、消费税、资源税、土地增值税、城市维护建设税、房产税、城镇土地使用税、车船税、教育费附加、企业所得税等。企业代扣代缴的个人所得税,也通过该项目列示。企业所缴纳的税金不需要预计应缴纳数的,如印花税、耕地占用税等,不在该项目列示。该项目应根据"应交税费"科目的期末贷方余额填列,如"应交税费"科目期末为借方余额,应以"-"号填列。"应交税费"科目下的"未交增值税""简易计税""转让金融商品应交增值税""代扣代缴增值税"等明细科目期末贷方余额应在该项目列示。"应交税费"科目下的"应交增值税""未交增值税""待抵扣进项税额""待认证进项税额""增值税留抵税额"等明细科目期末借方余额应根据情况,在资产负债表中的"其他流动资产"或"其他非流动资产"项目列示;"应交税费——待转销项税额"等科目期末贷方余额应根据情况,在资产负债表中的"其他流动负债"或"其他非流动负债"项目列示。

📢 **学习提示**:应交税费科目下的"应交增值税""未交增值税"等明细科目期末借方余额应根据情况,在资产负债表中的"其他流动资产"或"其他非流动资产"项目列示。

(9)"其他应付款"项目,反映企业除应付票据、应付账款、预收账款、应付职工薪酬、应交税费等经营活动以外的其他各项**应付、暂收**的款项。该项目应根据"应付股利""应付利息""其他应付款"科目的期末余额合计数填列。

【例 12-5】玉利兴公司 2021 年 12 月 31 日"应付利息"科目贷方余额为 111 000 元,"应付股利"科目贷方余额为 208 200 元。

要求:计算玉利兴公司年末"其他应付款"项目的填列金额。

【答案】

"其他应付款"项目的填列金额 =111 000+208 200=319 200(元)

(10)"持有待售负债"项目,反映资产负债表日处置组中与划分为持有待售类别的资产直接相关的负债的期末账面价值。该项目应根据"持有待售负债"科目的期末余额填列。

(11)"一年内到期的非流动负债"项目,反映企业非流动负债中将于资产负债表日后一年内到期部分的金额,如将于一年内偿还的长期借款。该项目应根据有关科目的期末余额分析填列。

📢 **学习提示**:将于资产负债表日后一年内到期的非流动资产及负债,在核算时,依然在原有科目进行处理;只是在列报项目上根据其流动性进行调整。

(12)"长期借款"项目,反映企业向银行或其他金融机构借入的期限在**一年以上**(不含一年)的各项借款。该项目应根据"长期借款"科目的期末余额,**扣除**"长期借款"科目所属的明细科目中将在资产负债表日起**一年内到期**且企业**不能自主**地将清偿义务**展期**的长期借款后的金额计算填列。

(13)"应付债券"项目,反映企业为筹集长期资金而发行的债券本金及应付的利息。该项目应根据"应付债券"科目的期末余额分析填列。

对于资产负债表日企业发行的金融工具,分类为金融负债的,应在该项目填列,对于优先股和永续债还应在该项目下的"优先股"项目和"永续债"项目分别填列。

(14)"租赁负债"项目,反映资产负债表日承租人企业尚未支付的租赁付款额的期末账面价值。该项目应根据"租赁负债"科目的期末余额填列。自资产负债表日起一年内到期应予以清偿的租赁负债的期末账面价值,在"一年内到期的非流动负债"项目反映。

📢 **学习提示**:"应付债券"科目是非流动负债类科目。

(15)"长期应付款"项目,反映除了长期借款和应付债券以外的其他各种长期应付款。主要有应付补偿贸易引进设备款、采用分期付款方式购入固定资产和无形资产发生的应付账款等。该项目应当根据"长期应付款"科目的期末余额,**减去**相关的"未确认融资费用"科目的期末余额后的金额，以及"专项应付款"科目的期末余额，再减去所属相关明细科目中将于一年内到期的部分后的金额填列。

（16）"预计负债"项目，反映企业根据《企业会计准则第 13 号——或有负债》等相关准则确认的各项预计负债，包括对外提供担保、未决诉讼、产品质量保证、重组义务以及固定资产和矿区权益弃置义务等产生的预计负债。该项目应根据"预计负债"科目的期末余额填列。

📢 **学习提示**：不属于弃置义务的固定资产报废清理费，应当在发生时作为固定资产处置费用处理。

（17）"递延收益"项目，反映尚待确认的收入或收益。该项目反映包括企业根据《企业会计准则第 16 号——政府补助》确认的应在以后期间计入当期损益的政府补助金额等其他递延性收入。该项目应根据"递延收益"科目的期末余额填列。该项目中摊销期限只剩一年或不足一年的，或预计在一年内（含一年）进行摊销的部分，不得归类为流动负债，不转入"一年内到期的非流动负债"项目，仍在该项目中填列。

📢 **学习提示**：在实务中，政府补助的形式主要有财政拨款、财政贴息、税收返还和无偿划拨货币性资产等。

（18）"递延所得税负债"项目，反映企业根据《企业会计准则第 18 号——所得税》确认的应纳税暂时性差异产生的所得税负债。该项目应根据"递延所得税负债"科目的期末余额填列。

（19）"其他非流动负债"项目，反映企业除上述非流动负债以外的其他非流动负债。该项目应根据有关科目的期末余额，减去将于一年内（含一年）到期偿还部分后的余额分析填列。相关非流动负债各项目中将于一年内（含一年）到期的非流动负债，应在"一年内到期的非流动负债"项目内反映。

3. 所有者权益项目的填列说明

（1）"实收资本（或股本）"项目，反映企业各投资者实际投入的资本（或股本）总额。该项目应根据"实收资本（或股本）"科目的期末余额填列。

（2）"其他权益工具"项目，反映企业发行的除普通股以外分类为权益工具的金融工具的期末账面价值，并下设"优先股"和"永续债"两个项目，分别反映企业发行的分类为权益工具的优先股和永续债的账面价值。

（3）"资本公积"项目，反映企业收到投资者出资超出其在注册资本或股本中所占的份额以及直接计入所有者权益的利得和损失等。该项目应根据"资本公积"科目的期末余额填列。

（4）"其他综合收益"项目，反映企业其他综合收益的期末余额。该项目应根据"其他综合收益"科目的期末余额填列。

（5）"专项储备"项目，反映高危行业企业按国家规定提取的安全生产费的期末账面价值。该项目应根据"专项储备"科目的期末余额填列。

（6）"盈余公积"项目，反映企业盈余公积的期末余额。该项目应根据"盈余公积"科目的期末余额填列。

（7）"未分配利润"项目，反映企业尚未分配的利润。该项目应根据"本年利润"科目和"利润分配"科目的余额计算填列。未弥补的亏损在该项目内以"-"号填列。

📢 **学习提示**：针对资产负债表中"应收票据""应收账款""预付款项""应付票据""应付账款""预收款项"的填列可以结合以下口诀记忆："收对收、付对付、资产为借、负债为贷"。

三、资产负债表编制案例

（一）基础资料

玉利兴公司为增值税一般纳税人，主营业务适用的增值税税率为 13%，适用的企业所得税税率为 25%。该公司 2020 年 12 月 31 日的资产负债表见表 12-2，2021 年 12 月 31 日的科目余额表见表 12-3。

表 12-2 资产负债表（二）

会企 01 表

编制单位：玉利兴公司　　　　2020 年 12 月 31 日　　　　单位：元

资　产	期末余额	上年年末余额	负债和所有者权益（或股东利益）	期末余额	上年年末余额
流动资产：			流动负债：		
货币资金	962 250		短期借款		
交易性金融资产			交易性金融负债		
应收票据	252 000		应付票据	244 500	
应收账款	747 000		应付账款	1 128 000	
应收款项融资			预收款项	67 500	
预付款项			合同负债		
其他应收款	87 000		应付职工薪酬	207 000	
存货	1 894 500		应交税费	264 000	
合同资产			其他应付款	217 500	
持有待售资产			持有待售负债		
一年内到期的非流动资产			一年内到期的非流动负债	180 000	
其他流动资产			其他流动负债		
流动资产合计	3 942 750		流动负债合计	2 308 500	
非流动资产：			非流动负债：		
债权投资	199 500		长期借款	1 260 000	
其他债权投资			应付债券		
长期应收款			其中：优先股		
长期股权投资	852 000		永续债		
其他权益工具投资			租赁负债		
其他非流动金融资产			长期应付款		
投资性房地产			预计负债		
固定资产	6 588 450		递延收益		
在建工程	805 350		递延所得税负债		
生产性生物资产			其他非流动负债		
油气资产			非流动负债合计	1 260 000	

（续）

资　产	期末余额	上年年末余额	负债和所有者权益（或股东利益）	期末余额	上年年末余额
使用权资产			负债合计	3 568 500	
无形资产	456 000		所有者权益（或股东权益）：		
开发支出			实收资本（或股本）	7 527 000	
商誉			其他权益工具		
长期待摊费用			其中：优先股		
递延所得税资产	13 350		永续债		
其他非流动资产			资本公积		
非流动资产合计	8 914 650		减：库存股		
			其他综合收益		
			盈余公积	1 274 400	
			未分配利润	487 500	
			所有者权益（或股东权益）合计	9 288 900	
资产总计	12 857 400		负债和所有者权益（或股东权益）总计	12 857 400	

表 12-3　科目余额表

2021 年 12 月 31 日　　　　　　　　　　　　　　　　　　　单位：元

科目名称	期末余额	
	借　方	贷　方
库存现金	5 000	
银行存款	1 056 700	
交易性金融资产	217 500	
债权投资	79 500	
应收账款	924 300	
应收票据	222 000	
预付账款	75 000	
其他应收款	0	
应收利息	5 850	
应收股利	142 500	
坏账准备		6 300
库存商品	897 000	
原材料	513 000	
周转材料	231 000	

(续)

科目名称	期末余额	
	借方	贷方
长期股权投资	853 500	
固定资产	8 387 250	
累计折旧		1 648 500
在建工程	805 200	
工程物资	120 150	
无形资产	456 000	
累计摊销		132 000
长期待摊费用	0	
递延所得税资产	9 750	
短期借款		229 500
应付票据		204 000
应付账款		1 177 500
应付职工薪酬		214 500
应交税费		201 000
应付利息		111 000
应付股利		208 200
其他应付款		0
长期借款		1 260 000
长期应付款		15 000
预计负债		0
实收资本		7 527 000
资本公积		0
其他综合收益		1 500
盈余公积		1 378 200
利润分配		687 000

表12-3中，玉利兴公司"长期借款"总账科目贷方余额1 260 000元中有180 000元将于一年内到期。玉利兴公司2021年没有发生会计政策变更、前期差错更正等需要调整年初余额的事项。坏账准备计提的金额数仅与应收账款有关明细科目相关。

要求：根据玉利兴公司2020年12月31日的资产负债表及2021年12月31日的科目余额表编制2021年12月31日的资产负债表。

【答案】

玉利兴公司2021年12月31日的资产负债表见表12-4。

表 12-4 资产负债表（三）

2021 年 12 月 31 日

编制单位：玉利兴公司　　　　　　　　　　　　　　　　　　　　　　　　　　　　企会 01 表　单位：元

资　产	期末余额	上年末余额	负债和所有者权益（或股东权益）	期末余额	上年末余额
流动资产：			流动负债：		
货币资金	1 061 700	962 250	短期借款	229 500	
交易性金融资产	217 500		交易性金融负债		
应收票据	222 000	252 000	应付票据	204 000	244 500
应收账款	918 000	747 000	应付账款	1 177 500	1 128 000
应收款项融资			预收款项		67 500
预付款项	75 000		合同负债		
其他应收款	148 350	87 000	应付职工薪酬	214 500	207 000
存货	1 641 000	1 894 500	应交税费	201 000	264 000
合同资产			其他应付款	319 200	217 500
持有待售资产			持有待售负债		
一年内到期的非流动资产			一年内到期的非流动负债	180 000	180 000
其他流动资产			其他流动负债		
流动资产合计	4 283 550	3 942 750	流动负债合计	2 525 700	2 308 500
非流动资产：			非流动负债：		
债权投资	79 500	199 500	长期借款	1 080 000	1 260 000
其他债权投资			应付债券		
长期应收款			其中：优先股		
长期股权投资	853 500	852 000	永续债		
其他权益工具投资			租赁负债		
其他非流动金融资产			长期应付款	15 000	

(续)

资　产	期末余额	上年年末余额	负债和所有者权益（或股东权益）	期末余额	上年年末余额
投资性房地产			预计负债		
固定资产	6 738 750	6 588 450	递延收益		
在建工程	925 350	805 350	递延所得税负债		
生产性生物资产			其他非流动负债		
油气资产			非流动负债合计	1 095 000	1 260 000
使用权资产			负债合计	3 620 700	3 568 500
无形资产	324 000	456 000	所有者权益（或股东权益）：		
开发支出			实收资本（或股本）	7 527 000	7 527 000
商誉			其他权益工具		
长期待摊费用			其中：优先股		
递延所得税资产	9 750	13 350	永续债		
其他非流动资产			资本公积		
非流动资产合计	8 930 850	8 914 650	减：库存股	1 500	
			其他综合收益		
			盈余公积	1 378 200	1 274 400
			未分配利润	687 000	487 500
			所有者权益（或股东权益）合计	9 593 700	9 288 900
资产总计	13 214 400	12 857 400	负债和所有者权益（或股东权益）总计	13 214 400	12 857 400

✽ **本节导读分析**：资产负债表是反映企业在某一特定日期的财务状况的会计报表，通过资产负债表能够分析企业的偿债能力等情况，从而为投资者做出经济决策提供依据。资产负债表的格式分为报告式和账户式两种，我国采用的是账户式资产负债表，左方为资产项目，右上方为负债项目，右下方为所有者权益项目，资产按其流动性划分为流动资产和非流动资产，负债按其清偿时间的先后顺序划分为流动负债和非流动负债。报表项目的列报有的需要根据总账科目余额填列，有的需要根据明细科目余额计算填列，有的需要根据总账科目和明细科目余额分析计算填列。还有的需要根据科目净额填列。较复杂的项目需要根据多种方法综合分析填列。

第三节 利润表

/学习导读/

财务报表编报说明培训会让汉唐公司的财务人员受益匪浅，尤其是对于刚毕业的小赵来说，这次培训十分重要。以利润表中的信用减值损失这个项目为例，小赵在校期间并没有学习相关内容，但工作中需要使用相关知识，这就产生了已学知识与实际运用脱轨的现象。那么什么是利润表，什么是信用减值损失呢？

一、利润表的概念、作用及内容

（一）利润表的概念

利润表又称为损益表，是反映企业在一定会计期间内的经营成果的报表。

📢 **学习提示**：经营成果是指在一定时期内企业从部分或全部经营过程中获得的成果。

（二）利润表的作用

（1）通过利润表，可以使财务报表使用者全面了解企业的经营成果。

（2）通过利润表，可以使财务报表使用者了解企业的获利能力及盈利增长趋势，从而做出有效的经济决策。

（3）通过利润表，可以为企业内部业绩考核提供重要依据。

（三）利润表的内容

利润表项目主要包括营业收入、营业成本、税金及附加、销售费用、管理费用、研发费用、财务费用、资产减值损失、信用减值损失、其他收益、投资收益、公允价值变动收益、资产处置收益、营业外收入、营业外支出、所得税费用、其他综合收益的税后净额、综合收益总额、每股收益等。

二、利润表的格式与填列方法

（一）利润表的格式

（1）利润表的格式有**单步式**和**多步式**两种。

（2）单步式利润表是将当期所有的收入列在一起，所有的支出列在一起，然后用收入总额减去支出总额计算出当期净损益。

（3）我国企业的利润表采用多步式格式，即通过对当期的收入和支出项目按性质加以归类，按利润形成的主要环节列示一些中间性利润指标，分步计算当期净损益，以便财务报表使用者理解企业经营成果的不同来源。

（4）利润表由表头和表体两部分组成。表头内容为报表名称、编制单位、编制日期、报表编号和金额单位；表体部分为利润表的主体，列示了形成经营成果的各个项目和计算过程。

（5）为了使财务报表使用者比较不同期间利润的实现情况，企业需要提供比较利润表，就各项目分"本期金额"和"上期金额"两栏列示，我国一般企业的利润表见表 12-5。

表 12-5　利润表（一）

会企 02 表

编制单位：　　　　　　　　　　　年　月　　　　　　　　　　　　单位：元

项　　目	本期金额	上期金额
一、营业收入		
减：营业成本		
税金及附加		
销售费用		
管理费用		
研发费用		
财务费用		
其中：利息费用		
利息收入		
加：其他收益		
投资收益（损失以"-"号填列）		
其中：对联营企业和合营企业的投资收益		
以摊余成本计量的金融资产终止确认收益（损失以"-"号填列）		
净敞口套期收益（损失以"-"号填列）		
公允价值变动收益（损失以"-"号填列）		
信用减值损失（损失以"-"号填列）		
资产减值损失（损失以"-"号填列）		
资产处置收益（损失以"-"号填列）		
二、营业利润（亏损以"-"号填列）		
加：营业外收入		
减：营业外支出		
三、利润总额（亏损总额以"-"号填列）		
减：所得税费用		
四、净利润（净亏损以"-"号填列）		
（一）持续经营净利润（净亏损以"-"号填列）		
（二）终止经营净利润（净亏损以"-"号填列）		

（续）

项　　目	本期金额	上期金额
五、其他综合收益的税后净额		
（一）不能重分类进损益的其他综合收益		
1．重新计量设定受益计划变动额		
2．权益法下不能转损益的其他综合收益		
3．其他权益工具投资公允价值变动		
4．企业自身信用风险公允价值变动		
……		
（二）将重分类进损益的其他综合收益		
1．权益法下可转损益的其他综合收益		
2．其他债权投资公允价值变动		
3．金融资产重分类计入其他综合收益的金额		
4．其他债权投资信用减值准备		
5．现金流量套期储备		
6．外币财务报表折算差额		
……		
六、综合收益总额		
七、每股收益		
（一）基本每股收益		
（二）稀释每股收益		

（二）利润表项目的填列方法

利润表的编制原理为"**收入 − 费用 = 利润**"的会计平衡公式和**收入与费用**的配比原则。我国企业利润表的编制步骤如图 12-1 所示。

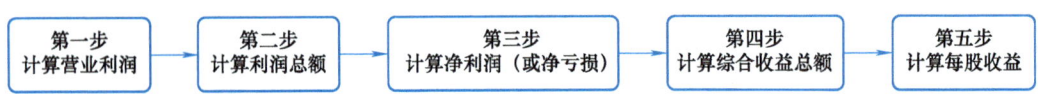

图 12-1　我国企业利润表的编制步骤

1．计算营业利润

营业利润 = 营业收入 − 营业成本 − 税金及附加 − 销售费用 − 管理费用 − 研发费用 − 财务费用 + 其他收益 + 投资收益（或 − 投资损失）+ 净敞口套期收益（或 − 净敞口套期损失）+ 公允价值变动收益（或 − 公允价值变动损失）− 信用减值损失 − 资产减值损失 + 资产处置收益（或 − 资产处置损失）

2．计算利润总额

利润总额 = 营业利润 + 营业外收入 − 营业外支出

3. 计算净利润（或净亏损）

净利润 = 利润总额 − 所得税费用

📢 **学习提示**："所得税费用"科目用以核算企业负担的所得税，是损益类科目。"所得税费用"是指企业经营产生利润应缴纳的所得税，即为从当期利润总额中扣除的所得税。因为可能存在"暂时性差异"，它通常不等于当期所得税，而是当期所得税和递延所得税之和。如果只存在永久性差异，则"所得税费用"等于当期应缴纳的所得税。

4. 计算综合收益[17]总额

以净利润（或净亏损）和其他综合收益的税后净额为基础，计算出综合收益总额。

5. 计算每股收益

以净利润（或净亏损）为基础，计算每股收益。

📢 **学习提示**：每股收益是衡量上市公司盈利能力最重要的财务指标，该指标反映了企业每一股份所创造的税后利润，数值越大，表明所创造的利润越多。

（三）利润表项目的填列说明

1. "营业收入"项目

"营业收入"项目反映企业经营主要业务和其他业务所确认的收入总额。该项目应根据"主营业务收入"和"其他业务收入"科目的发生额分析填列。

【例 12-6】 玉利兴公司 2021 年度销售 X 产品取得收入 1 250 000 元，销售 Y 产品取得收入 1 506 550 元。

要求：计算玉利兴公司 2021 年度利润表"营业收入"项目的填列金额。

【答案】

"营业收入"项目的填列金额 =1 250 000+1 506 550=2 756 550（元）

2. "营业成本"项目

"营业成本"项目反映企业经营主要业务和其他业务所发生的成本总额。该项目应根据"主营业务成本"和"其他业务成本"科目的发生额分析填列。

【例 12-7】 玉利兴公司 2021 年度销售 X 产品的成本为 540 000 元，销售 Y 产品的成本为 952 500 元。

要求：计算玉利兴公司 2021 年度利润表"营业成本"项目的填列金额。

【答案】

"营业成本"项目的填列金额 =540 000+952 500=1 492 500（元）

3. "税金及附加"项目

"税金及附加"项目反映企业经营业务应负担的消费税、城市维护建设税、资源税、土地增值税、教育费附加、房产税、车船税、城镇土地使用税、印花税等相关税费。该项目应根据

📖 **知识拓展**

[17] 从历史上看，收益概念最早出现在经济学中。1985 年，美国财务会计准则委员会（FASB）公布了《财务报表的各种要素》（SFAC No.6），其中阐述的收益概念更值得会计人员注意。1989 年，国际会计准则理事会（IASB）的《编报财务报表的框架》中，明确指出收益也包括未实现的利得。1997 年，FASB 的 SFAS No.130 要求呈报全面收益；1998 年国际会计准则委员会（IASC）的 IAS No.1 要求编制权益变动表，即全面收益表，反映包括企业资产持有利得的全面收益。

"税金及附加"科目的发生额分析填列。

4. "销售费用"项目

"销售费用"项目反映企业在销售商品过程中发生的包装费、广告费等费用和为销售本企业商品而专设的销售机构的职工薪酬、业务费等经营费用。该项目应根据"销售费用"科目的发生额分析填列。

【例 12-8】 玉利公司 2021 年度销售商品过程中发生的包装费用合计 2 000 元，发生的广告费用为 100 000 元。

要求：计算玉利兴公司 2021 年度利润表"销售费用"项目的填列金额。

【答案】

"销售费用"项目的填列金额 =2 000+100 000=102 000（元）

5. "管理费用"项目

"管理费用"项目反映企业为组织和管理生产经营发生的管理费用。该项目应根据"管理费用"科目的相关发生额分析填列。

【例 12-9】 玉利兴公司 2021 年度职工薪酬合计发生 67 500 元（全部为管理人员薪酬），管理用固定资产折旧发生额为 201 000 元，管理用无形资产摊销额为 99 000 元，支付其他相关管理费用合计 75 000 元。

要求：计算玉利兴公司 2021 年度利润表"管理费用"项目的填列金额。

【答案】

"管理费用"项目的填列金额 =67 500+201 000+99 000+75 000=442 500（元）

6. "研发费用"项目

"研发费用"项目反映企业进行研究与开发过程中发生的费用化支出，以及计入管理费用的自行开发无形资产的摊销。该项目应根据"管理费用"科目下的"研发费用"明细科目的发生额，以及"管理费用"科目下的"无形资产摊销"明细科目的发生额分析填列。

7. "财务费用"项目

"财务费用"项目反映企业为筹集生产经营所需资金等而发生的应予费用化的利息支出。该项目应根据"财务费用"科目的相关明细科目的发生额分析填列。其中，"利息费用"项目反映企业为筹集生产经营所需资金等而发生的应予费用化的利息支出，该项目应根据"财务费用"科目的相关明细科目的发生额分析填列；"利息收入"项目反映企业应冲减财务费用的利息收入，该项目应根据"财务费用"科目的相关明细的发生额分析填列。

📢 **学习提示**：财务部门从职能上看属于管理部门，该部门所发生的日常管理费用应该计入"管理费用"。

8. "其他收益"项目

"其他收益"项目反映计入其他收益的政府补助，以及其他与日常活动相关且计入其他收益的项目。该项目应根据"其他收益"科目的发生额分析填列。企业作为个人所得税的扣缴义务人，根据《中华人民共和国个人所得税法》代扣代缴个人所得税收到的扣缴税款手续费返还，应作为其他与日常活动相关的收益在该项目中填列。

9. "投资收益"项目

"投资收益"项目反映企业以各种方式对外投资所取得的收益。该项目应根据"投资收益"科目的发生额分析填列，如为投资损失，则以"-"号填列。

10. "净敞口套期收益"项目

"净敞口套期收益"项目反映净敞口套期下被套期项目累计公允价值变动转入当期损益的金额或现金流量套期储备转入当期损益的金额。该项目应根据"净敞口套期损益"科目的发生额分析填列;如为套期损失,则以"-"号填列。

11. "公允价值变动收益"项目

"公允价值变动收益"项目反映企业应当计入当期损益的资产或负债公允价值变动收益。该项目应根据"公允价值变动损益"科目的发生额分析填列,如为净损失,则以"-"号填列。

12. "信用减值损失"项目

"信用减值损失"项目反映企业计提的各项金融工具减值准备所形成的预期信用损失。该项目应根据"信用减值损失"科目的发生额分析填列。

13. "资产减值损失"项目

"资产减值损失"项目反映企业有关资产发生的减值损失。该项目应根据"资产减值损失"科目的发生额分析填列。

14. "资产处置收益"项目

"资产处置收益"项目反映企业出售划分为持有待售的非流动资产(金融工具、长期股权投资和投资性房地产除外)或处置组(子公司和业务除外)时确认的处置利得或损失,以及处置未划分为持有待售的固定资产、在建工程、生产性生物资产及无形资产而产生的处置利得或损失。债务重组中因处置非流动资产(金融工具、长期股权投资和投资性房地产除外)产生的利得或损失、非货币性资产交换中换出非流动资产(金融工具、长期股权投资和投资性房地产除外)产生的利得或损失也包括在该项目内。该项目应根据"资产处置损益"科目的发生额分析填列,如为处置损失,则以"-"号填列。

> 📢 **学习提示**:债务重组又称债务重整,是指在债务人发生严重财务困难的情况下,债权人按照与债务人达成的协议或者法院的裁定做出的让步事项。

15. "营业利润"项目

"营业利润"项目反映企业实现的营业利润。如为亏损,则以"-"号填列。

16. "营业外收入"项目

"营业外收入"项目反映企业发生的除营业利润以外的收益,主要包括与企业日常活动无关的政府补助、盘盈利得、捐赠利得等。该项目应根据"营业外收入"科目的发生额分析填列。

17. "营业外支出"项目

"营业外支出"项目反映企业发生的除营业利润以外的损失,主要包括公益性捐赠支出、非常损失、盘亏损失、非流动资产毁损报废损失等。该项目应根据"营业外支出"科目的发生额分析填列。

18. "利润总额"项目

"利润总额"项目反映企业实现的利润。如为亏损,则以"-"号填列。

19. "所得税费用"项目

"所得税费用"项目反映企业应从当期利润总额中扣除的所得税费用。该项目应根据"所得税费用"科目的发生额分析填列。

20. "净利润"项目

"净利润"项目反映企业实现的净利润。如为亏损,则以"-"号填列。

21. "其他综合收益的税后净额"项目

"其他综合收益的税后净额"项目反映企业根据《企业会计准则》规定未在损益中确认的各项利得和损失扣除所得税影响后的净额。

22. "综合收益总额"项目

"综合收益总额"项目反映企业净利润与其他综合收益（税后净额）的合计金额。

23. "每股收益"项目

"每股收益"项目包括基本每股收益和稀释每股收益两项指标，反映普通股或潜在普通股已公开交易的企业，以及正处在公开发行普通股或潜在普通股过程中的企业的每股收益信息。

三、利润表编制案例

玉利兴公司为增值税一般纳税人，主营业务适用的增值税税率为13%，适用的企业所得税税率为25%。2021年度损益科目累计发生额见表12-6。

表12-6　2021年度损益科目累计发生额

单位：元

科目名称	累计发生额	
	借　方	贷　方
主营业务收入		2 756 550
主营业务成本	1 492 500	
税金及附加	81 000	
销售费用	102 000	
管理费用	442 500	
财务费用	111 000	
资产减值损失	33 000	
信用减值损失	6 900	
公允价值变动损益		22 500
投资收益		155 850
资产处置收益		34 500
所得税费用	189 000	
合计	2 457 900	2 969 400

表12-6中所涉及财务费用的金额均由利息费用产生，玉利兴公司2021年度其他债权投资公允价值上升1 500元。

要求：根据资料，编制玉利兴公司2021年度利润表。

【答案】

玉利兴公司2021年度利润表见表12-7。

表 12-7 利润表（二）

会企 02 表
单位：元

编制单位：玉利兴公司　　　　　　2021 年 12 月

项　　目	本期金额	上期金额（略）
一、营业收入	2 756 550	
减：营业成本	1 492 500	
税金及附加	81 000	
销售费用	102 000	
管理费用	442 500	
研发费用		
财务费用	111 000	
其中：利息费用	111 000	
利息收入		
加：其他收益		
投资收益（损失以"－"号填列）	155 850	
其中：对联营企业和合营企业的投资收益		
以摊余成本计量的金融资产终止确认收益（损失以"－"号填列）		
净敞口套期收益（损失以"－"号填列）		
公允价值变动收益（损失以"－"号填列）	22 500	
信用减值损失（损失以"－"号填列）	－6 900	
资产减值损失（损失以"－"号填列）	－33 000	
资产处置收益（损失以"－"号填列）	34 500	
二、营业利润（亏损以"－"号填列）	700 500	
加：营业外收入		
减：营业外支出		
三、利润总额（亏损总额以"－"号填列）	700 500	
减：所得税费用	189 000	
四、净利润（净亏损以"－"号填列）	511 500	
（一）持续经营净利润（净亏损以"－"号填列）		
（二）终止经营净利润（净亏损以"－"号填列）		
五、其他综合收益的税后净额	1 500	
（一）不能重分类进损益的其他综合收益		
1．重新计量设定受益计划变动额		
2．权益法下不能转损益的其他综合收益		
3．其他权益工具投资公允价值变动		
4．企业自身信用风险公允价值变动		
……		

（续）

项　　目	本期金额	上期金额（略）
（二）将重分类进损益的其他综合收益	1 500	
1．权益法下可转损益的其他综合收益		
2．其他债权投资公允价值变动	1 500	
3．金融资产重分类计入其他综合收益的金额		
4．其他债权投资信用减值准备		
5．现金流量套期		
6．外币财务报表折算差额		
……		
六、综合收益总额	513 000	
七、每股收益：	（略）	
（一）基本每股收益		
（二）稀释每股收益		

✱ 本节导读分析：利润表是反映企业在一定会计期间内的经营成果的报表。利润表有单步式和多步式两种格式，我国采用多步式格式的利润表，为了使财务报表使用者比较不同期间利润的实现情况，企业需要提供比较利润表，就各项目分为"本期金额"和"上期金额"两栏列示。信用减值损失是指企业计提的各项金融工具减值准备所形成的预期信用损失，如对应收账款计提减值准备，就是通过"信用减值损失"科目核算的。

第四节　现金流量表

／学习导读／

对于财务人来说，现金流量表的编制是"四表"（资产负债表、利润表、现金流量表及所有者权益变动表）中较难的，虽然实行会计电算化后，编制报表难度大大降低，但是财务软件都是软件公司事先设置好直接取数的，财务人员需要理解编制财务报表的根本原理，这样在脱离财务软件时才不至于手忙脚乱。为此，汉唐公司的财务培训会上对现金流量表的编制也做了详细介绍。那么，到底什么是现金流量表？应如何编制现金流量表呢？

一、现金流量表的概念、作用及内容

（一）现金流量表的概念

现金流量表是反映企业在一定会计期间内**现金和现金等价物**[18]流入和流出情况的会计报表。

知识拓展

[18] 现金等价物是指符合下述两个条件的流动性很强的短期投资资产：①很容易就能兑换成固定数量的现金；②很快就会到期，因此市价受利率变动影响不大，一般三个月内到期的投资符合这一条件。如可在证券市场上流通的三个月内到期的短期债券投资等。

📢**学习提示**：企业的净利润是以权责发生制为基础计算出来的，不一定能够真正变成现金，如赊销产生的利润；而现金流量表中的现金流量是以收付实现制为基础编制的，已经实实在在地流入了企业，是企业实有的现金，正因如此，现金流量表越来越受到人们的关注。

（二）现金流量表的作用

（1）通过现金流量表，财务报表使用者能够了解企业的现金流量情况及其影响因素，从而对企业做出客观评价。

（2）通过现金流量表，财务报表使用者可以对企业的支付能力、偿债能力、周转能力做出可靠的判断。

（3）通过现金流量表，财务报表使用者还可以预测企业的未来现金流量，进而预测企业未来的发展情况，为自身决策提供有力依据。

📢**学习提示**：现金流量表的编制具有很大的意义，具体如下：①弥补了资产负债表信息量的不足；②便于从现金流量的角度对企业进行考核；③了解企业筹措现金及生成现金的能力。

（三）现金流量表的内容

现金流量表是按照收付实现制原则编制，将权责发生制下的盈利信息调整为收付实现制下的现金流量信息，便于财务报表使用者了解企业净利润的质量。

一般企业现金流量表被划分为经营活动、投资活动和筹资活动三部分，每类活动又分为各种具体项目，这些项目从不同角度反映了企业业务活动的现金流入与流出，弥补了资产负债表和利润表提供信息的不足。

二、现金流量表的格式与填列方法

（一）现金流量表的格式

在现金流量表中，现金及现金等价物被视为一个整体。企业现金形式的转换不会产生现金的流入和流出。

根据企业业务活动的性质和现金流量的来源，现金流量表在结构上将企业一定期间产生的现金流量分为三类：**经营活动产生的现金流量**、**投资活动产生的现金流量**和**筹资活动产生的现金流量**。我国一般企业的现金流量表主表见表12-8。

表12-8　一般企业现金流量表主表

编制单位：　　　　　　　　　　　　　　　年　月　　　　　　　　　　　　　　　会企03表
　　　单位：元

项　目	本期金额	上期金额
一、经营活动产生的现金流量：		
销售商品、提供劳务收到的现金		
收到的税费返还		
收到其他与经营活动有关的现金		
经营活动现金流入小计		
购买商品、接受劳务支付的现金		
支付给职工以及为职工支付的现金		
支付的各项税费		

（续）

项　　目	本期金额	上期金额
支付其他与经营活动有关的现金		
经营活动现金流出小计		
经营活动产生的现金流量净额		
二、投资活动产生的现金流量：		
收回投资收到的现金		
取得投资收益收到的现金		
处置固定资产、无形资产和其他长期资产收回的现金净额		
处置子公司及其他营业单位收到的现金净额		
收到其他与投资活动有关的现金		
投资活动现金流入小计		
购建固定资产、无形资产和其他长期资产支付的现金		
投资支付的现金		
取得子公司及其他营业单位支付的现金净额		
支付其他与投资活动有关的现金		
投资活动现金流出小计		
投资活动产生的现金流量净额		
三、筹资活动产生的现金流量：		
吸收投资收到的现金		
取得借款收到的现金		
收到其他与筹资活动有关的现金		
筹资活动现金流入小计		
偿还债务支付的现金		
分配股利、利润或偿付利息支付的现金		
支付其他与筹资活动有关的现金		
筹资活动现金流出小计		
筹资活动产生的现金流量净额		
四、汇率变动对现金及现金等价物的影响		
五、现金及现金等价物净增加额		
加：期初现金及现金等价物余额		
六、期末现金及现金等价物余额		

根据《企业会计准则》的规定，企业在编制现金流量表的同时还应当编制"现金流量表补充资料"，用以反映将净利润调节为经营活动现金流量、不涉及现金收支的重大投资和筹资活动、现金及现金等价物净变动情况等信息，并在附注中披露这些信息。现金流量表补充资料见表12-9。

表 12-9 现金流量表补充资料

单位：元

补 充 资 料	本期金额	上期金额
1. 将净利润调节为经营活动现金流量：		
净利润		
加：资产减值准备		
信用损失准备		
固定资产折旧、油气资产折耗、生产性生物资产折旧		
无形资产摊销		
长期待摊费用摊销		
处置固定资产、无形资产和其他长期资产的损失（收益以"－"号填列）		
固定资产报废损失（收益以"－"号填列）		
净敞口套期损失（收益以"－"号填列）		
公允价值变动损失（收益以"－"号填列）		
财务费用（收益以"－"号填列）		
投资损失（收益以"－"号填列）		
递延所得税资产减少（增加以"－"号填列）		
递延所得税负债增加（减少以"－"号填列）		
存货的减少（增加以"－"号填列）		
经营性应收项目的减少（增加以"－"号填列）		
经营性应付项目的增加（减少以"－"号填列）		
其他		
经营活动产生的现金流量净额		
2. 不涉及现金收支的重大投资和筹资活动：		
债务转为资本		
一年内到期的可转换公司债券		
租入固定资产		
3. 现金及现金等价物净变动情况：		
现金的期末余额		
减：现金的期初余额		
加：现金等价物的期末余额		
减：现金等价物的期初余额		
现金及现金等价物净增加额		

（二）现金流量表项目的填列方法

1. 列报经营活动产生的现金流量的方法

编制现金流量表时，列报经营活动现金流量的方法有直接法和间接法两种。

（1）**直接法**。在直接法下，一般是以利润表中的营业收入为起算点，调节与经营活动有关的项目的增减变动，然后计算出经营活动产生的现金流量。

采用直接法编报的现金流量表，便于分析企业经营活动产生的现金流量的来源和用途，预测企业现金流量的未来前景。我国《企业会计准则》规定，企业应当采用直接法列报经营活动产生的现金流量，编报现金流量表，同时要求在附注中提供以净利润为基础，将净利润调节为经营活动产生的现金流量的信息。

（2）**间接法**。在间接法下，将净利润调节为经营活动产生的现金流量，实际上就是将按权责发生制原则确定的净利润调整为现金净流入，并剔除投资活动和筹资活动对现金流量的影响。

采用间接法列报经营活动产生的现金流量，编报现金流量表，便于将净利润与经营活动产生的现金流量净额进行比较，了解净利润与经营活动产生的现金流量有差异的原因，从现金流量的角度分析净利润的质量。

2．现金流量表的编制方法

现金流量表的编制方法有工作底稿法、T形账户法和分析填列法。

（1）工作底稿法。采用工作底稿法编制现金流量表，应以**工作底稿**为手段，以资产负债表和利润表数据为基础，对每一项目进行分析并编制调整分录，从而完成现金流量表的编制。

工作底稿法的步骤如下：

第一步，将资产负债表的期初数和期末数**过入**工作底稿的期初数栏和期末数栏。

第二步，对当期业务进行分析并编制调整分录。编制调整分录时，要以利润表项目为基础，从"营业收入"开始，结合资产负债表项目逐一进行分析。在调整分录中，有关现金和现金等价物的事项，并不直接借记或贷记现金，而是分别计入"经营活动产生的现金流量""投资活动产生的现金流量""筹资活动产生的现金流量"有关项目，借记表示现金流入，贷记表示现金流出。

第三步，将调整分录过入工作底稿中的相应部分。

第四步，**核对**调整分录，确保借方、贷方合计数均已经相等，资产负债表项目期初数加减调整分录中的借贷金额以后，也等于期末数。

第五步，根据工作底稿中的现金流量表项目部分编制正式的现金流量表。

> **学习提示**：工作底稿也称"工作底表"，是指当整理信息编写正式报告和财务报表时，会计人员和管理人员编制的非正式分析报告。

（2）T形账户法。采用T形账户法编制现金流量表，应以T形账户为手段，以资产负债表和利润表数据为基础，对每一项目进行分析并编制调整分录，从而完成现金流量表的编制。

T形账户法的步骤如下：

第一步，为所有的非现金项目（包括资产负债表项目和利润表项目）分别开设T形账户，并将各自的期末期初变动数过入各该账户。如果项目的期末数大于期初数，则将差额过入和项目余额相同的方向；反之，过入相反的方向。

第二步，开设一个大的"现金及现金等价物"T形账户，账户左右两边各分为经营活动、投资活动和筹资活动三部分，左边记现金流入，右边记现金流出。与其他账户一样，过入期末期初变动数。

第三步，以利润表项目为基础，结合资产负债表分析每一个非现金项目的增减变动，并据此编制调整分录。

第四步，将调整分录过入各T形账户并进行核对，确保账户借贷相抵后的余额与原先过入的期末期初变动数一致。

第五步，根据大的"现金及现金等价物"T形账户编制正式的现金流量表。

（3）分析填列法。分析填列法是直接根据资产负债表、利润表和有关会计科目明细账的记录，分析计算出现金流量表各项目的金额，并据以编制现金流量表的一种方法。

（三）现金流量表项目的填列说明

1. 经营活动产生的现金流量

经营活动是指企业投资活动和筹资活动以外的所有交易和事项。各类企业由于行业特点不同，对经营活动的认定存在一定差异。

我国企业经营活动产生的现金流量应当采用**直接法**列报。

（1）"销售商品、提供劳务收到的现金"项目，反映企业本期销售商品、提供劳务收到的现金，前期销售商品、提供劳务本期收到的现金（包括销售收入和应向购买者收取的增值税销项税额）以及本期预收的相关现金款项，并减去本期销售本期退回商品和前期销售本期退回商品支付的现金。企业销售材料和代购代销业务收到的现金也在该项目反映。

（2）"收到的税费返还"项目，反映企业收到所得税、增值税、消费税、关税和教育费附加等各种税费返还款。

（3）"收到其他与经营活动有关的现金"项目，反映企业租赁收到的租金等其他与经营活动有关的现金流入，金额较大的应当单独列示。

（4）"购买商品、接受劳务支付的现金"项目，反映企业本期购买商品、接受劳务实际支付的现金（包括增值税进项税额），本期支付前期购买商品、接受劳务的未付的款项以及本期预付的相关现金款项，并减去本期发生的购货退回收到的现金。企业购买材料和代购代销业务支付的现金也在该项目反映。

（5）"支付给职工以及为职工支付的现金"项目，反映企业本期实际支付给职工的工资、奖金、各种津贴和补贴等职工薪酬（包括代扣代缴的职工个人所得税）。不包括支付给在建工程人员以及为在建工程人员支付的现金。

📢**学习提示**：支付给在建工程人员以及为在建工程人员支付的现金应在"购建固定资产、无形资产和其他长期资产所支付的现金"项目中反映。

（6）"支付的各项税费"项目，反映企业本期发生并支付、以前各期发生本期支付以及本期预缴的各项税费，包括所得税、增值税、消费税、印花税、房产税、土地增值税、车船税、教育费附加等。

（7）"支付其他与经营活动有关的现金"项目，反映企业租赁业务支付的租金以及支付的差旅费、业务招待费、保险费、罚款支出等其他与经营活动有关的现金，金额较大的应当单独列示。

2. 投资活动产生的现金流量

投资活动是指企业长期资产的购建和不包括在现金等价物范围内的投资及其处置等相关活动，既包括**实物资产投资**也包括**金融资产投资**。

（1）"收回投资收到的现金"项目，反映企业出售、转让或到期收回除现金等价物以外的对其他企业的权益工具投资、债务工具投资和合营中的权益投资而收到的现金。

（2）"取得投资收益收到的现金"项目，反映企业除现金等价物以外的对其他企业的权益工具投资、债务工具投资和合营中的权益投资分回的现金股利和利息等。

（3）"处置固定资产、无形资产和其他长期资产收回的现金净额"项目，反映企业出售、报废固定资产、无形资产和其他长期资产所取得的现金（包括因资产毁损而收到的保险赔偿收入），减去为处置这些资产而支付的有关费用后的现金净额。

（4）"处置子公司及其他营业单位收到的现金净额"项目，反映企业处置子公司及其他营业单位所取得的现金减去相关处置费用以及子公司及其他营业单位持有的现金和现金等价物后的净额。

（5）"收到其他与投资活动有关的现金"项目，反映企业除上述项目外收到的其他与投资活动有关的现金，金额较大的应当单独列示。

（6）"购建固定资产、无形资产和其他长期资产支付的现金"项目，反映企业购买、建造固定资产、取得无形资产和其他长期资产所支付的现金及增值税税款，以及用现金支付的应由在建工程和无形资产负担的职工薪酬。

（7）"投资支付的现金"项目，反映企业取得除现金等价物以外的对其他企业的权益工具投资、债务工具投资和合营中的权益投资所支付的现金以及以现金支付的佣金、手续费等附加费用。

（8）"取得子公司及其他营业单位支付的现金净额"项目，反映企业取得子公司及其他营业单位支付的现金，减去子公司或其他营业单位持有的现金和现金等价物后的现金净额。

（9）"支付其他与投资活动有关的现金"项目，反映企业除上述项目外支付的其他与投资活动有关的现金，金额较大的应当单独列示。

3．筹资活动产生的现金流量

筹资活动是指导致企业资本及债务规模和构成发生变化的活动。这里所说的资本既包括实收资本（或股本），也包括资本溢价（或股本溢价）；债务是指对外举债，包括向银行借款、发行债券以及偿还债务等。

> **学习提示**：偿还应付账款、应付票据等商业应付款支付的现金等通常属于经营活动现金流出，不属于筹资活动现金流出。

（1）"吸收投资收到的现金"项目，反映企业以发行股票、债券等方式筹集资金实际收到的款项减去直接支付给金融企业的佣金、手续费、宣传费、咨询费、印刷费等发行费用后的现金净额。

（2）"取得借款收到的现金"项目，反映企业举借各种短期、长期借款而收到的现金。

（3）"偿还债务支付的现金"项目，反映企业偿还债务本金所支付的现金。

（4）"分配股利、利润或偿付利息支付的现金"项目，反映企业实际支付的现金股利、支付给其他投资单位的利润或用现金支付的借款利息、债券利息。

（5）"收到其他与筹资活动有关的现金""支付其他与筹资活动有关的现金"项目，反映企业除上述（1）至（4）项外，收到或支付的其他与筹资活动有关的现金，金额较大的应当单独列示。

> **学习提示**：对于特殊的不经常发生项目，如自然灾害损失、保险赔款、捐赠等，应当归并到相关类别中，并单独反映。能够确定属于流动资产损失的，应当列入经营活动产生的现金流量；能够确定属于固定资产损失的，应当列入投资活动产生的现金流量。

4．汇率变动对现金及现金等价物的影响

编制现金流量表时，应当将企业外币现金流量以及境外子公司的现金流量折算成记账本位币。折算时，应当采用现金流量发生日的即期汇率或按照系统合理的方法确定的、与现金流量发生日即期汇率近似的汇率。

汇率变动对现金及现金等价物的影响额应当作为调节项目，在现金流量表中**单独**列报。

企业外币现金流量及境外子公司的现金流量折算成记账本位币时，所采用的是现金流量发生日的即期汇率或按照系统合理的方法确定的、与现金流量发生日即期汇率近似的汇率，而现

金流量表"现金及现金等价物净增加额"项目中外币现金净增加额是按期末汇率折算的。这两者的差额即为汇率变动对现金及现金等价物的影响。

在编制现金流量表时对当期发生的外币业务也可不必逐笔计算汇率变动对现金及现金等价物的影响，而通过对现金流量表各类项目净额**之和**与现金流量表补充资料中"现金及现金等价物净增加额"的数据进行比较，差额即为汇率变动对现金及现金等价物的影响金额。

5．现金流量表补充资料

（1）"将净利润调节为经营活动的现金流量"项目。

1）"资产减值准备"项目，反映企业本期计提的存货跌价准备以及计提的长期股权投资、投资性房地产、固定资产、在建工程、无形资产、商誉、生产性生物资产、油气资产等资产减值准备。

2）"信用损失准备"项目，反映企业本期计提的坏账准备、债权投资减值准备、合同资产减值准备等资产减值准备。

3）"固定资产折旧""油气资产折耗""生产性生物资产折旧"项目，分别反映企业本期计提的固定资产折旧、油气资产折耗、生产性生物资产折旧。

4）"无形资产摊销""长期待摊费用摊销"项目，分别反映企业本期计提的无形资产摊销、长期待摊费用摊销。

5）"处置固定资产、无形资产和其他长期资产的损失"项目，反映企业本期处置固定资产、无形资产和其他长期资产发生的损失。

6）"固定资产报废损失"项目，反映企业本期固定资产报废发生的损失。

7）"净敞口套期损失"项目，反映企业在套期保值业务中发生的损失。

8）"公允价值变动损失"项目，反映企业持有的采用公允价值计量且其变动计入当期损益的金融资产、金融负债等的公允价值变动损益。

9）"财务费用"项目，反映企业本期发生的应属于投资活动或筹资活动的财务费用。

10）"投资损失"项目，反映企业本期投资所发生的损失减去收益后的净损失。

11）"递延所得税资产减少"项目，反映企业资产负债表"递延所得税资产"项目的期初余额与期末余额的差额。

12）"递延所得税负债增加"项目，反映企业资产负债表"递延所得税负债"项目的期初余额与期末余额的差额。

13）"存货的减少"项目，反映企业资产负债表"存货"项目的期初余额与期末余额的差额。

14）"经营性应收项目的减少"项目，反映企业本期经营性应收项目（包括应收票据、应收账款、预付款项、长期应收款和其他应收款中与经营活动有关的部分及应收的增值税销项税额等）的期初余额与期末余额的差额。

15）"经营性应付项目的增加"项目，反映企业本期经营性应付项目（包括应付票据、应付账款、预收款项、应付职工薪酬、应交税费、长期应付款、其他应付款中与经营活动有关的部分的期初余额与期末余额的差额。

（2）"不涉及现金收支的重大投资和筹资活动"项目，反映企业一定期间内影响资产或负债但不形成该期现金收支的所有投资和筹资活动的信息。

1）"债务转为资本"项目，反映企业本期转为资本的债务金额。

2）"一年内到期的可转换公司债券"项目，反映企业一年内到期的可转换公司债券的本息。

3）"租入固定资产"项目，反映企业本期租入固定资产的最低租赁付款额扣除应分期计入利息费用的未确认融资费用的净额。

（3）"现金及现金等价物净增加额"项目与现金流量表主表中的"现金及现金等价物净增加额"项目的金额应当相等。

三、现金流量表编制案例

玉利兴公司2021年12月31日的资产负债表和2021年度利润表资料见表12-4、表12-7。
其他相关资料如下：

（1）"应交税费"项目的明细构成：本期增值税的销项税额为360 000元，增值税的进项税额为117 000元，本期已缴纳增值税276 900元，"应交所得税"明细科目期末余额为51 000元，期初余额为76 500元。

（2）"存货"项目中生产成本和制造费用的构成：当期计入职工薪酬的为292 500元，当期计入折旧费用的为412 500元。

（3）"应付职工薪酬"项目的明细构成："应付职工薪酬"科目的期初余额为207 000元，其中21 000元计入在建工程；"应付职工薪酬"科目的期末余额为214 500元，其中22 500元计入在建工程。本期已计入在建工程的职工薪酬为36 000元。

（4）"债权投资"项目的明细构成：本期收回部分债权投资，收到现金127 500元，其中7 500元为收到的利息，记录在投资收益中。

（5）"固定资产"和"工程物资"的构成：本期购买了793 800元的固定资产，购买了84 000元的工程物资，租入15 000元的固定资产。

（6）"交易性金融资产"项目的明细构成：本期用货币资金购买了195 000元的交易性金融资产，该交易性金融资产的期末公允价值为217 500元。

（7）"其他应收款"项目的明细构成："应收股利"科目的期初余额为69 000元，期末余额为142 500元；"应收利息"科目的期初余额为18 000元，期末余额为5 850元，"其他应收款"科目的期初余额为0。

（8）本期取得短期借款229 500元。

（9）本期偿还一年内到期的长期借款180 000元。

（10）本期宣告分派现金股利208 200元，本期实际分派现金股利支付97 500元。

（11）本期支付上期其他与经营活动有关的现金3 000元。

（12）应付利息均为借款利息，本期偿付借款利息支付的现金为117 000元。

（13）应收利息均为投资产生的利息收入。

（14）"坏账准备"科目的期初余额为3 900元，本期计提坏账准备6 900元，转销坏账准备4 500元。

（15）财务费用为计提的借款利息111 000元。

（16）"管理费用"项目的明细构成：职工薪酬为67 500元，固定资产折旧为201 000元，无形资产摊销为99 000元，支付其他费用合计75 000元。

（17）本期发生销售费用102 000元，全部以现金支付。

（18）投资收益155 850元均为由投资而形成的股利和利息。

（19）"资产处置收益"项目的明细构成：出售固定资产净损益34 500元。其中，所出售固定资产的原价为225 000元，累计折旧为180 000元，支付清理费用1 500元，收到处置收入81 000元。

（20）"资产减值损失"项目的明细构成：计提无形资产减值准备 33 000 元。

（21）"信用减值损失"项目的明细构成：计提坏账准备 6 900 元。

（22）"所得税费用"项目的明细构成：当期所得税费用为 185 400，递延所得税费用为 3 600 元。

要求：根据上述资料，编制玉利兴公司 2021 年度现金流量表。

【答案】

玉利兴公司 2021 年度现金流量表主表项目金额的分析确定如下：

（1）销售商品、提供劳务收到的现金＝营业收入＋应交税费（应交增值税销项税额）＋应收票据（期初余额－期末余额）＋应收账款（期初余额－期末余额）－预收账款（期初余额－期末余额）－本期计提的坏账准备＝2 756 550+360 000+（252 000－222 000）+（747 000－918 000）－（67 500－0）－6 900=2 901 150（元）。

（2）购买商品、接受劳务支付的现金＝营业成本＋应交税费（应交增值税进项税额）－存货项目（期初余额－期末余额）+应付票据（期初余额－期末余额）+应付账款（期初余额－期末余额）－预付账款（期初余额－期末余额）－当期列入生产成本、制造费用的固定资产折旧费用－当期列入生产成本、制造费用的职工薪酬＝1 492 500+117 000－（1 894 500－1 641 000）+（244 500－204 000）+（1 128 000－1 177 500）－（0－75 000）－412 500－292 500=717 000（元）。

（3）支付给职工以及为职工支付的现金＝生产成本、制造费用及管理费用中的职工薪酬＋应付职工薪酬（期初余额－期末余额）－应付职工薪酬在建工程部分（期初余额－期末余额）=292 500+67 500+（207 000－214 500）－（21 000－22 500）=354 000（元）。

（4）支付的各项税费＝当期所得税费用＋税金及附加＋本期已缴纳的增值税＋应交所得税（期初余额－期末余额）=189 000+81 000+276 900+（76 500－51 000）=572 400（元）。

（5）支付其他与经营活动有关的现金＝销售费用＋其他管理费用＋支付的上期其他与经营活动有关的现金=102 000+75 000+3 000=180 000（元）。

（6）收回投资收到的现金＝收回债权投资收到的现金－收到的利息收入=127 500－7 500=120 000（元）。

（7）取得投资收益收到的现金＝投资收益＋应收股利（期初余额－期末余额）+应收利息（期初余额－期末余额）=155 850+（69 000－142 500）+（18 000－5 850）=94 500（元）。

（8）处置固定资产、无形资产和其他长期资产收回的现金净额＝处置固定资产收到的处置收入－处置固定资产支付的清理费用=81 000－1 500=79 500（元）。

（9）购建固定资产、无形资产和其他长期资产支付的现金＝现金购买的固定资产＋现金购买的工程物资＋计入在建工程的职工薪酬＋应付在建工程的职工薪酬（期初余额－期末余额）=793 800+84 000+36 000+（21 000－22 500）=912 300（元）。

（10）投资支付的现金＝购买的交易性金融资产=195 000（元）。

（11）取得借款收到的现金=229 500（元）。

（12）偿还债务支付的现金＝偿还一年内到期的长期借款=180 000（元）。

（13）分配股利、利润或偿付利息支付的现金＝分配股利、利润支付的现金＋偿付利息支付的现金=97 500+117 000=214 500（元）。

现金流量表补充资料项目金额的分析确定如下：

（1）资产减值准备=33 000（元）。

（2）信用减值损失=6 900（元）。

（3）固定资产折旧 =201 000 +412 500=613 500（元）。

（4）无形资产摊销 =99 000（元）。

（5）处置固定资产、无形资产和其他长期资产的损失（收益以"－"号填列）=－34 500（元）。

（6）公允价值变动损失 =195 000－217 500=－22 500（元）。

（7）财务费用 =111 000（元）。

（8）投资损失 =－155 850（元）。

（9）递延所得税资产减少 = 递延所得税资产（期初余额 － 期末余额)13 350－9 750=3 600(元)。

（10）存货的减少 = 存货（期初余额 － 期末余额）=1 894 500－1 641 000=253 500（元）。

（11）经营性应收项目的减少 = 应收票据（期初余额 － 期末余额）+ 应收账款（期初余额 － 期末余额）－ 预付账款（期末余额 － 期初余额）－ 当期计提的坏账准备 =（252 000－222 000）+（747 000－918 000）－（75 000－0）－6 900=－222 900（元）。

（12）经营性应付项目的增加 = 应付票据（期末余额 － 期初余额）+ 应付账款（期末余额 － 期初余额）+ 预收账款（期末余额 － 期初余额）+ 应付职工薪酬（期末余额 － 期初余额）+ 应交税费（期末余额 － 期初余额）+ 支付的上期其他与经营活动有关的现金（期末余额 － 期初余额）=（204 000－244 500）+（1 177 500－1 128 000）+（0－67 500）+（214 500－22 500）－（207 000－21 000）+（201 000－264 000）+（0－3 000）=－118 500（元）。

玉利兴公司2021年度现金流量表见表12-10。

表 12-10 现金流量表

编制单位：玉利兴公司　　　　　　2021 年 12 月　　　　　　　　　会企 03 表
　　　　　　　　　　　　　　　　　　　　　　　　　　　　　　　　　单位：元

项　目	本期金额	上期金额（略）	补充资料	本期金额	上期金额（略）
一、经营活动产生的现金流量：			1. 将净利润调节为经营活动现金流量：		
销售商品、提供劳务收到的现金	2 901 150		净利润	511 500	
收到的税费返还			加：资产减值准备	33 000	
收到其他与经营活动有关的现金			信用损失准备	6 900	
经营活动现金流入小计	2 901 150		固定资产折旧、油气资产折耗、生产性生物资产折旧	613 500	
购买商品、接受劳务支付的现金	717 000		无形资产摊销	99 000	
支付给职工以及为职工支付的现金	354 000		长期待摊费用摊销		
支付的各项税费	572 400		处置固定资产、无形资产和其他长期资产的损失（收益以"－"号填列）	－34 500	
支付其他与经营活动有关的现金	180 000		固定资产报废损失（收益以"－"号填列）		
经营活动现金流出小计	1 823 400		净敞口套期损失（收益以"－"号填列）		
经营活动产生的现金流量净额	1 077 750		公允价值变动损失（收益以"－"号填列）	－22 500	

（续）

项　目	本期金额	上期金额（略）	补充资料	本期金额	上期金额（略）
二、投资活动产生的现金流量：			财务费用（收益以"-"号填列）	111 000	
收回投资收到的现金	120 000		投资损失（收益以"-"号填列）	-155 850	
取得投资收益收到的现金	94 500		递延所得税资产减少（增加以"-"号填列）	3 600	
处置固定资产、无形资产和其他长期资产收回的现金净额	79 500		递延所得税负债增加（减少以"-"号填列）		
处置子公司及其他营业单位收到的现金净额			存货的减少（增加以"-"号填列）	253 500	
收到其他与投资活动有关的现金			经营性应收项目的减少（增加以"-"号填列）	-222 900	
投资活动现金流入小计	294 000		经营性应付项目的增加（减少以"-"号填列）	-118 500	
购建固定资产、无形资产和其他长期资产支付的现金	912 300		其他		
投资支付的现金	195 000		经营活动产生的现金流量净额	1 077 750	
取得子公司及其他营业单位支付的现金净额					
支付其他与投资活动有关的现金			2. 不涉及现金收支的重大投资和筹资活动：		
投资活动现金流出小计	1 107 300		债务转为资本		
投资活动产生的现金流量净额	-813 300		一年内到期的可转换公司债券		
三、筹资活动产生的现金流量：			租入固定资产	15 000	
吸收投资收到的现金					
取得借款收到的现金	229 500				
收到其他与筹资活动有关的现金					
筹资活动现金流入小计	229 500				
偿还债务支付的现金	180 000		3. 现金及现金等价物净变动情况：		
分配股利、利润或偿付利息支付的现金	214 500		现金的期末余额	1 061 700	
支付其他与筹资活动有关的现金			减：现金的期初余额	962 250	
筹资活动现金流出小计	394 500		加：现金等价物的期末余额		
筹资活动产生的现金流量净额	-165 000		减：现金等价物的期初余额		
四、汇率变动对现金及现金等价物的影响					

(续)

项　目	本期金额	上期金额（略）	补充资料	本期金额	上期金额（略）
五、现金及现金等价物净增加额	99 450		现金及现金等价物净增加额	99 450	
加：期初现金及现金等价物余额	962 250				
六、期末现金及现金等价物余额	1 061 700				

❄ **本节导读分析**：现金流量表是反映企业在一定会计期间内现金和现金等价物流入和流出情况的报表。现金流量表是以收付实现制为基础编制的。通过现金流量表可以预测企业未来的现金流量，进而预测企业未来的发展情况。现金流量表将企业产生的现金流量分为经营活动、投资活动和筹资活动产生的现金流量。列报经营活动产生的现金流量的方法包括直接法和间接法。直接法是以营业收入为起点，调节与经营活动有关的项目的增减变动，进而计算出经营活动产生的现金流量，这也是我国现金流量表应当采用的方法。编制现金流量表还可以采用工作底稿法、T形账户法和分析填列法。

第五节　所有者权益变动表

> /学习导读/
>
> 在汉唐公司的财务培训会上，对于所有者权益变动表也做了简单介绍。企业编制所有者权益变动表，主要是为了让股东了解所有者权益增减变动的根源。那么，什么是所有者权益变动表？所有者权益变动表应包括哪些内容？

一、所有者权益变动表的概念、作用及内容

（一）所有者权益变动表的概念

所有者权益变动表是指反映构成所有者权益各组成部分当期增减变动情况的报表，它不仅要反映所有者权益总量的增减变动，还要反映这种变动的重要结构性信息，特别是要反映直接计入所有者权益的利得和损失，让财务报表使用者准确理解所有者权益增减变动的根源。

（二）所有者权益变动表的作用

（1）通过所有者权益变动表，可以为财务报表使用者提供所有者权益总量增减变动的信息。
（2）通过所有者权益变动表，可以为财务报表使用者提供所有者权益增减变动的结构性信息。
（3）通过所有者权益变动表，能够让财务报表使用者理解所有者权益增减变动的根源。

（三）所有者权益变动表的内容

在所有者权益变动表上，企业至少应当单独列示的内容包括：综合收益总额；会计政策变更和差错更正的累计影响金额；所有者投入、减少资本和向所有者分配利润等；提取的盈余公积；实收资本、其他权益工具、资本公积、其他综合收益、专项储备、盈余公积、未分配利润的期初和期末余额及其调节情况。

二、所有者权益变动表的格式与填列方法

（一）所有者权益变动表的格式

所有者权益变动表以矩阵的形式列示导致所有者权益变动的交易或事项，即所有者权益变

动的来源。对一定时期内所有者权益的变动情况进行全面反映；按照所有者权益各组成部分（即实收资本、其他权益工具、资本公积、库存股、其他综合收益、盈余公积、未分配利润）列示交易或事项对所有者权益各部分的影响。

我国一般企业的所有者权益变动表见表 12-11。

（二）所有者权益变动表项目的填列方法

所有者权益变动表各项目均需填列"本年金额"和"上年金额"两栏。

所有者权益变动表"上年金额"栏内各项数字，应根据上年度所有者权益变动表"本年金额"栏内所列数字填列。上年度所有者权益变动表规定的各个项目的名称和内容同本年度不一致的，应对上年度所有者权益变动表各项目的名称和内容按照本年度的规定进行调整，填入所有者权益变动表的"上年金额"栏内。

所有者权益变动表"本年金额"栏内各项数字一般应根据"实收资本（或股本）""资本公积""盈余公积""利润分配""库存股""其他权益工具""其他综合收益""以前年度损益调整"等科目的**发生额分析**填列。

📢 **学习提示**：企业的净利润及其分配情况作为所有者权益变动的组成部分，不需要单独编制利润分配表列示。

（三）所有者权益变动表项目的填列说明

1."上年年末余额"项目

"上年年末余额"项目反映企业上年资产负债表中"实收资本（或股本）""其他权益工具""资本公积""库存股""其他综合收益""专项储备""盈余公积""未分配利润"的年末余额。

2."会计政策变更"和"前期差错更正"项目

"会计政策变更"和"前期差错更正"项目分别反映企业采用追溯调整法处理的会计政策变更的累计影响金额和采用追溯重述法处理的前期差错更正的累计影响金额。

📢 **学习提示**：追溯调整法是指对某项交易或事项变更会计政策，视同该交易或事项在初次发生时即采用变更后的会计政策，并以此对财务报表相关项目进行调整的方法。在具体应用时，对资产负债表调整变化年度的"上年年末余额"，对利润表调整变化年度的"上期金额"。需要明确的是，如果会计政策变更发生在本期，而发生变更的事项涉及本期之前的数期，资产负债表的调整最后都一并反映在本期的"上年年末余额"；而由于利润表只列报"本期金额"和"上期金额"，调整只涉及"上期金额"，上期之前的期间不再调整。追溯调整法的步骤如下：

（1）计算会计政策变更的累计影响数。

（2）编制相关项目的调整分录（追溯调账）。

（3）调整列报前期财务报表相关项目及其金额（追溯调表）。

（4）附注说明。

追溯重述法是指在发现前期差错时，视同该项前期差错从未发生过，从而对财务报表相关项目进行更正的方法。追溯重述法适用于前期差错更正，涉及损益的调整通过"以前年度损益调整"科目核算。

3."本年增减变动金额"项目

（1）"综合收益总额"项目，反映企业净利润和其他综合收益扣除所得税影响后的净额相加后的合计金额。

（2）"所有者投入和减少资本"项目。

表 12-11 所有者权益变动表（一）

年度

会企 04 表

编制单位： 单位：元

项目	本年金额										上年金额									
	实收资本（或股本）	其他权益工具			资本公积	减：库存股	其他综合收益	专项储备	盈余公积	未分配利润	所有者权益合计	实收资本（或股本）	其他权益工具			资本公积	减：库存股	其他综合收益	专项储备	盈余公积	未分配利润	所有者权益合计
		优先股	永续债	其他									优先股	永续债	其他							
一、上年年末余额																						
加：会计政策变更																						
前期差错更正																						
其他																						
二、本年年初余额																						
三、本年增减变动金额（减少以"-"号填列）																						
（一）综合收益总额																						
（二）所有者投入和减少资本																						
1. 所有者投入的普通股																						
2. 其他权益工具持有者投入资本																						
3. 股份支付计入所有者权益的金额																						
4. 其他																						

（续）

项目	本年金额										上年金额									
	实收资本（或股本）	其他权益工具			资本公积	减:库存股	其他综合收益	专项储备	盈余公积	未分配利润	所有者权益合计	实收资本（或股本）	其他权益工具			资本公积	减:库存股	其他综合收益	专项储备	盈余公积	未分配利润	所有者权益合计
		优先股	永续债	其他									优先股	永续债	其他							
（三）利润分配																						
1. 提取盈余公积																						
2. 对所有者（或股东）的分配																						
3. 其他																						
（四）所有者权益内部结转																						
1. 资本公积转增资本（或股本）																						
2. 盈余公积转增资本（或股本）																						
3. 盈余公积弥补亏损																						
4. 设定受益计划变动额结转留存收益																						
5. 其他综合收益结转留存收益																						
6. 其他																						
四、本年年末余额																						

1)"所有者投入的普通股"项目,反映企业接受所有者投入形成的实收资本(或股本)和资本溢价或股本溢价,并对应列示在"实收资本"和"资本公积"栏。

2)"其他权益工具持有者投入资本"项目,反映企业发行的除普通股以外的分类为权益工具的金融工具的持有者投入资本的金额。

3)"股份支付计入所有者权益的金额"项目,反映企业处于等待期中的权益结算的股份支付当年计入资本公积的金额。

📢 **学习提示**:股份支付是"以股份为基础的支付"的简称,是指企业为获取职工和其他方提供服务而授予权益工具或者承担以权益工具为基础确定的负债的交易。股份支付分为以权益结算的股份支付和以现金结算的股份支付。

(3)"利润分配"项目,反映企业当年对所有者(或股东)分配的利润(或股利)金额和按照规定提取的盈余公积金额,并对应列示在"未分配利润"和"盈余公积"栏。

1)"提取盈余公积"项目,反映企业按照规定提取的盈余公积。

2)"对所有者(或股东)的分配"项目,反映企业对所有者(或股东)分配的利润(或股利)的金额。

(4)"所有者权益内部结转"项目,反映不影响当年所有者权益总额的所有者权益各组成部分之间当年的增减变动,包括资本公积转增资本(或股本)、盈余公积转增资本(或股本)、盈余公积弥补亏损等项目的金额。

1)"资本公积转增资本(或股本)"项目,反映企业以资本公积转增资本(或股本)的金额。

2)"盈余公积转增资本(或股本)"项目,反映企业以盈余公积转增资本(或股本)的金额。

3)"盈余公积弥补亏损"项目,反映企业以盈余公积弥补亏损的金额。

4)"设定受益计划变动额结转留存收益"项目,反映企业因重新计量设定受益计划净负债或净资产所产生的变动计入其他综合收益后结转至留存收益的金额。

📢 **学习提示**:设定受益计划是指为了使职工在离职后能够获得确定的福利,而由企业承担相应精算风险和投资风险的离职后福利计划。而设定提存计划是指企业缴存固定金额的提存金后便不再承担后续风险的离职后福利计划,后续精算风险和投资风险由职工个人承担。

5)"其他综合收益结转留存收益"项目主要包括以下内容:

① 企业指定为以公允价值计量且其变动计入其他综合收益的非交易性权益工具投资终止确认时,已计入其他综合收益的累计利得或损失从其他综合收益中转入留存收益的金额。

② 企业指定为以公允价值计量且其变动计入当期损益的金融负债终止确认时,已由企业自身信用风险变动引起而计入其他综合收益的累计利得或损失从其他综合收益中转入留存收益的金额等。

三、所有者权益变动表编制案例

玉利兴公司2021年12月31日的资产负债表和2021年度利润表资料见表12-4、表12-7。其他相关资料如下:

(1)本期宣告分派现金股利208 200元。

(2)盈余公积期末余额为1 378 200元,期初余额为1 274 400元,本期计提盈余公积103 800元。

要求:根据上述资料编制玉利兴公司2021年度所有者权益变动表。

【答案】

玉利兴公司2021年度所有者权益变动表见表12-12。

表 12-12 所有者权益变动表（二）

编制单位：玉利兴公司　　　　　2021 年度　　　　　会企 04 表　　单位：元

项目	本年金额										上年金额（略）
	实收资本（或股本）	其他权益工具			资本公积	减:库存股	其他综合收益	专项储备	盈余公积	未分配利润	所有者权益合计
		优先股	永续债	其他							
一、上年年末余额	7 527 000								1 274 400	487 500	9 288 900
加:会计政策变更											
前期差错更正											
其他											
二、本年年初余额	7 527 000								1 274 400	487 500	9 288 900
三、本年增减变动金额（减少以"-"号填列）							1 500			511 500	513 000
（一）综合收益总额											
（二）所有者投入和减少资本											
1. 所有者投入的普通股											
2. 其他权益工具持有者投入资本											
3. 股份支付计入所有者权益的金额											
4. 其他											
（三）利润分配											
1. 提取盈余公积									103 800	-103 800	

(续)

项目	本年金额										上年金额（略）
	实收资本（或股本）	其他权益工具			资本公积	减：库存股	其他综合收益	专项储备	盈余公积	未分配利润	所有者权益合计
		优先股	永续债	其他							
2. 对所有者（或股东）的分配										-208 200	-208 200
3. 其他											
（四）所有者权益内部结转											
1. 资本公积转增资本（或股本）											
2. 盈余公积转增资本（或股本）											
3. 盈余公积弥补亏损											
4. 设定受益计划变动额结转留存收益											
5. 其他综合收益结转留存收益											
6. 其他											
四、本年年末余额	7 527 000						1 500		1 378 200	687 000	9 593 700

> **本节导读分析**：所有者权益变动表是指反映构成所有者权益各组成部分当期增减变动情况的报表，它可以让财务报表使用者准确理解所有者权益增减变动的根源。所有者权益变动表以矩阵的形式列示，在该表上，企业至少应当单独列示的内容包括综合收益总额；会计政策变更和差错更正的累计影响金额；所有者投入资本和向所有者分配利润等；提取的盈余公积；实收资本、其他权益工具、资本公积、其他综合收益、专项储备、盈余公积、未分配利的期初和期末余额及其调节情况。

第六节　财务报表附注

> **/学习导读/**
> 赵珍通过报表附注进一步分析出汉唐公司的营业收入基本来自销售汉服，这说明汉唐公司的发展重心在于主营业务；营业成本不是很高，管理费用中的大部分是厂房、机器设备等固定资产折旧费；汉唐公司在开发区享受很多当地税收优惠政策，税金及附加方面的成本不高。赵珍的分析结论便是基于财务报表附注披露的信息得出的。什么是财务报表附注？财务报表使用者应如何阅读财务报表附注？

一、财务报表附注的概念及作用

（一）财务报表附注的概念

财务报表附注是对资产负债表、利润表、现金流量表和所有者权益变动表等财务报表中列示项目的文字描述或与之相关的明细资料，以及对未能在这些财务报表中列示项目的说明等。财务报表附注是财务报表的重要组成部分。

（二）财务报表附注的作用

财务报表附注与资产负债表、利润表、现金流量表、所有者权益变动表等财务报表具有同等的重要性，是财务报表的重要组成部分。财务报表使用者要了解企业的财务状况、经营成果和现金流量，应当全面阅读财务报表附注。财务报表附注的主要作用如下：

（1）对财务报表中列示项目的含义做补充说明，帮助财务报表使用者更准确地把握列示项目的含义。

（2）提供对财务报表中未列示项目的详细或明细说明。

> **学习提示**：财务报表附注拓展了企业会计信息的内容，突破了主要财务报表内容必须符合会计要素的定义，又必须同时满足相关性和可比性的限制的局限性，也突破了主要财务报表列示项目必须用货币加以计量的局限性。

二、财务报表重要项目的说明及其披露格式举例

财务报表附注应披露财务报表重要项目的说明。

（一）财务报表重要项目的说明

财务报表附注应当按照如下顺序披露财务报表重要项目的说明：

1. 企业的基本情况

（1）企业注册地、组织形式和总部地址。

（2）企业的业务性质和主要经营活动，如企业所处的行业、所提供的主要产品或服务、客户的性质、销售策略、监管环境的性质。

(3) 母公司以及集团最终母公司的名称。

(4) 财务报告的批准报出者和批准报出日。

(5) 营业期限有限的企业，还应当披露有关营业期限的信息。

2. 财务报表的编制基础

财务报表的编制基础是指财务报表是在**持续经营基础**上还是非持续经营基础上编制的。企业一般是在持续经营基础上编制财务报表的，但清算、破产企业的财务报表编制基础属于非持续经营基础。

3. 遵循《企业会计准则》的声明

企业应当声明编制的财务报表**符合**《企业会计准则》的要求，**真实**、**完整**地反映了企业的财务状况、经营成果和现金流量等有关信息，以此明确企业编制财务报表所依据的制度基础。如果企业编制的财务报表只是部分地遵循了《企业会计准则》，则在财务报表附注中不得披露遵循《企业会计准则》的声明。

4. 重要会计政策和会计估计

根据《企业会计准则第 30 号——财务报表列报》的规定，企业应当**披露采用的重要会计政策和会计估计**，不重要的会计政策和会计估计可以不予披露。

5. 会计政策和会计估计变更以及差错更正的说明

企业应当按照《企业会计准则第 28 号——会计政策、会计估计变更和差错更正》的规定，披露会计政策和会计估计变更以及差错更正的有关情况。

6. 财务报表重要项目的构成或当期增减变动情况

企业应当以文字和数字描述相结合的方式披露财务报表重要项目的构成或当期增减变动情况，并且附注中重要项目的明细金额合计应当与财务报表相关项目的金额相衔接。在披露顺序上，一般应当按照资产负债表、利润表、现金流量表、所有者权益变动表及其项目列示的顺序。

7. 其他需要说明的事项

企业应当在财务报表附注中披露或有事项和承诺事项、资产负债表日后非调整事项、关联方关系及其交易等其他需要说明的事项。

8. 有助于财务报表使用者评价企业管理资本的目标、政策及程序的信息

(二) 财务报表重要项目说明的披露格式举例

财务报表重要项目说明披露的内容很多，本章主要介绍几种主要项目的披露。对于想要全面了解披露的内容的读者，可以查阅任何一家上市公司的财务报告来获取相关信息。

1. 货币资金的披露

企业应当披露货币资金各项目的期初、期末的账面余额信息。货币资金披露的格式见表 12-13。

表 12-13　货币资金披露的格式

单位：元

项　目	期末账面余额	期初账面余额
库存现金		
银行存款		
其他货币资金		
合计		
其中：存放在境外的款项总额		

2．应收账款的披露

企业应当披露应收账款的账龄结构和客户类别以及期初、期末账面余额的信息。应收账款按账龄结构披露的格式见表 12-14。

表 12-14 应收账款按账龄结构披露的格式

单位：元

账 龄 结 构	期末账面余额	期初账面余额
1年以内（含1年）		
1年至2年（含2年）		
2年至3年（含3年）		
3年以上		

📢 **学习提示**：应收账款同时也要按客户类别进行披露，应收票据、预付账款、长期应收款等的披露比照应收账款的披露方式进行。

3．其他应收款的披露

企业应当披露构成其他应收款各项目的期初、期末的账面价值。其他应收款披露的格式见表 12-15。

表 12-15 其他应收款披露的格式

单位：元

项 目	期末账面余额	期初账面余额	项 目	期末账面余额	期初账面余额
应收利息			其他应收款		
应收股利			合计		

对单项金额重大并单独计提坏账准备的应收款项进行披露，应披露其单项金额重大的判断依据或金额标准以及坏账准备的计提方法（如按信用风险特征组合计提坏账）。

对单项金额不重大但单独计提坏账准备的应收款项进行披露，应披露其单项金额不重大的判断依据、计提坏账准备的理由及坏账准备的计提方法。

4．存货的披露

实务中对存货的披露除了要披露存货的分类及期初、期末账面价值外，还要披露发出存货时的计价方法，以及不同类别的存货可变现净值确定的依据、存货的盘存制度、低值易耗品和包装物的摊销方法等。存货披露的格式见表 12-16。

表 12-16 存货披露的格式

单位：元

存货种类	期初账面余额	本期增加额	本期减少额	期末账面余额
1．原材料				
2．在产品				
3．库存商品				
4．周转材料				
……				
合计				

存货跌价准备披露的格式见表 12-17。

表 12-17　存货跌价准备披露的格式

单位：元

存货种类	期初账面余额	本期计提额	本期减少额		期末账面余额
			转　回	转　销	
1. 原材料					
2. 在产品					
3. 库存商品					
4. 周转材料					
……					
合计					

5. 固定资产的披露

企业对固定资产进行披露时需要披露固定资产的确认条件、分类、计量基础、计提折旧的方法，各类固定资产的使用寿命、预计净残值和折旧率，租入固定资产的认定依据及计价方法等；此外，各类固定资产的期初、期末原价，累计折旧额及固定资产减值准备累计金额，对固定资产所有权的限制及金额和用于担保的固定资产账面价值，准备处置固定资产的名称、账面价值、公允价值等也应予以披露。固定资产披露的格式见表 12-18。

表 12-18　固定资产披露的格式

单位：元

项　　目	期初账面余额	本期增加额	本期减少额	期末账面余额
一、原价合计				
其中：房屋、建筑物				
机器设备				
运输工具				
……				
二、累计折旧合计				
其中：房屋、建筑物				
机器设备				
运输工具				
……				
三、固定资产减值准备累计金额				
其中：房屋、建筑物				
机器设备				
运输工具				
……				
四、固定资产账面价值合计				
其中：房屋、建筑物				
机器设备				
运输工具				
……				
其他信息（略）				

6. 借款的披露

企业应当披露短期借款、长期借款的构成，以及期初、期末的账面余额的信息。借款披露的格式见表 12-19。

表 12-19 借款披露的格式

单位：元

项 目	本期应付金额		期末应付未付金额	
	期末账面余额	期初账面余额	期末账面余额	期初账面余额
信用借款				
抵押借款				
质押借款				
保证借款				
合计				

对于期末逾期借款，企业应披露借款单位、借款金额、逾期时间、年利率、逾期未偿还原因和预期还款期等信息。

7. 应付职工薪酬的披露

企业应当披露应付职工薪酬的构成、计算依据、本期应付金额、期末应付未付金额等信息。应付职工薪酬披露的格式见表 12-20。

表 12-20 应付职工薪酬披露的格式

单位：元

项 目	本期应付金额	期末应付未付金额
一、职工工资、奖金、津贴、补贴		
二、非货币性福利		
三、社会保险费		
其中：1. 医疗保险		
2. 工伤保险		
3. 生育保险		
四、住房公积金		
五、工会经费和职工教育经费		
六、短期带薪缺勤		
七、短期利润分享计划		
八、其他短期薪酬		
九、设定提存计划后的离职后福利		
其中：1. 基本养老保险		
2. 失业保险		
3. 企业年金		
……		

对于企业涉及辞退福利、其他长期职工福利、设定受益计划、设定提存计划的相关信息也应进行相应披露。

8. 应交税费的披露

企业应当披露应交税费的构成以及期初、期末的账面余额等信息。应交税费披露的格式见表 12-21。

表 12-21　应交税费披露的格式

单位：元

项　目	期末账面余额	期初账面余额	项　目	期末账面余额	期初账面余额
企业所得税			消费税		
增值税			个人所得税		
城市维护建设税			印花税		
教育费附加			……		
地方教育费附加			合计		

9. 其他应付款的披露

企业应当披露其他应付款的构成以及期初、期末的账面余额等信息。其他应付款披露的格式见表 12-22。

表 12-22　其他应付款披露的格式

单位：元

项　目	期末账面余额	期初账面余额
应付利息		
应付股利		
其他应付款		
合计		

10. 营业收入的披露

企业应当披露营业收入的构成以及本期、上期发生额等信息。营业收入披露的格式见表 12-23。

表 12-23　营业收入披露的格式

单位：元

项　目	本期发生额	上期发生额
1. 销售商品收入		
2. 提供服务收入		
……		
合计		

11. 资产减值损失的披露

企业应当披露各项资产的减值损失及本期、上期发生额等信息。资产减值损失披露的格式见表 12-24。

表 12-24　资产减值损失披露的格式

单位：元

项　目	本期发生额	上期发生额
1．存货跌价损失		
2．固定资产减值损失		
3．无形资产减值损失		
4．成本模式下投资性房地产的减值损失		
5．长期股权投资的减值损失		
6．债权投资减值损失		
7．商誉减值损失		
……		

📢 **学习提示**：应收账款减值损失计入"信用减值损失"科目。

12．营业外收入的披露

企业应当披露营业外收入的构成以及本期、上期发生额等信息。营业外收入披露的格式见表 12-25。

表 12-25　营业外收入披露的格式

单位：元

项目	本期发生额	上期发生额
1．非流动资产毁损报废利得合计		
其中：固定资产毁损报废利得		
无形资产毁损报废利得		
……		
合计		

13．营业外支出的披露

企业应当披露营业外支出的构成以及本期、上期发生额等信息。营业外支出披露的格式见表 12-26。

表 12-26　营业外支出披露的格式

单位：元

项　目	本期发生额	上期发生额
1．非流动资产毁损报废损失合计		
其中：固定资产毁损报废损失		
无形资产毁损报废损失		
……		
合计		

14．各项费用及其他综合收益的披露

企业的各项费用应按照性质分类进行信息披露，可分为工资及社保、折旧费用、办公费

用、摊销费用、运输费用、差旅费用等。此外，企业还需要披露其他综合收益各项目的信息资料：

（1）其他综合收益各项目及其所得税影响。

（2）其他综合收益各项目原计入其他综合收益、当期转出计入当期损益的金额。

（3）其他综合收益各项目的期初和期末余额及其调节情况。

15. 现金流量表项目的披露

企业应当按照现金流量表项目分别披露各项目的本期发生额和上期发生额的数据，还应披露现金流量表补充资料。

本节导读分析：财务报表附注是对资产负债表、利润表、现金流量表和所有者权益变动表等财务报表中列示项目的文字描述或明细资料，以及未能在这些财务报表中列示项目的说明等。财务报表附注是财务报表的重要组成部分。财务报表使用者应当全面阅读财务报表附注。

本章导读分析

财务报表是对企业财务状况、经营成果和现金流量的结构性表述，包括四表一注，即资产负债表、利润表、现金流量表、所有者权益变动表和财务报表附注，通过财务报表可以看出企业的盈利能力、营运能力及偿债能力，为投资者进行投资决策提供重要的参考依据。

实务案例

B股份有限公司（以下简称B公司）2021年2月28日晚间公告称，公司收到了中国证监会的《行政处罚决定书》。2019年8月，B公司披露了重组对象K农业自2016年1月1日至2019年4月30日的主要财务数据，其中，K农业的资产和营业收入存在虚假记载。

公告显示，K农业2016年财务报表虚增资产20 445.119 5万元，占披露当期总资产的47.54%；2017年虚增资产33 971.366 7万元，占披露当期总资产的53.91%；2018年虚增资产47 046.922 6万元，占披露当期总资产的52.87%；2019年1月1日至2019年4月30日虚增资产50 330.978 2万元，占披露当期总资产的53%。

证监会表示，鉴于B公司主动申请撤回重大资产重组申请文件，导致K农业未能借壳上市成功，且B公司及相关责任人员积极配合调查工作，证监会决定，责令B公司改正，给予警告，并处以30万元罚款；对相关人员给予警告、罚款等惩罚。

本案例是典型的上市公司为了借壳上市而对财务报表进行造假的案例。K农业为了达到借壳上市的目的，对财务报表的造假数据巨大，大胆程度令人瞠目结舌。最终被证监会严重处罚，不但借壳上市未能成功，反而令公司和关联方受到损失。会计人员一定要守住底线，坚决对造假说不。要想符合上市条件，就应把心思放在企业经营上，在法律和政策允许的条件下清清白白地赚钱，才能把企业做大做强，成就企业，也成就自己。

第十二章 财务报表

思维导图

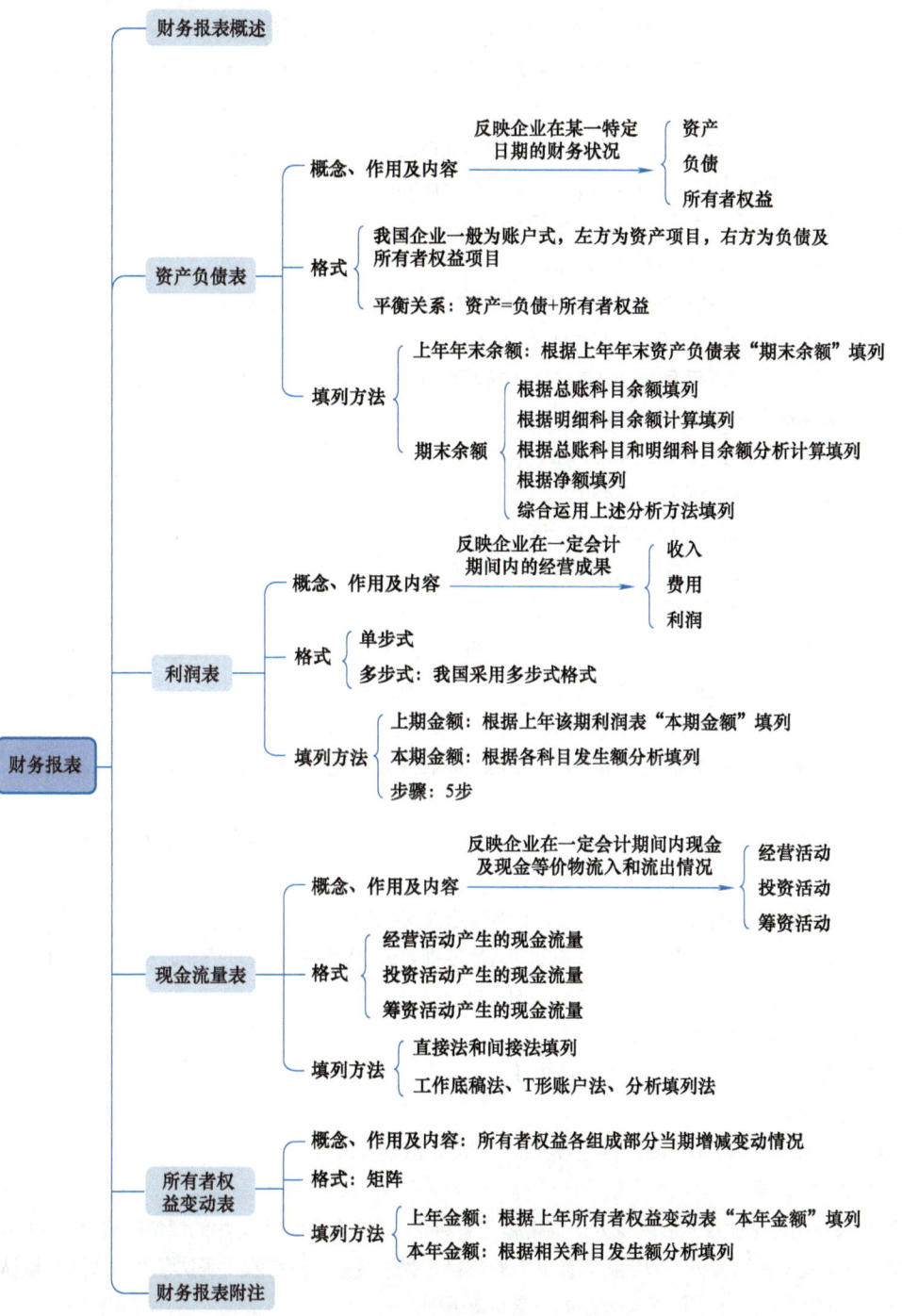

习 题

一、计算分析题

1. 玉利兴公司为增值税一般纳税人，2021 年发生的有关交易或事项如下：

（1）销售产品确认收入 22 000 万元，结转成本 10 000 万元，当期应缴纳的增值税为 2 060 万元，有关税金及附加为 200 万元。

（2）持有的以公允价值计量且其变动计入当期损益的金融资产当期市价上升 350 万元，以公允价值计量且其变动计入其他综合收益的金融资产当期市价上升 360 万元。

（3）出售一项专利技术产生收益 700 万元。

（4）计提无形资产减值准备 860 万元。

玉利兴公司上述金融资产在 2021 年年末未对外出售，不考虑其他因素。

要求：计算玉利兴公司 2021 年的营业利润。

2. 玉利兴公司 2021 年度发生的有关交易或事项如下：

（1）以盈余公积转增资本 5 000 万元。

（2）向股东分配股票股利 5 500 万元。

（3）接受控股股东的现金捐赠 450 万元。

（4）外币报表折算差额本年增加 90 万元。

（5）因自然灾害发生固定资产净损失 1 000 万元。

（6）因会计政策变更调减年初留存收益 580 万元。

（7）持有的以公允价值计量且其变动计入当期损益的金融资产本年公允价值上升 70 万元。

（8）因处置联营企业股权相应结转原因其他权益工具投资公允价值变动计入其他综合收益贷方的金额 60 万元。

（9）对以摊余成本计量的金融资产转回预期损失准备 150 万元。假设玉利兴公司按税法规定，2021 年度免缴企业所得税。

要求：计算上述交易或事项对玉利兴公司 2021 年 12 月 31 日所有者权益总额的影响金额。

3. 玉利兴公司 2021 年发生的现金流量如下：

（1）将销售产生的应收账款申请贴现，取得现金 3 000 万元，银行对于标的债权具有追索权。

（2）购入作为以公允价值计量且其变动计入当期损益的金融资产核算的股票，支付现金 500 万元。

（3）收到保险公司对存货损毁的赔偿款 500 万元。

（4）收到所得税返还款 360 元。

（5）向其他方提供服务收取现金 1 000 万元。

不考虑其他因素。

要求：计算玉利兴公司 2021 年经营活动产生的现金流量净额。

二、综合业务题

玉利兴公司为增值税一般纳税人，销售和购买商品、提供应税劳务适用的增值税税率为 13%，商品、原材料售价中均不含增值税。假定销售商品、原材料和提供劳务均符合收入确认条件，成本在确认收入时逐笔结转。2021 年度，玉利兴公司发生如下交易或事项：

（1）销售商品一批，售价为 10 000 万元，增值税销项税额为 1 300 万元，款项尚未收回。该批商品实际成本为 7 200 万元。

(2) 计提并支付职工薪酬 3 200 万元，其中行政管理人员的职工薪酬为 2 000 万元，在建工程人员的职工薪酬为 1 200 万元。

(3) 向乙公司转让一项专利权的使用权（假定符合免税条件），一次性收取使用费 200 万元并存入银行，且不再提供后续服务，该专利权的预计使用寿命不能确定。

(4) 购入原材料一批，增值税专用发票注明的购买价款为 2 000 万元（不含增值税），款项已经通过银行存款支付。

(5) 以银行存款支付管理费用 200 万元，财务费用 100 万元（全部为短期借款的利息支出），支付违约金 50 万元。

(6) 期末确认以公允价值计量且其变动计入当期损益的金融资产公允价值变动收益 250 万元。

(7) 收到子公司宣告并分派的现金股利 200 万元。

(8) 以公允价值计量且其变动计入其他综合收益的金融资产（股票）公允价值下降 200 万元。

假定不考虑所得税和其他因素的影响。要求：

(1) 判断上述交易或事项是否产生现金流量，如果产生现金流量，说明属于哪类活动产生的现金流量，并编制相关的会计分录。

(2) 计算上述交易或事项对利润表相关项目的影响金额并填列在表 12-27 中。

表 12-27 交易或事项对利润表相关项目的影响金额

单位：万元

项　　目	影 响 金 额
营业收入	
营业成本	
营业利润	
利润总额	
净利润	
其他综合收益	
综合收益总额	

参 考 文 献

[1] 财政部会计资格评价中心. 中级会计实务 [M]. 北京：经济科学出版社，2021.
[2] 财政部中国财经出版传媒集团. 中级会计实务全真模拟试题 [M]. 北京：经济科学出版社，2021.
[3] 高顿财经研究院. 中级会计实务 [M]. 上海：立信会计出版社，2020.
[4] 李雷，袁良荣. 中级财务会计 [M]. 北京：中国人民大学出版社，2020.
[5] 赵敏. 中级财务会计 [M]. 厦门：厦门大学出版社，2020.
[6] 赵建勇. 中级财务会计 [M]. 3 版. 北京：中国人民大学出版社，2020.
[7] 林钢. 中级财务会计：立体化数字教材版 [M]. 4 版. 北京：中国人民大学出版社，2020.
[8] 杨有红，欧阳爱平. 中级财务会计 [M]. 5 版. 北京：北京大学出版社，2019.
[9] 刘永泽，陈立军. 中级财务会计 [M]. 6 版. 大连：东北财经大学出版社，2018.
[10] 陈立军，崔凤鸣. 中级财务会计习题与案例 [M]. 6 版. 大连：东北财经大学出版社，2018.